| 유형의 완성 |
개념원리
이홍섭 지음
RPM
확률과 통계
수학 필독서
5000만 부 돌파

KB245516

개념원리
인강
개념원리 수학연구소

함께 만드는 최상의 수학 콘텐츠, RPM

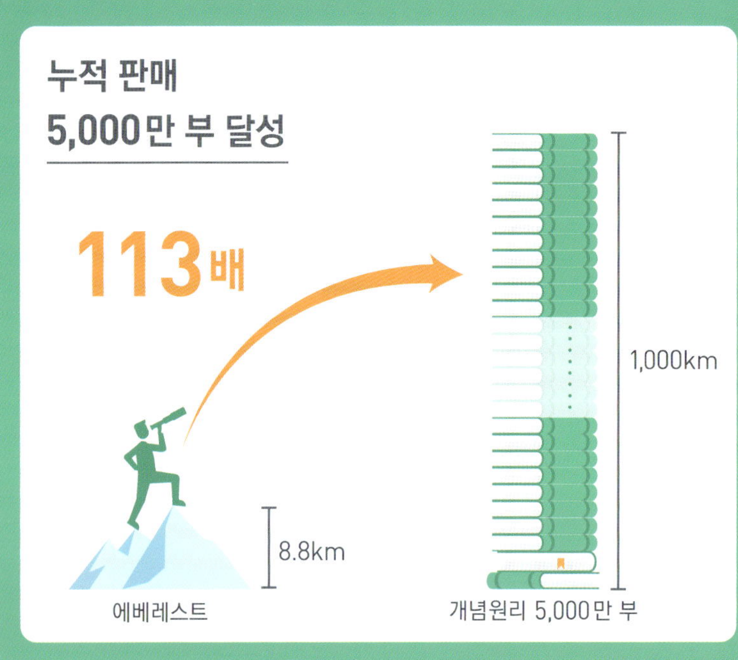

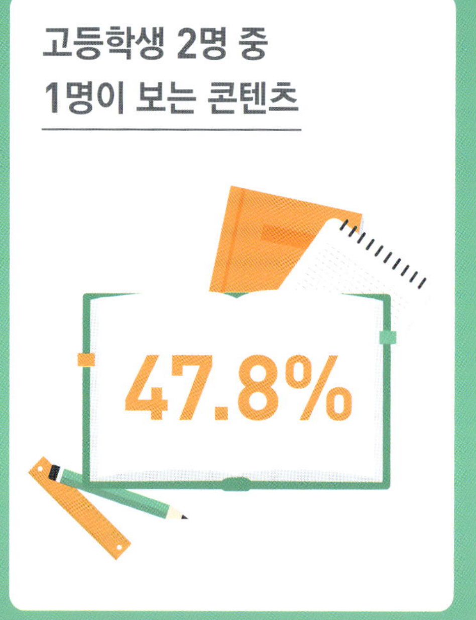

01 실사용자 의견 반영

02 빅데이터 분석

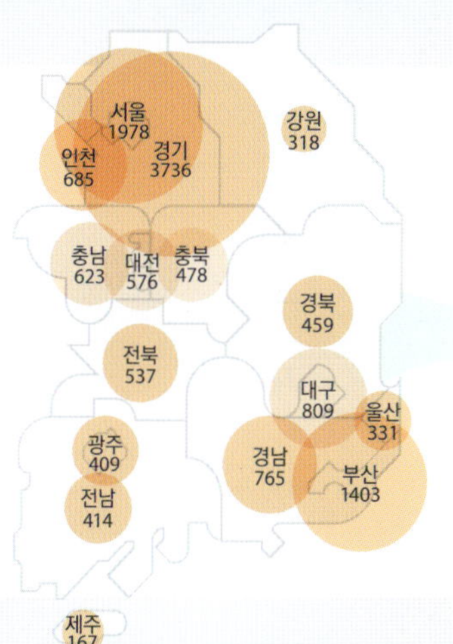

분석 시험지 총 수

13,688 장

분석 기출문제 수

301,137 문제

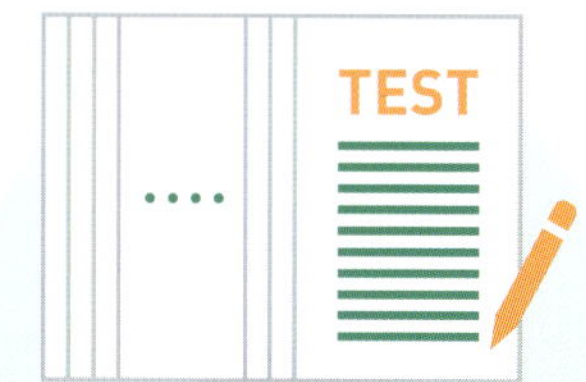

트렌드 A

분석

평가원·교육청 기출문제와 동일
혹은 변형한 기출문제
출제율 증가

16% → **23%**

2017   2018

결과 반영

기출문제 보강 및
기출문제 수 추가

↑ **1.34배**

47
문제
(Before)

63
문제
(After)

트렌드 B

분석

변별력을 요하는
고난도 문제 평균
1-2 문제씩 출제

$$\cdots \times \int_2 \cdots \sqrt{2} \cdots (\alpha+\beta)^2$$

결과 반영

고난도 문제를 위한

유형 UP
코너 신설

NEW

15 코너 신설

개념을 알면 원리가 보인다
유형의 완성, RPM

개념원리

발행일	2025년 7월 15일 2판 7쇄
지은이	이홍섭
기획 및 개발	개념원리 수학연구소

사업 책임	정현호
마케팅 책임	권가민
제작/유통 책임	이미혜, 이건호
콘텐츠 개발 총괄	한소영
콘텐츠 개발 책임	이선옥, 김현진, 모규리, 오지애, 오서희, 이유림
디자인	스튜디오 에딩크, 손수영

펴낸이	고사무열
펴낸곳	(주)개념원리
등록번호	제 22-2381호
주소	서울시 강남구 테헤란로 8길 37, 7층(역삼동, 한동빌딩) 06239
고객센터	1644-1248

개념원리 **RPM**
확률과 통계

한눈에
보이는
정답

0001 120	**0002** (1) 24 (2) 12	**0003** 2	**0004** 8
0005 6	**0006** 16	**0007** 243	**0008** 4	**0009** 7
0010 4	**0011** 5	**0012** 64	**0013** 32	**0014** 60
0015 (1) 30 (2) 12	**0016** 84	**0017** 5	**0018** 21
0019 35	**0020** 1	**0021** 9	**0022** 5	**0023** 10
0024 ②	**0025** ⑤	**0026** ⑤	**0027** 720	**0028** 6
0029 24	**0030** 30	**0031** 10080	**0032** ②	**0033** ②
0034 5040	**0035** ①	**0036** 81	**0037** 16	**0038** 240
0039 56	**0040** 1500	**0041** 84	**0042** ③	**0043** ③
0044 ②	**0045** 500	**0046** 225	**0047** 250	**0048** ②
0049 7560	**0050** ④	**0051** 340	**0052** ④	**0053** 30
0054 ③	**0055** 72	**0056** ①	**0057** 1680	**0058** ⑤
0059 ③	**0060** 30	**0061** 90	**0062** 51	**0063** 60
0064 1001	**0065** 45	**0066** ④	**0067** ③	**0068** ②
0069 28	**0070** ④	**0071** 122	**0072** 42	**0073** 27
0074 31	**0075** 54	**0076** 126	**0077** 210	**0078** 180
0079 405	**0080** ②	**0081** 12	**0082** 180	**0083** ②
0084 216	**0085** ③	**0086** 249	**0087** 27	**0088** ②
0089 ④	**0090** ②	**0091** 192	**0092** 84	**0093** ②
0094 39	**0095** ⑤	**0096** 432	**0097** 75	**0098** 10
0099 21	**0100** 180	**0101** 54	**0102** 36	**0103** 19

0104 $x^4+4x^3y+6x^2y^2+4xy^3+y^4$

0105 $x^5-10x^4+40x^3-80x^2+80x-32$

0106 $81a^4+216a^3b+216a^2b^2+96ab^3+16b^4$

0107 $a^3-6a+\dfrac{12}{a}-\dfrac{8}{a^3}$

0108 (1) 35 (2) 21 (3) 1

0109 8 **0110** 80 **0111** -20

0112 3, 4, 6, 5, 10, 5, $a^5+5a^4b+10a^3b^2+10a^2b^3+5ab^4+b^5$

0113 3, 4, 6, 5, 10, 5, 6, 15, 20
$a^6+12a^5b+60a^4b^2+160a^3b^3+240a^2b^4+192ab^5+64b^6$

0114 6	**0115** 7	**0116** 256	**0117** 0	**0118** 512
0119 64	**0120** $_nC_2, -1, {}_nC_2, {}_nC_2, {}_nC_5, 2^{n-1}, {}_nC_5$
0121 ②	**0122** 12	**0123** 4	**0124** ②	**0125** ①
0126 ⑤	**0127** ④	**0128** ②	**0129** ④	**0130** ③
0131 -206	**0132** ④	**0133** ④	**0134** 11	**0135** ③
0136 ①	**0137** ②	**0138** ②	**0139** 2^{18}	**0140** ④
0141 5	**0142** 6	**0143** 1024	**0144** 128
0145 ㄴ, ㄷ	**0146** ⑤	**0147** ③	**0148** 7	**0149** ②
0150 ②	**0151** 3	**0152** 21	**0153** 18	**0154** 41
0155 ①	**0156** ②	**0157** 4	**0158** ④	**0159** ④
0160 9	**0161** 45	**0162** 220	**0163** 219	**0164** 54
0165 25	**0166** ④	**0167** 23	**0168** 6	**0169** ④
0170 ②	**0171** ④	**0172** ②	**0173** 2046	**0174** 38
0175 682	**0176** ④	**0177** ③	**0178** 30

0179 (1) {1, 2, 3, 4, 5, 6} (2) 6 (3) {2, 4, 6}

0180 (1) {HT, TH} (2) {HT, TH, HH}
(3) {HH} (4) A와 C, B와 C

0181 (1) {1, 2, 4, 5, 7, 8, 10} (2) {1, 2, 3, 5, 6, 7, 9, 10}
(3) {3, 4, 6, 8, 9} (4) ∅

0182 (1) $\dfrac{1}{2}$ (2) $\dfrac{1}{2}$ (3) $\dfrac{2}{3}$ (4) $\dfrac{1}{3}$	**0183** (1) $\dfrac{1}{5}$ (2) $\dfrac{2}{5}$	
0184 $\dfrac{1}{100}$	**0185** $\dfrac{1}{4}$	**0186** (1) 1 (2) 0
0187 (1) 0 (2) 1	**0188** $\dfrac{11}{20}$	**0189** $\dfrac{1}{30}$ **0190** 0.4
0191 (1) $\dfrac{1}{2}$ (2) $\dfrac{3}{10}$	**0192** $\dfrac{5}{6}$	**0193** $A^C, A^C, \dfrac{1}{8}, \dfrac{7}{8}$
0194 (1) $\dfrac{1}{4}$ (2) $\dfrac{3}{4}$	**0195** ㄱ	**0196** ㄴ, ㄷ **0197** 16
0198 $\dfrac{1}{3}$	**0199** $\dfrac{2}{3}$	**0200** ③ **0201** $\dfrac{17}{36}$ **0202** ②
0203 ③	**0204** $\dfrac{1}{14}$	**0205** $\dfrac{9}{20}$ **0206** ① **0207** $\dfrac{1}{35}$
0208 $\dfrac{1}{5}$	**0209** $\dfrac{2}{45}$	**0210** ① **0211** $\dfrac{1}{9}$ **0212** ①
0213 ③	**0214** ①	**0215** ① **0216** $\dfrac{5}{64}$ **0217** ①
0218 ①	**0219** ①	**0220** $\dfrac{10}{21}$ **0221** 5 **0222** ①
0223 $\dfrac{3}{5}$	**0224** $\dfrac{3}{22}$	**0225** $\dfrac{10}{91}$ **0226** 6 **0227** $\dfrac{8}{31}$
0228 $\dfrac{11}{25}$	**0229** ㄱ, ㄷ	**0230** ㄱ, ㄴ, ㄷ **0231** ㄴ
0232 $\dfrac{1}{2}$	**0233** $\dfrac{3}{5}$	**0234** ② **0235** $\dfrac{3}{5}$ **0236** $\dfrac{13}{28}$
0237 ④	**0238** $\dfrac{9}{14}$	**0239** $\dfrac{5}{21}$ **0240** $\dfrac{2}{3}$ **0241** ④
0242 $\dfrac{5}{6}$	**0243** $\dfrac{31}{40}$	**0244** ⑤ **0245** ⑤ **0246** 6
0247 $\dfrac{4}{5}$	**0248** $\dfrac{9}{14}$	**0249** ⑤ **0250** 6 **0251** $\dfrac{4}{9}$
0252 -1	**0253** $\dfrac{3}{8}$	**0254** $\dfrac{4}{7}$ **0255** -25
0256 ㄴ, ㄹ, ㅂ	**0257** $\dfrac{13}{25}$	**0258** 11 **0259** $\dfrac{1}{7}$
0260 ①	**0261** $\dfrac{2}{7}$	**0262** $\dfrac{1}{6}$ **0263** ① **0264** ⑤
0265 $\dfrac{1}{6}$	**0266** ②	**0267** ④ **0268** 16 **0269** $\dfrac{4}{5}$
0270 $\dfrac{4}{45}$	**0271** ①	**0272** ④ **0273** $\dfrac{8}{9}$ **0274** $\dfrac{5}{9}$
0275 $\dfrac{2}{3}$	**0276** ①	**0277** $\dfrac{3}{5}$ **0278** ⑤ **0279** $\dfrac{73}{80}$
0280 $\dfrac{5}{28}$	**0281** $\dfrac{1}{10}$	**0282** $\dfrac{11}{42}$ **0283** $\dfrac{13}{50}$ **0284** ①
0285 $\dfrac{35}{1296}$	**0286** 19	**0287** 23

개념원리 RPM

확률과 통계

수학의 자신감은

많은 문제들을 반복해서 풀어 봄으로써

얻을 수 있습니다.

> 이 책을
> 펴내면서

수학 공부에도 비결이 있나요?

예. 있습니다.

무조건 암기하거나 문제를 풀기만 하는 수학 공부는 잘못된 학습방법입니다.

공부는 많이 하는 것 같은데 효과를 얻을 수 없는 이유가 여기에 있지요.

그렇다면 효과적인 수학 공부의 비결은 무엇일까요?

첫째. 개념원리 기본서를 통하여 개념과 원리를 정확히 이해합니다.

둘째. RPM의 다양한 문제를 풀어 봄으로써 수학의 자신감을 얻습니다.

이처럼 개념원리 기본서와 RPM을 함께 공부해 나간다면 수학의 자신감을 얻고

학교 시험에서 고득점을 얻는 데 큰 도움이 될 것입니다.

개념원리 기본서와 RPM으로 열심히 공부하여 수학에서 만점을 받아 보세요.

구성과 특징

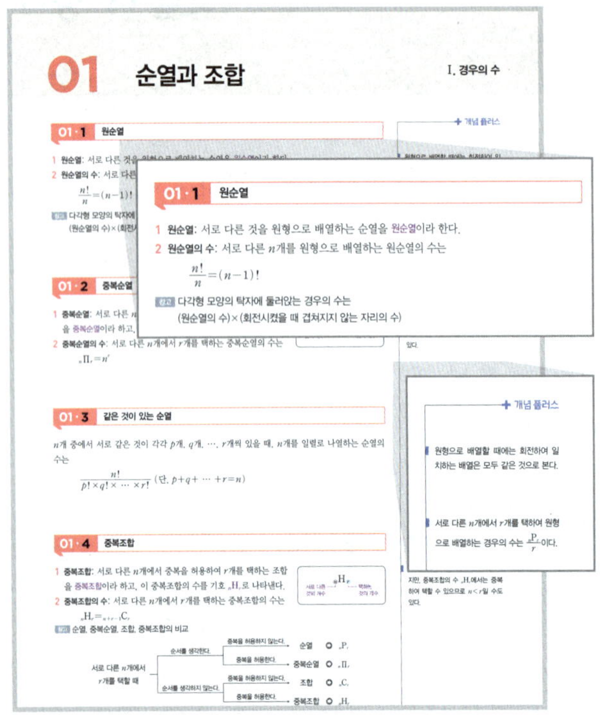

1 핵심 개념 정리

교과서 내용을 꼼꼼히 분석하여 핵심 개념만을 모아 알차고 이해하기 쉽게 정리하였습니다.

핵심 개념

각 단원에서 반드시 알아야 할 개념만을 모아 자세한 부가설명과 함께 수록하였습니다.

개념 플러스

혼동하기 쉬운 개념이나 새로운 개념을 이해하는 데 필요한 내용과 문제 해결에 유용한 내용 등을 제공하였습니다.

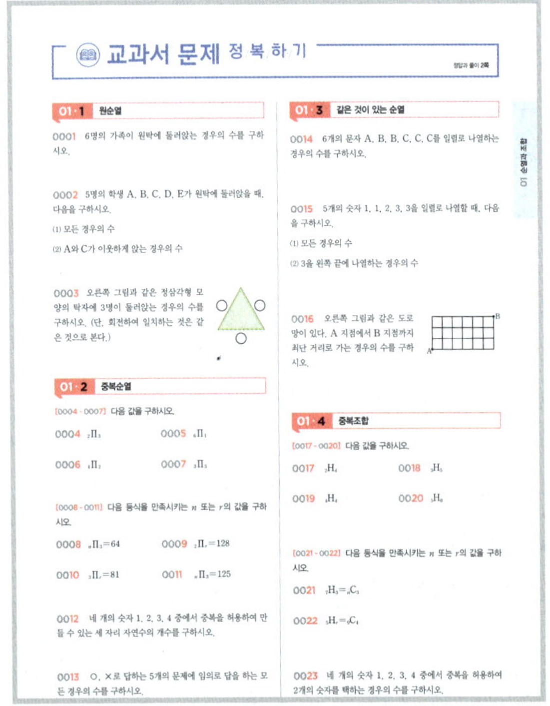

2 교과서 문제 정복하기

학습한 정의와 공식을 적용하여 해결할 수 있는 기본적인 문제를 충분히 연습하여 개념을 확실하게 익힐 수 있도록 구성하였습니다.

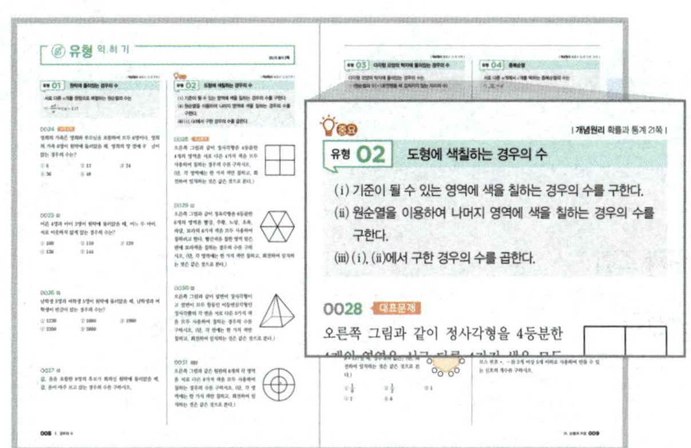

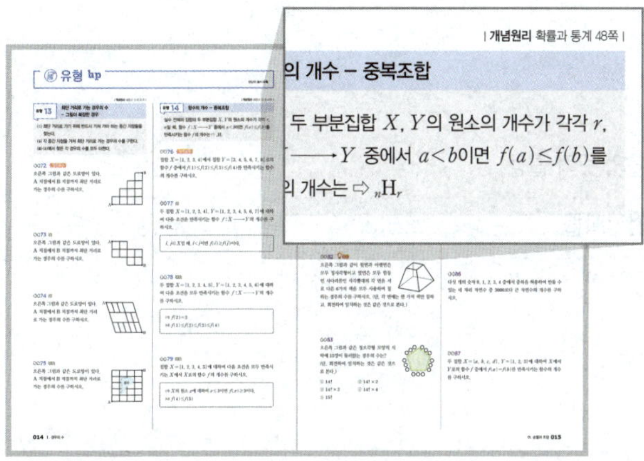

3 유형 익히기 / 유형 UP

문제 해결에 사용되는 핵심 개념과 문제의 형태 및 풀이 방법 등에 따라 문제를 유형화하였습니다.

핵심 개념

유형 연습에 필요한 핵심 개념 및 풀이 방법을 실었습니다.
중요 유형은 중단원별로 세분화된 유형 중 시험 출제율이 70% 이상인 유형입니다. 모든 유형의 학습이 다 중요하겠지만 중요 유형은 반드시 알아두어야 합니다.

개념원리 수학기본서 피드백

각 유형에 대한 개념과 공식의 적용 및 접근 방법을 좀 더 자세히 볼 수 있는 개념원리 수학기본서 쪽수입니다.

4 시험에 꼭 나오는 문제

실제 학교 시험에 나왔던 출제율이 높은 문제를 통해 유형을 익혔는지 확인할 수 있을 뿐만 아니라 실전력을 기를 수 있도록 하였습니다.

서술형 주관식

비중이 높아진 서술형 문제의 풀이 방법을 확인할 수 있도록 구성하였습니다.

실력 UP

난이도 높은 문제를 풀어 봄으로써 어려워지는 학교 시험을 더욱 완벽하게 대비할 수 있습니다.

차례

I

경우의 수

01 순열과 조합

01 · 1 원순열

1 **원순열**: 서로 다른 것을 원형으로 배열하는 순열을 원순열이라 한다.
2 **원순열의 수**: 서로 다른 n개를 원형으로 배열하는 원순열의 수는

$$\frac{n!}{n} = (n-1)!$$

참고 다각형 모양의 탁자에 둘러앉는 경우의 수는
(원순열의 수)×(회전시켰을 때 겹쳐지지 않는 자리의 수)

■ 원형으로 배열할 때에는 회전하여 일치하는 배열은 모두 같은 것으로 본다.

■ 서로 다른 n개에서 r개를 택하여 원형으로 배열하는 경우의 수는 $\dfrac{{}_n\mathrm{P}_r}{r}$ 이다.

01 · 2 중복순열

1 **중복순열**: 서로 다른 n개에서 중복을 허용하여 r개를 택하는 순열을 중복순열이라 하고, 이 중복순열의 수를 기호 ${}_n\Pi_r$로 나타낸다.
2 **중복순열의 수**: 서로 다른 n개에서 r개를 택하는 중복순열의 수는

$${}_n\Pi_r = n^r$$

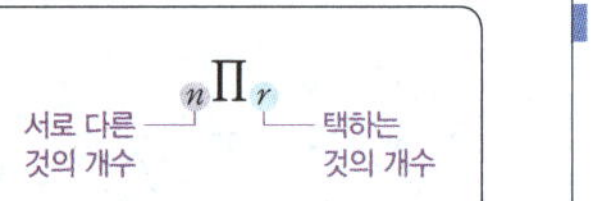

■ 순열의 수 ${}_n\mathrm{P}_r$에서는 $n \geq r$이어야 하지만, 중복순열의 수 ${}_n\Pi_r$에서는 중복하여 택할 수 있으므로 $n < r$일 수도 있다.

01 · 3 같은 것이 있는 순열

n개 중에서 서로 같은 것이 각각 p개, q개, $\cdots$, r개씩 있을 때, n개를 일렬로 나열하는 순열의 수는

$$\frac{n!}{p! \times q! \times \cdots \times r!} \;(\text{단, } p+q+\cdots+r=n)$$

01 · 4 중복조합

1 **중복조합**: 서로 다른 n개에서 중복을 허용하여 r개를 택하는 조합을 중복조합이라 하고, 이 중복조합의 수를 기호 ${}_n\mathrm{H}_r$로 나타낸다.
2 **중복조합의 수**: 서로 다른 n개에서 r개를 택하는 중복조합의 수는

$${}_n\mathrm{H}_r = {}_{n+r-1}\mathrm{C}_r$$

■ 조합의 수 ${}_n\mathrm{C}_r$에서는 $n \geq r$이어야 하지만, 중복조합의 수 ${}_n\mathrm{H}_r$에서는 중복하여 택할 수 있으므로 $n < r$일 수도 있다.

참고 순열, 중복순열, 조합, 중복조합의 비교

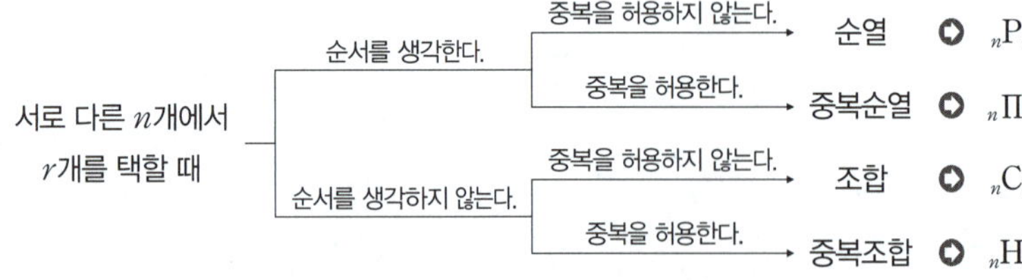

 교과서 문제 정/복/하/기

01·1 원순열

0001 6명의 가족이 원탁에 둘러앉는 경우의 수를 구하시오.

0002 5명의 학생 A, B, C, D, E가 원탁에 둘러앉을 때, 다음을 구하시오.

(1) 모든 경우의 수

(2) A와 C가 이웃하게 앉는 경우의 수

0003 오른쪽 그림과 같은 정삼각형 모양의 탁자에 3명이 둘러앉는 경우의 수를 구하시오. (단, 회전하여 일치하는 것은 같은 것으로 본다.)

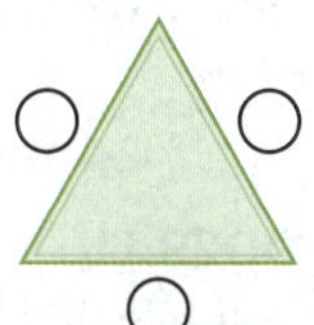

01·2 중복순열

[0004 ~ 0007] 다음 값을 구하시오.

0004 $_2\Pi_3$

0005 $_6\Pi_1$

0006 $_4\Pi_2$

0007 $_3\Pi_5$

[0008 ~ 0011] 다음 등식을 만족시키는 n 또는 r의 값을 구하시오.

0008 $_n\Pi_3=64$

0009 $_2\Pi_r=128$

0010 $_3\Pi_r=81$

0011 $_n\Pi_3=125$

0012 네 개의 숫자 1, 2, 3, 4 중에서 중복을 허용하여 만들 수 있는 세 자리 자연수의 개수를 구하시오.

0013 ○, ×로 답하는 5개의 문제에 임의로 답을 하는 모든 경우의 수를 구하시오.

01·3 같은 것이 있는 순열

0014 6개의 문자 A, B, B, C, C, C를 일렬로 나열하는 경우의 수를 구하시오.

0015 5개의 숫자 1, 1, 2, 3, 3을 일렬로 나열할 때, 다음을 구하시오.

(1) 모든 경우의 수

(2) 3을 왼쪽 끝에 나열하는 경우의 수

0016 오른쪽 그림과 같은 도로망이 있다. A 지점에서 B 지점까지 최단 거리로 가는 경우의 수를 구하시오.

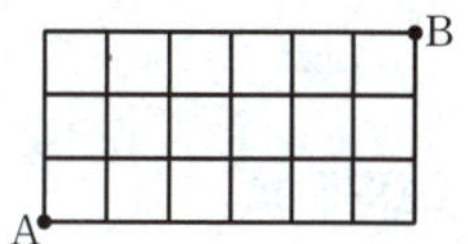

01·4 중복조합

[0017 ~ 0020] 다음 값을 구하시오.

0017 $_2H_4$

0018 $_3H_5$

0019 $_4H_4$

0020 $_5H_0$

[0021 ~ 0022] 다음 등식을 만족시키는 n 또는 r의 값을 구하시오.

0021 $_7H_3=_nC_3$

0022 $_5H_r=_9C_4$

0023 네 개의 숫자 1, 2, 3, 4 중에서 중복을 허용하여 2개의 숫자를 택하는 경우의 수를 구하시오.

| 개념원리 확률과 통계 19쪽 |

유형 **01** 원탁에 둘러앉는 경우의 수

서로 다른 n개를 원형으로 배열하는 원순열의 수는

$$\Rightarrow \frac{n!}{n}=(n-1)!$$

0024 [대표문제]

영희의 가족은 영희와 부모님을 포함하여 모두 6명이다. 영희의 가족 6명이 원탁에 둘러앉을 때, 영희의 양 옆에 부모님이 앉는 경우의 수는?

① 6　　　　② 12　　　　③ 24
④ 36　　　　⑤ 48

0025 [중]

어른 4명과 아이 3명이 원탁에 둘러앉을 때, 어느 두 아이도 서로 이웃하지 않게 앉는 경우의 수는?

① 100　　　② 110　　　③ 120
④ 136　　　⑤ 144

0026 [중]

남학생 5명과 여학생 5명이 원탁에 둘러앉을 때, 남학생과 여학생이 번갈아 앉는 경우의 수는?

① 1230　　　② 1680　　　③ 1960
④ 2350　　　⑤ 2880

0027 [중]

갑, 을을 포함한 8명의 후보가 회의실 원탁에 둘러앉을 때, 갑, 을이 마주 보고 앉는 경우의 수를 구하시오.

| 개념원리 확률과 통계 21쪽 |

유형 **02** 도형에 색칠하는 경우의 수

(ⅰ) 기준이 될 수 있는 영역에 색을 칠하는 경우의 수를 구한다.
(ⅱ) 원순열을 이용하여 나머지 영역에 색을 칠하는 경우의 수를 구한다.
(ⅲ) (ⅰ), (ⅱ)에서 구한 경우의 수를 곱한다.

0028 [대표문제]

오른쪽 그림과 같이 정사각형을 4등분한 4개의 영역을 서로 다른 4가지 색을 모두 사용하여 칠하는 경우의 수를 구하시오. (단, 각 영역에는 한 가지 색만 칠하고, 회전하여 일치하는 것은 같은 것으로 본다.)

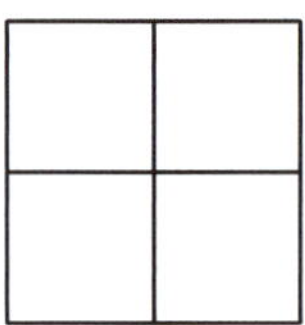

0029 [중]

오른쪽 그림과 같이 정육각형을 6등분한 6개의 영역을 빨강, 주황, 노랑, 초록, 파랑, 보라의 6가지 색을 모두 사용하여 칠하려고 한다. 빨간색을 칠한 영역 맞은편에 보라색을 칠하는 경우의 수를 구하시오. (단, 각 영역에는 한 가지 색만 칠하고, 회전하여 일치하는 것은 같은 것으로 본다.)

0030 [중]

오른쪽 그림과 같이 밑면이 정사각형이고 옆면이 모두 합동인 이등변삼각형인 정사각뿔의 각 면을 서로 다른 5가지 색을 모두 사용하여 칠하는 경우의 수를 구하시오. (단, 각 면에는 한 가지 색만 칠하고, 회전하여 일치하는 것은 같은 것으로 본다.)

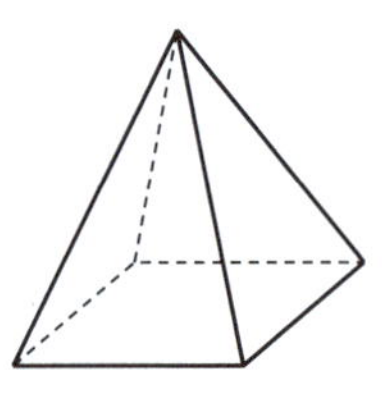

0031 [상중]

오른쪽 그림과 같은 원판의 8개의 각 영역을 서로 다른 8가지 색을 모두 사용하여 칠하는 경우의 수를 구하시오. (단, 각 영역에는 한 가지 색만 칠하고, 회전하여 일치하는 것은 같은 것으로 본다.)

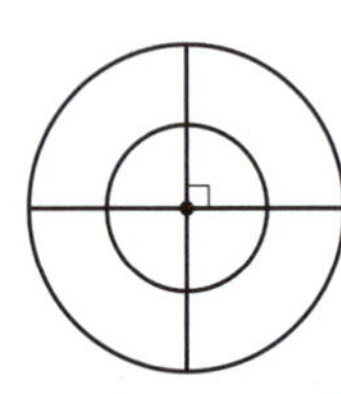

유형 03 다각형 모양의 탁자에 둘러앉는 경우의 수

다각형 모양의 탁자에 둘러앉는 경우의 수는
$\Rightarrow$ (원순열의 수)×(회전했을 때 겹쳐지지 않는 자리의 수)

0032 대표문제

오른쪽 그림과 같은 직사각형 모양의 탁자에 10명이 둘러앉는 경우의 수는? (단, 회전하여 일치하는 것은 같은 것으로 본다.)

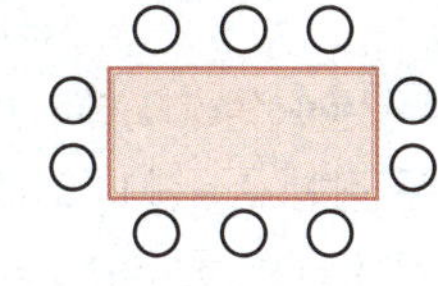

① $9!$ ② $9! \times 5$ ③ $10!$
④ $10! \times 5$ ⑤ $10! \times 9$

0033 중

오른쪽 그림과 같은 정삼각형 모양의 탁자에 6명이 둘러앉는 경우의 수는? (단, 회전하여 일치하는 것은 같은 것으로 본다.)

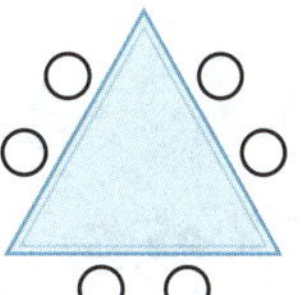

① 120   ② 240
③ 300   ④ 600
⑤ 720

0034 중

오른쪽 그림과 같은 부채꼴 모양의 탁자에 7명의 학생이 둘러앉는 경우의 수를 구하시오. (단, 회전하여 일치하는 것은 같은 것으로 본다.)

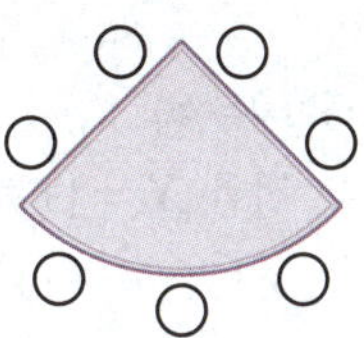

0035 상 중

오른쪽 그림과 같은 정육각형 모양의 탁자에 12명이 둘러앉는 경우의 수가 $a \times 12!$일 때, 상수 a의 값은? (단, 회전하여 일치하는 것은 같은 것으로 본다.)

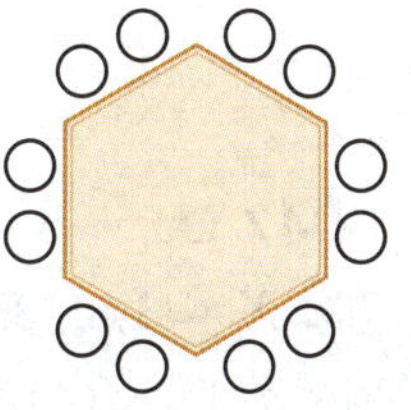

① $\dfrac{1}{6}$ ② $\dfrac{1}{2}$ ③ 1
④ 2   ⑤ 6

유형 04 중복순열

서로 다른 n개에서 r개를 택하는 중복순열의 수는
$\Rightarrow {}_n\Pi_r = n^r$

0036 대표문제

영희와 철수를 포함한 5명이 축구반, 야구반, 육상반 중 한 반에 지원할 때, 영희와 철수가 같은 반에 지원하는 경우의 수를 구하시오.

0037 중 하

왼손에 흰색 깃발, 오른손에 파란색 깃발을 들고 있는 4명의 학생이 일렬로 나란히 서 있다. 4명이 동시에 한 손만을 들어 올려 만들 수 있는 서로 다른 신호의 개수를 구하시오.

0038 중 서술형

6명의 선거인이 갑, 을, 병 3명의 후보 중 한 명에게 기명으로 투표할 때, 갑이 2표를 얻는 경우의 수를 구하시오.

(단, 기권이나 무효는 없다.)

0039 중

모스 부호 •, —를 3개 이상 5개 이하로 사용하여 만들 수 있는 신호의 개수를 구하시오.

유형 05 중복순열을 이용한 자연수의 개수

자연수 n ($n \leq 9$), r에 대하여
(1) 1, 2, 3, …, n의 n개의 숫자에서 중복을 허용하여 만들 수 있는 r자리 자연수의 개수는 $\Rightarrow {}_n\Pi_r$
(2) 0, 1, 2, …, n의 $(n+1)$개의 숫자에서 중복을 허용하여 만들 수 있는 r자리 자연수의 개수는 $\Rightarrow n \times {}_{n+1}\Pi_{r-1}$

0040 대표문제

다섯 개의 숫자 0, 1, 2, 3, 4 중에서 중복을 허용하여 다섯 자리 자연수를 만들 때, 짝수의 개수를 구하시오.

0041 중

네 개의 숫자 1, 2, 3, 4 중에서 중복을 허용하여 만들 수 있는 세 자리 이하의 자연수의 개수를 구하시오.

0042 중

세 개의 숫자 1, 2, 3 중에서 중복을 허용하여 만들 수 있는 네 자리 자연수 중 숫자 1을 반드시 포함하는 자연수의 개수는?

① 61   ② 63   ③ 65
④ 67   ⑤ 69

0043 상중

여섯 개의 숫자 0, 1, 2, 3, 4, 5 중에서 중복을 허용하여 만들 수 있는 모든 자연수를 크기가 작은 수부터 차례대로 나열할 때, 2000은 몇 번째 수인가?

① 430번째   ② 431번째   ③ 432번째
④ 433번째   ⑤ 434번째

유형 06 함수의 개수 – 중복순열

두 집합 $X = \{a_1, a_2, a_3, \cdots, a_r\}$, $Y = \{b_1, b_2, b_3, \cdots, b_n\}$에 대하여
(1) X에서 Y로의 함수의 개수 $\Rightarrow {}_n\Pi_r$
(2) X에서 Y로의 일대일함수의 개수 $\Rightarrow {}_n\mathrm{P}_r$ (단, $n \geq r$)

0044 대표문제

두 집합 $X = \{1, 2, 3\}$, $Y = \{a, b, c, d, e\}$에 대하여 X에서 Y로의 함수의 개수를 m, 일대일함수의 개수를 n이라 할 때, $m+n$의 값은?

① 160   ② 185   ③ 200
④ 235   ⑤ 250

0045 중

집합 $X = \{1, 2, 3, 4\}$에서 집합 $Y = \{1, 2, 3, 4, 5\}$로의 함수 f 중에서 $f(3) \neq 3$인 함수의 개수를 구하시오.

0046 중

두 집합 $X = \{1, 2, 3, 4\}$, $Y = \{1, 2, 3, 4, 5\}$에 대하여 함수 $f : X \longrightarrow Y$ 중에서 $f(1) = 1$ 또는 $f(2) = 2$인 함수의 개수를 구하시오.

0047 상중

집합 $X = \{1, 2, 3, 4, 5\}$에 대하여 X에서 X로의 함수 f 중에서 $f(1) = f(4) > 3$인 함수의 개수를 구하시오.

| 개념원리 확률과 통계 32쪽 |

유형 **07** 같은 것이 있는 순열 – 문자의 나열

n개 중에서 서로 같은 것이 각각 p개, q개, $\cdots$, r개씩 있을 때, n개를 일렬로 나열하는 순열의 수는

$$\Rightarrow \frac{n!}{p! \times q! \times \cdots \times r!} \ (\text{단}, \ p+q+\cdots+r=n)$$

0048 대표문제

challenge의 9개의 문자를 일렬로 나열할 때, 양 끝에 l이 오도록 나열하는 경우의 수는?

① 2550   ② 2520   ③ 2500
④ 1980   ⑤ 1870

0049 중

happiness의 9개의 문자를 모음끼리 이웃하도록 나열하는 경우의 수를 구하시오.

0050 중

internet의 8개의 문자를 일렬로 나열할 때, 2개의 t가 이웃하지 않도록 나열하는 경우의 수는?

① 1680   ② 1890   ③ 2520
④ 3780   ⑤ 5040

0051 상중 서술형

7개의 문자 a, b, b, c, c, c, d를 일렬로 나열할 때, 양 끝에 서로 다른 문자가 오는 경우의 수를 구하시오.

| 개념원리 확률과 통계 31쪽 |

유형 **08** 같은 것이 있는 순열 – 자연수의 개수

(ⅰ) 주어진 조건에 따라 기준이 되는 자리부터 먼저 나열한다.

(ⅱ) 나머지 자리에 남은 숫자들을 나열한 후, 같은 것이 있는 순열의 수를 이용하여 자연수의 개수를 구한다.

0052 대표문제

여섯 개의 숫자 0, 1, 1, 2, 2, 2를 모두 사용하여 만들 수 있는 여섯 자리 자연수의 개수는?

① 24   ② 28   ③ 35
④ 50   ⑤ 53

0053 중

다섯 개의 숫자 1, 2, 2, 3, 3 중에서 4개를 택하여 만들 수 있는 네 자리 자연수의 개수를 구하시오.

0054 중

여섯 개의 숫자 1, 2, 2, 4, 5, 5를 모두 사용하여 여섯 자리 자연수를 만들 때, 300000보다 큰 자연수의 개수는?

① 70   ② 80   ③ 90
④ 100   ⑤ 110

0055 중

여섯 개의 숫자 0, 1, 1, 2, 2, 3을 모두 사용하여 만들 수 있는 여섯 자리 자연수 중 홀수의 개수를 구하시오.

유형 09 순서가 정해진 순열

서로 다른 n개를 일렬로 나열할 때, 특정한 r $(0 < r \leq n)$개는 정해진 순서대로 나열하는 경우의 수는 $\Rightarrow \dfrac{n!}{r!}$

$\Rightarrow$ 순서가 정해진 r개를 같은 것으로 생각하여 같은 것이 r개 포함된 n개를 일렬로 나열하는 경우의 수와 같다.

0056 대표문제

6개의 문자 a, b, c, d, e, f를 일렬로 나열할 때, 모음은 알파벳 순서대로 나오도록 나열하는 경우의 수는?

① 360 ② 512 ③ 648
④ 720 ⑤ 840

0057 중

tomorrow의 8개의 문자를 일렬로 나열할 때, t가 m보다 앞에 오도록 나열하는 경우의 수를 구하시오.

0058 중

7개의 숫자 1, 1, 1, 2, 3, 4, 5를 일렬로 나열할 때, 2, 3, 4는 크기가 작은 것부터 순서대로 나열하는 경우의 수는?

① 96 ② 112 ③ 120
④ 136 ⑤ 140

0059 상중

compromise에 있는 10개의 문자를 일렬로 나열할 때, c는 p보다 앞에 오고 i는 r보다 앞에 오도록 나열하는 경우의 수는 $k \times 10!$이다. 이때 상수 k의 값은?

① $\dfrac{1}{32}$ ② $\dfrac{1}{24}$ ③ $\dfrac{1}{16}$
④ $\dfrac{1}{8}$ ⑤ $\dfrac{1}{4}$

유형 10 최단 거리로 가는 경우의 수

A 지점에서 B 지점까지 최단 거리로 갈 때, 중간 지점 P를 거쳐 가는 경우의 수는

$\Rightarrow$ (A 지점에서 P 지점까지 최단 거리로 가는 경우의 수)
$\times$ (P 지점에서 B 지점까지 최단 거리로 가는 경우의 수)

0060 대표문제

오른쪽 그림과 같은 도로망이 있다. A 지점에서 P 지점을 거쳐 B 지점까지 최단 거리로 가는 경우의 수를 구하시오.

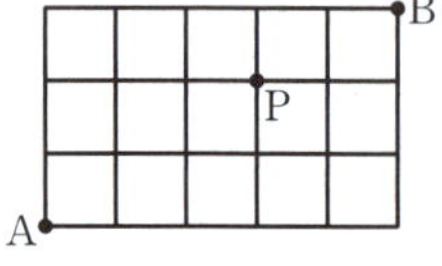

0061 중

오른쪽 그림과 같은 도로망이 있다. A 지점에서 B 지점까지 최단 거리로 갈 때, 선분 PQ를 거쳐 가는 경우의 수를 구하시오.

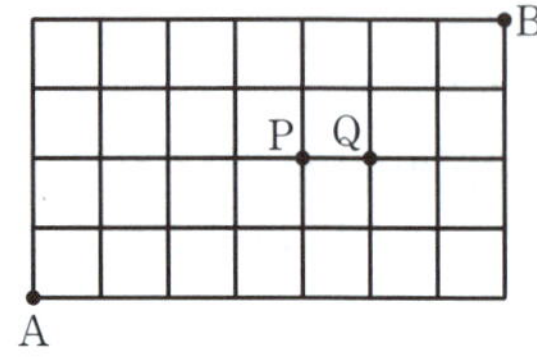

0062 중 서술형

오른쪽 그림과 같은 도로망이 있다. A 지점에서 B 지점까지 최단 거리로 갈 때, P 지점은 거쳐 가고 Q 지점은 거쳐 가지 않는 경우의 수를 구하시오.

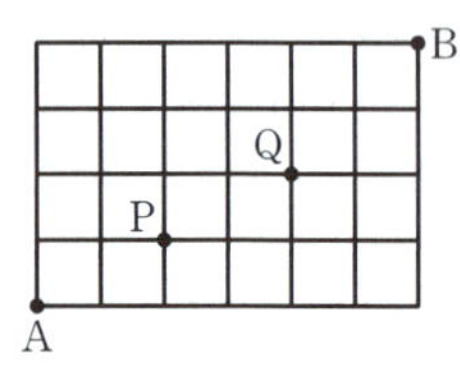

0063 상중

오른쪽 그림과 같이 크기가 같은 정육면체 6개를 쌓아 올려 직육면체를 만들었다. 정육면체의 모서리를 따라 꼭짓점 A에서 꼭짓점 B까지 최단 거리로 가는 경우의 수를 구하시오.

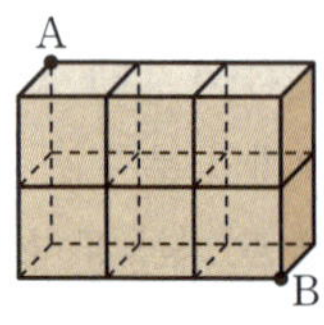

유형 **11**　중복조합

서로 다른 n개에서 r개를 택하는 중복조합의 수는
$$\Rightarrow {}_n\mathrm{H}_r = {}_{n+r-1}\mathrm{C}_r$$

0064 　대표문제

5명의 후보가 출마한 선거에서 10명의 유권자가 한 명의 후보에게 각각 투표할 때, 무기명으로 투표하는 경우의 수를 구하시오. (단, 기권이나 무효는 없다.)

0065 　중하

$(a+b+c)^8$을 전개할 때 생기는 서로 다른 항의 개수를 구하시오.

0066 　중

흰색, 노란색, 연두색, 분홍색 접시가 한 개씩 있다. 이 접시 4개에 똑같은 송편 10조각을 남김없이 나누어 담을 때, 흰색 접시에는 송편을 2조각 이상, 연두색 접시에는 송편을 3조각 이상 담는 경우의 수는?

① 28　　　　② 36　　　　③ 45
④ 56　　　　⑤ 70

0067 　중

모양과 크기가 같은 구슬 12개를 갑, 을, 병 3명에게 남김없이 나누어 줄 때, 한 명당 적어도 2개 이상의 구슬을 받도록 나누어 주는 경우의 수는?

① 21　　　　② 24　　　　③ 28
④ 35　　　　⑤ 45

유형 **12**　방정식의 해의 개수

방정식 $x_1+x_2+x_3+ \cdots +x_n=r$의
(1) 음이 아닌 정수해의 개수 $\Rightarrow {}_n\mathrm{H}_r$
(2) 양의 정수해의 개수 $\Rightarrow {}_n\mathrm{H}_{r-n}$ (단, $r \geq n$)

0068 　대표문제

방정식 $x+y+z=10$의 음이 아닌 정수해의 개수를 a, 양의 정수해의 개수를 b라 할 때, $a+b$의 값은?

① 100　　　　② 102　　　　③ 104
④ 106　　　　⑤ 108

0069 　중

$x \geq 2$, $y \geq 2$, $z \geq 1$일 때, 방정식 $x+y+z=11$의 정수해의 개수를 구하시오.

0070 　중

부등식 $x+y+z<5$를 만족시키는 음이 아닌 정수해 x, y, z의 순서쌍 (x, y, z)의 개수는?

① 20　　　　② 25　　　　③ 30
④ 35　　　　⑤ 40

0071 　상중

음이 아닌 네 정수 a, b, c, d에 대하여 $a^2+b+c+d=9$를 만족시키는 순서쌍 (a, b, c, d)의 개수를 구하시오.

| 개념원리 확률과 통계 35쪽 |

유형 13　최단 거리로 가는 경우의 수
　　　　　– 그림이 복잡한 경우

(ⅰ) 최단 거리로 가기 위해 반드시 거쳐 가야 하는 중간 지점들을
　　찾는다.
(ⅱ) 각 중간 지점을 거쳐 최단 거리로 가는 경우의 수를 구한다.
(ⅲ) (ⅱ)에서 찾은 각 경우의 수를 모두 더한다.

0072　`대표문제`

오른쪽 그림과 같은 도로망이 있다.
A 지점에서 B 지점까지 최단 거리로
가는 경우의 수를 구하시오.

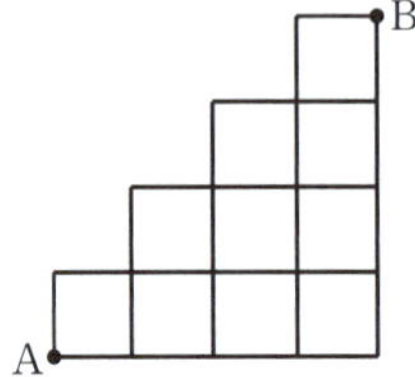

0073　`중`

오른쪽 그림과 같은 도로망이 있다.
A 지점에서 B 지점까지 최단 거리로
가는 경우의 수를 구하시오.

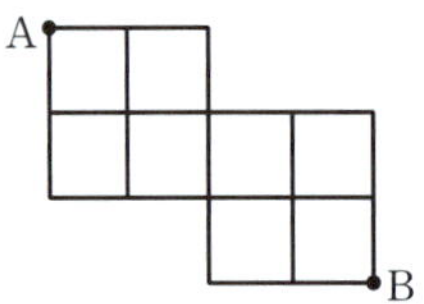

0074　`중`

오른쪽 그림과 같은 도로망이 있다.
A 지점에서 B 지점까지 최단 거리
로 가는 경우의 수를 구하시오.

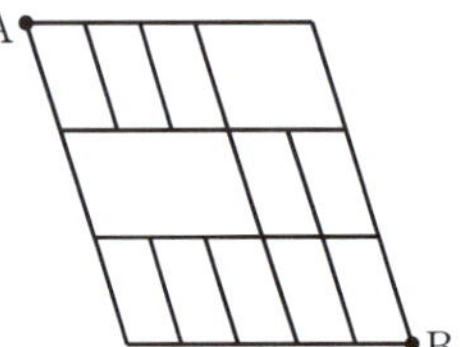

0075　`상 중`

오른쪽 그림과 같은 도로망이 있다.
A 지점에서 B 지점까지 최단 거리로
가는 경우의 수를 구하시오.

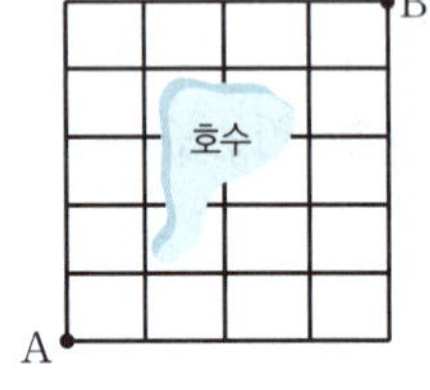

| 개념원리 확률과 통계 48쪽 |

유형 14　함수의 개수 – 중복조합

실수 전체의 집합의 두 부분집합 X, Y의 원소의 개수가 각각 r,
n일 때, 함수 $f : X \longrightarrow Y$ 중에서 $a<b$이면 $f(a) \leq f(b)$를
만족시키는 함수 f의 개수는 ⇨ $_n\mathrm{H}_r$

0076　`대표문제`

집합 $X=\{1, 2, 3, 4\}$에서 집합 $Y=\{3, 4, 5, 6, 7, 8\}$로의
함수 f 중에서 $f(1) \leq f(2) \leq f(3) \leq f(4)$를 만족시키는 함수
의 개수를 구하시오.

0077　`중`

두 집합 $X=\{1, 2, 3, 4\}$, $Y=\{1, 2, 3, 4, 5, 6, 7\}$에 대하
여 다음 조건을 만족시키는 함수 $f : X \longrightarrow Y$의 개수를 구
하시오.

> $i, j \in X$일 때, $i<j$이면 $f(i) \geq f(j)$이다.

0078　`상 중`

두 집합 $X=\{1, 2, 3, 4, 5\}$, $Y=\{1, 2, 3, 4, 5, 6\}$에 대하
여 다음 조건을 모두 만족시키는 함수 $f : X \longrightarrow Y$의 개수
를 구하시오.

> ㈎ $f(2)=3$
> ㈏ $f(1) \leq f(2) \leq f(3) \leq f(4)$

0079　`상 중`

집합 $X=\{1, 2, 3, 4, 5\}$에 대하여 다음 조건을 모두 만족시
키는 X에서 X로의 함수 f의 개수를 구하시오.

> ㈎ X의 원소 x에 대하여 $x \leq 3$이면 $f(x) \geq 3$이다.
> ㈏ $f(4) \leq f(5)$

0080

3쌍의 부부가 원탁에 둘러앉을 때, 부부끼리 이웃하게 앉는 경우의 수는?

① 12   ② 14   ③ 16
④ 18   ⑤ 20

0081

오른쪽 그림과 같이 원을 5등분한 5개의 영역을 빨간색과 파란색을 포함한 서로 다른 5가지 색을 모두 사용하여 칠하려고 한다. 빨간색과 파란색을 이웃하지 않게 칠하는 경우의 수를 구하시오. (단, 각 영역에는 한 가지 색만 칠하고, 회전하여 일치하는 것은 같은 것으로 본다.)

0082

오른쪽 그림과 같이 윗면과 아랫면은 모두 정사각형이고 옆면은 모두 합동인 사다리꼴인 사각뿔대의 각 면을 서로 다른 6가지 색을 모두 사용하여 칠하는 경우의 수를 구하시오. (단, 각 면에는 한 가지 색만 칠하고, 회전하여 일치하는 것은 같은 것으로 본다.)

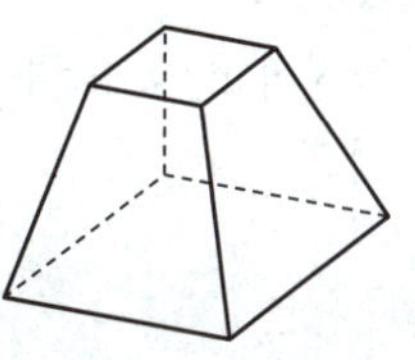

0083

오른쪽 그림과 같은 정오각형 모양의 식탁에 15명이 둘러앉는 경우의 수는?
(단, 회전하여 일치하는 것은 같은 것으로 본다.)

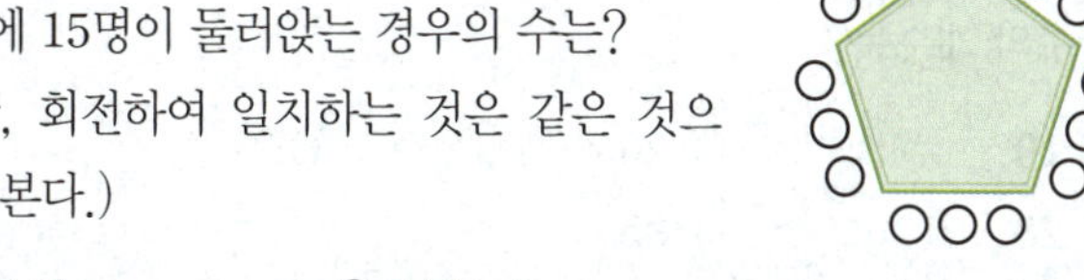

① $14!$ ② $14! \times 2$
③ $14! \times 3$ ④ $14! \times 4$
⑤ $15!$

0084

3명의 어린이가 서로 다른 6개의 놀이기구 중 한 개를 골라 타는 경우의 수를 구하시오.

0085 수능 기출

숫자 1, 2, 3, 4, 5 중에서 중복을 허락하여 네 개를 택해 일렬로 나열하여 만든 네 자리의 자연수가 5의 배수인 경우의 수는?

① 115   ② 120   ③ 125
④ 130   ⑤ 135

0086

다섯 개의 숫자 0, 1, 2, 3, 4 중에서 중복을 허용하여 만들 수 있는 네 자리 자연수 중 3000보다 큰 자연수의 개수를 구하시오.

0087

두 집합 $X = \{a, b, c, d\}$, $Y = \{1, 2, 3\}$에 대하여 X에서 Y로의 함수 f 중에서 $f(a) = f(b)$를 만족시키는 함수의 개수를 구하시오.

0088

secretary에 있는 9개의 문자를 일렬로 나열할 때, r끼리 이웃하도록 나열하는 경우의 수는?

① $7!$ 　② $\dfrac{1}{4} \times 8!$ 　③ $4 \times 7!$

④ $8!$ 　⑤ $\dfrac{1}{4} \times 9!$

0089

8개의 숫자 1, 1, 1, 2, 2, 3, 4, 4를 일렬로 나열할 때, 홀수 번째 자리에는 홀수를, 짝수 번째 자리에는 짝수를 나열하는 경우의 수는?

① 6 　② 12 　③ 18

④ 24 　⑤ 30

0090

principle의 9개의 문자를 일렬로 나열할 때, i, i, e는 이 순서대로 나오도록 나열하는 경우의 수는?

① 5040 　② 7260 　③ 9248

④ 20460 　⑤ 30240

0091

오른쪽 그림과 같은 도로망이 있다. A 지점에서 B 지점까지 최단 거리로 갈 때, 선분 PQ를 거쳐 가지 않는 경우의 수를 구하시오.

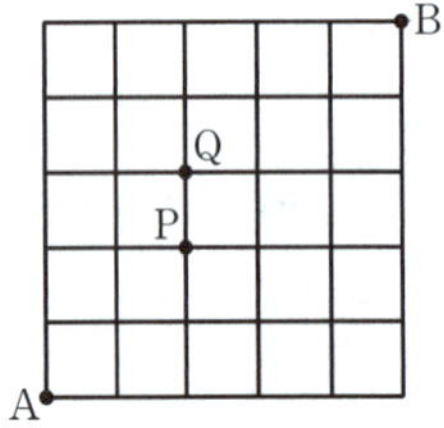

0092

4명의 학생에게 같은 종류의 볼펜 10자루를 남김없이 나누어 주려고 한다. 각 학생이 적어도 한 자루 이상의 볼펜을 받는 경우의 수를 구하시오.

0093 수능 기출

숫자 1, 2, 3, 4에서 중복을 허락하여 5개를 택할 때, 숫자 4가 한 개 이하가 되는 경우의 수는?

① 45 　② 42 　③ 39

④ 36 　⑤ 33

0094

방정식 $x+y+z+3w=6$의 음이 아닌 정수해의 개수를 구하시오.

0095 💡중요

집합 $X=\{1, 2, 3, 4\}$에서 집합 $Y=\{-2, -1, 0, 1, 2\}$로의 함수 f 중에서 $f(1) \leq f(2) \leq f(3) = f(4)$를 만족시키는 함수의 개수는?

① 10 　② 20 　③ 21

④ 28 　⑤ 35

서술형 주관식

실력 up

0096
1학년 학생 3명, 2학년 학생 3명, 3학년 학생 3명이 원탁에 둘러앉을 때, 같은 학년 학생끼리 이웃하게 앉는 경우의 수를 구하시오.

0097
두 집합 $X=\{1, 2, 3, 4\}$, $Y=\{0, 1, 2, 3, 4\}$에 대하여 함수 $f:X \longrightarrow Y$ 중에서 $f(1)+f(2)=2$를 만족시키는 함수의 개수를 구하시오.

0098
6개의 숫자 1, 1, 1, 2, 2, 3 중에서 4개의 숫자를 택하여 만들 수 있는 3의 배수의 개수를 구하시오.

0099
어느 중국집의 세 가지 메뉴 짜장면, 짬뽕, 볶음밥 중에서 8그릇을 주문하려고 할 때, 짜장면을 3그릇 이상 주문하는 경우의 수를 구하시오.

0100
두 집합 $X=\{1, 2, 3, 4, 5, 6\}$, $Y=\{a, b, c\}$에 대하여 X에서 Y로의 함수 f 중에서 $f(1)=a$이고, 치역과 공역이 같은 함수의 개수를 구하시오.

0101
오른쪽 그림과 같이 크기가 같은 정육면체 5개를 붙였을 때, 꼭짓점 A에서 꼭짓점 B까지 최단 거리로 가는 경우의 수를 구하시오.

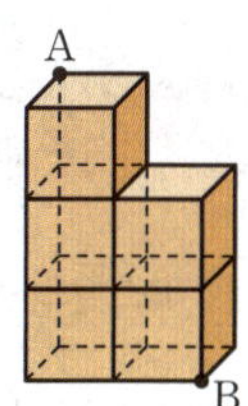

0102 평가원 기출
사과, 감, 배, 귤 네 종류의 과일 중에서 8개를 선택하려고 한다. 사과는 1개 이하를 선택하고, 감, 배, 귤은 각각 1개 이상을 선택하는 경우의 수를 구하시오.

(단, 각 종류의 과일은 8개 이상씩 있다.)

0103 ···· 창의·융합 평가원 기출
좌표평면 위의 점들의 집합 $S=\{(x, y)\,|\,x$와 y는 정수$\}$가 있다. 집합 S에 속하는 한 점에서 S에 속하는 다른 점으로 이동하는 '점프'는 다음 규칙을 만족시킨다.

> 점 P에서 한 번의 '점프'로 점 Q로 이동할 때, 선분 PQ의 길이는 1 또는 $\sqrt{2}$이다.

점 $A(-2, 0)$에서 점 $B(2, 0)$까지 4번만 '점프'하여 이동하는 경우의 수를 구하시오.

(단, 이동하는 과정에서 지나는 점이 다르면 다른 경우이다.)

02 이항정리

02·1 이항정리

1 이항정리: n이 자연수일 때,
$$(a+b)^n={}_n\mathrm{C}_0 a^n+{}_n\mathrm{C}_1 a^{n-1}b+{}_n\mathrm{C}_2 a^{n-2}b^2+\cdots+{}_n\mathrm{C}_r a^{n-r}b^r+\cdots+{}_n\mathrm{C}_{n-1}ab^{n-1}+{}_n\mathrm{C}_n b^n$$

2 이항계수: $(a+b)^n$의 전개식에서 각 항의 계수
$${}_n\mathrm{C}_0,\ {}_n\mathrm{C}_1,\ {}_n\mathrm{C}_2,\ \cdots,\ {}_n\mathrm{C}_r,\ \cdots,\ {}_n\mathrm{C}_n$$
을 **이항계수**라 한다.

> 참고 $(a+b)^n$의 전개식의 일반항은 ${}_n\mathrm{C}_r a^{n-r}b^r$이다.

- $(a+b)^n$의 전개식에서 $a^{n-r}b^r$의 계수는 ${}_n\mathrm{C}_r$, $a^r b^{n-r}$의 계수는 ${}_n\mathrm{C}_{n-r}$ 이때 ${}_n\mathrm{C}_r={}_n\mathrm{C}_{n-r}$이므로 $a^{n-r}b^r$의 계수와 $a^r b^{n-r}$의 계수는 서로 같다.

- $a^0=1$, $b^0=1$로 정한다. (단, $a\neq0$, $b\neq0$)

02·2 파스칼의 삼각형

1 파스칼의 삼각형: n이 자연수일 때, $(a+b)^n$의 이항계수를 차례대로 다음과 같이 배열할 수 있다.

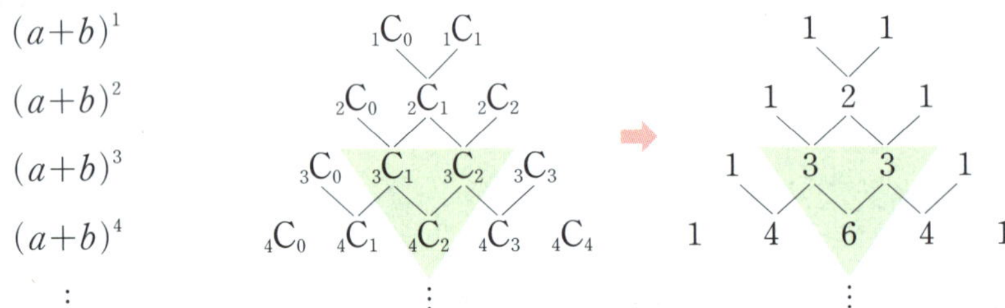

이와 같은 이항계수의 배열을 **파스칼의 삼각형**이라 한다.

2 일반적으로 ${}_{n-1}\mathrm{C}_{r-1}+{}_{n-1}\mathrm{C}_r={}_n\mathrm{C}_r\ (1\le r<n)$이므로 파스칼의 삼각형의 각 단계에서 이웃하는 두 수의 합은 그 두 수의 아래쪽 중앙에 있는 수와 같다.

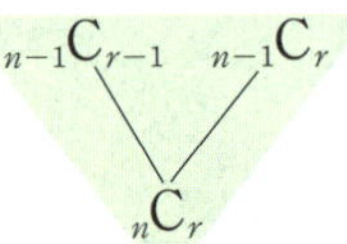

- ${}_n\mathrm{C}_r={}_n\mathrm{C}_{n-r}$, 즉 $a^{n-r}b^r$의 계수와 $a^r b^{n-r}$의 계수가 같으므로 파스칼의 삼각형은 좌우대칭이다.

02·3 이항계수의 성질

n이 자연수일 때,
$$(1+x)^n={}_n\mathrm{C}_0+{}_n\mathrm{C}_1 x+{}_n\mathrm{C}_2 x^2+\cdots+{}_n\mathrm{C}_n x^n \qquad \cdots\cdots ㉠$$
에서

(1) ${}_n\mathrm{C}_0+{}_n\mathrm{C}_1+{}_n\mathrm{C}_2+\cdots+{}_n\mathrm{C}_n=2^n$

(2) ${}_n\mathrm{C}_0-{}_n\mathrm{C}_1+{}_n\mathrm{C}_2-\cdots+(-1)^n{}_n\mathrm{C}_n=0$

(3) ${}_n\mathrm{C}_0+{}_n\mathrm{C}_2+{}_n\mathrm{C}_4+\cdots+{}_n\mathrm{C}_{n-1}={}_n\mathrm{C}_1+{}_n\mathrm{C}_3+{}_n\mathrm{C}_5+\cdots+{}_n\mathrm{C}_n=2^{n-1}$ (n은 1보다 큰 홀수)

${}_n\mathrm{C}_0+{}_n\mathrm{C}_2+{}_n\mathrm{C}_4+\cdots+{}_n\mathrm{C}_n={}_n\mathrm{C}_1+{}_n\mathrm{C}_3+{}_n\mathrm{C}_5+\cdots+{}_n\mathrm{C}_{n-1}=2^{n-1}$ (n은 짝수)

> 증명 (1) ㉠에 $x=1$을 대입하면 $2^n={}_n\mathrm{C}_0+{}_n\mathrm{C}_1+{}_n\mathrm{C}_2+\cdots+{}_n\mathrm{C}_n$ $\qquad \cdots\cdots ㉡$
>
> (2) ㉠에 $x=-1$을 대입하면 $0={}_n\mathrm{C}_0-{}_n\mathrm{C}_1+{}_n\mathrm{C}_2-\cdots+(-1)^n{}_n\mathrm{C}_n$ $\qquad \cdots\cdots ㉢$
>
> (3) n이 1보다 큰 홀수일 때
>
> ㉡+㉢을 하면 $2^n=2{}_n\mathrm{C}_0+2{}_n\mathrm{C}_2+2{}_n\mathrm{C}_4+\cdots+2{}_n\mathrm{C}_{n-1}$
>
> 양변을 2로 나누면 $2^{n-1}={}_n\mathrm{C}_0+{}_n\mathrm{C}_2+{}_n\mathrm{C}_4+\cdots+{}_n\mathrm{C}_{n-1}$
>
> ㉡-㉢을 하면 $2^n=2{}_n\mathrm{C}_1+2{}_n\mathrm{C}_3+2{}_n\mathrm{C}_5+\cdots+2{}_n\mathrm{C}_n$
>
> 양변을 2로 나누면 $2^{n-1}={}_n\mathrm{C}_1+{}_n\mathrm{C}_3+{}_n\mathrm{C}_5+\cdots+{}_n\mathrm{C}_n$
>
> $\therefore 2^{n-1}={}_n\mathrm{C}_0+{}_n\mathrm{C}_2+{}_n\mathrm{C}_4+\cdots+{}_n\mathrm{C}_{n-1}={}_n\mathrm{C}_1+{}_n\mathrm{C}_3+{}_n\mathrm{C}_5+\cdots+{}_n\mathrm{C}_n$

02 · 1 이항정리

[0104 ~ 0107] 이항정리를 이용하여 다음 식을 전개하시오.

0104 $(x+y)^4$

0105 $(x-2)^5$

0106 $(3a+2b)^4$

0107 $\left(a-\dfrac{2}{a}\right)^3$

0108 $(x+y)^7$의 전개식에서 다음 항의 계수를 구하시오.

(1) x^4y^3　　　(2) x^5y^2　　　(3) y^7

[0109 ~ 0111] 다음을 구하시오.

0109 $(x+2)^4$의 전개식에서 x^3의 계수

0110 $(2x-y)^5$의 전개식에서 x^3y^2의 계수

0111 $\left(a-\dfrac{1}{a}\right)^6$의 전개식에서 상수항

02 · 2 파스칼의 삼각형

[0112 ~ 0113] 파스칼의 삼각형을 이용하여 식을 전개하려고 한다. □ 안에 알맞은 수를 써넣고 식을 전개하시오.

0112 $(a+b)^5$

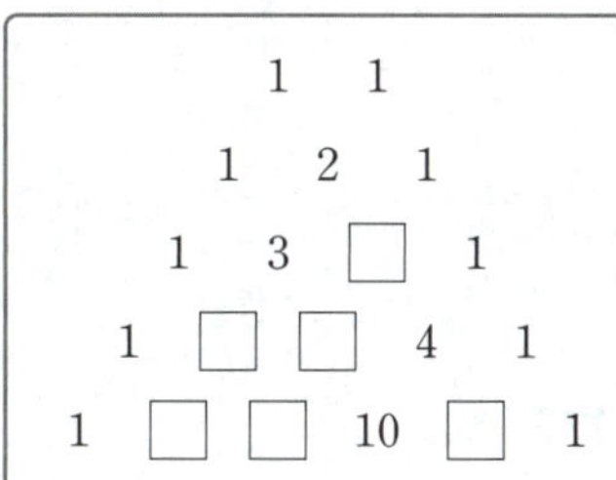

0113 $(a+2b)^6$

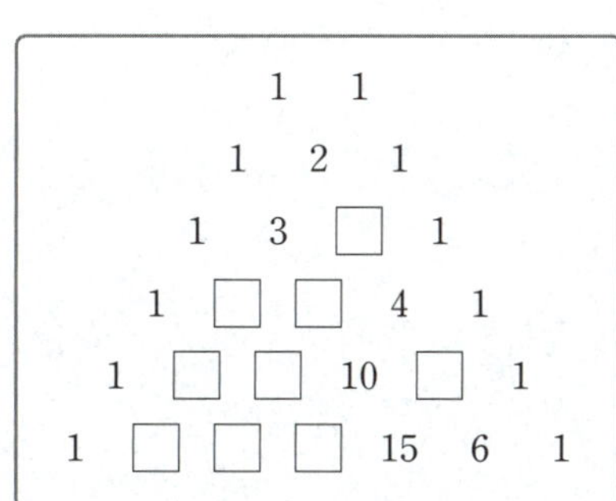

[0114 ~ 0115] 다음 등식을 만족시키는 자연수 n의 값을 구하시오.

0114 ${}_3C_0+{}_3C_1+{}_4C_2+{}_5C_3={}_nC_3$

0115 ${}_4C_2+{}_4C_1+{}_5C_1+{}_6C_1={}_nC_2$

02 · 3 이항계수의 성질

[0116 ~ 0119] 다음 값을 구하시오.

0116 ${}_8C_0+{}_8C_1+{}_8C_2+\cdots+{}_8C_8$

0117 ${}_9C_0-{}_9C_1+{}_9C_2-{}_9C_3+\cdots-{}_9C_9$

0118 ${}_{10}C_0+{}_{10}C_2+{}_{10}C_4+{}_{10}C_6+{}_{10}C_8+{}_{10}C_{10}$

0119 ${}_7C_1+{}_7C_3+{}_7C_5+{}_7C_7$

0120 다음은 n이 짝수일 때, 등식
$${}_nC_0+{}_nC_2+{}_nC_4+\cdots+{}_nC_n$$
$$={}_nC_1+{}_nC_3+{}_nC_5+\cdots+{}_nC_{n-1}=2^{n-1}$$
이 성립함을 보이는 과정이다. □ 안에 알맞은 것을 써넣으시오.

n이 짝수일 때,

$(1+x)^n={}_nC_0+{}_nC_1x+\boxed{}x^2+\cdots+{}_nC_nx^n$ $\cdots\cdots$ ㉠

㉠에 $x=1$을 대입하면

$2^n={}_nC_0+{}_nC_1+{}_nC_2+\cdots+{}_nC_n$ $\cdots\cdots$ ㉡

㉠에 $x=\boxed{}$을 대입하면

$0={}_nC_0-{}_nC_1+{}_nC_2-\cdots+{}_nC_n$ $\cdots\cdots$ ㉢

㉡$+$㉢을 하면

$2^n=2{}_nC_0+2\boxed{}+2{}_nC_4+\cdots+2{}_nC_n$

양변을 2로 나누면

$2^{n-1}={}_nC_0+\boxed{}+{}_nC_4+\cdots+{}_nC_n$

㉡$-$㉢을 하면

$2^n=2{}_nC_1+2{}_nC_3+2\boxed{}+\cdots+2{}_nC_{n-1}$

양변을 2로 나누면

$\boxed{}={}_nC_1+{}_nC_3+\boxed{}+\cdots+{}_nC_{n-1}$

$\therefore 2^{n-1}={}_nC_0+{}_nC_2+{}_nC_4+\cdots+{}_nC_n$

$\phantom{\therefore 2^{n-1}}={}_nC_1+{}_nC_3+{}_nC_5+\cdots+{}_nC_{n-1}$

02 이항정리

| 개념원리 확률과 통계 55쪽 |

유형 01 $(a+b)^n$**의 전개식**

n이 자연수일 때, $(a+b)^n$의 전개식의 일반항은
$\Rightarrow {}_nC_r a^{n-r}b^r$

0121 대표문제

$\left(mx^2+\dfrac{1}{x}\right)^5$의 전개식에서 x^4의 계수가 80일 때, 실수 m의 값은?

① 1 ② 2 ③ 4
④ 5 ⑤ 6

0122 중 하

$(1+x)^n$의 전개식에서 x^2의 계수가 66일 때, 자연수 n의 값을 구하시오.

0123 중 서술형

$(3x+k)^6$의 전개식에서 x^3과 x^2의 계수가 같을 때, 양수 k의 값을 구하시오.

0124 중

$\left(x^2+\dfrac{2}{x^3}\right)^n$의 전개식에서 상수항이 0이 아닌 실수가 되도록 하는 자연수 n의 최솟값은?

① 4 ② 5 ③ 6
④ 7 ⑤ 8

0125 상 중

$(\sqrt{6}+x)^6$의 전개식에서 계수가 정수인 모든 항의 계수의 합은?

① 847 ② 851 ③ 855
④ 859 ⑤ 863

| 개념원리 확률과 통계 56쪽 |

유형 02 $(a+b)(c+d)^n$**의 전개식**

n이 자연수일 때, $(a+b)(c+d)^n$의 전개식의 일반항은
$(a+b)(c+d)^n = a(c+d)^n + b(c+d)^n$
으로 바꾸어 생각한다.

0126 대표문제

$(x+2)\left(x+\dfrac{1}{x}\right)^4$의 전개식에서 x^2의 계수는?

① -8 ② -4 ③ 0
④ 4 ⑤ 8

0127 중 하

$\dfrac{(1+x)^8-1}{x}$의 전개식에서 x^3의 계수는?

① 48 ② 56 ③ 65
④ 70 ⑤ 72

0128 중

$(2x^2-x)(x^2+2)^7$의 전개식에서 x^4의 계수는?

① 892　　　② 896　　　③ 900

④ 904　　　⑤ 908

0129 중

$(ax^3-3x)(3x+2)^5$의 전개식에서 x^4의 계수가 -2040일 때, 실수 a의 값은?

① -6　　　② -5　　　③ 4

④ 5　　　⑤ 6

0130 상중

$(x^2+x+1)\left(x+\dfrac{1}{x}\right)^6$의 전개식에서 상수항은?

① 25　　　② 30　　　③ 35

④ 40　　　⑤ 45

유형 **03**　$(a+b)^m(c+d)^n$의 전개식

m, n이 자연수일 때, $(a+b)^m(c+d)^n$의 전개식의 일반항은 $(a+b)^m$과 $(c+d)^n$의 전개식의 일반항을 각각 구하여 곱한다.

0131　대표문제

$(x-2)^3(2x+1)^5$의 전개식에서 x^2의 계수를 구하시오.

0132 중

$(x-3)^5(x+a)^4$의 전개식에서 x^8의 계수가 1일 때, 실수 a의 값은?

① -12　　　② -8　　　③ -4

④ 4　　　⑤ 8

유형 **04**　파스칼의 삼각형

(1) $_1C_0=_2C_0=_3C_0=\cdots=_nC_0=1$
　　$_1C_1=_2C_2=_3C_3=\cdots=_nC_n=1$

(2) 파스칼의 삼각형에서
　　$_{n-1}C_{r-1}+_{n-1}C_r=_nC_r$
　　　　　　　(단, $1\leq r<n$)

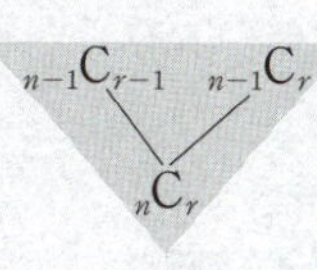

0133　대표문제

$_1C_0+_2C_1+_3C_2+_4C_3+_5C_4+_6C_5$의 값과 같은 것은?

① $_5C_2$　　　② $_6C_2$　　　③ $_6C_3$

④ $_7C_2$　　　⑤ $_7C_3$

유형 익/히/기

0134 중 하

$_nC_5 = {}_{n-1}C_5 + {}_{n-1}C_6$을 만족시키는 자연수 n의 값을 구하시오.

0135 중

$_2C_2 + {}_3C_2 + {}_4C_2 + {}_5C_2 + \cdots + {}_{10}C_2$의 값과 같은 것은?

① $_{10}C_3$ ② $_{11}C_2$ ③ $_{11}C_3$

④ $_{12}C_3$ ⑤ $_{12}C_5$

0136 중

$_7C_1 + {}_8C_2 + {}_9C_3 + {}_{10}C_4 + {}_{11}C_5$의 값과 같은 것은?

① $_{12}C_5 - 1$ ② $_{12}C_6 - 1$ ③ $2^{10} - 1$

④ $_{13}C_4 - 1$ ⑤ $_{13}C_5 - 1$

0137 상 중

$(1+x) + (1+x)^2 + (1+x)^3 + \cdots + (1+x)^{20}$의 전개식에서 x^2의 계수는?

① $_{20}C_2$ ② $_{21}C_2$ ③ $_{22}C_2$

④ $_{20}C_3$ ⑤ $_{21}C_3$

유형 05 · 이항계수의 성질

(1) $_nC_0 + {}_nC_1 + {}_nC_2 + \cdots + {}_nC_n = 2^n$

(2) $_nC_0 - {}_nC_1 + {}_nC_2 - \cdots + (-1)^n{}_nC_n = 0$

(3) $_nC_0 + {}_nC_2 + {}_nC_4 + \cdots + {}_nC_{n-1}$
$= {}_nC_1 + {}_nC_3 + {}_nC_5 + \cdots + {}_nC_n$
$= 2^{n-1}$ (n은 1보다 큰 홀수)

$_nC_0 + {}_nC_2 + {}_nC_4 + \cdots + {}_nC_n$
$= {}_nC_1 + {}_nC_3 + {}_nC_5 + \cdots + {}_nC_{n-1}$
$= 2^{n-1}$ (n은 짝수)

0138 대표문제

부등식 $100 < {}_nC_1 + {}_nC_2 + {}_nC_3 + \cdots + {}_nC_n < 200$을 만족시키는 자연수 n의 값은?

① 6   ② 7   ③ 8

④ 9   ⑤ 10

0139 중 하

$_{99}C_0 + {}_{99}C_1 + {}_{99}C_2 + \cdots + {}_{99}C_{49}$의 값을 구하시오.

0140 중

$_{20}C_1 - {}_{20}C_2 + {}_{20}C_3 - {}_{20}C_4 + \cdots + {}_{20}C_{19}$의 값은?

① -2 ② 0   ③ 1

④ 2   ⑤ 2^{19}

0141 중

$_{2n}C_1 + {}_{2n}C_3 + {}_{2n}C_5 + \cdots + {}_{2n}C_{2n-1} = 512$를 만족시키는 자연수 n의 값을 구하시오.

0142 중 서술형

$\dfrac{{}_{15}C_0+{}_{15}C_2+{}_{15}C_4+\cdots+{}_{15}C_{14}}{{}_9C_0+{}_9C_1+{}_9C_2+{}_9C_3+{}_9C_4}=2^n$을 만족시키는 자연수 n의 값을 구하시오.

0143 중

11명의 직원 중 회의에 참석하는 직원이 6명 이상인 경우의 수를 구하시오.

0144 상중

집합 $A=\{1,\ 2,\ 3,\ 4,\ 5,\ 6,\ 7,\ 8\}$의 부분집합 중 원소의 개수가 홀수인 집합의 개수를 구하시오.

0145 상중

이항계수의 성질에 대한 등식 중 **보기**에서 옳은 것만을 있는 대로 고르시오.

> ● 보기 ●
>
> ㄱ. ${}_{11}C_1+{}_{11}C_3+{}_{11}C_5+{}_{11}C_7+{}_{11}C_9=2^{10}$
> ㄴ. ${}_7C_0-{}_7C_1+{}_7C_2-\cdots-{}_7C_7=0$
> ㄷ. ${}_{2n}C_0+{}_{2n}C_1+{}_{2n}C_2+\cdots+{}_{2n}C_{2n}=4^n$

유형 up

| 개념원리 확률과 통계 64쪽 |

유형 06 　$(1+x)^n$의 전개식의 활용

주어진 조건을 이용하여 $(1+x)^n$의 전개식 꼴의 식을 세우거나 주어진 식을 $(1+x)^n$의 꼴로 변형한다.

0146 　대표문제

31^{20}을 900으로 나누었을 때의 나머지는?

① 11　　　　　② 111　　　　　③ 301

④ 591　　　　　⑤ 601

0147 중

${}_{20}C_0+7\times{}_{20}C_1+7^2\times{}_{20}C_2+\cdots+7^{20}\times{}_{20}C_{20}$의 값은?

① 2^{40}　　　　　② $2^{40}+1$　　　　　③ 2^{60}

④ $2^{60}+1$　　　　　⑤ 2^{80}

0148 상중

11^{30}의 백의 자리의 숫자를 a, 십의 자리의 숫자를 b, 일의 자리의 숫자를 c라 할 때, $a-b-c$의 값을 구하시오.

0149 상중

어느 월요일로부터 8^{13}일 후는 무슨 요일인가?

① 월요일　　　　　② 화요일　　　　　③ 수요일

④ 목요일　　　　　⑤ 금요일

0150

$(2+ax)^5$의 전개식에서 x^2의 계수가 2000일 때, 양수 a의 값은?

① 4   ② 5   ③ 8

④ 10   ⑤ 15

0151 중요 평가원 기출

$\left(ax+\dfrac{1}{x}\right)^4$의 전개식에서 상수항이 54일 때, 양수 a의 값을 구하시오.

0152

$(ax^2+1)(2x+1)^4$의 전개식에서 x^4의 계수가 -56일 때, x^2의 계수를 구하시오.

0153

$(x-1)^3\left(x+\dfrac{3}{x}\right)^5$의 전개식에서 x^6의 계수를 구하시오.

0154

${}_2C_2+{}_3C_2+{}_4C_2+\cdots+{}_{40}C_2={}_nC_3$이 성립할 때, 자연수 n의 값을 구하시오.

0155 중요

${}_3C_1+{}_4C_2+{}_5C_3+{}_6C_4+{}_7C_5+{}_8C_6+{}_9C_7$의 값과 같은 것은?

① ${}_{10}C_7-1$ ② ${}_{10}C_7$ ③ ${}_{10}C_8-1$

④ ${}_{10}C_8$ ⑤ ${}_{11}C_7$

0156

$(1+2x)+(1+2x)^2+(1+2x)^3+\cdots+(1+2x)^{10}$의 전개식에서 x^2의 계수는?

① 620   ② 640   ③ 660

④ 680   ⑤ 700

0157

${}_{2n+1}C_2+{}_{2n+1}C_4+{}_{2n+1}C_6+\cdots+{}_{2n+1}C_{2n}=255$를 만족시키는 자연수 n의 값을 구하시오.

이항계수의 성질에 대한 등식 중 **보기**에서 옳은 것만을 있는 대로 고른 것은?

> **보기**
> ㄱ. $2^{10}-1={}_{10}C_0+{}_{10}C_1+{}_{10}C_2+\cdots+{}_{10}C_9$
> ㄴ. ${}_4C_0-{}_4C_1+{}_4C_2-{}_4C_3+{}_4C_4=1$
> ㄷ. ${}_7C_2+{}_7C_4+{}_7C_6={}_7C_1+{}_7C_3+{}_7C_5$

① ㄱ   ② ㄴ   ③ ㄷ
④ ㄱ, ㄷ   ⑤ ㄱ, ㄴ, ㄷ

0159

${}_{10}C_1 2^9+{}_{10}C_2 2^8+{}_{10}C_3 2^7+\cdots+{}_{10}C_9 2+{}_{10}C_{10}$의 값은?

① 2^{10} ② 3^{10} ③ $3^{10}-2^{10}$
④ $2^{10}+3^{10}$ ⑤ 10^{10}

0160

9^{11}을 100으로 나누었을 때의 나머지를 구하시오.

0161

$({}_{15}C_0)^2+({}_{15}C_1)^2+({}_{15}C_2)^2+\cdots+({}_{15}C_{15})^2={}_nC_r$일 때, 자연수 n, r에 대하여 $n+r$의 값을 구하시오.

 **서술형 주관식**

0162

$\left(x+\dfrac{2}{x}\right)^6$의 전개식에서 상수항을 a, x^2의 계수를 b라 할 때, $a+b$의 값을 구하시오.

0163

원 위의 서로 다른 8개의 점을 이어 만들 수 있는 모든 다각형의 개수를 구하시오.

실력 up

0164

자연수

$$9^2\times{}_6C_1+9^3\times{}_6C_2+9^4\times{}_6C_3+\cdots+9^7\times{}_6C_6$$

의 각 자리의 숫자의 합을 구하시오.

0165 평가원 기출

50 이하의 자연수 n 중에서

$${}_nC_1+{}_nC_2+{}_nC_3+\cdots+{}_nC_n$$

의 값이 3의 배수가 되도록 하는 n의 개수를 구하시오.

수학 I 을 학습한 학생들을 위한 **이항정리**

이 코너는 수학 I을 학습한 학생이 지수, 로그, 수열 등의 내용이 포함된 이항정리 문제를 풀 수 있도록 마련한 코너입니다.

0166~0167 $(a+b)^n$의 전개식

0166

$\displaystyle\sum_{k=0}^{20} {}_{20}\mathrm{C}_k \left(\frac{5}{2}\right)^{20-k}\left(\frac{3}{2}\right)^k = P$라 할 때, $\log_2 P$의 값은?

① 10   ② 20   ③ 30

④ 40   ⑤ 50

0167

$(1+x)^n$의 전개식에서 x^8, x^9, x^{10}의 계수가 이 순서대로 등차수열을 이룰 때, 자연수 n의 값을 구하시오. (단, $n>20$)

0168~0170 $(a+b)^m(c+d)^n$의 전개식

0168

$(2x+1)^5(x-1)^4$의 전개식에서 x^2의 계수를 구하시오.

0169

$\left(x+\dfrac{1}{x}\right)^5(x^2+1)^3$의 전개식에서 x의 계수는?

① 30   ② 36   ③ 48

④ 56   ⑤ 64

0170

$(x+a)^4\left(x-\dfrac{1}{x^2}\right)^3$의 전개식에서 x^2의 계수가 -72일 때, 양수 a의 값은?

① 1   ② 2   ③ 3

④ 4   ⑤ 5

0171~0172   등비수열의 합과 이항정리

첫째항 a, 공비 r인 등비수열의 첫째항부터 제n항까지의 합은

$\Rightarrow \dfrac{a(r^n-1)}{r-1}$ (단, $r\neq 1$)

0171

$(1+x)+(1+x)^2+(1+x)^3+\cdots+(1+x)^{10}$의 전개식에서 x^2의 계수는?

① 150   ② 155   ③ 160

④ 165   ⑤ 170

0172

$x^2(1+x^2)+x^2(1+x^2)^2+x^2(1+x^2)^3+\cdots+x^2(1+x^2)^{10}$
의 전개식에서 x^6의 계수는?

① $_{11}C_2$ ② $_{11}C_3$ ③ $_{11}C_4$
④ $_{12}C_3$ ⑤ $_{12}C_5$

0173~0175 이항계수의 성질

0173

오른쪽 그림은 파스칼의 삼각형이
다. 그림에 있는 모든 수들의 합을
구하시오.

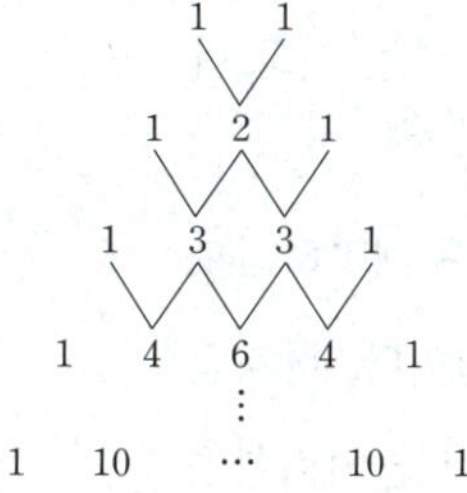

0174

$\log_2(_{39}C_0+_{39}C_1+_{39}C_2+\cdots+_{39}C_{19})$의 값을 구하시오.

0175

자연수 n에 대하여
$$f(n)=\sum_{k=1}^{n}(_{2k}C_1+_{2k}C_3+_{2k}C_5+\cdots+_{2k}C_{2k-1})$$
일 때, $f(5)$의 값을 구하시오.

0176 [$(1+x)^{2n}$의 전개식]

$(1+x)^{20}=a_{20}x^{20}+a_{19}x^{19}+a_{18}x^{18}+\cdots+a_1x+a_0$이라 할
때, 다음 중 a_{10}과 같은 것은?

① $\displaystyle\sum_{k=0}^{5}{}_{10}C_k$ ② $\displaystyle\sum_{k=0}^{10}{}_{10}C_k$ ③ $2\displaystyle\sum_{k=0}^{10}{}_{10}C_k$
④ $\displaystyle\sum_{k=0}^{10}({}_{10}C_k)^2$ ⑤ $2\displaystyle\sum_{k=0}^{5}({}_{10}C_k)^2$

0177~0178 $(1+x)^n$의 전개식의 활용

0177

$\displaystyle\sum_{r=1}^{20}{}_{20}C_r 2^{20-r}$의 값은?

① 2^{20} ② 3^{20} ③ $3^{20}-2^{20}$
④ $2^{20}+3^{20}$ ⑤ 10^{20}

0178

$\log_6\left(\displaystyle\sum_{k=0}^{30}5^k{}_{30}C_k\right)$의 값을 구하시오.

자만하지 마라.

자만하지 마라. 자신에게 만족하지 못하여 불만을 품는 것은 소심한 짓이지만, 자신에게 만족하여 더 발전하지 못하는 것은 어리석은 일이다.

자만은 분별없는 자의 행복이다. 사람들은 다른 이의 무한한 가능성을 통찰하지 못하기에 자신의 평범한 재능에 쉽게 만족한다. 그러한 삶을 사는 것도 나름대로 유쾌할 수는 있겠으나 평판과 명성에는 득이 되지 않는다.

의심하는 것이 유용할 때도 있다. 합리적인 의심은 나쁜 결과를 예방하기도 한다. 단, 불행을 미리 두려워하여 불행해지는 것도 어리석은 일이다. 하지만 공허한 자기만족의 꽃을 피우고 그 씨를 더욱 퍼뜨리는 것은 더욱 어리석은 일이다.

Ⅱ

확률

03 확률의 뜻과 활용

03·1 시행과 사건

1 **시행**: 주사위나 동전을 던지는 것과 같이 동일한 조건에서 반복할 수 있고 그 결과가 우연에 의하여 결정되는 실험이나 관찰

2 **표본공간**: 어떤 시행에서 일어날 수 있는 모든 결과의 집합

3 **사건**: 표본공간의 부분집합

4 **근원사건**: 표본공간의 부분집합 중에서 한 개의 원소로 이루어진 사건

5 표본공간이 S인 두 사건 A, B에 대하여

(1) A 또는 B가 일어나는 사건: $A \cup B$ ← 합사건

(2) A와 B가 동시에 일어나는 사건: $A \cap B$ ← 곱사건

(3) **배반사건**: 두 사건 A와 B가 동시에 일어나지 않을 때, 즉 $A \cap B = \varnothing$일 때, 사건 A와 B는 서로 **배반사건**이라 한다.

(4) **여사건**: 사건 A가 일어나지 않는 사건을 A의 **여사건**이라 하고, 기호 A^C로 나타낸다.

> 참고 위의 사건을 벤다이어그램으로 나타내면 다음과 같다.

(1) $A \cup B$  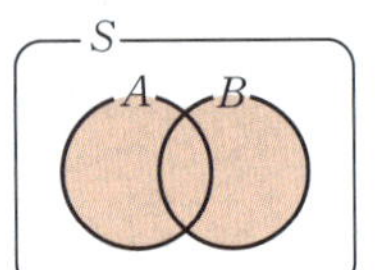

(2) $A \cap B$  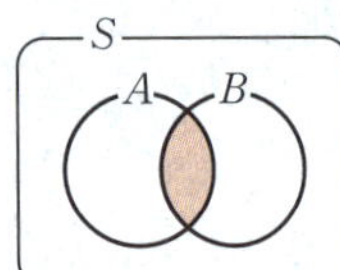

(3) 배반사건 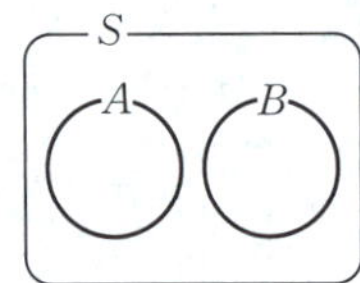

(4) 여사건 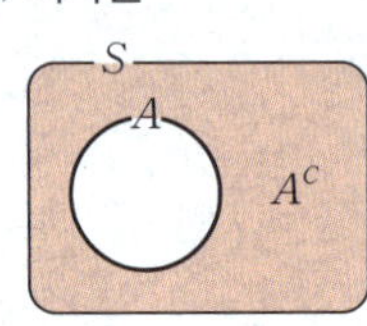

> 표본공간(Sample space)은 보통 S로 나타내고, 공집합이 아닌 경우만 생각한다.

> $A \cap A^C = \varnothing$이므로 사건 A와 그 여사건 A^C는 서로 배반사건이다.

03·2 확률

1 **확률**: 어떤 시행에서 사건 A가 일어날 가능성을 수로 나타낸 것을 사건 A의 확률이라 하고, 기호 $\mathrm{P}(A)$로 나타낸다.

2 **수학적 확률**: 표본공간이 S인 어떤 시행에서 각 근원사건이 일어날 가능성이 모두 같은 정도로 기대될 때, 사건 A가 일어날 확률 $\mathrm{P}(A)$를

$$\mathrm{P}(A) = \frac{n(A)}{n(S)} \leftarrow \frac{(\text{사건 } A \text{가 일어나는 경우의 수})}{(\text{일어날 수 있는 모든 경우의 수})}$$

로 정의하고, 이것을 표본공간 S에서 사건 A가 일어날 **수학적 확률**이라 한다.

3 **통계적 확률**: 어떤 시행을 n번 반복할 때 사건 A가 일어난 횟수 r_n에 대하여 시행 횟수 n이 한없이 커짐에 따라 상대도수 $\dfrac{r_n}{n}$이 일정한 값 p에 가까워지면 p를 사건 A의 **통계적 확률**이라 한다.

> 참고 기하적 확률
>
> 연속적인 변량을 크기로 갖는 표본공간의 영역 S 안에서 각각의 점을 택할 가능성이 같은 정도로 기대될 때, 영역 S에 포함되어 있는 영역 A에 대하여 영역 S에서 임의로 택한 점이 영역 A에 속할 확률은
> $$\mathrm{P}(A) = \frac{(\text{영역 } A \text{의 크기})}{(\text{영역 } S \text{의 크기})}$$

> 수학적 확률은 표본공간이 공집합이 아닌 유한집합인 경우에만 생각한다.

> 시행 횟수 n을 충분히 크게 하면 사건 A가 일어나는 상대도수 $\dfrac{r_n}{n}$은 사건 A가 일어날 수학적 확률에 가까워진다.

> 실제로는 시행 횟수 n을 한없이 크게 할 수 없으므로 n이 충분히 클 때의 상대도수 $\dfrac{r_n}{n}$을 통계적 확률로 생각한다.

 교과서 문제 정/복/하/기

03·1 시행과 사건

0179 한 개의 주사위를 한 번 던지는 시행에서 다음을 구하시오.

(1) 표본공간

(2) 근원사건의 개수

(3) 짝수의 눈이 나오는 사건

0180 한 개의 동전을 두 번 던지는 시행에서 한 개만 뒷면이 나오는 사건을 A, 적어도 한 개는 뒷면이 나오는 사건을 B, 두 개 모두 앞면이 나오는 사건을 C라 할 때, 다음을 구하시오. (단, 동전의 앞면을 H, 뒷면을 T로 나타낸다.)

(1) $A \cap B$

(2) $A \cup C$

(3) B^C

(4) A, B, C 중 서로 배반사건인 두 사건

0181 1부터 10까지의 자연수가 각각 하나씩 적힌 10장의 카드 중 임의로 한 장을 뽑는 시행에서 뽑은 카드에 적힌 수가 3의 배수인 사건을 A, 4의 배수인 사건을 B라 할 때, 다음을 구하시오.

(1) A^C

(2) B^C

(3) $A \cup B$

(4) $A \cap B$

03·2 확률

0182 한 개의 주사위를 한 번 던지는 시행에서 홀수의 눈이 나오는 사건을 A, 소수의 눈이 나오는 사건을 B라 할 때, 다음을 구하시오.

(1) $P(A)$

(2) $P(B)$

(3) $P(A \cup B)$

(4) $P(A \cap B)$

0183 A, B, C, D, E의 5명이 일렬로 설 때, 다음을 구하시오.

(1) A가 가장 앞에 설 확률

(2) D, E가 이웃하게 설 확률

0184 어느 병원에서 10000명을 대상으로 위암 검사를 실시하였더니 9900명이 정상이었다고 할 때, 이 병원에서 위암 검사를 받은 사람 중 임의로 택한 한 사람이 위암에 걸렸을 확률을 구하시오.

0185 오른쪽 그림과 같이 4등분한 정사각형 모양의 과녁에 화살을 쏠 때, 4가 적힌 영역을 맞힐 확률을 구하시오. (단, 화살은 과녁을 벗어나지 않고, 경계선에 맞지 않는다.)

1	2
3	4

＋ 개념 플러스

03·3　확률의 기본 성질

표본공간이 S인 어떤 시행에서
(1) 임의의 사건 A에 대하여 $0 \leq P(A) \leq 1$
(2) 반드시 일어나는 사건 S에 대하여 $P(S)=1$
(3) 절대로 일어나지 않는 사건 $\varnothing$에 대하여 $P(\varnothing)=0$

> **참고** 표본공간이 S인 사건 A에 대하여 $\varnothing \subset A \subset S$이므로
>
> $$0 \leq n(A) \leq n(S),\ \frac{0}{n(S)} \leq \frac{n(A)}{n(S)} \leq \frac{n(S)}{n(S)}$$
>
> $$\therefore\ 0 \leq P(A) \leq 1$$
>
> 특히, $A=S$이면 $P(S)=\dfrac{n(S)}{n(S)}=1$
>
> $A=\varnothing$이면 $P(\varnothing)=\dfrac{n(\varnothing)}{n(S)}=0$

■ 표본공간 S는 반드시 일어나는 사건이다.

03·4　확률의 덧셈정리

표본공간이 S인 두 사건 A, B에 대하여
$$P(A \cup B)=P(A)+P(B)-P(A \cap B)$$
특히, 두 사건 A, B가 서로 배반사건이면
$$P(A \cup B)=P(A)+P(B)$$

> **참고** $n(A \cup B)=n(A)+n(B)-n(A \cap B)$이므로
>
> $$\frac{n(A \cup B)}{n(S)}=\frac{n(A)}{n(S)}+\frac{n(B)}{n(S)}-\frac{n(A \cap B)}{n(S)}$$
>
> $$\therefore\ P(A \cup B)=P(A)+P(B)-P(A \cap B)$$

■ 두 사건 A, B가 서로 배반사건이면 $A \cap B=\varnothing$, 즉 $P(A \cap B)=0$이다.

03·5　여사건의 확률

사건 A의 여사건 A^C에 대하여
$$P(A^C)=1-P(A)$$

> **참고** 사건 A에 대하여 $A \cap A^C=\varnothing$, 즉 $P(A \cap A^C)=0$이므로 확률의 덧셈정리에 의하여
>
> $$P(A \cup A^C)=P(A)+P(A^C)$$
>
> 이때 $A \cup A^C=S$, 즉 $P(A \cup A^C)=P(S)=1$이므로
>
> $$1=P(A)+P(A^C) \qquad \therefore\ P(A^C)=1-P(A)$$

■ '적어도 ～일 확률', '～ 이상일 확률' 등을 구하는 문제에서 여사건의 확률을 이용하면 편리한 경우가 많다.

03 · 3 **확률의 기본 성질**

0186 서로 다른 두 개의 주사위를 동시에 던질 때, 다음을 구하시오.

(1) 나오는 두 눈의 수의 곱이 40 이하일 확률

(2) 나오는 두 눈의 수의 합이 14일 확률

0187 1부터 10까지의 자연수가 각각 하나씩 적힌 10장의 카드 중에서 임의로 한 장을 뽑을 때, 다음을 구하시오.

(1) 음의 정수가 적힌 카드가 나올 확률

(2) 10 이하의 자연수가 적힌 카드가 나올 확률

03 · 4 **확률의 덧셈정리**

0188 두 사건 A, B에 대하여

$$P(A)=\frac{2}{5},\ P(B)=\frac{1}{4},\ P(A\cap B)=\frac{1}{10}$$

일 때, $P(A\cup B)$를 구하시오.

0189 두 사건 A, B에 대하여

$$P(A)=\frac{1}{5},\ P(B)=\frac{2}{3},\ P(A\cup B)=\frac{5}{6}$$

일 때, $P(A\cap B)$를 구하시오.

0190 두 사건 A와 B가 서로 배반사건이고

$$P(A)=0.3,\ P(A\cup B)=0.7$$

일 때, $P(B)$를 구하시오.

0191 1부터 40까지의 자연수가 각각 하나씩 적힌 40개의 공이 들어 있는 상자에서 임의로 한 개의 공을 꺼낼 때, 다음을 구하시오.

(1) 3의 배수 또는 4의 배수가 적힌 공이 나올 확률

(2) 5의 배수 또는 9의 배수가 적힌 공이 나올 확률

03 · 5 **여사건의 확률**

0192 한 개의 주사위를 던지는 시행에서 2보다 작은 눈이 나오는 사건을 A라 할 때, $P(A^c)$를 구하시오.

0193 다음은 서로 다른 3개의 동전을 동시에 던질 때, 적어도 한 개는 앞면이 나올 확률을 구하는 과정이다. □ 안에 알맞은 것을 써넣으시오.

적어도 한 개는 앞면이 나오는 사건을 A라 하면 □는 동전 3개 모두 뒷면이 나오는 사건이다.

동전 3개 모두 뒷면이 나올 확률은

$$P(\boxed{})=\boxed{}$$

이므로 적어도 한 개는 앞면이 나올 확률은

$$P(A)=\boxed{}$$

0194 서로 다른 두 개의 주사위를 동시에 던질 때, 다음을 구하시오.

(1) 나오는 두 눈의 수의 곱이 홀수일 확률

(2) 나오는 두 눈의 수의 곱이 짝수일 확률

유형 익/히/기

| 개념원리 확률과 통계 71쪽 |

유형 **01**   시행과 사건

표본공간이 S인 두 사건 A, B에 대하여

(1) A 또는 B가 일어나는 사건: $A \cup B$

(2) A와 B가 동시에 일어나는 사건: $A \cap B$

(3) 배반사건: 동시에 일어나지 않는 두 사건 A, $B \Rightarrow A \cap B = \varnothing$

(4) 여사건: A가 일어나지 않는 사건 $\Rightarrow A^C$

0195   대표문제

한 개의 주사위를 던지는 시행에서 나오는 눈의 수가 짝수인 사건을 A, 홀수인 사건을 B, 3의 배수인 사건을 C라 할 때, **보기**에서 서로 배반사건인 것만을 있는 대로 고르시오.

> • 보기 •
>
> ㄱ. A와 B ㄴ. B와 C ㄷ. A와 C

0196   중

오른쪽 그림은 표본공간이 $S = \{1, 2, 3, 4, 5, 6, 7, 8\}$인 세 사건 A, B, C를 벤다이어그램으로 나타낸 것이다. **보기**에서 사건 A와 서로 배반사건인 것만을 있는 대로 고르시오.

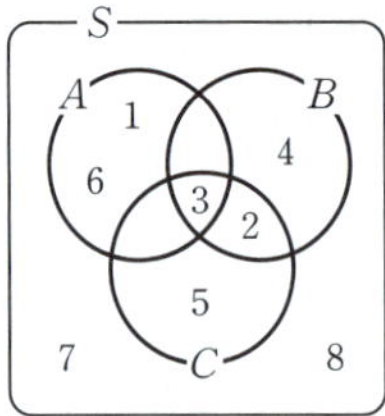

> • 보기 •
>
> ㄱ. $A^C \cup B$ ㄴ. $B^C \cap C$ ㄷ. $B \cap C^C$

0197   중

1부터 10까지의 자연수가 각각 하나씩 적힌 10장의 카드 중에서 임의로 한 장의 카드를 뽑을 때, 뽑은 카드에 적힌 수가 3의 배수인 사건을 A, 소수인 사건을 B라 하자. 두 사건 A, B 모두와 배반사건인 사건의 개수를 구하시오.

| 개념원리 확률과 통계 74쪽 |

유형 **02**   수학적 확률

표본공간이 S인 어떤 시행에서 각 근원사건이 일어날 가능성이 모두 같은 정도로 기대될 때, 사건 A가 일어날 확률 $\mathrm{P}(A)$는

$$\Rightarrow \mathrm{P}(A) = \frac{n(A)}{n(S)} = \frac{(\text{사건 } A \text{가 일어나는 경우의 수})}{(\text{일어날 수 있는 모든 경우의 수})}$$

0198   대표문제

서로 다른 두 개의 주사위를 동시에 던질 때, 나오는 두 눈의 수의 차가 3 이상일 확률을 구하시오.

0199   중하

세 지점 A, B, C를 잇는 도로망이 오른쪽 그림과 같다. A에서 C로 갈 때, B를 거쳐 갈 확률을 구하시오. (단, 한 번 지난 지점은 다시 지나지 않는다.)

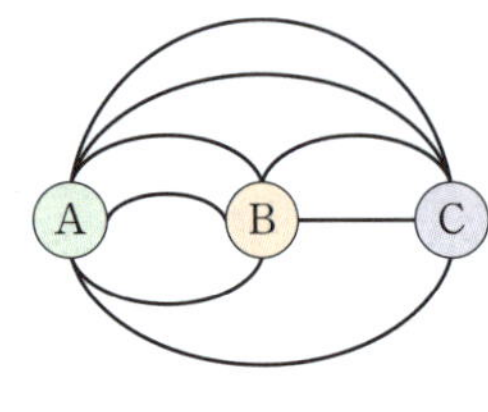

0200   중

집합 $A = \{1, 2, 3, 4, 5, 6\}$의 부분집합 중에서 임의로 한 개를 택할 때, 그 부분집합이 원소 2, 5를 모두 포함할 확률은?

① $\dfrac{1}{8}$ ② $\dfrac{3}{16}$ ③ $\dfrac{1}{4}$

④ $\dfrac{1}{2}$ ⑤ $\dfrac{5}{8}$

0201   중   서술형

한 개의 주사위를 두 번 던져서 첫 번째에 나온 눈의 수를 a, 두 번째에 나온 눈의 수를 b라 할 때, 이차방정식 $x^2 + ax + b = 0$이 서로 다른 두 허근을 가질 확률을 구하시오.

유형 03 순열을 이용하는 확률

(1) 서로 다른 n개에서 r개를 뽑아 일렬로 나열하는 경우의 수는

$$\Rightarrow {}_nP_r = n(n-1)(n-2) \times \cdots \times \{n-(r-1)\}$$

$$= \frac{n!}{(n-r)!} \ (\text{단, } 0 < r \leq n)$$

(2) 서로 다른 n개를 순서를 생각하여 일렬로 나열하는 경우의 수는 $\Rightarrow {}_nP_n = n(n-1)(n-2) \times \cdots \times 3 \times 2 \times 1 = n!$

0202 대표문제

서로 다른 만화책 3권과 소설책 4권을 책꽂이에 일렬로 꽂을 때, 만화책끼리 이웃하게 될 확률은?

① $\dfrac{1}{14}$ ② $\dfrac{1}{7}$ ③ $\dfrac{8}{35}$

④ $\dfrac{2}{7}$ ⑤ $\dfrac{13}{35}$

0203 중

남자 선수 3명과 여자 선수 3명이 한 팀으로 릴레이 경주에 참가하였다. 이 6명의 선수가 한 명씩 달리는 순서를 임의로 정할 때, 첫 번째로 달리는 선수와 마지막에 달리는 선수가 모두 여자일 확률은?

① $\dfrac{1}{2}$ ② $\dfrac{1}{4}$ ③ $\dfrac{1}{5}$

④ $\dfrac{1}{6}$ ⑤ $\dfrac{1}{30}$

0204 중

남학생 5명과 여학생 3명이 일렬로 설 때, 양 끝에는 남학생이 서고 여학생끼리는 서로 이웃하게 설 확률을 구하시오.

0205 중

다섯 개의 숫자 1, 2, 3, 4, 5를 모두 사용하여 만든 다섯 자리 자연수가 35000보다 클 확률을 구하시오.

유형 04 원순열을 이용하는 확률

서로 다른 n개를 원형으로 배열하는 원순열의 수는

$$\Rightarrow \frac{n!}{n} = (n-1)!$$

0206 대표문제

부모를 포함한 가족 7명이 원탁에 둘러앉을 때, 부모가 이웃하여 앉을 확률은?

① $\dfrac{1}{3}$ ② $\dfrac{2}{5}$ ③ $\dfrac{1}{2}$

④ $\dfrac{3}{5}$ ⑤ $\dfrac{2}{3}$

0207 중하

남자 4명, 여자 4명이 원탁에 둘러앉을 때, 남녀가 번갈아 앉을 확률을 구하시오.

0208 중

오른쪽 그림과 같이 원을 6등분한 6개의 영역을 빨간색과 파란색을 포함한 서로 다른 6가지 색을 모두 사용하여 칠하려고 한다. 한 가지 색으로 한 영역씩 칠할 때, 빨간색을 칠한 영역 맞은편에 파란색을 칠할 확률을 구하시오. 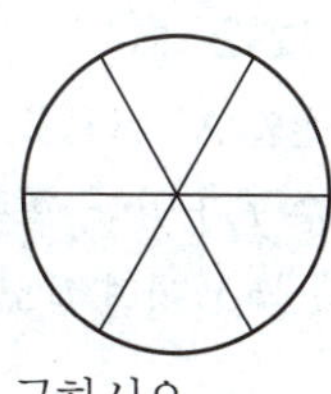

(단, 회전하여 일치하는 것은 같은 것으로 본다.)

0209 상중

할머니, 할아버지를 포함한 가족 10명이 오른쪽 그림과 같은 직사각형 모양의 탁자에 둘러앉을 때, 할머니와 할아버지가 의자가 2개 놓인 쪽에 나란히 앉을 확률을 구하시오. 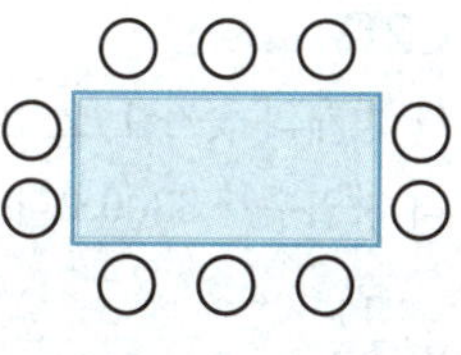

(단, 회전하여 일치하는 것은 같은 것으로 본다.)

유형 05 중복순열을 이용하는 확률

서로 다른 n개에서 r개를 택하는 중복순열의 수는

$\Rightarrow {}_n\Pi_r = n^r$

0210 대표문제

세 사람이 4개의 호텔 중 임의로 각각 한 곳을 택하여 투숙하려고 한다. 세 사람이 서로 다른 호텔에 투숙할 확률은?

① $\dfrac{3}{8}$ ② $\dfrac{8}{27}$ ③ $\dfrac{2}{9}$

④ $\dfrac{5}{27}$ ⑤ $\dfrac{1}{9}$

0211 중

사과, 귤, 배, 감, 복숭아, 키위가 각각 1개씩 있다. 이 6개의 과일을 갑, 을, 병 3명에게 남김없이 나누어 줄 때, 사과와 귤은 갑이 받을 확률을 구하시오.

(단, 과일을 1개도 받지 못한 사람이 있을 수 있다.)

0212 중

집합 $X = \{1, 2, 3, 4\}$에서 집합 $Y = \{a, b, c, d, e\}$로의 함수 f가 있다. 함수 f가 집합 X의 원소 x_1, x_2에 대하여 $x_1 \neq x_2$이면 $f(x_1) \neq f(x_2)$를 만족시킬 확률은?

① $\dfrac{3}{128}$ ② $\dfrac{15}{128}$ ③ $\dfrac{24}{625}$

④ $\dfrac{24}{125}$ ⑤ $\dfrac{1}{5}$

0213 상중

다섯 개의 숫자 1, 2, 3, 4, 5에서 중복을 허용하여 만든 네 자리 자연수가 3300보다 클 확률은?

① $\dfrac{11}{25}$ ② $\dfrac{12}{25}$ ③ $\dfrac{13}{25}$

④ $\dfrac{14}{25}$ ⑤ $\dfrac{3}{5}$

유형 06 같은 것이 있는 순열을 이용하는 확률

n개 중에서 서로 같은 것이 각각 p개, q개, $\cdots$, r개씩 있을 때, n개를 일렬로 나열하는 순열의 수는

$\Rightarrow \dfrac{n!}{p! \times q! \times \cdots \times r!}$ (단, $p + q + \cdots + r = n$)

0214 대표문제

6개의 숫자 1, 1, 2, 2, 2, 3을 일렬로 나열할 때, 짝수끼리 서로 이웃할 확률은?

① $\dfrac{1}{6}$ ② $\dfrac{1}{5}$ ③ $\dfrac{1}{4}$

④ $\dfrac{1}{3}$ ⑤ $\dfrac{1}{2}$

0215 중

CECILIA에 있는 7개의 문자를 일렬로 나열할 때, 자음과 모음이 번갈아 나올 확률은?

① $\dfrac{1}{35}$ ② $\dfrac{2}{35}$ ③ $\dfrac{3}{35}$

④ $\dfrac{4}{35}$ ⑤ $\dfrac{1}{7}$

0216 중

집합 $X = \{1, 2, 3, 4\}$에 대하여 함수 $f : X \longrightarrow X$가 $f(1) + f(2) + f(3) + f(4) = 7$을 만족시킬 확률을 구하시오.

0217 중

오른쪽 그림과 같은 도로망이 있다. A 지점에서 출발하여 B 지점까지 최단 거리로 갈 때, C 지점을 거쳐 갈 확률은?

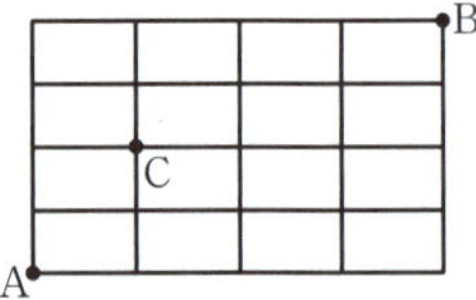

① $\dfrac{1}{7}$ ② $\dfrac{2}{7}$ ③ $\dfrac{3}{7}$

④ $\dfrac{4}{7}$ ⑤ $\dfrac{5}{7}$

유형 07 조합을 이용하는 확률

서로 다른 n개에서 r개를 택하는 조합의 수는

$$\Rightarrow {}_n\mathrm{C}_r = \frac{{}_n\mathrm{P}_r}{r!} = \frac{n!}{r!(n-r)!} \ (단, 0 \le r \le n)$$

0218 대표문제

영희와 철수를 포함한 6명 중에서 3명의 대표를 뽑을 때, 영희는 대표로 뽑히고 철수는 대표로 뽑히지 않을 확률은?

① $\dfrac{3}{20}$ ② $\dfrac{4}{15}$ ③ $\dfrac{3}{10}$

④ $\dfrac{7}{20}$ ⑤ $\dfrac{2}{5}$

0219 중하

1, 2, 3, 4, 5, 6의 숫자가 각각 하나씩 적힌 6장의 카드 중에서 임의로 3장을 동시에 뽑을 때, 뽑은 카드에 적힌 수의 곱이 홀수일 확률은?

① $\dfrac{1}{20}$ ② $\dfrac{1}{18}$ ③ $\dfrac{1}{16}$

④ $\dfrac{1}{14}$ ⑤ $\dfrac{1}{12}$

0220 중

흰 공 4개, 검은 공 6개가 들어 있는 주머니에서 임의로 5개의 공을 동시에 꺼낼 때, 흰 공 2개, 검은 공 3개가 나올 확률을 구하시오.

0221 중 서술형

20개의 제비가 들어 있는 상자에서 임의로 2개의 제비를 동시에 뽑을 때, 2개의 제비가 모두 당첨 제비일 확률이 $\dfrac{1}{19}$이다. 이때 상자에 들어 있는 당첨 제비의 개수를 구하시오.

0222 중

일렬로 앉아 있던 학생 5명의 자리를 다시 배정하였을 때, 처음 자리와 같은 자리에 배정받은 학생이 2명일 확률은?

① $\dfrac{1}{6}$ ② $\dfrac{5}{24}$ ③ $\dfrac{1}{4}$

④ $\dfrac{7}{24}$ ⑤ $\dfrac{1}{3}$

0223 상중

오른쪽 그림과 같이 원 위에 6개의 점이 일정한 간격으로 놓여 있다. 이 6개의 점 중에서 임의로 3개의 점을 택하여 삼각형을 만들 때, 직각삼각형이 만들어질 확률을 구하시오.

유형 08 중복조합을 이용하는 확률

서로 다른 n개에서 r개를 택하는 중복조합의 수는

$$\Rightarrow {}_n\mathrm{H}_r = {}_{n+r-1}\mathrm{C}_r$$

0224 대표문제

10명의 유권자가 3명의 후보 갑, 을, 병 중 1명에게 무기명으로 투표할 때, 갑이 2표를 받을 확률을 구하시오.

(단, 기권이나 무효는 없다.)

0225 중하

방정식 $x+y+z=12$의 음이 아닌 정수해가 $z=3$을 만족시킬 확률을 구하시오.

| 개념원리 확률과 통계 81쪽 |

유형 09 통계적 확률

어떤 시행을 n번 반복할 때 사건 A가 일어난 횟수 r_n에 대하여 시행 횟수 n이 충분히 클 때의 상대도수 $\dfrac{r_n}{n}$을 사건 A가 일어날 통계적 확률로 생각한다.

0226 대표문제

흰 공과 검은 공을 합하여 10개의 공이 들어 있는 주머니에서 임의로 2개의 공을 동시에 꺼내 색을 확인하고 다시 넣는 시행을 여러 번 반복하였더니 3번에 1번 꼴로 2개의 공이 모두 흰 공이었다. 이때 주머니 속에는 몇 개의 흰 공이 들어 있다고 할 수 있는지 구하시오.

0227 중하

다음 표는 어느 지역의 휴대전화 이용자를 대상으로 사용하는 휴대전화의 제조사를 조사한 것이다.

제조사	A사	B사	C사	D사
사용자 수 (명)	272	160	82	106

이 지역의 휴대전화 이용자 중 임의로 택한 한 사람이 B사의 휴대전화를 사용할 확률을 구하시오.

(단, 한 사람이 한 대의 휴대전화만 사용한다.)

0228 중하

오른쪽 표는 어느 고등학교 2학년 학생 100명의 수학 점수를 조사한 것이다. 이 고등학교 2학년 학생 중 임의로 택한 한 학생의 수학 점수가 60점 이상 80점 미만일 확률을 구하시오.

수학 점수(점)	학생 수(명)
$40^{이상} \sim 50^{미만}$	19
$50 \ \sim 60$	21
$60 \ \sim 70$	26
$70 \ \sim 80$	18
$80 \ \sim 90$	10
$90 \ \sim 100$	6
합계	100

| 개념원리 확률과 통계 86쪽 |

유형 10 확률의 기본 성질

표본공간이 S인 어떤 시행에서
(1) 임의의 사건 A에 대하여 $0 \leq P(A) \leq 1$
(2) $P(S)=1$, $P(\varnothing)=0$

0229 대표문제

표본공간이 S인 임의의 두 사건 A, B에 대하여 **보기**에서 옳은 것만을 있는 대로 고르시오.

┌─ ● 보기 ●
│ ㄱ. $0 \leq P(A) \leq 1$
│ ㄴ. $P(A)+P(B) \geq 1$
│ ㄷ. $1-P(S)=P(\varnothing)$
└

0230 중하

표본공간이 S인 임의의 두 사건 A, B에 대하여 **보기**에서 옳은 것만을 있는 대로 고르시오.

┌─ ● 보기 ●
│ ㄱ. $0 \leq P(A)P(B) \leq 1$
│ ㄴ. $P(S)+P(\varnothing)=1$
│ ㄷ. $0 \leq P(A \cap B) \leq 1$
└

0231 중

표본공간이 S인 임의의 두 사건 A, B에 대하여 **보기**에서 옳은 것만을 있는 대로 고르시오.

┌─ ● 보기 ●
│ ㄱ. $A \cup B = S$이면 $P(A)+P(B)=1$
│ ㄴ. $0 \leq P(A)+P(B) \leq 2$
│ ㄷ. $P(A)+P(B)=1$이면 두 사건 A와 B는 서로 배반
│ 　 사건이다.
└

유형 11   확률의 덧셈정리 – 배반사건이 아닌 경우

표본공간이 S인 두 사건 A, B에 대하여

⇨ $P(A \cup B) = P(A) + P(B) - P(A \cap B)$

0232 대표문제

A 상자에는 1, 3, 5, 7의 숫자가 각각 하나씩 적힌 4장의 카드가 들어 있고, B 상자에는 1, 2, 3, 4, 5의 숫자가 각각 하나씩 적힌 5장의 카드가 들어 있다. 두 상자 A, B에서 임의로 각각 카드를 한 장씩 꺼낼 때, 꺼낸 두 카드에 적힌 숫자의 합이 4 이하이거나 3의 배수일 확률을 구하시오.

0233 중 하

어느 반의 학생 중에서 특별활동으로 영화감상반에 지원한 학생은 전체의 $\dfrac{2}{5}$, 곰인형 만들기반에 지원한 학생은 전체의 $\dfrac{1}{3}$이다. 또, 영화감상반과 곰인형 만들기반에 모두 지원한 학생은 전체의 $\dfrac{2}{15}$이다. 이 반 학생 중 임의로 한 명을 택했을 때, 그 학생이 영화감상반 또는 곰인형 만들기반에 지원한 학생일 확률을 구하시오.

0234 중

두 집합 $X = \{1, 2, 3\}$, $Y = \{0, 1, 2, 3\}$에 대하여 함수 $f : X \longrightarrow Y$가 $f(1) = 0$ 또는 $f(2) = 1$을 만족시킬 확률은?

① $\dfrac{3}{8}$ ② $\dfrac{7}{16}$ ③ $\dfrac{1}{2}$

④ $\dfrac{9}{16}$ ⑤ $\dfrac{5}{8}$

0235 상 중   서술형

30 이하의 자연수 a에 대하여 이차방정식 $10x^2 - 7ax + a^2 = 0$이 정수해를 가질 확률을 구하시오.

유형 12   확률의 덧셈정리 – 배반사건인 경우

표본공간이 S인 두 사건 A, B가 서로 배반사건이면 $A \cap B = \varnothing$이므로

⇨ $P(A \cup B) = P(A) + P(B)$

0236 대표문제

흰 공 3개, 검은 공 5개가 들어 있는 주머니에서 임의로 2개의 공을 동시에 꺼낼 때, 꺼낸 공이 같은 색일 확률을 구하시오.

0237 중

1부터 7까지의 자연수가 각각 하나씩 적힌 7장의 카드 중에서 임의로 3장을 뽑을 때, 뽑은 카드에 적힌 세 수의 합이 홀수일 확률은?

① $\dfrac{2}{7}$ ② $\dfrac{12}{35}$ ③ $\dfrac{2}{5}$

④ $\dfrac{16}{35}$ ⑤ $\dfrac{18}{35}$

0238 중

1학년 학생 5명, 2학년 학생 3명으로 구성된 동아리에서 발표회에 참석하는 대표 6명을 임의로 선발할 때, 1학년 학생이 2학년 학생보다 많이 선발될 확률을 구하시오.

0239 상 중

연아와 윤주를 포함한 6명의 학생이 세미나실에서 조별 과제를 하려고 한다. 세미나실의 좌석 배치가 다음 그림과 같고, 연아와 윤주를 포함한 6명이 좌석 1개에 1명씩 앉을 때, 연아와 윤주가 같은 열에 이웃하게 앉을 확률을 구하시오.

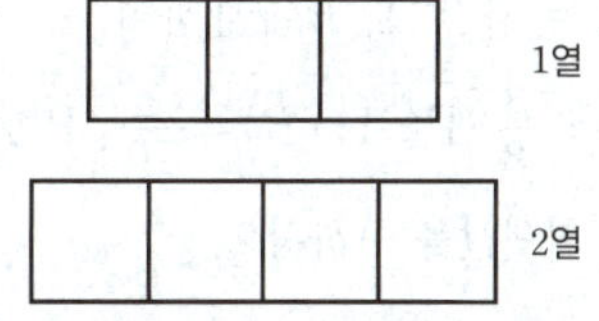

유형 익/히/기

유형 13 — 확률의 덧셈정리와 여사건의 확률

표본공간이 S인 두 사건 A, B에 대하여
(1) $P(A \cup B) = P(A) + P(B) - P(A \cap B)$
(2) $P(A^C) = 1 - P(A)$

0240 대표문제

표본공간이 S인 두 사건 A, B에 대하여

$$P(A) = \frac{1}{3}, \ P(B) = \frac{1}{2}, \ P(A^C \cup B^C) = \frac{5}{6}$$

일 때, $P(A \cup B)$를 구하시오.

0241 중

표본공간이 S인 두 사건 A, B에 대하여

$$P(A) = \frac{1}{3}, \ P(B^C) = \frac{2}{5}, \ P(A^C \cap B^C) = \frac{1}{5}$$

일 때, $P(A - B)$는?

① $\dfrac{1}{10}$ ② $\dfrac{2}{15}$ ③ $\dfrac{1}{6}$

④ $\dfrac{1}{5}$ ⑤ $\dfrac{7}{30}$

0242 중

표본공간이 S인 두 사건 A, B에 대하여

$$P(A^C) = \frac{5}{12}, \ P(B^C) = \frac{1}{2}, \ P(A \cap B^C) = \frac{1}{3}$$

일 때, $P(A \cup B)$를 구하시오.

0243 상 중

표본공간이 S인 두 사건 A, B에 대하여

$$\frac{1}{5} \le P(A) \le \frac{3}{8}, \ P(A \cap B) = \frac{1}{10}, \ P(A^C \cap B^C) = \frac{1}{8}$$

일 때, $P(B)$의 최댓값을 구하시오.

유형 14 — 여사건의 확률 – '적어도'의 조건

적어도 한 개가 ~인 사건은 모두 ~가 아닌 사건의 여사건이므로
⇨ (적어도 한 개가 ~일 확률) = 1 - (모두 ~가 아닐 확률)

0244 대표문제

서로 다른 두 개의 주사위를 동시에 던질 때, 적어도 한 개의 주사위의 눈의 수가 4 이하일 확률은?

① $\dfrac{4}{9}$ ② $\dfrac{5}{9}$ ③ $\dfrac{2}{3}$

④ $\dfrac{7}{9}$ ⑤ $\dfrac{8}{9}$

0245 중

남학생 2명과 여학생 3명이 일렬로 설 때, 적어도 한쪽 끝에는 남학생이 설 확률은?

① $\dfrac{3}{10}$ ② $\dfrac{2}{5}$ ③ $\dfrac{1}{2}$

④ $\dfrac{3}{5}$ ⑤ $\dfrac{7}{10}$

0246 중

n명의 여학생을 포함한 10명의 학생 중 2명의 대표를 선출하려고 한다. 적어도 1명의 여학생이 대표로 선출될 확률이 $\dfrac{13}{15}$일 때, 자연수 n의 값을 구하시오.

0247 상 중

영주와 민수를 포함한 6명이 3명씩 두 조로 나누어 각각 복도 청소와 운동장 청소를 하려고 할 때, 영주, 민수 중 적어도 한 명이 복도 청소를 할 확률을 구하시오.

| 개념원리 확률과 통계 95쪽 |

유형 15 | 여사건의 확률 – '이상', '이하', '아닌'의 조건

'이상', '이하', '아닌'과 같은 단어가 포함되어 있는 사건의 확률을 구할 때에는
⇨ 여사건의 확률을 생각한다.

0248 **대표문제**

검은 구슬 5개, 노란 구슬 4개가 들어 있는 주머니에서 임의로 4개의 구슬을 동시에 꺼낼 때, 검은 구슬이 2개 이하로 나올 확률을 구하시오.

0249 중

어떤 학생이 ○, ×로 답하는 5개의 문제에 임의로 답을 할 때, 2문제 이상 맞힐 확률은?

① $\dfrac{7}{16}$ ② $\dfrac{1}{2}$ ③ $\dfrac{9}{16}$

④ $\dfrac{11}{16}$ ⑤ $\dfrac{13}{16}$

0250 중

꿀떡 3조각, 인절미 n조각 중에서 임의로 3조각을 골라 접시에 담으려고 한다. 접시에 담은 3조각의 떡 중 꿀떡이 2조각 이하일 확률이 $\dfrac{83}{84}$일 때, 자연수 n의 값을 구하시오.

0251 상중 서술형

서로 다른 세 주사위 A, B, C를 동시에 던져서 나온 눈의 수를 각각 a, b, c라 할 때, $(a-b)(b-c)(c-a)=0$일 확률을 구하시오.

| 개념원리 확률과 통계 83쪽 |

유형 16 | 기하적 확률

길이, 넓이, 부피 등 연속적으로 변하여 그 개수를 구할 수 없을 때에는 길이, 넓이, 부피 등의 비율로 확률을 구한다.

$$\Rightarrow P(A)=\frac{(\text{사건 } A\text{가 일어나는 영역의 크기})}{(\text{일어날 수 있는 모든 영역의 크기})}$$

0252 **대표문제**

오른쪽 그림과 같이 한 변의 길이가 4인 정사각형 ABCD의 내부에 임의로 한 점 P를 잡을 때, 삼각형 PBC가 예각삼각형일 확률은 $p+q\pi$이다. 유리수 p, q에 대하여 $8pq$의 값을 구하시오.

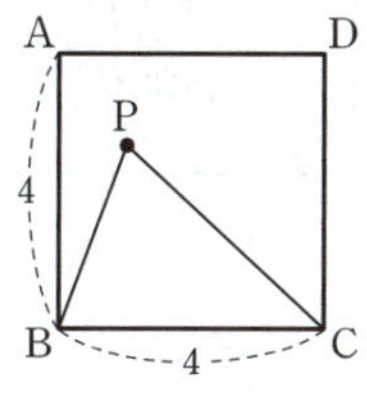

0253 중

오른쪽 그림과 같이 반지름의 길이가 각각 1, 2, 3, 4이고 중심이 같은 네 원으로 이루어진 과녁에 화살을 쏠 때, 색칠한 부분을 맞힐 확률을 구하시오. (단, 화살은 과녁을 벗어나지 않고, 경계선에 맞지 않는다.)

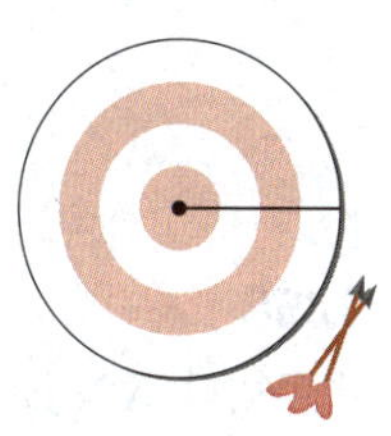

0254 중

$-3\leq a\leq 4$일 때, 이차방정식 $x^2+ax-2a=0$이 서로 다른 두 실근을 가질 확률을 구하시오. (단, a는 상수)

0255 상중

오른쪽 그림과 같이 한 변의 길이가 2인 정사각형 ABCD의 내부에 임의로 한 점 P를 잡을 때,
$$\overline{PA}\geq 1, \ \overline{PB}\geq 1, \ \overline{PC}\geq 1, \ \overline{PD}\geq 1$$
일 확률은 $p+q\pi$이다. 유리수 p, q에 대하여 $100pq$의 값을 구하시오.

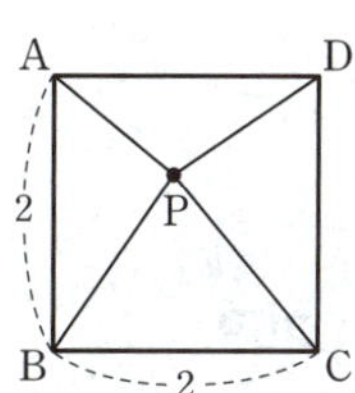

0256

서로 다른 두 개의 주사위를 동시에 던지는 시행에서 나오는 두 눈의 수가 서로 같은 사건을 A, 두 눈의 수의 합이 10인 사건을 B, 두 눈의 수의 차가 4인 사건을 C, 두 눈의 수의 곱이 25인 사건을 D라 하자. **보기**에서 서로 배반사건인 것만을 있는 대로 고르시오.

> **보기**
>
> ㄱ. A와 B ㄴ. A와 C ㄷ. A와 D
>
> ㄹ. B와 C ㅁ. B와 D ㅂ. C와 D

0257

여섯 개의 숫자 0, 1, 2, 3, 4, 5 중 서로 다른 세 숫자를 사용하여 세 자리 자연수를 만들 때, 만든 수가 짝수일 확률을 구하시오.

0258 수능 기출

두 주머니 A와 B에는 숫자 1, 2, 3, 4가 하나씩 적혀 있는 4장의 카드가 각각 들어 있다. 갑은 주머니 A에서, 을은 주머니 B에서 각자 임의로 두 장의 카드를 꺼내어 가진다. 갑이 가진 두 장의 카드에 적힌 수의 합과 을이 가진 두 장의 카드에 적힌 수의 합이 같을 확률은 $\dfrac{q}{p}$이다. $p+q$의 값을 구하시오.

(단, p, q는 서로소인 자연수이다.)

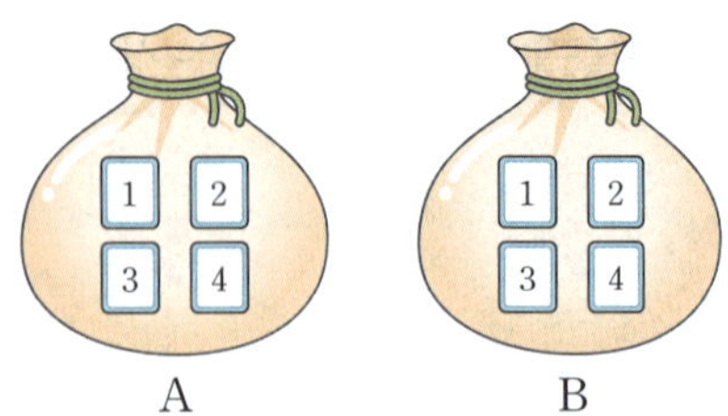

0259

남학생 2명, 여학생 5명이 일렬로 설 때, 남학생 사이에 여학생 3명이 설 확률을 구하시오.

0260

키가 서로 다른 네 사람이 일렬로 설 때, 왼쪽에서 세 번째에 선 사람이 자신과 이웃한 두 사람보다 키가 작을 확률은?

① $\dfrac{1}{3}$ ② $\dfrac{1}{2}$ ③ $\dfrac{3}{5}$

④ $\dfrac{2}{3}$ ⑤ $\dfrac{3}{4}$

0261 중요

오른쪽 그림과 같이 원을 8등분한 8개의 영역을 노란색과 보라색을 포함한 서로 다른 8가지의 색을 모두 사용하여 칠하려고 한다. 한 가지 색으로 한 영역씩 칠할 때, 노란색과 보라색이 이웃하게 칠할 확률을 구하시오.

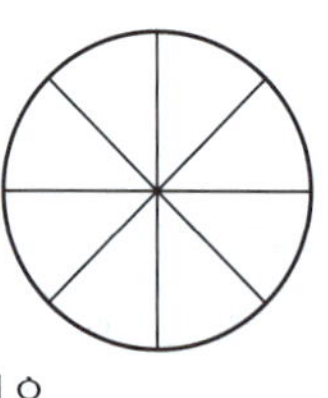

(단, 회전하여 일치하는 것은 같은 것으로 본다.)

0262

3명의 전학생 갑, 을, 병을 각각 1반부터 6반까지 6개의 반 중 하나에 배정할 때, 갑과 을이 같은 반이 될 확률을 구하시오.

0263

두 집합 $X=\{0, 1, 2, 3\}$, $Y=\{0, 1, 2\}$에 대하여 함수 $f : X \longrightarrow Y$가 $f(0)+f(1)+f(2)+f(3)=3$을 만족시킬 확률은?

① $\dfrac{16}{81}$ ② $\dfrac{2}{9}$ ③ $\dfrac{20}{81}$

④ $\dfrac{22}{81}$ ⑤ $\dfrac{8}{27}$

0264 💡중요

6개의 문자 b, a, n, a, n, a를 일렬로 나열할 때, 두 개의 n이 서로 이웃할 확률은?

① $\dfrac{1}{6}$　　② $\dfrac{1}{5}$　　③ $\dfrac{1}{4}$

④ $\dfrac{3}{10}$　　⑤ $\dfrac{1}{3}$

0265

같은 종류의 수학책 2권, 국어책 1권, 영어책 1권이 있다. 이 책을 남학생 2명, 여학생 2명에게 한 권씩 나누어 줄 때, 남학생 2명이 수학책 2권을 받을 확률을 구하시오.

0266 평가원 기출

A, A, A, B, B, C의 문자가 하나씩 적혀 있는 6장의 카드가 있다. 이 카드를 모두 한 번씩 사용하여 일렬로 임의로 나열할 때, 양 끝 모두에 A가 적힌 카드가 나오게 나열될 확률은?

① $\dfrac{3}{20}$　　② $\dfrac{1}{5}$　　③ $\dfrac{1}{4}$

④ $\dfrac{3}{10}$　　⑤ $\dfrac{7}{20}$

0267

오른쪽 그림과 같이 반원 위에 있는 10개의 점 중에서 3개를 택할 때, 택한 세 점을 꼭짓점으로 하는 삼각형이 만들어질 확률은?

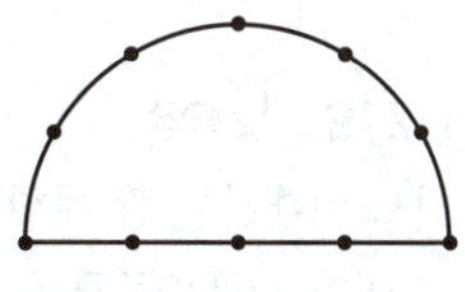

① $\dfrac{5}{6}$　　② $\dfrac{6}{7}$　　③ $\dfrac{9}{10}$

④ $\dfrac{11}{12}$　　⑤ $\dfrac{14}{15}$

0268 평가원 기출

흰 공 2개, 빨간 공 4개가 들어 있는 주머니가 있다. 이 주머니에서 임의로 2개의 공을 동시에 꺼낼 때, 꺼낸 2개의 공이 모두 흰 공일 확률이 $\dfrac{q}{p}$이다. $p+q$의 값을 구하시오.

(단, p와 q는 서로소인 자연수이다.)

0269

남자 선수 4명, 여자 선수 2명이 있다. 선수 2명씩 짝을 지어 3개의 팀을 만들 때, 남자 선수 1명, 여자 선수 1명으로 이루어진 팀이 만들어질 확률을 구하시오.

0270

사과, 귤, 배 중에서 8개의 과일을 살 때, 사과를 5개 살 확률을 구하시오.

0271

흰 구슬과 빨간 구슬을 합하여 16개의 구슬이 들어 있는 주머니에서 임의로 2개의 구슬을 동시에 꺼내 색을 확인하고 다시 넣는 시행을 충분히 반복하였더니 8번에 3번 꼴로 2개의 구슬이 모두 흰 구슬이었다. 이때 주머니 속에는 몇 개의 흰 구슬이 들어 있다고 할 수 있는가?

① 7　　② 8　　③ 9

④ 10　　⑤ 11

0272

표본공간이 S인 임의의 두 사건 A, B에 대하여 **보기**에서 옳은 것만을 있는 대로 고른 것은?

> • 보기 •
> ㄱ. $0<\mathrm{P}(A)<1$
> ㄴ. $A\subset B$이면 $\mathrm{P}(A)\leq\mathrm{P}(B)$
> ㄷ. $\mathrm{P}(A\cup B)\leq\mathrm{P}(A)+\mathrm{P}(B)$

① ㄱ   ② ㄴ   ③ ㄱ, ㄴ
④ ㄴ, ㄷ   ⑤ ㄱ, ㄴ, ㄷ

0273

어느 반의 학생 전체가 대학수학능력시험 사회탐구 영역에 응시하였다. 이 반에서 한국지리를 선택한 학생은 전체의 $\dfrac{11}{18}$, 세계사를 선택한 학생은 전체의 $\dfrac{5}{6}$, 한국지리와 세계사를 모두 선택한 학생은 전체의 $\dfrac{5}{9}$이었다. 이 반 학생 중 임의로 한 명을 택했을 때, 그 학생이 한국지리 또는 세계사를 선택한 학생일 확률을 구하시오.

0274

서로 다른 두 개의 주사위를 동시에 던지는 시행에서 나오는 두 눈의 수의 합이 짝수인 사건을 A, 두 눈의 수의 곱이 15의 배수인 사건을 B라 할 때, $\mathrm{P}(A\cup B)$를 구하시오.

0275

어느 회사에서 생산직 근로자 6명과 관리직 근로자 4명 중 임의로 3명을 뽑아 출장을 보내려고 할 때, 생산직 근로자가 2명 이상 뽑힐 확률을 구하시오.

0276

표본공간이 S인 두 사건 A, B에 대하여

$$\mathrm{P}(A)=\frac{2}{3},\ \mathrm{P}(B)=\frac{1}{4},\ \mathrm{P}(A\cap B)=\frac{1}{6}$$

일 때, $\mathrm{P}(A^{C}\cap B^{C})$는?

① $\dfrac{2}{3}$ ② $\dfrac{1}{2}$ ③ $\dfrac{2}{5}$
④ $\dfrac{1}{3}$ ⑤ $\dfrac{1}{4}$

0277 중요

5명의 학생 A, B, C, D, E가 일렬로 설 때, B와 D 사이에 적어도 한 명의 학생이 설 확률을 구하시오.

0278

남학생 3명, 여학생 3명 중 3명을 뽑을 때, 적어도 한 명의 남학생을 뽑을 확률은?

① $\dfrac{1}{20}$ ② $\dfrac{3}{4}$ ③ $\dfrac{4}{5}$
④ $\dfrac{9}{10}$ ⑤ $\dfrac{19}{20}$

0279 중요

어느 여행사는 괌 여행 상품 4종류, 태국 여행 상품 5종류, 중국 여행 상품 7종류를 판매하고 있다. 갑, 을, 병이 이 여행사의 여행 상품 중 서로 다른 여행 상품을 하나씩 택할 때, 적어도 한 명은 다른 나라의 여행 상품을 택할 확률을 구하시오.

 ## 서술형 주관식

0280

8개의 문자 c, o, m, p, u, t, e, r를 일렬로 나열할 때, c와 r 사이에 2개의 문자가 올 확률을 구하시오.

0281

오른쪽 그림과 같은 정육각형의 6개의 꼭짓점 중 세 점을 택하여 삼각형을 만들 때, 정삼각형이 만들어질 확률을 구하시오.

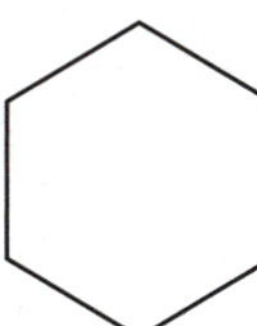

0282

10개의 제품 중 4개는 불량품이다. 이 10개의 제품 중에서 임의로 5개의 제품을 택할 때, 정상인 제품이 4개 이상 포함될 확률을 구하시오.

0283

표본공간이 S인 두 사건 A, B에 대하여 $\mathrm{P}(A)=\dfrac{3}{5}$, $\mathrm{P}(B)=\dfrac{5}{6}$이다. $\mathrm{P}(A \cap B)$의 최댓값을 M, 최솟값을 m이라 할 때, Mm의 값을 구하시오.

 ## 실력 up

0284

A, B, C, D를 포함한 8명이 원탁에 일정한 간격으로 둘러앉을 때, A는 B와, C는 D와 마주 보고 앉을 확률은?

① $\dfrac{1}{35}$ ② $\dfrac{1}{7}$ ③ $\dfrac{1}{5}$

④ $\dfrac{9}{35}$ ⑤ $\dfrac{2}{7}$

0285

두 집합 $X=\{1, 2, 3, 4\}$, $Y=\{5, 6, 7, 8, 9, 10\}$에 대하여 함수 $f : X \longrightarrow Y$가 $f(1) \leq f(2) < f(3) = f(4)$를 만족시킬 확률을 구하시오.

0286 〔수능 기출〕

방정식 $x+y+z=10$을 만족시키는 음이 아닌 정수 x, y, z의 모든 순서쌍 (x, y, z) 중에서 임의로 한 개를 선택한다. 선택한 순서쌍 (x, y, z)가 $(x-y)(y-z)(z-x) \neq 0$을 만족시킬 확률은 $\dfrac{q}{p}$이다. $p+q$의 값을 구하시오.

(단, p와 q는 서로소인 자연수이다.)

0287 …〔창의·융합〕〔수능 기출〕

주사위를 두 번 던질 때, 나오는 눈의 수를 차례로 m, n이라 하자. $i^{m} \cdot (-i)^{n}$의 값이 1이 될 확률이 $\dfrac{q}{p}$일 때, $p+q$의 값을 구하시오. (단, $i=\sqrt{-1}$이고 p, q는 서로소인 자연수이다.)

04 조건부확률

04·1 조건부확률

1 **조건부확률**: 두 사건 A, B에 대하여 확률이 0이 아닌 사건 A가 일어났다고 가정할 때 사건 B가 일어날 확률을 사건 A가 일어났을 때의 사건 B의 조건부확률이라 하고, 기호 $\mathrm{P}(B|A)$로 나타낸다.

2 사건 A가 일어났을 때의 사건 B의 조건부확률은

$$\mathrm{P}(B|A)=\frac{\mathrm{P}(A\cap B)}{\mathrm{P}(A)}\ (단,\ \mathrm{P}(A)>0)$$

- $\mathrm{P}(B|A)$는 A를 새로운 표본공간으로 생각할 때, A에서 사건 $A\cap B$가 일어날 확률을 뜻한다.

- 일반적으로 $\mathrm{P}(B|A)\neq\mathrm{P}(A|B)$

04·2 확률의 곱셈정리

두 사건 A, B에 대하여 $\mathrm{P}(A)>0$, $\mathrm{P}(B)>0$일 때

$$\mathrm{P}(A\cap B)=\mathrm{P}(A)\mathrm{P}(B|A)=\mathrm{P}(B)\mathrm{P}(A|B)$$

- $\mathrm{P}(B|A)=\dfrac{\mathrm{P}(A\cap B)}{\mathrm{P}(A)}$의 양변에 $\mathrm{P}(A)$를 곱하면 $\mathrm{P}(A\cap B)=\mathrm{P}(A)\mathrm{P}(B|A)$

04·3 사건의 독립과 종속

1 **독립**: 확률이 0이 아닌 두 사건 A, B에 대하여 한 사건이 일어나는 것이 다른 사건이 일어날 확률에 아무런 영향을 주지 않을 때, 즉

$$\mathrm{P}(B|A)=\mathrm{P}(B),\ \mathrm{P}(A|B)=\mathrm{P}(A)$$

일 때, 두 사건 A, B는 서로 독립이라 한다.

2 **종속**: 두 사건 A, B가 서로 독립이 아닐 때, 즉

$$\mathrm{P}(B|A)\neq\mathrm{P}(B)\ 또는\ \mathrm{P}(A|B)\neq\mathrm{P}(A)$$

일 때, 두 사건 A, B는 서로 종속이라 한다.

3 두 사건 A, B가 서로 독립이기 위한 필요충분조건은

$$\mathrm{P}(A\cap B)=\mathrm{P}(A)\mathrm{P}(B)\ (단,\ \mathrm{P}(A)>0,\ \mathrm{P}(B)>0)$$

- 두 사건 A, B가 서로 독립이면 A와 B^c, A^c와 B, A^c와 B^c도 각각 서로 독립이다.

- $\mathrm{P}(B)=\mathrm{P}(B|A)$이면 $\mathrm{P}(B)=\mathrm{P}(B|A^c)$도 성립한다.

- 두 사건 A, B가 서로 종속일 필요충분조건은 $\mathrm{P}(A\cap B)\neq\mathrm{P}(A)\mathrm{P}(B)$ (단, $\mathrm{P}(A)>0$, $\mathrm{P}(B)>0$)

04·4 독립시행의 확률

1 **독립시행**: 주사위나 동전을 여러 번 던지는 것과 같이 동일한 시행을 반복할 때, 각 시행에서 일어나는 사건이 서로 독립인 경우에 이러한 시행을 독립시행이라 한다.

2 **독립시행의 확률**

어떤 시행에서 사건 A가 일어날 확률이 $p\,(0<p<1)$일 때, 이 시행을 n번 반복하는 독립시행에서 사건 A가 r번 일어날 확률은

(1) $_n\mathrm{C}_r\,p^r(1-p)^{n-r}$ (단, $r=1,\ 2,\ 3,\ \cdots,\ n-1$)

(2) $r=0$일 때, $(1-p)^n$

(3) $r=n$일 때, p^n

04·1　조건부확률

0288 한 개의 주사위를 한 번 던지는 시행에서 짝수의 눈이 나오는 사건을 A, 소수의 눈이 나오는 사건을 B라 할 때, 다음을 구하시오.

(1) $\mathrm{P}(A)$

(2) $\mathrm{P}(A \cap B)$

(3) $\mathrm{P}(B \mid A)$

0289 100원짜리 동전 2개, 10원짜리 동전 1개를 동시에 던져서 뒷면이 1개 나왔을 때, 그것이 10원짜리 동전일 확률을 구하시오.

04·2　확률의 곱셈정리

0290 두 사건 A, B에 대하여 $\mathrm{P}(A)=\dfrac{1}{3}$, $\mathrm{P}(B \mid A)=\dfrac{1}{2}$ 일 때, $\mathrm{P}(A \cap B)$를 구하시오.

0291 두 사건 A, B에 대하여 $\mathrm{P}(A)=0.3$, $\mathrm{P}(B)=0.2$, $\mathrm{P}(A \mid B)=0.5$일 때, 다음을 구하시오.

(1) $\mathrm{P}(A \cap B)$　　　　(2) $\mathrm{P}(B \mid A)$

(3) $\mathrm{P}(A^c \cap B^c)$　　　　(4) $\mathrm{P}(A^c \mid B^c)$

04·3　사건의 독립과 종속

0292 한 개의 주사위를 두 번 던지는 시행에서 첫 번째에 홀수의 눈이 나오는 사건을 A, 두 번째에 3의 배수의 눈이 나오는 사건을 B라 할 때, 두 사건 A, B가 서로 독립인지 종속인지 말하시오.

0293 두 사건 A, B가 서로 독립이고 $\mathrm{P}(A)=\dfrac{1}{4}$, $\mathrm{P}(B)=\dfrac{2}{3}$일 때, 다음을 구하시오.

(1) $\mathrm{P}(A \cap B)$　　　　(2) $\mathrm{P}(A \cup B)$

(3) $\mathrm{P}(A^c \cap B)$　　　　(4) $\mathrm{P}(A \mid B^c)$

0294 주사위 한 개와 동전 한 개를 동시에 던질 때, 주사위는 짝수의 눈이 나오고 동전은 앞면이 나올 확률을 구하시오.

0295 명중률이 각각 0.5, 0.7인 두 양궁 선수 A, B가 과녁을 향해 각각 화살을 한 발씩 쏘았을 때, 두 선수 모두 과녁에 화살을 명중시킬 확률을 구하시오.

04·4　독립시행의 확률

0296 한 개의 주사위를 한 번 던지는 시행에서 2의 배수의 눈이 나오는 사건을 A라 할 때, 다음을 구하시오.

(1) $\mathrm{P}(A)$

(2) 주사위를 5번 던질 때, 사건 A가 3번 일어날 확률

0297 한 개의 동전을 4번 던질 때, 앞면이 3번 나올 확률을 구하시오.

0298 정답이 한 개인 오지선다형 문제 4개에 임의로 답을 할 때, 3문제를 맞힐 확률을 구하시오.

0299 자유투 성공률이 80 %인 농구 선수가 3번의 자유투에서 2번 골을 넣을 확률을 구하시오.

유형 익/히/기

| 개념원리 확률과 통계 103쪽 |

유형 **01**　조건부확률의 계산

사건 A가 일어났을 때의 사건 B의 조건부확률을 계산할 때는
(i) $P(A)$, $P(A \cap B)$를 구한다.
(ii) $P(B|A) = \dfrac{P(A \cap B)}{P(A)}$ 를 구한다. (단, $P(A) > 0$)

0300　대표문제

두 사건 A, B에 대하여
$$P(A) = 0.2,\ P(B) = 0.4,\ P(A^C \cap B^C) = 0.5$$
일 때, $P(A|B)$를 구하시오.

0301　중하

두 사건 A, B에 대하여
$$P(A) = \frac{1}{3},\ P(B) = \frac{2}{5},\ P(A|B) = \frac{1}{2}$$
일 때, $P(B|A)$를 구하시오.

0302　중

두 사건 A, B가 서로 배반사건이고 $P(A) = \dfrac{1}{4}$, $P(B) = \dfrac{3}{5}$
일 때, $P(B|A^C)$는?

① $\dfrac{2}{5}$　　② $\dfrac{1}{2}$　　③ $\dfrac{3}{5}$

④ $\dfrac{3}{4}$　　⑤ $\dfrac{4}{5}$

0303　중

두 사건 A, B에 대하여
$$P(A) = \frac{2}{3},\ P(A|B) = \frac{2}{3},\ P(A \cup B) = \frac{3}{4}$$
일 때, $P(B)$를 구하시오.

중요

| 개념원리 확률과 통계 104쪽 |

유형 **02**　조건부확률

사건 A가 일어났을 때의 사건 B의 조건부확률은
$$\Rightarrow P(B|A) = \frac{P(A \cap B)}{P(A)}$$

0304　대표문제

오른쪽 표는 어느 고등학교 학생 60명을 대상으로 수학과 영어 중 선호하는 과목을 조사한 것이다. 60명의 학생 중 임의로 뽑은 한 학생이 여학생일 때, 그 학생이 수학을 선호할 확률은?

(단위: 명)

	수학	영어	합계
남학생	18	14	32
여학생	12	16	28
합계	30	30	60

① $\dfrac{1}{7}$　　② $\dfrac{2}{7}$　　③ $\dfrac{3}{7}$

④ $\dfrac{4}{7}$　　⑤ $\dfrac{5}{7}$

0305　중하

어느 여행사의 회원 중 국내 여행을 선호하는 회원은 전체의 40 %이고, 국내 여행을 선호하는 남자 회원은 전체의 25 %이다. 국내 여행을 선호하는 회원 중 임의로 한 명을 뽑을 때, 그 회원이 남자일 확률을 구하시오.

0306　중

남자 회원이 20명, 여자 회원이 10명인 어떤 낚시 동호회에서 다음 달 낚시에 참여할 회원을 조사하였더니 남자 회원은 15명, 여자 회원은 a명이었다. 이 낚시 동호회 회원 중 임의로 택한 한 명이 다음 달 낚시에 참여한다고 할 때, 그 회원이 여자일 확률은 $\dfrac{2}{7}$이다. a의 값을 구하시오.

> **유형 03** 확률의 곱셈정리
> $- \mathrm{P}(A \cap B) = \mathrm{P}(A)\mathrm{P}(B|A)$
>
> 두 사건 A, B가 동시에 일어날 확률은
> $\Rightarrow \mathrm{P}(A \cap B) = \mathrm{P}(A)\mathrm{P}(B|A) = \mathrm{P}(B)\mathrm{P}(A|B)$

0307 대표문제

전체 학생 수가 27명인 어느 학급에서 13명이 여학생이다. 이 학급에서 임의로 한 사람씩 차례대로 두 명을 뽑을 때, 뽑힌 두 명이 모두 여학생일 확률은?

① $\dfrac{1}{9}$ ② $\dfrac{2}{9}$ ③ $\dfrac{1}{3}$

④ $\dfrac{4}{9}$ ⑤ $\dfrac{5}{9}$

0308 중하

주머니 A에는 빨간 구슬이 5개, 노란 구슬이 4개 들어 있고, 주머니 B에는 빨간 구슬이 7개, 노란 구슬이 2개 들어 있다. 한 주머니를 임의로 택하여 구슬 한 개를 꺼냈을 때, 그 구슬이 주머니 A에 들어 있는 빨간 구슬일 확률을 구하시오.

0309 중

어느 고등학교 동아리 신입생 9명 중 6명은 남학생, 3명은 여학생이다. 이들 중 임의로 신입생 대표 두 명을 차례대로 호명할 때, 첫 번째에는 여학생, 두 번째에는 남학생을 호명할 확률을 구하시오.

0310 중 서술형

흰 바둑돌 n개, 검은 바둑돌 4개가 들어 있는 상자에서 임의로 바둑돌을 한 개씩 두 번 꺼낼 때, 첫 번째에는 흰 바둑돌, 두 번째에는 검은 바둑돌이 나올 확률이 $\dfrac{1}{5}$이다. 이때 모든 n의 값의 합을 구하시오. (단, 꺼낸 바둑돌은 다시 넣지 않는다.)

> **유형 04** 확률의 곱셈정리
> $- \mathrm{P}(E) = \mathrm{P}(A \cap E) + \mathrm{P}(A^c \cap E)$
>
> 두 사건 A, E에 대하여
> $\Rightarrow \mathrm{P}(E) = \mathrm{P}(A \cap E) + \mathrm{P}(A^c \cap E)$
> $\qquad\quad = \mathrm{P}(A)\mathrm{P}(E|A) + \mathrm{P}(A^c)\mathrm{P}(E|A^c)$

0311 대표문제

흰 공 4개, 검은 공 3개가 들어 있는 주머니에서 갑, 을 두 사람이 갑, 을의 순서로 공을 임의로 한 개씩 꺼낼 때, 을이 검은 공을 꺼낼 확률을 구하시오. (단, 꺼낸 공은 다시 넣지 않는다.)

0312 중

어떤 축구팀은 비가 내릴 때 경기에서 이길 확률이 0.4이고, 비가 내리지 않을 때 경기에서 이길 확률이 0.6이라 한다. 이번 주 일요일에 비가 올 확률이 0.3일 때, 이 팀이 이번 주 일요일 경기에서 이길 확률을 구하시오. (단, 비기는 경우는 없다.)

0313 중

어느 대학의 전체 신입생 중 수시 합격자와 정시 합격자의 비율은 각각 70 %, 30 %이고, 수시 합격자 중 60 %, 정시 합격자 중 40 %가 여학생이다. 이 학교의 신입생 중 임의로 한 명을 택할 때, 그 학생이 여학생일 확률은?

① $\dfrac{12}{25}$ ② $\dfrac{13}{25}$ ③ $\dfrac{27}{50}$

④ $\dfrac{3}{5}$ ⑤ $\dfrac{31}{50}$

0314 중

어느 학교에서 A반 학생 20명, B반 학생 30명을 대상으로 '방과후 학교' 수업 신청자를 조사했더니 A반 학생 중 $\dfrac{1}{5}$, B반 학생 중 $\dfrac{1}{6}$이 수학 과목 수업을 신청했다고 한다. 이 50명의 학생 중 임의로 한 명을 뽑을 때, 그 학생이 수학 과목 수업을 신청했을 확률을 구하시오.

유형 05 확률의 곱셈정리와 조건부확률

사건 E가 일어났다고 가정할 때 사건 A가 일어날 확률은

$$\Rightarrow P(A|E)=\frac{P(A\cap E)}{P(E)}=\frac{P(A\cap E)}{P(A\cap E)+P(A^c\cap E)}$$

0315 대표문제

어느 회사에서는 같은 제품을 두 공장 A, B에서 생산한다. A 공장, B 공장에서 각각 전체 제품의 40 %, 60 %를 생산하고, 생산된 제품의 불량률은 각각 5 %, 3 %이다. 두 공장에서 생산된 제품 중 임의로 택한 한 개의 제품이 불량품이었을 때, 그 제품이 A 공장에서 생산되었을 확률을 구하시오.

0316 중

K 프로 야구팀의 홈 경기에서의 승률은 70 %, 원정 경기에서의 승률은 50 %이고, 올해 치르는 경기의 30 %가 홈 경기이다. 올해의 어떤 경기에서 K 프로 야구팀이 승리했을 때, 그 경기가 홈 경기였을 확률은?

① $\dfrac{5}{16}$ ② $\dfrac{3}{8}$ ③ $\dfrac{1}{2}$

④ $\dfrac{9}{16}$ ⑤ $\dfrac{3}{4}$

0317 중

필통 A에는 빨간 볼펜 2개, 파란 볼펜 4개가 들어 있고, 필통 B에는 빨간 볼펜 3개, 파란 볼펜 3개가 들어 있다. 임의로 필통 하나를 택하여 2개의 볼펜을 동시에 꺼냈더니 빨간 볼펜 1개, 파란 볼펜 1개가 나왔을 때, 그것이 필통 B에서 나왔을 확률은?

① $\dfrac{9}{17}$ ② $\dfrac{10}{17}$ ③ $\dfrac{11}{17}$

④ $\dfrac{12}{17}$ ⑤ $\dfrac{13}{17}$

0318 중

상자에 흰 공 2개와 검은 공 2개가 들어 있다. 먼저 민수가 임의로 1개의 공을 꺼낸 후 다시 넣지 않고 지호가 남은 3개의 공 중에서 임의로 1개의 공을 꺼냈다. 지호가 꺼낸 공이 흰 공일 때, 민수가 꺼낸 공도 흰 공이었을 확률은?

① $\dfrac{1}{2}$ ② $\dfrac{1}{3}$ ③ $\dfrac{1}{4}$

④ $\dfrac{1}{5}$ ⑤ $\dfrac{1}{6}$

0319 중

어느 물류 회사는 전체 제품의 30 %는 버스로, 70 %는 기차로 운송한다. 버스로 운송하는 제품의 80 %, 기차로 운송하는 제품의 20 %가 1일 이내에 배송된다. 이 회사에서 제품이 1일 이내에 배송되었을 때, 그 제품이 기차로 운송되었을 확률은?

① $\dfrac{3}{19}$ ② $\dfrac{5}{19}$ ③ $\dfrac{7}{19}$

④ $\dfrac{9}{19}$ ⑤ $\dfrac{11}{19}$

0320 상중

주머니 안에 세 장의 카드 A, B, C가 있다. 카드 A는 양면에 모두 숫자 1이 쓰여 있고, 카드 B는 한 면에 숫자 1, 다른 면에 숫자 2가 쓰여 있고, 카드 C는 양면에 모두 숫자 2가 쓰여 있다. 이 주머니에서 임의로 한 장의 카드를 뽑았더니 보이는 면에 숫자 1이 쓰여 있을 때, 그 뒷면에는 숫자 2가 쓰여 있을 확률을 구하시오.

유형 **06** 사건의 독립과 종속의 판정

두 사건 A, B에 대하여
(1) $P(A \cap B) = P(A)P(B)$ ⇨ 독립
(2) $P(A \cap B) \neq P(A)P(B)$ ⇨ 종속

0321 　대표문제

1부터 12까지의 자연수가 각각 하나씩 적힌 12장의 카드 중에서 임의로 한 장의 카드를 뽑을 때, 홀수가 적힌 카드가 나오는 사건을 A, 3의 배수가 적힌 카드가 나오는 사건을 B, 소수가 적힌 카드가 나오는 사건을 C라 하자. **보기**에서 서로 독립인 사건인 것만을 있는 대로 고르시오.

● 보기 ●
ㄱ. A와 B　　　ㄴ. B와 C　　　ㄷ. C와 A

0322 　중하

10원짜리 동전 1개와 100원짜리 동전 1개를 동시에 던져서 10원짜리 동전의 앞면이 나오는 사건을 A, 100원짜리 동전의 뒷면이 나오는 사건을 B, 두 개의 동전이 같은 면이 나오는 사건을 C, 두 개의 동전이 다른 면이 나오는 사건을 D라 할 때, 다음 중 두 사건이 서로 독립이 <u>아닌</u> 것은?

① A와 B　　② B와 C　　③ C와 D
④ D와 A　　⑤ D와 B

0323 　중

표본공간 $S = \{1, 2, 3, 4, 5, 6\}$에서 임의로 한 개의 원소를 뽑을 때, 1을 뽑는 사건을 $\{1\}$, 1 또는 2를 뽑는 사건을 $\{1, 2\}$라 하자. **보기**에서 사건 $\{1, 2, 3, 4\}$와 서로 독립인 사건만을 있는 대로 고른 것은?

● 보기 ●
ㄱ. $\{3, 5\}$　　　ㄴ. $\{1, 2, 6\}$　　　ㄷ. $\{3, 4, 5, 6\}$

① ㄱ　　　　② ㄴ　　　　③ ㄱ, ㄷ
④ ㄴ, ㄷ　　　⑤ ㄱ, ㄴ, ㄷ

유형 **07** 독립사건의 확률의 계산

두 사건 A, B가 서로 독립일 필요충분조건은
⇨ $P(A \cap B) = P(A)P(B)$ (단, $P(A) > 0$, $P(B) > 0$)

0324 　대표문제

두 사건 A, B가 서로 독립이고
$$P(A) = \frac{1}{2}, \ P(A \cup B) = \frac{2}{3}$$
일 때, $P(B)$를 구하시오.

0325 　중하

두 사건 A, B가 서로 독립이고
$$P(A \cup B) = \frac{2}{5}, \ P(A)P(B) = \frac{1}{3}$$
일 때, $P(A|B) + P(B|A)$의 값을 구하시오.

0326 　중 　서술형

두 사건 A, B가 서로 독립이고
$$P(A \cap B^C) = \frac{1}{4}, \ P(A \cup B) = \frac{3}{4}$$
일 때, $P(A)$를 구하시오.

0327 　상중

두 사건 A, B가 서로 독립이고
$$P(A \cup B) = \frac{5}{8}, \ P(A \cap B) = \frac{1}{8}, \ P(A) > P(B)$$
일 때, $P(B)$는?

① $\frac{1}{8}$　　　　② $\frac{1}{5}$　　　　③ $\frac{1}{4}$
④ $\frac{1}{3}$　　　　⑤ $\frac{1}{2}$

유형 08 독립사건의 확률

(1) 두 사건 A, B가 서로 독립이기 위한 필요충분조건은
$$P(A \cap B) = P(A)P(B) \ (단, P(A) > 0, P(B) > 0)$$
(2) 두 사건 A, B가 서로 독립이면 A와 B^c, A^c와 B, A^c와 B^c도 각각 서로 독립이다.

0328 대표문제

주머니 A에는 노란 구슬 5개, 파란 구슬 3개가 들어 있고, 주머니 B에는 노란 구슬 3개, 파란 구슬 4개가 들어 있다. 두 주머니 A, B에서 각각 임의로 구슬을 한 개씩 꺼낼 때, 2개 모두 파란 구슬일 확률을 구하시오.

0329 중하

어느 지역에 이번 주 화요일, 수요일에 눈이 올 확률이 각각 0.2, 0.3이다. 이 지역에 이번 주 화요일과 수요일 이틀 중 수요일에만 눈이 올 확률은?

① 0.14 ② 0.18 ③ 0.2
④ 0.24 ⑤ 0.3

0330 중

두 축구 선수 A, B가 페널티킥을 성공시킬 확률이 각각 $\dfrac{2}{5}$, $\dfrac{1}{3}$이다. A, B가 각각 한 번씩 페널티킥을 시도할 때, 적어도 한 명이 성공할 확률을 구하시오.

0331 중

어느 장소에서 A 통신사의 통화 성공률은 $\dfrac{9}{10}$, B 통신사의 통화 성공률은 $\dfrac{4}{5}$이다. A 통신사 사용자와 B 통신사 사용자가 이 장소에서 각자 동시에 통화를 시도할 때, 한 명만 통화에 성공할 확률을 구하시오.

0332 중

다음은 어떤 집단에서 두 바이러스 A, B 보균자 수를 조사하여 나타낸 표이다.

(단위: 명)

	바이러스 A	바이러스 B	합계
남자	x		150
여자			300
합계	240	210	450

이 집단에서 임의로 한 명을 택할 때, 바이러스 A 보균자를 택하는 사건과 남자를 택하는 사건이 서로 독립이라고 한다. 이때 x의 값은?

① 80 ② 90 ③ 100
④ 110 ⑤ 120

0333 중

다음 그림과 같이 두 상자 A, B에 숫자가 적힌 카드가 각각 4장씩 들어 있다. 두 상자 A, B 각각에서 임의로 카드 한 장씩을 꺼낼 때, 카드에 적힌 두 수의 합이 홀수일 확률을 구하시오.

0334 상중 서술형

오른쪽 그림과 같은 회로에서 스위치 A, B가 열려 있을 확률이 각각 0.5, 0.4이고, 각 스위치가 열려 있는 사건은 서로 독립일 때, 전구에 불이 켜질 확률을 구하시오.

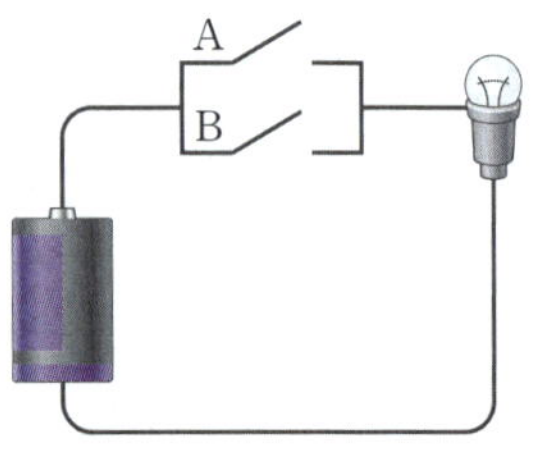

유형 **09**   독립시행의 확률

어떤 시행에서 사건 A가 일어날 확률이 $p\,(0<p<1)$일 때, 이 시행을 n번 반복하는 독립시행에서 사건 A가 r번 일어날 확률은

(1) $_n\mathrm{C}_r\,p^r(1-p)^{n-r}$ (단, $r=1, 2, 3, \cdots, n-1$)

(2) $r=0$일 때, $(1-p)^n$

(3) $r=n$일 때, p^n

0335 대표문제

어떤 클레이 사격 선수가 날아오르는 표적을 맞힐 확률이 $\dfrac{1}{3}$ 이라 한다. 이 선수가 5발을 쏘았을 때, 표적을 한 번 이상 맞힐 확률은?

① $\dfrac{7}{9}$ ② $\dfrac{68}{81}$ ③ $\dfrac{23}{27}$

④ $\dfrac{70}{81}$ ⑤ $\dfrac{211}{243}$

0336 중하

윷놀이에서 윷 한 개를 던질 때 ⌒ 모양이 나올 확률은 $\dfrac{1}{4}$ 이다. 네 개의 윷을 동시에 던질 때, ⌒ 모양이 3개, ⌣ 모양이 1개 나오면 도라 한다. 네 개의 윷을 동시에 던질 때, 도가 나올 확률을 구하시오.

0337 중

유럽 배낭여행을 위하여 지성이가 여러 도시의 날씨를 조사한 결과, A 도시에서는 6월 한 달 중 10일은 비가 내린다고 한다. 지성이가 6월에 이 도시에 4일간 머무를 때, 4일 중 적어도 하루는 비가 내리지 않을 확률은?

① $\dfrac{80}{81}$ ② $\dfrac{26}{27}$ ③ $\dfrac{76}{81}$

④ $\dfrac{74}{81}$ ⑤ $\dfrac{8}{9}$

0338 중

4문제 중 3문제 이상을 맞히면 합격하는 시험에 평균적으로 7문제 중 2문제를 맞히는 학생이 합격할 확률은 $\dfrac{k}{7^4}$ 이다. 상수 k의 값을 구하시오.

0339 중

서브 성공률이 40 %인 배구 선수가 서브를 4번 시도할 때, 2번 이상 성공시킬 확률은?

① $\dfrac{96}{625}$ ② $\dfrac{186}{625}$ ③ $\dfrac{297}{625}$

④ $\dfrac{328}{625}$ ⑤ $\dfrac{462}{625}$

0340 중

결승전에 진출한 두 팀 A, B가 한 경기에서 서로를 이길 확률은 같다. 결승전에서 5번 경기를 하여 먼저 3번을 이기는 팀이 우승한다고 할 때, 4번째 경기에서 우승팀이 결정될 확률을 구하시오. (단, 비기는 경우는 없다.)

0341 중

주사위 1개와 동전 1개가 있다. 주사위를 던져서 6의 눈이 나오면 동전을 3번 던지고, 6이 아닌 눈이 나오면 동전을 2번 던질 때, 동전의 앞면이 1번 나올 확률을 구하시오.

| 개념원리 확률과 통계 120쪽 |

유형 10 　사건의 독립과 종속의 성질

두 사건 A, B가 서로
(1) 독립이면 $\Rightarrow$ $P(B|A)=P(B|A^C)=P(B)$
　　　　　　$P(A|B)=P(A|B^C)=P(A)$
(2) 종속이면 $\Rightarrow$ $P(B|A)\neq P(B|A^C)$
　　　　　　$P(A|B)\neq P(A|B^C)$

0342　대표문제

확률이 0이 아닌 두 사건 A, B에 대하여 **보기**에서 옳은 것만을 있는 대로 고르시오.

● 보기 ●
ㄱ. A, B가 서로 독립이면 $P(A|B)=P(B|A)$이다.
ㄴ. A, B가 서로 배반사건이면 $P(B|A)=0$이다.
ㄷ. $A \subset B$이면 $P(B|A)<1$이다.

0343　중

두 사건 A, B에 대하여 **보기**에서 옳은 것만을 있는 대로 고르시오. (단, $P(A)\neq 0$, $P(B)\neq 0$)

● 보기 ●
ㄱ. A, B가 서로 배반사건이면 A, B는 서로 독립이다.
ㄴ. A, B가 서로 독립이면 A, B는 서로 배반사건이다.
ㄷ. A, B가 서로 독립이면 A^C, B도 서로 독립이다.

0344　상중

두 사건 A, B에 대하여 **보기**에서 옳은 것만을 있는 대로 고르시오.

● 보기 ●
ㄱ. $P(A^C|B)=1-P(A|B)$
ㄴ. 두 사건 A, B가 서로 독립이면
　　$\{1-P(A)\}\{1-P(B)\}=1-P(A \cup B)$
ㄷ. A^C, B^C가 서로 독립이면 A, B도 서로 독립이다.

| 개념원리 확률과 통계 124쪽 |

유형 11 　독립시행의 확률을 이용한 계산

(i) 방정식을 이용하여 사건의 시행 횟수를 구한다.
(ii) 독립시행의 확률을 이용한다.

0345　대표문제

수직선 위의 원점에서 출발한 점 A는 한 개의 주사위를 한 번 던져 5의 약수의 눈이 나오면 1만큼, 5의 약수가 아닌 눈이 나오면 -1만큼 움직인다. 주사위를 4번 던질 때, 점 A의 좌표가 2가 될 확률은?

① $\dfrac{8}{81}$　　② $\dfrac{11}{81}$　　③ $\dfrac{11}{27}$

④ $\dfrac{34}{81}$　　⑤ $\dfrac{35}{81}$

0346　중　서술형

흰 공 3개, 검은 공 2개가 들어 있는 주머니에서 임의로 한 개의 공을 꺼낼 때, 흰 공이 나오면 3점, 검은 공이 나오면 2점을 얻는 게임이 있다. 이 게임을 5번 하여 14점을 얻을 확률을 구하시오.

　　　　(단, 꺼낸 공은 색을 확인한 후 다시 주머니에 넣는다.)

0347　상중

오른쪽 그림과 같이 한 변의 길이가 1인 정오각형 ABCDE 위의 동점 P는 동전을 한 번 던질 때마다 다음 규칙에 따라 정오각형의 변 위를 움직인다.

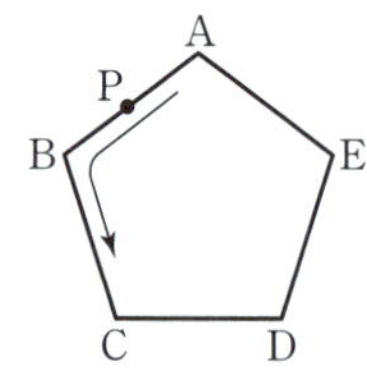

⑺ 앞면이 나오면 시계 반대 방향으로 2만큼 움직인다.
⑻ 뒷면이 나오면 시계 반대 방향으로 1만큼 움직인다.

동전을 6번 던질 때, 점 A를 출발한 동점 P가 점 A로 되돌아올 확률을 구하시오.

0348

두 사건 A, B에 대하여

$$\text{P}(A)=0.5, \ \text{P}(A|B)=0.3, \ \text{P}(B|A)=0.4$$

일 때, $\text{P}(B)$를 구하시오.

0349

두 사건 A, B에 대하여

$$\text{P}(A)=\frac{1}{3}, \ \text{P}(A|B)=\frac{1}{4}, \ \text{P}(A^c \cap B^c)=\frac{1}{6}$$

일 때, $\text{P}(B)$를 구하시오.

0350

오른쪽 그림은 전체 관람객 120명의
집합을 S, 관람객 중 축구 경기를 관
람한 사람의 집합을 A, 야구 경기를
관람한 사람의 집합을 B라 하여 벤
다이어그램으로 나타낸 것이고, 그

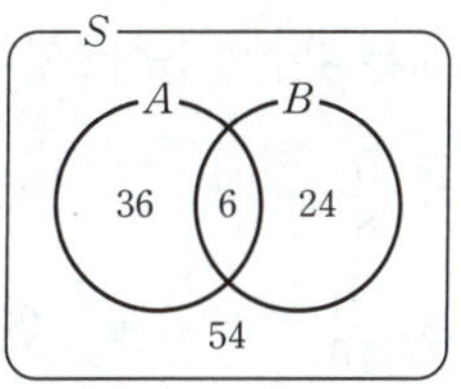

림의 숫자는 각 집합에 속하는 원소의 개수를 적은 것이다. 관
람객 120명 중에서 임의로 택한 한 명이 축구 경기를 관람했
을 때, 그 사람이 야구 경기도 관람했을 확률을 구하시오.

0351 수능 기출

어느 학교의 전체 학생은 360명이고, 각 학생은 체험 학습 A,
체험 학습 B 중 하나를 선택하였다. 이 학교의 학생 중 체험
학습 A를 선택한 학생은 남학생 90명과 여학생 70명이다. 이
학교의 학생 중 임의로 뽑은 1명의 학생이 체험 학습 B를 선
택한 학생일 때, 이 학생이 남학생일 확률은 $\frac{2}{5}$이다. 이 학교
의 여학생의 수는?

① 180   ② 185   ③ 190

④ 195   ⑤ 200

0352 중요

3개의 당첨 제비를 포함하여 총 10개의 제비가 들어 있는 주
머니에서 진구와 우진이 두 사람이 진구, 우진이의 순서로 제
비를 임의로 한 개씩 뽑을 때, 우진이가 당첨 제비를 뽑을 확
률을 구하시오. (단, 뽑은 제비는 다시 넣지 않는다.)

0353

상자 A에는 빨간 구슬 3개, 검은 구슬 4개가 들어 있고, 상자
B에는 빨간 구슬 5개, 검은 구슬 2개가 들어 있다. 한 상자를
임의로 택하여 2개의 구슬을 동시에 꺼낼 때, 나온 구슬이 서
로 다른 색일 확률을 구하시오.

0354

A 회사, B 회사는 각각 10대, 20대의 컴퓨터를 보유하고 있
고, A 회사, B 회사가 보유한 컴퓨터에서 바이러스가 발견될
확률은 각각 3 %, x %이다. A 회사와 B 회사가 보유한 컴
퓨터 30대 중 임의로 택한 컴퓨터 한 대에서 바이러스가 발견
되었다고 할 때, 이 컴퓨터가 A 회사가 보유한 컴퓨터일 확률
은 $\frac{3}{13}$이다. x의 값을 구하시오.

0355

한 개의 주사위를 한 번 던져서 4 이하의 눈이 나오는 사건을
A, 짝수의 눈이 나오는 사건을 B, 6의 약수의 눈이 나오는
사건을 C라 할 때, **보기**에서 옳은 것만을 있는 대로 고르시오.

┌──── 보기 ────
ㄱ. A, B는 서로 독립이다.
ㄴ. B, C^c는 서로 종속이다.
ㄷ. A^c, C는 서로 종속이다.
└─────────────

0356

두 사건 A, B에 대하여 $P(A) \neq 0$, $P(B) \neq 0$일 때, **보기**에서 옳은 것만을 있는 대로 고른 것은?

● 보기 ●

ㄱ. A, B가 서로 독립이면 $P(A|B^c) = 1 - P(A|B)$이다.

ㄴ. $A = B^c$이면 A, B는 서로 배반사건이다.

ㄷ. $P(A|B) = 1$이면 $B \subset A$이다.

---

① ㄱ   ② ㄴ   ③ ㄱ, ㄷ
④ ㄴ, ㄷ   ⑤ ㄱ, ㄴ, ㄷ

0357 평가원 기출

두 사건 A, B가 서로 독립이고

$$P(A) = \frac{1}{6}, \quad P(A \cap B^c) + P(A^c \cap B) = \frac{1}{3}$$

일 때, $P(B)$의 값은? (단, A^c은 A의 여사건이다.)

① $\dfrac{1}{8}$ ② $\dfrac{1}{4}$ ③ $\dfrac{3}{8}$
④ $\dfrac{1}{2}$ ⑤ $\dfrac{5}{8}$

0358

서로 독립인 두 사건 A, B에 대하여 A가 일어날 확률이 $4a - 1$, B가 일어날 확률이 $1 - 2a$일 때, A와 B가 동시에 일어날 확률의 최댓값은?

① $\dfrac{1}{8}$ ② $\dfrac{3}{16}$ ③ $\dfrac{1}{4}$
④ $\dfrac{5}{16}$ ⑤ $\dfrac{3}{8}$

0359 💡중요

다음 표는 어느 반 학생 40명을 대상으로 체험학습 장소에 대한 선호도를 조사한 것이다. 이 반 학생 중 임의로 택한 한 명이 남학생인 사건과 놀이동산을 선호하는 학생인 사건이 서로 독립일 때, $\dfrac{a}{d}$의 값을 구하시오.

(단위: 명)

	올림픽공원	놀이동산	합계
남학생	a	b	30
여학생	c	d	10
합계	16	24	40

0360 수능 기출

한 개의 동전을 5번 던질 때, 앞면이 나오는 횟수와 뒷면이 나오는 횟수의 곱이 6일 확률은?

① $\dfrac{5}{8}$ ② $\dfrac{9}{16}$ ③ $\dfrac{1}{2}$
④ $\dfrac{7}{16}$ ⑤ $\dfrac{3}{8}$

0361 💡중요

계단에서 혜진이와 윤주가 가위바위보를 하여 이기는 사람은 두 계단을 오르고 비기거나 지는 사람은 한 계단을 내려갈 때, 가위바위보를 5번 하여 혜진이가 4계단을 올라가게 될 확률은 $\dfrac{q}{p}$이다. $p + q$의 값은? (단, p, q는 서로소인 자연수)

① 279   ② 281   ③ 283
④ 285   ⑤ 287

 **서술형 주관식**

0362

서로 다른 두 개의 주사위를 동시에 던져서 나온 눈의 수의 합이 6일 때, 두 주사위의 눈의 수가 모두 3일 확률을 구하시오.

0363 중요

2개의 당첨 제비를 포함하여 총 5개의 제비가 들어 있는 상자에서 임의로 제비를 한 개씩 2번 뽑을 때, 2개의 제비 모두 당첨 제비일 확률을 p_1, 두 번째 제비만 당첨 제비일 확률을 p_2라 하자. p_1+p_2의 값을 구하시오.

(단, 뽑은 제비는 다시 넣지 않는다.)

0364

어떤 시험에서 A는 합격하고 B는 합격하지 못할 확률이 $\dfrac{3}{5}$, A 또는 B가 합격할 확률이 $\dfrac{4}{5}$일 때, A가 시험에 합격할 확률을 구하시오.

0365

어떤 학생은 평균적으로 5문제 중 4문제를 맞힌다고 한다. 이 학생이 1번부터 4번까지 총 4문제가 출제된 어떤 시험에서 3문제 이상 맞혔을 때, 1번 문제는 틀렸을 확률을 구하시오.

 **실력 up**

0366

철수는 어느 한 장소에 들렀다가 떠날 때 $\dfrac{1}{3}$의 확률로 우산을 두고 나온다. 어느 날 철수는 우산을 들고 집을 나서서 학교, 분식집, 서점에 차례대로 들렀다가 집에 돌아와서 우산을 잃어버린 것을 알았다. 철수가 분식집에 우산을 두고 나왔을 확률을 구하시오.

(단, 이동하는 동안에는 우산을 잃어버리지 않는다.)

0367

상자에 들어 있는 10개의 제품 중 2개가 불량품이다. 이 상자에서 임의로 제품을 1개씩 꺼내어 검사하고, 불량품을 모두 꺼내면 검사를 끝낸다고 할 때, 네 번째 검사에서 검사가 끝날 확률은? (단, 꺼낸 제품은 다시 넣지 않는다.)

① $\dfrac{1}{5}$ ② $\dfrac{1}{6}$ ③ $\dfrac{2}{15}$

④ $\dfrac{1}{10}$ ⑤ $\dfrac{1}{15}$

0368 창의·융합

오른쪽 그림과 같이 좌표평면 위의 원점에 점 P가 있다. 점 P는 주사위를 한 번 던질 때마다 다음 규칙에 따라 움직인다. 주사위를 계속 던질 때, 점 P가 색칠한 부분을 지날 확률을 구하시오.

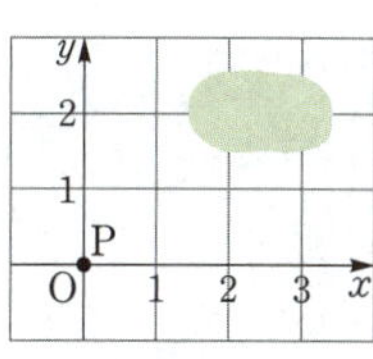

㈎ 3 이하의 눈이 나오면 x축의 양의 방향으로 1만큼 이동한다.

㈏ 4 이상의 눈이 나오면 y축의 양의 방향으로 1만큼 이동한다.

성급하게 살지 마라.

성급하게 살지 마라. 주어진 것을 적절히 나눠 쓸 줄 알면 그것을 즐길 수 있다. 많은 이들의 행운은 그들의 삶보다 먼저 끝을 보인다.

그들은 향유할 수 있는 일에 기뻐하기보다 그것을 망쳐 버린다. 그러고는 즐거움이 달아났음을 알고서야 아쉬움을 느끼는 것이다. 그들은 늘 즐거움보다 앞서 달려가 다가올 세월까지 갉아먹는다. 그렇게 성급하기에 모든 것이 빨리 끝나는 것이다. 지식에 목마를 때에도 절제를 지켜 안 배우느니 못한 것은 배우지 마라. 우리가 사는 동안 언제나 즐거움이 있지는 않다. 그러니 즐길 때는 천천히, 일할 때는 빨리 하라. 일을 마치는 것은 좋으나 즐거움이 끝나는 것은 좋지 않기 때문이다.

III

통계

05 확률분포 (1)

05·1 확률변수

1 확률변수: 어떤 시행에서 표본공간의 각 원소에 하나의 실수가 대응되는 함수를 **확률변수**라 하고, 확률변수 X가 어떤 값 x를 가질 확률을 기호 $\mathrm{P}(X=x)$로 나타낸다.

> 참고 확률변수는 표본공간을 정의역으로 하고 실수 전체의 집합을 공역으로 하는 함수이지만, 변수의 역할을 하기 때문에 확률변수라 부른다.

2 이산확률변수: 확률변수 X가 가질 수 있는 값이 유한개이거나 무한히 많더라도 자연수와 같이 셀 수 있을 때, X를 **이산확률변수**라 한다.

05·2 이산확률변수의 확률분포

1 확률분포와 확률질량함수

(1) 이산확률변수 X가 가질 수 있는 모든 값 $x_1, x_2, x_3, \cdots, x_n$에 이 값을 가질 확률 $p_1, p_2, p_3, \cdots, p_n$이 대응되는 함수
$$\mathrm{P}(X=x_i)=p_i \ (i=1, 2, \cdots, n)$$
를 이산확률변수 X의 확률질량함수라 하고, 확률질량함수의 대응 관계를 이산확률변수 X의 **확률분포**라 한다.

(2) 이산확률변수 X의 확률분포를 표와 그래프로 나타내면 다음과 같다.

X	x_1	x_2	x_3	$\cdots$	x_n	합계
$\mathrm{P}(X=x_i)$	p_1	p_2	p_3	$\cdots$	p_n	1

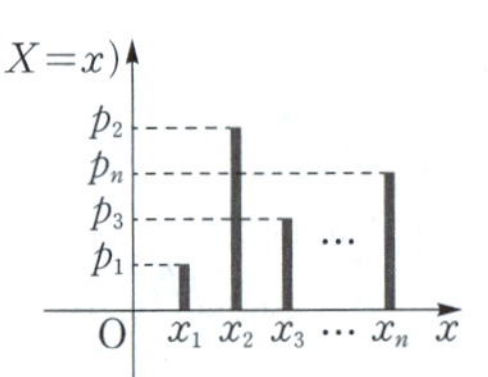

2 확률질량함수의 성질

이산확률변수 X의 확률질량함수 $\mathrm{P}(X=x_i)=p_i \ (i=1, 2, \cdots, n)$에 대하여

(1) $0 \le p_i \le 1 \ \longrightarrow 0 \le (확률) \le 1$

(2) $p_1+p_2+p_3+\cdots+p_n=1 \ \longrightarrow$ 확률의 총합은 1이다.

(3) $\mathrm{P}(x_i \le X \le x_j)=p_i+p_{i+1}+p_{i+2}+\cdots+p_j$ (단, $j=1, 2, \cdots, n, \ i \le j$)

05·3 이산확률변수의 기댓값(평균), 분산, 표준편차

이산확률변수 X의 확률질량함수가 $\mathrm{P}(X=x_i)=p_i \ (i=1, 2, \cdots, n)$일 때, 확률변수 X의

(1) **기댓값(평균)**: $\mathrm{E}(X)=x_1 p_1+x_2 p_2+\cdots+x_n p_n$

(2) **분산**: $\mathrm{V}(X)=\mathrm{E}((X-m)^2)=(x_1-m)^2 p_1+(x_2-m)^2 p_2+\cdots+(x_n-m)^2 p_n$
$$=\mathrm{E}(X^2)-\{\mathrm{E}(X)\}^2 \ (단, m=\mathrm{E}(X))$$

(3) **표준편차**: $\sigma(X)=\sqrt{\mathrm{V}(X)}$

05·1 확률변수

0369 보기에서 이산확률변수인 것만을 있는 대로 고르시오.

> ● 보기 ●
> ㄱ. 한 개의 주사위를 3번 던질 때, 1의 눈이 나오는 횟수
> ㄴ. 어느 반 학생들의 키
> ㄷ. 어느 공장에서 생산되는 제품의 개수
> ㄹ. 배차 간격이 7분인 버스를 기다리는 시간

05·2 이산확률변수의 확률분포

0370 서로 다른 2개의 동전을 동시에 던질 때, 앞면이 나오는 횟수를 확률변수 X라 하자. 다음 표를 완성하시오.

X	0	1	2	합계
$\mathrm{P}(X=x)$				1

0371 2개의 당첨 제비가 들어 있는 5개의 제비 중에서 임의로 2개의 제비를 동시에 뽑을 때, 나오는 당첨 제비의 개수를 확률변수 X라 하자. 다음 물음에 답하시오.

⑴ X가 가질 수 있는 모든 값을 구하시오.

⑵ X가 ⑴의 각 값을 가질 확률을 구하시오.

⑶ X의 확률분포를 표로 나타내시오.

0372 빨간 공 4개, 검은 공 2개가 들어 있는 주머니에서 임의로 3개의 공을 동시에 꺼낼 때, 나오는 빨간 공의 개수를 확률변수 X라 하자. 다음 물음에 답하시오.

⑴ X의 확률질량함수는

$$\mathrm{P}(X=x)=\frac{{}_4\mathrm{C}_\square \times {}_2\mathrm{C}_\square}{{}_6\mathrm{C}_3}\ (x=1,\,2,\,3)$$

이다. □ 안에 알맞은 것을 차례대로 나열하시오.

⑵ X의 확률분포를 표로 나타내시오.

0373 확률변수 X의 확률분포를 표로 나타내면 아래와 같을 때, 다음을 구하시오.

X	-1	0	1	2	합계
$\mathrm{P}(X=x)$	$\dfrac{1}{3}$	a	$\dfrac{2}{9}$	$3a$	1

⑴ 상수 a의 값

⑵ $\mathrm{P}(X=1$ 또는 $X=2)$

⑶ $\mathrm{P}(-1\leq X\leq 1)$

05·3 이산확률변수의 기댓값(평균), 분산, 표준편차

0374 확률변수 X의 확률분포가 아래와 같을 때, 다음을 구하시오.

X	1	2	3	4	합계
$\mathrm{P}(X=x)$	$\dfrac{1}{4}$	$\dfrac{1}{8}$	$\dfrac{1}{4}$	$\dfrac{3}{8}$	1

⑴ $\mathrm{E}(X)$ ⑵ $\mathrm{V}(X)$

⑶ $\sigma(X)$

0375 한 개의 주사위를 두 번 던질 때, 3의 약수의 눈이 나오는 횟수를 확률변수 X라 하자. 다음 물음에 답하시오.

⑴ 다음 표를 완성하시오.

X	0	1	2	합계
$\mathrm{P}(X=x)$				1

⑵ $\mathrm{E}(X),\ \mathrm{V}(X),\ \sigma(X)$를 구하시오.

0376 50원짜리 동전 2개를 동시에 던질 때, 앞면이 나온 동전의 금액의 합을 확률변수 X라 하자. 이때 X의 기댓값을 구하시오.

+ **개념 플러스**

05 · 4 이산확률변수 $aX+b$의 기댓값(평균), 분산, 표준편차

이산확률변수 X와 상수 $a(a\neq0)$, b에 대하여

(1) $\mathrm{E}(aX+b)=a\mathrm{E}(X)+b$ (2) $\mathrm{V}(aX+b)=a^2\mathrm{V}(X)$

(3) $\sigma(aX+b)=|a|\sigma(X)$

참고 $Y=aX+b$ $(a, b$는 상수, $a\neq0)$라 하면 확률변수 Y의 기댓값(평균)과 분산 및 표준편차는 다음과 같다.

(1) $\mathrm{E}(Y)=(ax_1+b)p_1+(ax_2+b)p_2+\cdots+(ax_n+b)p_n$

$\qquad=a(x_1p_1+x_2p_2+\cdots+x_np_n)+b(p_1+p_2+\cdots+p_n)$

$\qquad=a\mathrm{E}(X)+b$

(2) $\mathrm{V}(Y)=\{(ax_1+b)-(am+b)\}^2p_1+\{(ax_2+b)-(am+b)\}^2p_2+\cdots$

$\qquad\qquad\qquad\qquad\qquad\qquad+\{(ax_n+b)-(am+b)\}^2p_n$

$\qquad=a^2(x_1-m)^2p_1+a^2(x_2-m)^2p_2+\cdots+a^2(x_n-m)^2p_n$

$\qquad=a^2\mathrm{V}(X)$ (단, $m=\mathrm{E}(X)$)

(3) $\sigma(Y)=\sqrt{\mathrm{V}(Y)}=\sqrt{a^2\mathrm{V}(X)}=|a|\sigma(X)$

05 · 5 이항분포

1 이항분포

한 번의 시행에서 사건 A가 일어날 확률이 p일 때, n번의 독립시행에서 사건 A가 일어나는 횟수를 확률변수 X라 하고 $q=1-p$라 하면 X의 확률질량함수는

$$\mathrm{P}(X=x)=\begin{cases} {}_n\mathrm{C}_0q^n & (x=0)\\ {}_n\mathrm{C}_xp^xq^{n-x} & (x=1, 2, \cdots, n-1)\\ {}_n\mathrm{C}_np^n & (x=n) \end{cases}$$

이때 확률변수 X의 확률분포를 이항분포라 하고 기호 $\mathrm{B}(n, p)$로 나타낸다.

$\blacksquare$ $\mathrm{B}(\boldsymbol{n},\ \boldsymbol{p})$
시행 횟수 ―┘　└― 확률

$\blacksquare$ ${}_n\mathrm{C}_x$는 n번의 독립시행에서 사건 A가 x번 일어나는 경우의 수이며, p^xq^{n-x}은 각 경우의 확률이다.

2 이항분포의 평균, 분산, 표준편차

확률변수 X가 이항분포 $\mathrm{B}(n, p)$를 따를 때 (단, $q=1-p$)

(1) $\mathrm{E}(X)=np$ (2) $\mathrm{V}(X)=npq$

(3) $\sigma(X)=\sqrt{npq}$

05 · 6 큰수의 법칙

어떤 시행에서 사건 A가 일어날 수학적 확률이 p이고, n번의 독립시행에서 사건 A가 일어나는 횟수를 X라 할 때, 임의의 양수 h에 대하여 n의 값이 한없이 커질수록 $\mathrm{P}\left(\left|\dfrac{X}{n}-p\right|<h\right)$는 1에 가까워진다. 이것을 큰수의 법칙이라 한다.

참고 시행 횟수 n이 충분히 클 때, 상대도수 $\dfrac{X}{n}$는 통계적 확률에 가까워지므로 큰수의 법칙에 의하여 통계적 확률은 수학적 확률 p에 가까워짐을 알 수 있다.

$\blacksquare$ 자연 현상이나 사회 현상과 같이 수학적 확률을 구하기 어려운 경우에는 큰수의 법칙에 의하여 통계적 확률을 대신 이용할 수 있다.

05·4 | 이산확률변수 $aX+b$의 기댓값(평균), 분산, 표준편차

0377 확률변수 X에 대하여 $\mathrm{E}(X)=2$, $\mathrm{V}(X)=\dfrac{3}{2}$일 때, 다음 확률변수의 평균, 분산, 표준편차를 구하시오.

⑴ $Y=2X-1$

⑵ $Y=-\dfrac{1}{3}X+5$

0378 확률변수 X의 확률분포를 표로 나타내면 아래와 같을 때, 다음을 구하시오.

X	0	1	2	3	합계
$\mathrm{P}(X=x)$	$\dfrac{1}{8}$	$\dfrac{1}{4}$	$\dfrac{1}{8}$	$\dfrac{1}{2}$	1

⑴ $\mathrm{E}(4X+2)$

⑵ $\mathrm{V}(4X+2)$

⑶ $\sigma(4X+2)$

05·5 | 이항분포

[0379~0381] 다음 확률변수 X 중에서 그 확률분포가 이항분포인 것을 찾고, $\mathrm{B}(n,\ p)$의 꼴로 나타내시오.

0379 10개의 동전을 동시에 던질 때, 뒷면이 나오는 동전의 개수 X

0380 명중률이 $\dfrac{1}{3}$인 양궁 선수가 7발의 화살을 쏠 때, 과녁에 명중하는 화살의 개수 X

0381 2개의 당첨 제비가 들어 있는 10개의 제비 중에서 임의로 2개의 제비를 한 개씩 차례대로 뽑을 때, 나오는 당첨 제비의 개수 X (단, 꺼낸 제비는 다시 넣지 않는다.)

0382 확률변수 X가 이항분포 $\mathrm{B}\!\left(9,\ \dfrac{1}{2}\right)$을 따를 때, 다음을 구하시오.

⑴ X의 확률질량함수

⑵ $\mathrm{P}(X=3)$

0383 자유투 성공률이 0.6인 어떤 농구 선수가 5번의 자유투를 시도할 때, 성공한 횟수를 확률변수 X라 하자. 다음 물음에 답하시오.

⑴ X가 이항분포를 따르면 $\mathrm{B}(n,\ p)$의 꼴로 나타내시오.

⑵ X의 확률질량함수를 구하시오.

⑶ $\mathrm{P}(X=2)$를 구하시오.

[0384~0385] 확률변수 X가 다음과 같은 이항분포를 따를 때, X의 평균, 분산, 표준편차를 구하시오.

0384 $\mathrm{B}\!\left(63,\ \dfrac{1}{3}\right)$

0385 $\mathrm{B}\!\left(128,\ \dfrac{3}{4}\right)$

0386 한 개의 주사위를 45번 던졌을 때, 6의 약수의 눈이 나오는 횟수를 확률변수 X라 하자. 다음을 구하시오.

⑴ $\mathrm{E}(X)$

⑵ $\mathrm{V}(X)$

⑶ $\sigma(X)$

| 개념원리 확률과 통계 131쪽 |

유형 **01** 확률질량함수의 성질 − $p_1+p_2+\cdots+p_n=1$

확률변수 X의 확률질량함수 $P(X=x_i)=p_i$ $(i=1, 2, \cdots, n)$ 에 대하여 $\Rightarrow p_1+p_2+\cdots+p_n=1$

0387 대표문제

확률변수 X의 확률질량함수가

$$P(X=x)=\frac{k}{x(x-1)}\ (x=2, 3, \cdots, 9)$$

일 때, $P(X=9)$를 구하시오. (단, k는 상수)

0388 중하

확률변수 X의 확률질량함수가

$$P(X=x)=kx^2\ (x=1, 2, 3, 4)$$

일 때, 상수 k의 값을 구하시오.

0389 중

확률변수 X의 확률질량함수가

$$P(X=x)=\begin{cases} \dfrac{x}{12}+a & (x=0, 1, 2) \\[2mm] \dfrac{x}{12}-a & (x=3, 4) \end{cases}$$

일 때, $P(X=2)$를 구하시오. (단, a는 상수)

0390 중

확률변수 X의 확률질량함수가

$$P(X=x)=\frac{k}{\sqrt{x}+\sqrt{x+1}}\ (x=1, 2, 3, \cdots, 15)$$

일 때, $P(X=4)+P(X=5)+\cdots+P(X=15)$의 값은?

(단, k는 상수)

① $\dfrac{1}{3}$　　　② $\dfrac{1}{2}$　　　③ $\dfrac{\sqrt{3}}{3}$

④ $\dfrac{2}{3}$　　　⑤ $\dfrac{\sqrt{2}}{2}$

| 개념원리 확률과 통계 132쪽 |

유형 **02** 확률질량함수의 성질 − $P(X=a$ 또는 $X=b)$

확률변수 X의 확률질량함수 $P(X=x_i)$ $(i=1, 2, \cdots, n)$에 대하여

(1) $P(X=x_i$ 또는 $X=x_j)=P(X=x_i)+P(X=x_j)$

(2) $P(x_i \le X \le x_j)$
$=P(X=x_i)+P(X=x_{i+1})+\cdots+P(X=x_j)$
(단, $j=1, 2, \cdots, n, i \le j$)

0391 대표문제

확률변수 X의 확률분포를 표로 나타내면 다음과 같다.

X	1	2	3	4	합계
$P(X=x)$	$\dfrac{k}{2}$	$\dfrac{3}{8}-k^2$	$\dfrac{1}{8}$	k	1

이때 $P(X^2-5X+6=0)$을 구하시오. (단, k는 상수)

0392 중하

확률변수 X의 확률분포를 표로 나타내면 다음과 같을 때, $P(X \ge 4a)$를 구하시오. (단, a는 상수)

X	0	1	2	3	합계
$P(X=x)$	$\dfrac{1}{9}$	$\dfrac{2}{9}$	a	$\dfrac{4}{9}$	1

0393 중

확률변수 X의 확률분포를 표로 나타내면 다음과 같다.

X	-1	0	1	합계
$P(X=x)$	$2p$	$\dfrac{4}{3}p$	q	1

$P(X=1)=\dfrac{1}{3}P(X=-1)$일 때, $P(0 \le X \le 1)$을 구하시오. (단, p, q는 상수)

유형 03 확률분포와 확률

확률변수 X가 가질 수 있는 값을 모두 찾은 후, 그 값을 가질 확률을 각각 구한다.

0394 대표문제

남자 4명, 여자 5명 중에서 임의로 3명의 대표를 뽑을 때, 선출된 남자 대표의 수를 확률변수 X라 하자. 이때 $P(X \geq 2)$를 구하시오.

0395 중

한 개의 주사위를 2번 던지는 시행에서 나오는 두 눈의 수의 합을 확률변수 X라 할 때, $P(3 \leq X \leq 5)$는?

① $\dfrac{1}{6}$ ② $\dfrac{1}{4}$ ③ $\dfrac{1}{3}$

④ $\dfrac{5}{12}$ ⑤ $\dfrac{1}{2}$

0396 중

3개의 당첨 제비가 들어 있는 7개의 제비 중에서 임의로 3개의 제비를 동시에 뽑을 때, 나오는 당첨 제비의 개수를 확률변수 X라 하자. 이때 $P(X^2 - 4X + 3 \leq 0)$을 구하시오.

0397 중

흰 공 6개, 검은 공 4개가 들어 있는 주머니에서 임의로 2개의 공을 동시에 꺼낼 때, 나오는 검은 공의 개수를 확률변수 X라 하자. $P(X \geq a) = \dfrac{2}{3}$일 때, 자연수 a의 값을 구하시오.

유형 04 확률변수의 평균, 분산, 표준편차 – 확률분포가 주어진 경우

확률변수 X의 확률질량함수가
$P(X = x_i) = p_i \ (i = 1, 2, \cdots, n)$일 때,
(1) 평균: $E(X) = x_1 p_1 + x_2 p_2 + \cdots + x_n p_n$
(2) 분산: $V(X) = E(X^2) - \{E(X)\}^2$
(3) 표준편차: $\sigma(X) = \sqrt{V(X)}$

0398 대표문제

확률변수 X의 확률분포를 표로 나타내면 다음과 같을 때, 상수 a의 값과 $V(X)$를 구하시오.

X	-1	0	1	2	합계
$P(X=x)$	$\dfrac{1}{4}$	$\dfrac{1}{3}$	a	$\dfrac{1}{6}$	1

0399 중하

확률변수 X의 확률질량함수가
$$P(X=x) = k(x-1) \ (x = 2, 3, 4, 5)$$
일 때, $\sigma(X)$는? (단, k는 상수)

① $\dfrac{1}{6}$ ② $\dfrac{\sqrt{2}}{3}$ ③ 1

④ $\sqrt{2}$ ⑤ 2

0400 중 서술형

다음은 확률변수 X의 확률분포를 표로 나타낸 것인데, 일부가 찢어져 보이지 않는다. $E(X) = \dfrac{1}{6}$일 때, $P(X = -1)$을 구하시오.

X	-2	-1	0	1	합계
$P(X=x)$			$\dfrac{1}{4}$	$\dfrac{1}{2}$	1

유형 익/히/기

유형 05 확률변수의 평균, 분산, 표준편차 – 확률분포가 주어지지 않은 경우

(i) 확률변수 X가 가질 수 있는 값 각각에 대한 확률을 구하여 X의 확률분포를 표로 나타낸다.

(ii) 확률변수 X의 평균, 분산, 표준편차를 구한다.

0401 [대표문제]

4개의 불량품을 포함하여 총 10개의 제품이 들어 있는 상자에서 임의로 3개의 제품을 동시에 꺼낼 때, 나오는 불량품의 개수를 확률변수 X라 하자. 이때 $V(X)$를 구하시오.

0402 [중]

빨간 구슬 3개, 파란 구슬 4개가 들어 있는 주머니에서 임의로 2개의 구슬을 동시에 꺼낼 때, 나오는 빨간 구슬의 개수를 확률변수 X라 하자. 이때 $E(X)$를 구하시오.

0403 [중]

1부터 4까지의 자연수가 각각 하나씩 적힌 네 장의 카드 중에서 임의로 두 장의 카드를 동시에 뽑을 때, 뽑은 카드에 적힌 두 수 중 큰 수를 확률변수 X라 하자. 이때 $\sigma(X)$는?

① $\dfrac{\sqrt{5}}{3}$　　② 1　　③ $\dfrac{2\sqrt{3}}{3}$

④ $\sqrt{3}$　　⑤ 2

0404 [상 중]

한 개의 주사위를 계속 던져서 나온 눈의 수의 합이 3 이상이 될 때까지 주사위를 던진 횟수를 확률변수 X라 하자. 이때 $E(X)$를 구하시오.

유형 06 확률변수 $aX+b$의 평균, 분산, 표준편차 – 평균, 분산, 확률분포가 주어진 경우

확률변수 X와 상수 $a(a\neq0)$, b에 대하여

(1) $E(aX+b)=aE(X)+b$

(2) $V(aX+b)=a^2 V(X)$

(3) $\sigma(aX+b)=|a|\sigma(X)$

0405 [대표문제]

확률변수 X에 대하여 $E(X)=120$, $V(X)=48$이다. 확률변수 $Y=\dfrac{X-100}{4}$에 대하여 $E(Y)=a$, $E(Y^2)=b$라 할 때, $a+b$의 값을 구하시오. (단, a, b는 상수)

0406 [중]

확률변수 X에 대하여 $E(X)=5$, $E(X^2)=29$이다. 확률변수 $Y=aX+b$에 대하여 $E(Y)=20$, $V(Y)=16$일 때, 상수 a, b의 값을 구하시오. (단, $a>0$)

0407 [중] [서술형]

확률변수 X의 확률분포를 표로 나타내면 다음과 같을 때, $E(aX-5)$를 구하시오. (단, a는 상수)

X	200	300	500	합계
$P(X=x)$	$\dfrac{1}{2}$	a	$4a^2$	1

0408 [중]

확률변수 X의 확률분포를 표로 나타내면 다음과 같다. 확률변수 $Y=aX+b$의 평균이 14, 분산이 20일 때, 상수 a, b에 대하여 ab의 값을 구하시오. (단, $a>0$)

X	0	1	2	3	합계
$P(X=x)$	$\dfrac{1}{8}$	$\dfrac{1}{4}$	$\dfrac{1}{8}$	$\dfrac{1}{2}$	1

| 개념원리 확률과 통계 144쪽 |

유형 07 확률변수 $aX+b$의 평균, 분산, 표준편차 − 확률분포가 주어지지 않은 경우

(ⅰ) 확률변수 X가 가질 수 있는 값 각각에 대한 확률을 구하여 X의 확률분포를 표로 나타낸다.

(ⅱ) 확률변수 X의 평균, 분산, 표준편차를 구한다.

(ⅲ) $\mathrm{E}(aX+b)=a\mathrm{E}(X)+b$, $\mathrm{V}(aX+b)=a^2\mathrm{V}(X)$, $\sigma(aX+b)=|a|\sigma(X)$ $(a,\ b$는 상수, $a\neq0)$임을 이용하여 확률변수 $aX+b$의 평균, 분산, 표준편차를 구한다.

0409 대표문제

흰 바둑돌 2개와 검은 바둑돌 4개가 들어 있는 주머니에서 임의로 2개의 바둑돌을 동시에 꺼낼 때, 흰 바둑돌의 개수를 확률변수 X라 하자. 이때 $\mathrm{V}(4-3X)$는?

① $\dfrac{1}{3}$ ② 1 ③ $\dfrac{5}{2}$

④ 3 ⑤ $\dfrac{16}{5}$

0410 중

한 개의 주사위를 2번 던져서 1의 눈이 나오는 횟수를 확률변수 X라 할 때, $6X-1$의 평균을 구하시오.

0411 중

어느 논술 동아리는 1학년 학생 5명, 2학년 학생 2명으로 구성되어 있다. 이 동아리 학생 중에서 임의로 논술 대회에 참가할 3명의 학생을 뽑을 때, 뽑힌 1학년 학생 수를 확률변수 X라 하자. 이때 확률변수 $Y=7X-5$의 평균은?

① 7 ② 8 ③ 9
④ 10 ⑤ 11

| 개념원리 확률과 통계 151쪽 |

유형 08 이항분포에서의 확률

확률변수 X가 이항분포 $\mathrm{B}(n,p)$를 따를 때, (단, $q=1-p$)

$\Rightarrow \mathrm{P}(X=x)=\begin{cases} {}_n\mathrm{C}_0 q^n & (x=0) \\ {}_n\mathrm{C}_x p^x q^{n-x} & (x=1,2,\cdots,n-1) \\ {}_n\mathrm{C}_n p^n & (x=n) \end{cases}$

0412 대표문제

어떤 기계에서 생산되는 제품의 10%가 불량품이라고 한다. 이 기계에서 생산된 제품 중 5개를 택할 때, 나오는 불량품의 개수를 확률변수 X라 하자. 이때 $\mathrm{P}(X\geq1)$은?

① $\left(\dfrac{1}{10}\right)^5$ ② $\left(\dfrac{1}{10}\right)^6$ ③ $1-\left(\dfrac{9}{10}\right)^4$

④ $1-\left(\dfrac{9}{10}\right)^5$ ⑤ $1-\left(\dfrac{9}{10}\right)^6$

0413 중하

확률변수 X가 이항분포 $\mathrm{B}\left(10,\dfrac{1}{2}\right)$을 따를 때,

$\mathrm{P}(X\leq2)=\dfrac{q}{p}$이다. 이때 $p+q$의 값을 구하시오.

(단, p, q는 서로소인 자연수)

0414 중

어떤 양궁 선수는 화살을 쏠 때, 5발 중에서 4발의 비율로 과녁을 명중시킨다고 한다. 이 선수가 4발의 화살을 쏠 때, 2발 이상 과녁을 명중시킬 확률을 구하시오.

0415 상중

어느 레스토랑의 예약 취소율은 10%라 한다. 테이블이 18개인 이 레스토랑에서 같은 날 20개 테이블의 예약을 받은 경우 실제로 테이블이 부족할 확률을 구하시오.

(단, $0.9^{19}=0.135$, $0.9^{20}=0.122$로 계산한다.)

| 개념원리 확률과 통계 152쪽 |

> **유형 09** 이항분포의 평균, 분산, 표준편차
> – 이항분포가 주어진 경우

확률변수 X가 이항분포 $B(n, p)$를 따를 때,
$$\Rightarrow E(X)=np,\ V(X)=np(1-p),\ \sigma(X)=\sqrt{np(1-p)}$$

0416 대표문제

이항분포 $B(20, p)$를 따르는 확률변수 X에 대하여
$E(X)=10$일 때, $E(X^2)+V(X)$의 값은?

① 100   ② 105   ③ 110
④ 115   ⑤ 120

0417 중하

확률변수 X의 확률질량함수가
$$P(X=x)=\begin{cases} {}_{36}C_0\left(\dfrac{1}{3}\right)^{36} & (x=0) \\[2mm] {}_{36}C_x\left(\dfrac{2}{3}\right)^{x}\left(\dfrac{1}{3}\right)^{36-x} & (x=1,\,2,\,\cdots,\,35) \\[2mm] {}_{36}C_{36}\left(\dfrac{2}{3}\right)^{36} & (x=36) \end{cases}$$
일 때, X의 평균과 표준편차를 구하시오.

0418 중

확률변수 X가 이항분포 $B(n,\,p)$를 따르고 X의 평균이 20, 표준편차가 4일 때, n의 값을 구하시오.

0419 중

확률변수 X가 이항분포 $B\left(72,\,\dfrac{1}{6}\right)$을 따를 때, X의 평균과 분산을 두 근으로 하는 이차방정식은 $x^2+ax+b=0$이다. 상수 a, b에 대하여 $a+b$의 값을 구하시오.

0420 중 서술형

이항분포 $B(n,\,p)$를 따르는 확률변수 X의 평균이 2, 분산이 $\dfrac{3}{2}$일 때, $\dfrac{P(X=3)}{P(X=2)}$의 값을 구하시오.

0421 상중

이항분포 $B(n,\,p)$를 따르는 확률변수 X에 대하여 X의 분산은 $\dfrac{8}{9}$이고 $P(X=n-1)=8P(X=n)$일 때, $P(X^2-5X+4<0)$을 구하시오.

| 개념원리 확률과 통계 153쪽 |

> **유형 10** 이항분포의 평균, 분산, 표준편차
> – 이항분포가 주어지지 않은 경우

확률변수 X의 확률이 독립시행의 확률로 나타내어지면 X는 이항분포를 따른다. 이때 시행 횟수 n과 한 번의 시행에서 어떤 사건이 일어날 확률 p를 구하여 $B(n, p)$로 나타낸다.

0422 대표문제

3개의 동전을 동시에 던지는 시행을 6번 반복할 때, 2개는 앞면, 1개는 뒷면이 나오는 횟수를 확률변수 X라 하자. 이때 X의 평균을 구하시오.

0423 중하

완치율이 60 %인 어떤 병을 앓고 있는 50명의 환자가 동일한 치료를 받을 때, 완치되는 환자의 수를 확률변수 X라 하자. 이때 $\sigma(X)$는?

① $2\sqrt{3}$ ② $\sqrt{14}$ ③ 4
④ $3\sqrt{2}$ ⑤ $2\sqrt{5}$

0424 중

두 사람 A, B가 가위바위보를 12번 할 때, A가 이기는 횟수를 확률변수 X라 하자. 이때 $\mathrm{E}(X^2)$은?

① $\dfrac{38}{3}$　　② 14　　③ $\dfrac{50}{3}$

④ $\dfrac{56}{3}$　　⑤ 21

0425 중

윷가락 한 개를 던질 때 평평한 면이 나올 확률은 $\dfrac{3}{5}$, 둥근 면이 나올 확률은 $\dfrac{2}{5}$이다. 윷가락 4개를 동시에 던질 때 평평한 면이 3개, 둥근 면이 1개 나오는 것을 걸이라 한다. 윷가락 네 개를 동시에 던지는 시행을 25번 반복할 때, 걸이 나오는 횟수를 확률변수 X라 하자. 이때 $\mathrm{E}(X)$는?

① $\dfrac{32}{5}$　　② $\dfrac{178}{25}$　　③ 8

④ $\dfrac{216}{25}$　　⑤ $\dfrac{84}{5}$

0426 중

빨간 공 2개, 파란 공 6개가 들어 있는 주머니에서 임의로 한 개의 공을 꺼내어 색깔을 확인하고 넣는 시행을 n회 반복할 때, 빨간 공이 나오는 횟수를 확률변수 X라 하자.
$\mathrm{E}(X^2)=\dfrac{11}{2}$일 때, n의 값을 구하시오.

0427 상 중

어느 공장에서 생산한 장난감은 10개 중 1개의 비율로 불량품이고, 이 장난감을 포장할 때 사용하는 상자는 9개 중 1개의 비율로 불량품이다. 장난감 한 개를 한 개의 상자에 넣어 포장한 100개의 상품 중 장난감과 상자가 모두 불량품이 아닌 상품의 개수를 확률변수 X라 할 때, $\mathrm{V}(X)$를 구하시오.

(i) 확률변수 X가 따르는 이항분포를 구한다. ⇨ $\mathrm{B}(n,\,p)$
(ii) X의 평균, 분산, 표준편차를 구한다.
　⇨ $\mathrm{E}(X)=np$, $\mathrm{V}(X)=np(1-p)$, $\sigma(X)=\sqrt{np(1-p)}$
(iii) $aX+b$ (a, b는 상수, $a\neq0$)의 평균, 분산, 표준편차를 구한다.
　⇨ $\mathrm{E}(aX+b)=a\mathrm{E}(X)+b$, $\mathrm{V}(aX+b)=a^2\mathrm{V}(X)$
　　$\sigma(aX+b)=|a|\sigma(X)$

0428 대표문제

시청률이 30 %인 어떤 드라마가 방영되고 있는 동안 임의로 500가구를 조사할 때, 이 드라마를 시청하는 가구 수를 확률변수 X라 하자. 이때 $\mathrm{V}\!\left(\dfrac{1}{3}X-1\right)$을 구하시오.

0429 중

한 개의 주사위를 180번 던져서 3의 눈이 나오는 횟수를 확률변수 X라 할 때, $\mathrm{E}(2X-15)-\sigma(2X-15)$의 값은?

① 30　　② 35　　③ 40

④ 45　　⑤ 50

0430 중

동전 한 개를 5번 던져서 앞면이 나오는 횟수를 확률변수 X라 할 때, $aX+b$의 평균이 2, 분산이 20이다. 상수 a, b에 대하여 ab의 값은? (단, $a>0$)

① -28　　② -30　　③ -32

④ -34　　⑤ -36

0431 상 중

원점 O를 출발하여 수직선 위를 움직이는 점 P가 있다. 주사위 한 개를 던져서 3의 배수의 눈이 나오면 양의 방향으로 3만큼, 그 이외의 눈이 나오면 음의 방향으로 1만큼 점 P를 이동시킨다. 주사위를 30번 던진 후의 점 P의 좌표를 확률변수 X라 할 때, $\mathrm{E}(X)$를 구하시오.

| 개념원리 확률과 통계 141쪽 |

유형 **12** 기댓값

확률변수 X의 확률질량함수가
$P(X=x_i)=p_i \ (i=1, 2, \cdots, n)$일 때, X의 기댓값은
$\Rightarrow E(X)=x_1p_1+x_2p_2+\cdots+x_np_n$

0432 대표문제

50원짜리 동전 2개, 100원짜리 동전 4개가 들어 있는 주머니에서 임의로 3개의 동전을 동시에 꺼낼 때, 나오는 동전을 받기로 하였다. 이때 받을 수 있는 금액의 기댓값은?

① 210원   ② 230원   ③ 250원
④ 270원   ⑤ 290원

0433 중

당첨 등수에 따른 상금과 당첨 제비의 개수가 오른쪽 표와 같다. 제비 한 개를 뽑아서 받을 수 있는 상금의 기댓값이 100원일 때, 전체 제비의 개수를 구하시오.

등수	상금	개수
1등	10만 원	1
2등	1만 원	5
등외	0원	

0434 중 서술형

빨간 구슬 3개, 노란 구슬 a개가 들어 있는 상자에서 임의로 1개의 구슬을 꺼낼 때, 빨간 구슬을 꺼내면 5000원을 받고, 노란 구슬을 꺼내면 1500원을 지불하는 게임이 있다. 이 게임을 1번 하여 받을 수 있는 금액의 기댓값이 450원일 때, a의 값을 구하시오.

0435 중

영미와 진희가 각각 주사위 한 개를 동시에 던질 때 나온 두 주사위의 눈의 수의 합이 10보다 크거나 같으면 영미가 1점을 얻고, 그렇지 않으면 진희가 1점을 얻는다. 이와 같은 시행을 30회 반복할 때, 영미가 얻는 점수의 기댓값과 진희가 얻는 점수의 기댓값의 차는?

① 16점   ② 17점   ③ 18점
④ 19점   ⑤ 20점

0436 중

구별이 되지 않는 모양의 열쇠 4개 중 자물쇠에 맞는 열쇠가 한 개 있다. 4개의 열쇠 중 어느 열쇠가 이 자물쇠에 맞는지 몰라 하나씩 차례대로 사용하여 자물쇠를 여는 시도를 했을 때, 열릴 때까지 시도한 횟수의 기댓값은?

① 3.5번   ② 3번   ③ 2.5번
④ 2번   ⑤ 1.5번

0437 상 중

어느 가게에서는 1부터 12까지의 자연수 중 서로 다른 자연수 3개를 적어 내는 응모권을 판매한다. 이 가게에서는 3개의 수를 발표하여 이 3개의 수를 모두 맞힌 사람에게는 110000원, 2개의 수를 맞힌 사람에게는 22000원, 1개의 수를 맞힌 사람에게는 5500원의 당첨금을 지급한다고 한다. 이때 이 가게가 손해를 보지 않으려면 응모권 1장을 최소 얼마에 팔아야 하는지 구하시오.

0438

확률변수 X의 확률질량함수가

$$P(X=x)=\frac{k}{|x|+1}\ (x=-2,\ -1,\ 0,\ 1,\ 2)$$

일 때, 상수 k의 값을 구하시오.

0439

확률변수 X의 확률분포가 다음 표와 같을 때, $P(X^2=25)$를 구하시오. (단, a는 상수)

X	-5	0	5	합계
$P(X=x)$	a	$\dfrac{a}{2}$	a^2	1

0440

1, 2, 3, 4, 5, 6의 숫자가 각각 하나씩 적힌 6장의 카드 중에서 임의로 2장을 동시에 뽑을 때, 뽑은 카드에 적힌 두 수의 차를 확률변수 X라 하자. 이때 $P(X^2-6X+8<0)$은?

① $\dfrac{1}{5}$ ② $\dfrac{3}{10}$ ③ $\dfrac{2}{5}$

④ $\dfrac{1}{2}$ ⑤ $\dfrac{3}{5}$

0441 중요

1학년 학생이 6명, 2학년 학생이 4명인 수영 동아리에서 시합에 출전할 3명의 선수를 뽑으려고 한다. 뽑힌 학생 중 2학년 학생의 수를 확률변수 X라 할 때, $P(X\geq2)$를 구하시오.

0442 수능 기출

이산확률변수 X에 대하여

$$P(X=2)=1-P(X=0),\ 0<P(X=0)<1$$
$$\{E(X)\}^2=2V(X)$$

일 때, 확률 $P(X=2)$의 값은?

① $\dfrac{1}{6}$ ② $\dfrac{1}{3}$ ③ $\dfrac{1}{2}$

④ $\dfrac{2}{3}$ ⑤ $\dfrac{5}{6}$

0443 수능 기출

한 개의 동전을 세 번 던져 나온 결과에 대하여, 다음 규칙에 따라 얻은 점수를 확률변수 X라 하자.

⑺ 같은 면이 연속하여 나오지 않으면 0점으로 한다.
⑷ 같은 면이 연속하여 두 번만 나오면 1점으로 한다.
⑸ 같은 면이 연속하여 세 번 나오면 3점으로 한다.

확률변수 X의 분산 $V(X)$의 값은?

① $\dfrac{9}{8}$ ② $\dfrac{19}{16}$ ③ $\dfrac{5}{4}$

④ $\dfrac{21}{16}$ ⑤ $\dfrac{11}{8}$

0444

확률변수 X의 확률분포가 다음 표와 같을 때, 확률변수 $Y=3X-7$의 표준편차를 구하시오.

X	-2	-1	0	합계
$P(X=x)$	$\dfrac{4}{9}$	$\dfrac{4}{9}$	$\dfrac{1}{9}$	1

0445

확률변수 X에 대하여 $E(2X+4)=12$, $V(2X)=36$일 때, $E(X^2)$을 구하시오.

0446 중요

이산확률변수 X의 확률질량함수가

$$P(X=x)=\frac{ax+2}{10} \ (x=-1, 0, 1, 2)$$

일 때, $V(-5X+1)$을 구하시오. (단, a는 상수)

0447

1, 1, 2, 3의 숫자가 각각 하나씩 적힌 4개의 공이 들어 있는 주머니에서 임의로 2개의 공을 동시에 꺼낼 때, 주머니에 남아 있는 공에 적힌 숫자의 합을 확률변수 X라 하자. 이때 $\sigma(6X-1)$을 구하시오.

0448

확률변수 X의 확률질량함수가

$$P(X=x)=\begin{cases} {}_{16}C_0\left(\frac{3}{4}\right)^{16} & (x=0) \\ {}_{16}C_x\left(\frac{1}{4}\right)^x\left(\frac{3}{4}\right)^{16-x} & (x=1, 2, \cdots, 15) \\ {}_{16}C_{16}\left(\frac{1}{4}\right)^{16} & (x=16) \end{cases}$$

일 때, $E(X)\times\sigma(X)$의 값은?

① $4\sqrt{2}$　　② $4\sqrt{3}$　　③ 8
④ 12　　⑤ 15

0449

이항분포 $B(n, p)$를 따르는 확률변수 X에 대하여 $E(X)=6$, $E(X^2)=40$일 때, n의 값은?

① 8　　② 12　　③ 18
④ 24　　⑤ 30

0450 중요

흰 공 4개와 검은 공 m개가 들어 있는 주머니에서 한 개의 공을 꺼내어 색을 확인하고 다시 주머니에 넣는 시행을 n번 반복할 때, 흰 공이 나오는 횟수를 확률변수 X라 하자. X의 평균이 40, 분산이 24일 때, $n-m$의 값을 구하시오.

0451

한 개의 주사위를 120회 던져서 짝수의 눈이 나오는 횟수를 확률변수 X라 하자. $(X-a)^2$의 평균을 $f(a)$라 할 때, $f(a)$의 최솟값을 구하시오. (단, a는 실수)

0452 평가원 기출

어느 농장에서 한 상자에 40개의 과일을 넣어 판매하고 있는데, 한 상자당 상한 과일의 개수는 2개라 한다. 한 상자에서 3개의 과일을 임의로 동시에 꺼내어 상한 과일이 없으면 이 상자를 5,000원에 판매하고, 상한 과일이 1개 이상이면 상자 속의 상한 과일을 모두 정상인 과일로 바꾸어 6,000원에 판매한다. 이러한 방식으로 130상자를 판매할 때, 전체 판매액의 기댓값은?

① 749,000원　　② 729,000원
③ 709,000원　　④ 689,000원
⑤ 669,000원

 **서술형 주관식**

0453

확률변수 X의 확률분포를 표로 나타내면 다음과 같다.

X	-1	0	1	2	합계
$P(X=x)$	$\dfrac{5-a}{6}$	$\dfrac{1}{3}$	$\dfrac{a-2}{6}$	$\dfrac{1}{6}$	1

$P(0\leq X\leq2)=\dfrac{5}{6}$일 때, $V(aX+3)$을 구하시오.

(단, a는 상수)

0454

5개의 숫자 1, 2, 3, 3, a가 각각 하나씩 적힌 5장의 카드 중에서 임의로 한 장을 뽑을 때, 뽑은 카드에 적힌 수를 확률변수 X라 하자. $E(5X-6)=8$일 때, $\sigma(5X-6)$을 구하시오.

0455

승률이 80%인 어떤 프로 축구팀이 10경기를 치를 때, 승리하는 횟수를 확률변수 X라 하자. 이때 $P(X\leq1)=\dfrac{k}{5^{10}}$를 만족시키는 상수 k의 값을 구하시오.

0456

각 면에 1, 2, 3, 4의 숫자가 각각 하나씩 적힌 정사면체 모양의 주사위를 80번 던질 때, 바닥에 놓인 면에 적힌 눈의 수가 1인 횟수를 확률변수 X라 하자. X^2의 평균을 구하시오.

 **실력 up**

0457 평가원 기출

어느 창고에 부품 S가 3개, 부품 T가 2개 있는 상태에서 부품 2개를 추가로 들여왔다. 추가된 부품은 S 또는 T이고, 추가된 부품 중 S의 개수는 이항분포 $B\left(2, \dfrac{1}{2}\right)$을 따른다. 이 7개의 부품 중 임의로 1개를 선택한 것이 T일 때, 추가된 부품이 모두 S였을 확률은?

① $\dfrac{1}{6}$　　　② $\dfrac{1}{4}$　　　③ $\dfrac{1}{3}$

④ $\dfrac{1}{2}$　　　⑤ $\dfrac{3}{4}$

0458

이항분포 $B(n, p)$를 따르는 확률변수 X의 분산은 1이고,
$$P(X=n-1)=4P(X=n)$$
이 성립한다. 확률변수 X의 평균을 m, 표준편차를 σ라 할 때, $P(|X-m|<\sigma)$를 구하시오.

0459 창의·융합

오른쪽 그림과 같이 마름모의 각 꼭짓점에 1, 3, 5, 7을 대응시킨다. 마름모의 4개의 변과 2개의 대각선 중 임의로 한 개의 선분을 택할 때, 선분의 양 끝 점에 대응하는 수 중 큰 수를 확률변수 X라 하자. 이때 $\dfrac{1}{2}X+1$의 표준편차를 구하시오.

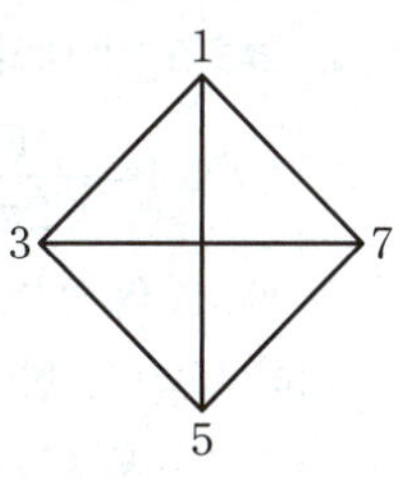

06 확률분포 (2)

06 · 1 연속확률변수의 확률분포

1 연속확률변수: 확률변수 X가 어떤 범위에 속하는 모든 실수의 값을 가질 때, X를 **연속확률변수**라 한다.

2 확률밀도함수: $\alpha \leq X \leq \beta$에서 모든 실수의 값을 가질 수 있는 연속확률변수 X에 대하여 $\alpha \leq x \leq \beta$에서 정의된 함수 $f(x)$가 다음 세 가지 성질을 만족시킬 때, 함수 $f(x)$를 연속확률변수 X의 확률밀도함수라 한다.

(1) $f(x) \geq 0$

(2) 함수 $y=f(x)$의 그래프와 x축 및 두 직선 $x=\alpha$, $x=\beta$로 둘러싸인 도형의 넓이가 1이다.

(3) $\mathrm{P}(a \leq X \leq b)$는 함수 $y=f(x)$의 그래프와 x축 및 두 직선 $x=a$, $x=b$로 둘러싸인 도형의 넓이와 같다.

(단, $\alpha \leq a \leq b \leq \beta$)

> **참고** 연속확률변수 X가 특정한 값을 가질 확률은 0이므로 다음이 성립한다.
> ① $\mathrm{P}(X=a)=0$
> ② $\mathrm{P}(a \leq X \leq b)=\mathrm{P}(a \leq X < b)=\mathrm{P}(a < X \leq b)=\mathrm{P}(a < X < b)$

$P(X=b)=0$이므로
$\mathrm{P}(a \leq X \leq b)$
$=\mathrm{P}(a \leq X < b)+\mathrm{P}(X=b)$
$=\mathrm{P}(a \leq X < b)$

06 · 2 정규분포

1 정규분포: 실수 전체의 집합에서 정의된 연속확률변수 X의 확률밀도함수 $f(x)$가 두 상수 m, σ $(\sigma > 0)$에 대하여

$$f(x)=\frac{1}{\sqrt{2\pi}\sigma}e^{-\frac{(x-m)^2}{2\sigma^2}}$$

일 때, X의 확률분포를 **정규분포**라 한다.

이때 확률밀도함수 $f(x)$의 그래프는 오른쪽 그림과 같고, 이 곡선을 정규분포곡선이라고도 한다.

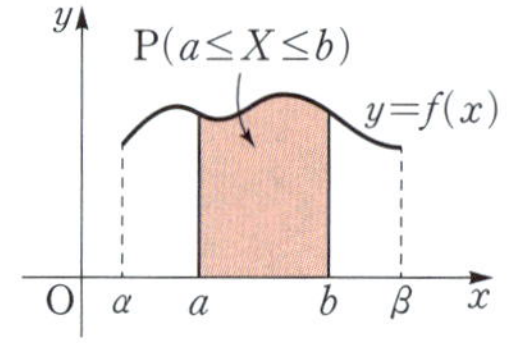

e는 값이 $2.718281\cdots$인 무리수이다.

> **참고** 확률변수 X의 확률밀도함수가 $f(x)=\dfrac{1}{\sqrt{2\pi}\sigma}e^{-\frac{(x-m)^2}{2\sigma^2}}$으로 주어질 때, 확률변수 X의 평균은 m이고 분산은 σ^2임이 알려져 있다.

정규분포곡선의 점근선은 x축이다.

2 평균과 분산이 각각 m, σ^2인 정규분포를 기호

$$\mathrm{N}(m, \sigma^2)$$

으로 나타내고, 확률변수 X는 정규분포 $\mathrm{N}(m, \sigma^2)$을 따른다고 한다.

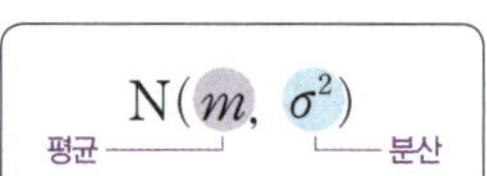

교과서 문제 정/복/하/기

06·1 연속확률변수의 확률분포

0460 보기에서 연속확률변수인 것만을 있는 대로 고르시오.

─ 보기 ─
ㄱ. A반 학생들의 수학 점수
ㄴ. 어느 학교 학생들의 TV 시청 시간
ㄷ. 5개의 동전을 동시에 던질 때, 앞면이 나오는 횟수
ㄹ. 어느 병실의 실내 온도

0461 $0 \leq x \leq 1$에서 정의된 함수 $f(x)$가 다음과 같을 때, $f(x)$가 확률밀도함수가 될 수 있는지 말하시오.

(1) $f(x)=1$ (2) $f(x)=x$

(3) $f(x)=x-\dfrac{1}{2}$ (4) $f(x)=1-x$

0462 연속확률변수 X의 확률밀도함수가

$$f(x)=\frac{1}{3} \ (0 \leq x \leq 3)$$

일 때, $\mathrm{P}(X \geq 1)$을 구하시오.

0463 연속확률변수 X의 확률밀도함수가

$$f(x)=\frac{1}{8}x \ (0 \leq x \leq 4)$$

일 때, $\mathrm{P}(0 \leq X \leq 3)$을 구하시오.

0464 연속확률변수 X의 확률밀도함수가

$$f(x)=\begin{cases} x+1 & (-1 \leq x \leq 0) \\ -x+1 & (0 \leq x \leq 1) \end{cases}$$

일 때, $\mathrm{P}\left(-1 \leq X \leq \dfrac{1}{2}\right)$을 구하시오.

0465 연속확률변수 X의 확률밀도함수가 $f(x)=k \ (-3 \leq x \leq 3)$일 때, 다음을 구하시오.

(1) 상수 k의 값

(2) $\mathrm{P}(X \geq 1)$

0466 연속확률변수 X의 확률밀도함수가 $f(x)=ax \ (0 \leq x \leq 2)$일 때, 다음을 구하시오.

(1) 상수 a의 값

(2) $\mathrm{P}\left(\dfrac{1}{2} \leq X \leq \dfrac{3}{2}\right)$

0467 $0 \leq x \leq 4$에서 정의된 연속확률변수 X의 확률밀도함수 $f(x)$의 그래프가 오른쪽 그림과 같을 때, 다음을 구하시오.

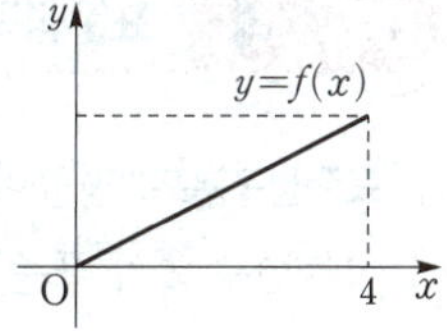

(1) 함수 $f(x)$의 식

(2) $\mathrm{P}(2 \leq X \leq 3)$

(3) $\mathrm{P}(X \leq 1)$

06·2 정규분포

[0468 ~ 0469] 확률변수 X의 평균과 분산이 다음과 같을 때, X가 따르는 정규분포를 기호로 나타내시오.

0468 $\mathrm{E}(X)=6$, $\mathrm{V}(X)=4$

0469 $\mathrm{E}(X)=5$, $\mathrm{V}(X)=9$

0470 확률변수 X가 정규분포 $\mathrm{N}(10,\ 3^2)$을 따를 때, 확률변수 $Y=2X-1$에 대하여 다음 물음에 답하시오.

(1) $\mathrm{E}(Y)$, $\sigma(Y)$를 각각 구하시오.

(2) 확률변수 Y가 따르는 정규분포를 기호로 나타내시오.

06·3 정규분포의 확률밀도함수의 그래프의 성질

정규분포 $N(m, \sigma^2)$을 따르는 확률변수 X의 확률밀도함수의 그래프는 다음과 같은 성질을 갖는다.

(1) 직선 $x=m$에 대하여 대칭인 종 모양의 곡선이다.

(2) 곡선과 x축 사이의 넓이는 1이다.

(3) x축을 점근선으로 하며, $x=m$일 때 최댓값을 갖는다.

(4) σ의 값이 일정할 때, m의 값이 달라지면 대칭축의 위치는 바뀌지만 모양은 변하지 않는다.

(5) m의 값이 일정할 때, σ의 값이 클수록 가운데 부분의 높이는 낮아지고 옆으로 퍼진 모양이 된다.

참고 (4) σ의 값은 일정하고 $m_1 < m_2$일 때

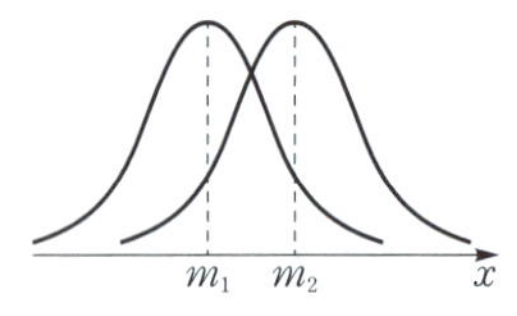

(5) m의 값은 일정하고 $\sigma_1 < \sigma_2 < \sigma_3$일 때

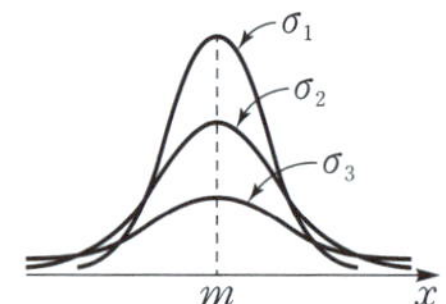

표준편차 σ는 자료들이 평균을 중심으로 흩어진 정도를 나타내므로 정규분포의 확률밀도함수의 그래프는 σ의 값에 따라 그 모양이 결정된다.

정규분포의 확률밀도함수의 그래프의 대칭축의 위치와 그래프가 퍼진 정도로 각각 평균과 분산의 대소를 비교할 수 있다.

06·4 표준정규분포

1 표준정규분포: 평균이 0이고 분산이 1인 정규분포 $N(0, 1)$을 **표준정규분포**라 한다.

확률변수 Z가 표준정규분포 $N(0, 1)$을 따를 때, Z의 확률밀도함수는

$$f(z) = \frac{1}{\sqrt{2\pi}} e^{-\frac{z^2}{2}}$$

이고, 그 그래프는 오른쪽 그림과 같다.

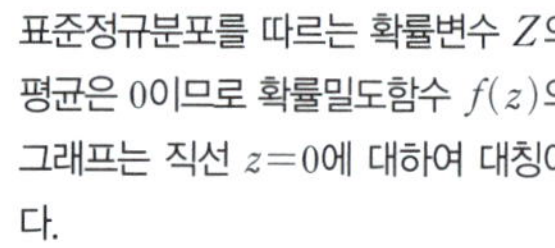

이때 양수 a에 대하여 $P(0 \leq Z \leq a)$는 오른쪽 그림에서 색칠한 도형의 넓이와 같고, 그 값은 표준정규분포표를 이용하여 찾을 수 있다.

2 정규분포의 표준화: 확률변수 X가 정규분포 $N(m, \sigma^2)$을 따를 때, 확률변수

$$Z = \frac{X-m}{\sigma}$$

은 표준정규분포 $N(0, 1)$을 따른다. 이와 같이 정규분포 $N(m, \sigma^2)$을 따르는 확률변수 X를 표준정규분포 $N(0, 1)$을 따르는 확률변수 Z로 바꾸는 것을 표준화라 한다.

참고 확률변수 X가 정규분포 $N(m, \sigma^2)$을 따르면

$$P(a \leq X \leq b) = P\left(\frac{a-m}{\sigma} \leq Z \leq \frac{b-m}{\sigma}\right)$$

임을 이용하여 표준화한 후, 표준정규분포표를 이용하여 $P(a \leq X \leq b)$를 구한다.

표준정규분포를 따르는 확률변수 Z의 평균은 0이므로 확률밀도함수 $f(z)$의 그래프는 직선 $z=0$에 대하여 대칭이다.

확률변수 Z가 표준정규분포를 따를 때, (단, $0 < a < b$)
① $P(Z \geq 0) = P(Z \leq 0) = 0.5$
② $P(Z \leq a) = 0.5 + P(0 \leq Z \leq a)$
③ $P(Z \geq a) = 0.5 - P(0 \leq Z \leq a)$
④ $P(a \leq Z \leq b)$
　$= P(0 \leq Z \leq b) - P(0 \leq Z \leq a)$
⑤ $P(-a \leq Z \leq 0) = P(0 \leq Z \leq a)$

06·5 이항분포와 정규분포의 관계

확률변수 X가 이항분포 $B(n, p)$를 따를 때, n이 충분히 크면 X는 근사적으로 정규분포 $N(np, npq)$를 따른다. (단, $q=1-p$)

참고 확률변수 X가 이항분포 $B(n, p)$를 따를 때, n이 충분히 크면 확률변수 $Z = \dfrac{X-np}{\sqrt{npq}}$는 근사적으로 표준정규분포 $N(0, 1)$을 따른다.

n이 충분히 크다는 것은 일반적으로 $np \geq 5$, $nq \geq 5$일 때를 뜻한다.

06 · 3 　정규분포의 확률밀도함수의 그래프의 성질

0471　다음 중 정규분포 $N(m, \sigma^2)$을 따르는 확률변수 X의 확률밀도함수 $f(x)$의 그래프의 성질이 <u>아닌</u> 것은?

① 곡선과 x축 사이의 넓이는 1이다.
② 직선 $x=m$에 대하여 대칭인 곡선이다.
③ $f(x)$는 $x=m$일 때 최댓값을 갖는다.
④ 표준편차 σ의 값이 작을수록 곡선이 옆으로 퍼진다.
⑤ 표준편차 σ의 값이 클수록 곡선의 가운데 부분의 높이가 낮아진다.

06 · 4 　표준정규분포

[0472 ~ 0476] 확률변수 Z가 표준정규분포 $N(0, 1)$을 따를 때, 오른쪽 표준정규분포표를 이용하여 다음을 구하시오.

z	$P(0 \leq Z \leq z)$
0.5	0.1915
1.0	0.3413
1.5	0.4332
2.0	0.4772

0472　$P(Z \leq 1)$

0473　$P(Z \geq 0.5)$

0474　$P(0.5 \leq Z \leq 2)$

0475　$P(-0.5 \leq Z \leq 0.5)$

0476　$P(Z \leq -1.5)$

[0477 ~ 0478] 확률변수 X가 다음과 같은 정규분포를 따를 때, X를 표준화하시오.

0477　$N(5, 2^2)$

0478　$N(7, 9)$

0479　확률변수 X가 정규분포 $N(8, 4^2)$을 따를 때, 다음 물음에 답하시오.

z	$P(0 \leq Z \leq z)$
1.0	0.3413
1.5	0.4332
2.0	0.4772

(1) X를 표준화하시오.

(2) 위의 표준정규분포표를 이용하여 $P(4 \leq X \leq 14)$를 구하시오.

06 · 5 　이항분포와 정규분포의 관계

[0480 ~ 0481] 확률변수 X가 다음과 같은 이항분포를 따를 때, X가 근사적으로 따르는 정규분포를 기호로 나타내시오.

0480　$B\left(48, \dfrac{1}{4}\right)$　　　**0481**　$B\left(180, \dfrac{5}{6}\right)$

0482　한 개의 동전을 64번 던져서 앞면이 나오는 횟수를 확률변수 X라 할 때, 다음 물음에 답하시오.

(1) X의 평균과 표준편차를 구하시오.

(2) X가 근사적으로 따르는 정규분포를 기호로 나타내시오.

(3) X를 표준화하시오.

(4) $P(X \geq 40)$을 구하시오. (단, $P(0 \leq Z \leq 2) = 0.4772$)

0483　확률변수 X가 이항분포 $B\left(162, \dfrac{1}{3}\right)$을 따를 때, 다음 물음에 답하시오.

z	$P(0 \leq Z \leq z)$
1.0	0.3413
2.0	0.4772
3.0	0.4987

(1) X가 근사적으로 따르는 정규분포를 기호로 나타내시오.

(2) X를 표준화하시오.

(3) 위의 표준정규분포표를 이용하여 $P(42 \leq X \leq 60)$을 구하시오.

유형 익/히/기

| 개념원리 확률과 통계 161쪽 |

유형 01 확률밀도함수

확률변수 X의 확률밀도함수
$f(x)$ $(\alpha \leq x \leq \beta)$에 대하여

(1) $f(x) \geq 0$

(2) 함수 $y=f(x)$의 그래프와 x축
및 두 직선 $x=\alpha$, $x=\beta$로 둘러싸인 도형의 넓이는 1이다.

(3) $\mathrm{P}(a \leq X \leq b)$는 함수 $y=f(x)$의 그래프와 x축 및 두 직선
$x=a$, $x=b$로 둘러싸인 도형의 넓이와 같다.

(단, $\alpha \leq a \leq b \leq \beta$)

0484 　대표문제

$0 \leq x \leq 2$에서 정의된 연속확률변수
X의 확률밀도함수 $f(x)$의 그래프가
오른쪽 그림과 같을 때, 상수 a의 값을
구하시오.

0485 　중하

$0 \leq x \leq 1$에서 정의된 연속확률변수 X의 확률밀도함수가
$f(x)=ax+a$일 때, 상수 a의 값을 구하시오.

0486 　중

다음 중 $-1 \leq x \leq 1$에서 정의된 연속확률변수 X의 확률밀도
함수 $f(x)$의 그래프가 될 수 있는 것은?

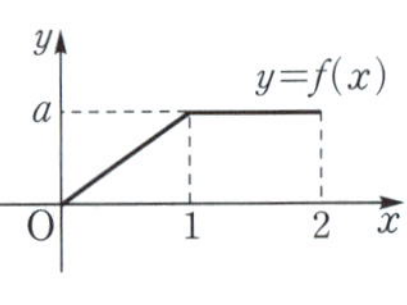

① 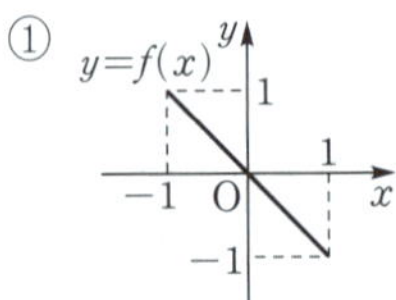　② 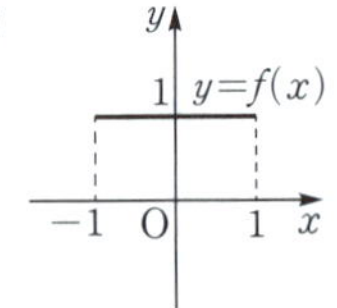　③ 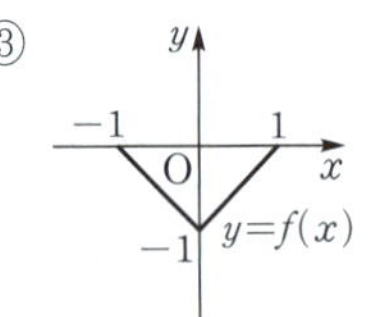

④ 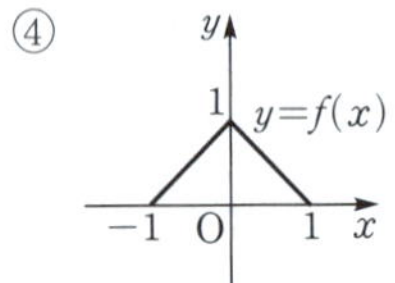　⑤ 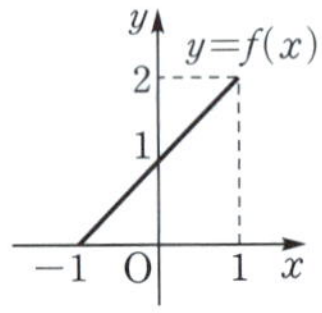

| 개념원리 확률과 통계 162쪽 |

유형 02 확률밀도함수를 이용하여 확률 구하기

확률변수 X의 확률밀도함수 $f(x)$ $(\alpha \leq x \leq \beta)$에 대하여

(1) $\mathrm{P}(a \leq X \leq b)$는 함수 $y=f(x)$의 그래프와 x축 및 두 직선
$x=a$, $x=b$로 둘러싸인 도형의 넓이와 같다.

(2) $\mathrm{P}(a \leq X \leq b)=\mathrm{P}(\alpha \leq X \leq b)-\mathrm{P}(\alpha \leq X \leq a)$

(단, $\alpha \leq a \leq b \leq \beta$)

0487 　대표문제

연속확률변수 X의 확률밀도함수가

$$f(x)=2k(x+1) \ (-1 \leq x \leq 1)$$

일 때, $\mathrm{P}\left(-\dfrac{1}{2} \leq X \leq 1\right)$은? (단, k는 상수)

① $\dfrac{2}{3}$　　② $\dfrac{3}{4}$　　③ $\dfrac{4}{5}$

④ $\dfrac{7}{8}$　　⑤ $\dfrac{15}{16}$

0488 　중

어느 시외버스 터미널에서 A 도시로 향하는 시외버스의 도착
예정 시각과 실제 도착 시각의 차를 확률변수 X라 할 때, X
의 확률밀도함수 $f(x)$는

$$f(x)=\begin{cases} \dfrac{1}{20}x & (0 \leq x \leq 4) \\[2mm] \dfrac{1}{3}\left(1-\dfrac{1}{10}x\right) & (4 \leq x \leq 10) \end{cases}$$

이다. 이 시외버스의 도착 예정 시각과 실제 도착 시각의 차가
6분 이하일 확률을 구하시오.

0489 　중 　서술형

연속확률변수 X의 확률밀도함수
$y=f(x)$ $(-2 \leq x \leq 2)$의 그래프가
오른쪽 그림과 같을 때, $\mathrm{P}(|X| \leq 1)$
을 구하시오. (단, a는 상수)

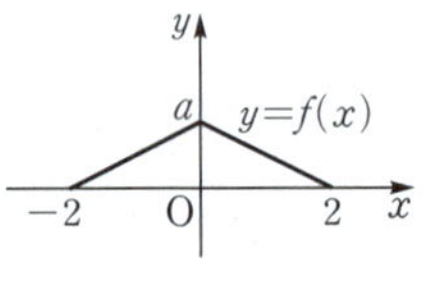

유형 03   정규분포의 확률밀도함수의 그래프의 성질

정규분포 $N(m, \sigma^2)$을 따르는 확률변수 X의 확률밀도함수의 그래프는

(1) 직선 $x=m$에 대하여 대칭인 종 모양의 곡선이다.

(2) 곡선과 x축 사이의 넓이는 1이다.

(3) x축을 점근선으로 하며, $x=m$일 때 최댓값을 갖는다.

(4) σ의 값이 일정할 때, m의 값이 달라지면 대칭축의 위치는 바뀌지만 모양은 변하지 않는다.

(5) m의 값이 일정할 때, σ의 값이 클수록 가운데 부분의 높이는 낮아지고 옆으로 퍼진 모양이 된다.

0490 대표문제

정규분포를 따르는 확률변수 X_1, X_2의 확률밀도함수를 각각 $f(x)$, $g(x)$라 할 때, 두 함수 $y=f(x)$, $y=g(x)$의 그래프가 오른쪽 그림과 같다. **보기**에서 옳은 것만을 있는 대로 고른 것은?

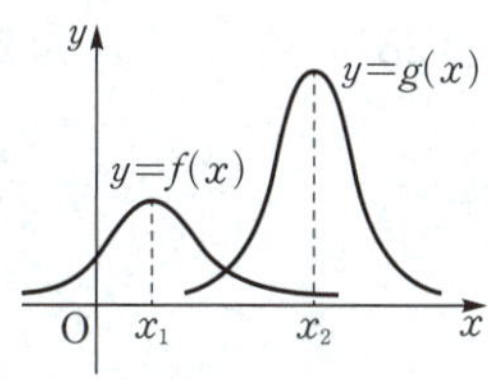

• 보기 •

ㄱ. $P(X_1 \geq x_1) < P(X_2 \leq x_2)$

ㄴ. $E(X_1) < E(X_2)$

ㄷ. $\sigma(X_1) < \sigma(X_2)$

ㄹ. $f(E(X_1)) < g(E(X_2))$

① ㄴ   ② ㄱ, ㄴ   ③ ㄴ, ㄹ

④ ㄱ, ㄴ, ㄹ   ⑤ ㄴ, ㄷ, ㄹ

0491 중하

네 고등학교 A, B, C, D의 3학년 학생들의 수학 성적이 각각 정규분포를 따르고, 각 정규분포의 확률밀도함수의 그래프가 오른쪽 그림과 같을 때, 수학 성적의 평균이 가장 높은 학교와 표준편차가 가장 큰 학교를 차례대로 구하시오.

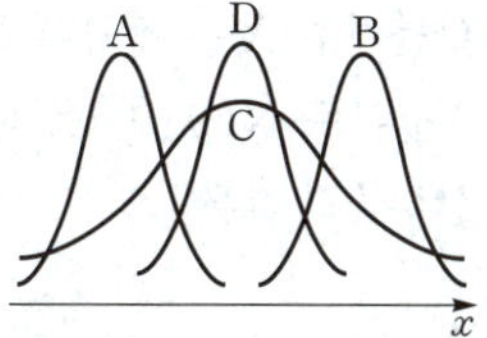

0492 중

확률변수 X가 정규분포 $N(m, \sigma^2)$을 따를 때, **보기**에서 옳은 것만을 있는 대로 고른 것은?

• 보기 •

ㄱ. $P(X \leq m) = P(X \geq m)$

ㄴ. $x_1 > m$일 때, $P(X \leq x_1) = 0.5 - P(m \leq X \leq x_1)$

ㄷ. $P(X \leq a) + P(X \geq a) = 1$

① ㄱ   ② ㄱ, ㄴ   ③ ㄱ, ㄷ

④ ㄴ, ㄷ   ⑤ ㄱ, ㄴ, ㄷ

0493 중

확률변수 X가 정규분포 $N(44, 5^2)$을 따를 때, $P(t-3 \leq X \leq t+2)$가 최대가 되도록 하는 실수 t의 값은?

① 44   ② $\dfrac{89}{2}$ ③ 45

④ $\dfrac{91}{2}$ ⑤ 46

0494 중

정규분포 $N(a, b^2)$을 따르는 확률변수 X가 다음 조건을 모두 만족시킬 때, 상수 a, b에 대하여 $a+b$의 값을 구하시오.

(단, $b>0$)

(가) $P(X \leq -2) = P(X \geq 12)$

(나) $V\left(\dfrac{1}{2}X\right) = 1$

유형 **04** 정규분포에서 확률 구하기

확률변수 X가 정규분포 $N(m, \sigma^2)$을 따를 때, 확률밀도함수 $f(x)$의 그래프는 직선 $x=m$에 대하여 대칭이므로

(1) $P(X \geq m) = P(X \leq m) = 0.5$

(2) $P(m-\sigma \leq X \leq m) = P(m \leq X \leq m+\sigma)$

0495 대표문제

정규분포 $N(m, \sigma^2)$을 따르는 확률변수 X에 대하여 $P(m \leq X \leq x)$는 오른쪽 표와 같다. 확률변수 X가 정규분포 $N(20, 4^2)$을 따를 때, 오른쪽 표를 이용하여 $P(12 \leq X \leq 28)$을 구하시오.

x	$P(m \leq X \leq x)$
$m+\sigma$	0.3413
$m+1.5\sigma$	0.4332
$m+2\sigma$	0.4772

0496 중

확률변수 X가 정규분포 $N(m, \sigma^2)$을 따르고

$$P(m-\sigma \leq X \leq m+\sigma) = a,$$
$$P(m-2\sigma \leq X \leq m+2\sigma) = b$$

일 때, $P(m-\sigma \leq X \leq m+2\sigma)$를 a, b로 나타내면?

① $0.5-a$ ② $1+a-b$ ③ $\dfrac{b-a}{2}$

④ $\dfrac{a+b}{2}$ ⑤ $\dfrac{2a+b}{2}$

0497 중

정규분포 $N(m, \sigma^2)$을 따르는 확률변수 X에 대하여 $P(m \leq X \leq x)$는 오른쪽 표와 같다. 확률변수 X가 정규분포 $N(48, 3^2)$을 따를 때, 오른쪽 표를 이용하여 $P(X \leq k) = 0.0013$을 만족시키는 상수 k의 값을 구하시오.

x	$P(m \leq X \leq x)$
$m+\sigma$	0.3413
$m+2\sigma$	0.4772
$m+3\sigma$	0.4987

유형 **05** 정규분포의 표준화

확률변수 X가 정규분포 $N(m, \sigma^2)$을 따를 때,

(1) 확률변수 $Z = \dfrac{X-m}{\sigma}$은 표준정규분포 $N(0, 1)$을 따른다.

(2) $P(a \leq X \leq b) = P\left(\dfrac{a-m}{\sigma} \leq Z \leq \dfrac{b-m}{\sigma} \right)$

0498 대표문제

확률변수 X, Y가 각각 정규분포 $N(10, 2^2)$, $N(20, 3^2)$을 따르고 $P(10 \leq X \leq 14) = P(20 \leq Y \leq k)$일 때, 상수 k의 값은?

① 22 ② 24 ③ 26

④ 28 ⑤ 30

0499 중하

확률변수 X가 정규분포 $N(17, \sigma^2)$을 따를 때, 확률변수 $Z = \dfrac{X-m}{6}$은 표준정규분포 $N(0, 1)$을 따른다. 이때 $m-\sigma$의 값은?

① 7 ② 9 ③ 11

④ 13 ⑤ 15

0500 중

확률변수 X는 정규분포 $N(8, 3^2)$을 따르고, 확률변수 Y는 정규분포 $N(9, 4^2)$을 따른다. $P(X \geq k) = P(Y \geq k)$일 때, 상수 k의 값은?

① -5 ② -3 ③ 0

④ 3 ⑤ 5

0501 중 서술형

확률변수 X는 정규분포 $N(4, 1^2)$을 따르고, 확률변수 Y는 정규분포 $N(m, 2^2)$을 따를 때,

$$P(1 \leq X \leq 7) = 2P(m \leq Y \leq 2m+3)$$

을 만족시키는 상수 m의 값을 구하시오.

0502 상 중

확률변수 X는 평균이 a, 표준편차가 3인 정규분포를 따르고, 확률변수 Y는 평균이 $a+7$, 표준편차가 4인 정규분포를 따른다. 실수 b에 대하여 $P(X \geq b) = P(Y \leq b)$일 때, $a-b$의 값을 구하시오.

 중요

| 개념원리 확률과 통계 169쪽 |

유형 06 표준화하여 확률 구하기

확률변수 Z가 표준정규분포를 따를 때, $a < b$인 양수 a, b에 대하여

(1) $P(Z \leq a) = 0.5 + P(0 \leq Z \leq a)$

(2) $P(Z \geq a) = 0.5 - P(0 \leq Z \leq a)$

(3) $P(a \leq Z \leq b) = P(0 \leq Z \leq b) - P(0 \leq Z \leq a)$

(4) $P(-a \leq Z \leq 0) = P(0 \leq Z \leq a)$

0503 대표문제

확률변수 X가 정규분포 $N(25, 8^2)$을 따를 때, 오른쪽 표준정규분포표를 이용하여 $P(|X-23| \leq 10)$을 구한 것은?

z	$P(0 \leq Z \leq z)$
0.5	0.1915
1.0	0.3413
1.5	0.4332
2.0	0.4772

① 0.5328　② 0.6247
③ 0.7745　④ 0.8185
⑤ 0.9104

0504 중

확률변수 X가 정규분포 $N(12, 6^2)$을 따를 때, 다음 중 그 값이 가장 작은 것은?

(단, $P(0 \leq Z \leq 1) = 0.3413$, $P(0 \leq Z \leq 2) = 0.4772$)

① $P(X \geq 12)$　② $P(X \leq 18)$
③ $P(0 \leq X \leq 12)$　④ $P(6 \leq X \leq 18)$
⑤ $P(18 \leq X \leq 24)$

0505 중

정규분포 $N(40, 5^2)$을 따르는 확률변수 X에 대하여 $P(36 \leq X \leq 44) = 0.5762$일 때, $P(X \geq 44)$는?

① 0.2119　② 0.2881　③ 0.4238
④ 0.5762　⑤ 0.7881

0506 중

정규분포 $N(25, 10^2)$을 따르는 확률변수 X에 대하여 확률변수 Y가 $Y=2X+4$일 때, 오른쪽 표준정규분포표를 이용하여 $P(Y \leq 94)$를 구한 것은?

z	$P(0 \leq Z \leq z)$
0.5	0.1915
1.0	0.3413
1.5	0.4332
2.0	0.4772

① 0.0228　② 0.1587
③ 0.8413　④ 0.9104
⑤ 0.9772

유형 익/히/기

유형 07 표준화하여 미지수의 값 구하기

정규분포 $N(m, \sigma^2)$을 따르는 확률변수 X에 대하여
$P(m \leq X \leq a) = k$를 만족시키는 a의 값을 구할 때에는

(i) 확률변수 X를 $Z = \dfrac{X - m}{\sigma}$으로 표준화한다.

$$\Rightarrow P\left(0 \leq Z \leq \dfrac{a - m}{\sigma}\right) = k$$

(ii) 표준정규분포표를 이용하여 a의 값을 구한다.

0507 대표문제

확률변수 X가 정규분포 $N(50, 5^2)$을 따를 때, 오른쪽 표준정규분포표를 이용하여 $P(40 \leq X \leq a) = 0.8185$를 만족시키는 상수 a의 값을 구하시오.

z	$P(0 \leq Z \leq z)$
1.0	0.3413
2.0	0.4772
3.0	0.4987

0508 중

확률변수 X가 정규분포 $N(m, 4)$를 따를 때,
$P(X \geq 24) = 0.3085$를 만족시키는 상수 m의 값을 구하시오. (단, $P(0 \leq Z \leq 0.5) = 0.1915$)

0509 중

확률변수 X가 정규분포 $N(m, \sigma^2)$을 따를 때, 오른쪽 표준정규분포표를 이용하여
$P(|X - m| \leq a\sigma) = 0.9544$를 만족시키는 양수 a의 값을 구하시오.

z	$P(0 \leq Z \leq z)$
1.00	0.3413
1.65	0.4505
2.00	0.4772

0510 중

확률변수 X가 정규분포 $N(20, 3^2)$을 따를 때, 오른쪽 표준정규분포표를 이용하여 $P(X \geq k) = 0.0668$을 만족시키는 상수 k의 값을 구한 것은?

z	$P(0 \leq Z \leq z)$
0.5	0.1915
1.0	0.3413
1.5	0.4332
2.0	0.4772

① 24 ② 24.5
③ 25 ④ 25.5
⑤ 26

유형 08 정규분포의 활용 – 확률 구하기

(i) 확률변수 X가 따르는 정규분포 $N(m, \sigma^2)$을 구한다.

(ii) 확률변수 X를 $Z = \dfrac{X - m}{\sigma}$으로 표준화한다.

(iii) 표준정규분포표를 이용하여 확률을 구한다.

0511 대표문제

어느 농장에서 생산되는 사과 한 개의 무게는 평균이 250 g, 표준편차가 15 g인 정규분포를 따른다고 한다. 이 농장에서 생산된 사과 중에서 임의로 한 개를 택할 때, 오른쪽 표준정규분포표를 이용하여 이 사과의 무게가 220 g 이상 265 g 이하일 확률을 구하시오.

z	$P(0 \leq Z \leq z)$
0.5	0.19
1.0	0.34
1.5	0.43
2.0	0.48

0512 중

어느 약수터의 물 1 L에 들어 있는 칼슘의 양은 평균이 18 mg, 표준편차가 4 mg인 정규분포를 따른다고 한다. 이 약수터에서 퍼온 물 1 L에 들어 있는 칼슘의 양이 22 mg 이상일 확률은? (단, $P(0 \leq Z \leq 1) = 0.3413$)

① 0.1587 ② 0.0668 ③ 0.0228
④ 0.0124 ⑤ 0.0062

0513 중

어느 고등학교 3학년 학생들의 수학 점수는 평균이 57점, 표준편차가 8점인 정규분포를 따르고, 점수가 45점 이하인 학생들을 대상으로 보충수업을 한다고 한다. 이 고등학교 3학년 학생 중 임의로 한 명을 택할 때, 위의 표준정규분포표를 이용하여 이 학생이 보충수업을 받을 확률을 구하시오.

z	$P(0 \leq Z \leq z)$
0.5	0.19
1.0	0.34
1.5	0.43

0514 중

어느 회사 직원들의 일일 TV 시청 시간은 평균이 90분, 표준편차가 20분인 정규분포를 따른다고 한다. 오른쪽 표준정규분포표를 이용하여 일일 TV 시청 시간이 50분 이상 80분 이하인 직원은 전체의 몇 %인지 구한 것은?

z	$P(0 \leq Z \leq z)$
0.5	0.19
1.0	0.34
1.5	0.43
2.0	0.48

① 9 % ② 14 % ③ 19 %
④ 24 % ⑤ 29 %

0515 중

지현이가 등교하는 데 걸리는 시간은 평균 40분, 표준편차가 5분인 정규분포를 따른다고 한다. 학교 등교 시각은 8시 40분까지이고 집에서 출발한 시각이 7시 58분일 때, 지현이가 지각하지 않을 확률은? (단, $P(0 \leq Z \leq 0.4) = 0.1554$)

① 0.1554 ② 0.3108 ③ 0.3446
④ 0.6554 ⑤ 0.8108

0516 상중

어느 공장에서는 생산한 골프공의 무게를 검사하여 기준 무게와 1 g 이상 차이가 나면 그 골프공은 불량품으로 판정한다. 골프공의 기준 무게는 46 g이고, 이 공장에서 생산하는 골

z	$P(0 \leq Z \leq z)$
1.0	0.3413
2.0	0.4772
3.0	0.4987

프공의 무게는 평균이 45.5 g, 표준편차가 0.5 g인 정규분포를 따른다고 한다. 이 공장에서 생산한 골프공 중에서 임의로 한 개를 택할 때, 위의 표준정규분포표를 이용하여 이 골프공이 불량품일 확률을 구하시오.

유형 09 정규분포의 활용 – 도수 구하기

정규분포 $N(m, \sigma^2)$을 따르는 확률변수 X에 대하여 n개의 자료 중 특정 범위에 속하는 자료의 개수를 구할 때에는

(ⅰ) 확률변수 X를 $Z = \dfrac{X-m}{\sigma}$으로 표준화한다.

(ⅱ) 표준정규분포표를 이용하여 X가 특정 범위에 속할 확률 p를 구한다.

(ⅲ) $p \times n$의 값을 구한다.

0517 대표문제

어느 고등학교 학생 100명의 수학 성적은 평균이 65점, 표준편차가 5점인 정규분포를 따른다고 한다. 오른쪽 표준정규분포표를 이용하여 60점 이상 80점 이하의 점수를 받은 학생 수를 구하시오.

z	$P(0 \leq Z \leq z)$
1.0	0.3413
2.0	0.4772
3.0	0.4987

0518 중

어느 과수원에서 수확한 오렌지 한 개의 당도는 평균이 14 Brix, 표준편차가 2 Brix인 정규분포를 따른다고 한다. 이 과수원에서 2000개의 오렌지를 수확했을 때, 오른쪽 표준정규분포표를 이용하여 당도가 12 Brix 이하인 오렌지의 개수를 구하시오.

z	$P(0 \leq Z \leq z)$
1.0	0.34
1.5	0.43
2.0	0.48
2.5	0.49

0519 중 서술형

어느 대학교 신입생 1000명을 대상으로 키를 조사하였더니 평균이 165 cm, 표준편차가 5.5 cm인 정규분포를 따르는 것으로 나타났다. 오른쪽 표준정규분포표를 이용하여 이 학교 신입생 중 키가 176 cm 이상인 학생 수를 구하시오.

z	$P(0 \leq Z \leq z)$
1.0	0.34
1.5	0.43
2.0	0.48

0520 중

어느 전자 회사가 자사의 노트북을 구입한 소비자 만 명을 대상으로 노트북의 사용 기간을 조사하였더니 평균 72개월, 표준편차 24개월인 정규분포를 따르는 것으로 나타났다. 조사 대상의 소비자 중에서 사용 기간

z	$P(0 \leq Z \leq z)$
1.0	0.3413
1.5	0.4332
2.0	0.4772
2.5	0.4938

이 8년에서 9년 사이인 소비자가 n명일 때, 위의 표준정규분포표를 이용하여 자연수 n의 값을 구하시오.

| 개념원리 확률과 통계 172쪽 |

유형 10 정규분포의 활용 – 최대·최소를 만족시키는 값 구하기

정규분포를 따르는 확률변수 X에 대하여 상위 $k\,\%$ 안에 드는 X의 최솟값을 구할 때에는

⇨ 최솟값을 a로 놓고 표준정규분포표를 이용하여

$$P(X \geq a) = \frac{k}{100}$$ 를 만족시키는 a의 값을 구한다.

0521 대표문제

모집 정원이 360명인 공무원 임용시험에 4500명이 응시하였다. 응시자의 점수가 정규분포 $N(58, 10^2)$을 따른다고 할 때, 합격자의 최저 점수는? (단, $P(0 \leq Z \leq 1.4) = 0.42$)

① 70점   ② 72점   ③ 74점
④ 76점   ⑤ 78점

0522 중

어느 학교 학생들의 수학 성적은 평균이 80점, 표준편차가 10점인 정규분포를 따른다고 한다. 수학 성적이 2등급 이내에 속하는 학생의 최저 점수를 오른쪽 표준정규분포표를 이용

z	$P(0 \leq Z \leq z)$
0.28	0.11
1.23	0.39
1.48	0.43

하여 구하시오. (단, 1등급은 상위 $4\,\%$ 이하, 2등급은 상위 $4\,\%$ 초과 $11\,\%$ 이하이다.)

0523 중

어느 고등학교 3학년 학생 300명의 대학수학능력시험 모의고사 수학 영역 점수가 평균이 74점, 표준편차가 6점인 정규분포를 따를 때, 수학 영역에서 21등을 한 학생의 점수를 구하시오. (단, $P(0 \leq Z \leq 1.5) = 0.43$)

0524 중

어떤 기계로 생산한 제품의 무게는 평균이 12.25 kg, 표준편차가 0.1 kg인 정규분포를 따른다. 이 기계로 생산한 제품 중 임의로 택한 한 개의 무게가 a kg 이하이면 기계에 문제가 있다고 판단하여 가동을 멈추고 조사

z	$P(0 \leq Z \leq z)$
0.5	0.1915
1.0	0.3413
1.5	0.4332
2.0	0.4772

에 들어간다고 한다. 이 기계의 가동을 멈추고 조사에 들어갈 확률이 0.0228일 때, 위의 표준정규분포표를 이용하여 상수 a의 값을 구한 것은?

① 12   ② 12.05   ③ 12.1
④ 12.15   ⑤ 12.2

0525 상중

어느 학교의 A반, B반 학생들의 몸무게를 조사하였더니 A반은 평균이 47.3 kg, 표준편차가 7 kg인 정규분포를 따르고, B반은 평균이 50.1 kg, 표준편차가 5 kg인 정규분포를 따른다고 한다. A반과 B반의 학생 수는 서로 같고, A반 학생 중 몸무게가 55 kg 이상인 학생 수가 B반 학생 중 몸무게가 k kg 이상인 학생 수의 $\frac{1}{2}$배일 때, 상수 k의 값을 구하시오.

(단, $P(0 \leq Z \leq 0.58) = 0.22$, $P(0 \leq Z \leq 1.1) = 0.36$)

| 개념원리 확률과 통계 177쪽 |

유형 **11** 이항분포와 정규분포의 관계

확률변수 X가 이항분포 $B(n, p)$를 따를 때, n이 충분히 크면 X는 근사적으로 정규분포 $N(np, npq)$를 따른다.

(단, $q=1-p$)

0526 대표문제

확률변수 X가 이항분포 $B\left(150, \dfrac{3}{5}\right)$을 따를 때, 오른쪽 표준정규분포표를 이용하여 $P(96 \leq X \leq 105)$를 구한 것은?

z	$P(0 \leq Z \leq z)$
1.0	0.3413
1.5	0.4332
2.0	0.4772
2.5	0.4938

① 0.0456　　② 0.1525

③ 0.8664　　④ 0.9544

⑤ 0.9876

0527 중

확률변수 X가 이항분포 $B\left(72, \dfrac{2}{3}\right)$를 따를 때, $P(X \leq 52)$는? (단, $P(0 \leq Z \leq 1)=0.3413$)

① 0.1587　　② 0.3174　　③ 0.3413

④ 0.6826　　⑤ 0.8413

0528 중 서술형

확률변수 X가 이항분포 $B\left(225, \dfrac{4}{5}\right)$를 따를 때, X는 근사적으로 정규분포 $N(a, b)$를 따른다. 표준정규분포를 따르는 확률변수 Z에 대하여

$$P(168 \leq X \leq 180)=P(0 \leq Z \leq c)$$

일 때, $a+b+c$의 값을 구하시오. (단, a, b, c는 상수)

0529 중

확률변수 X의 확률질량함수가

$$P(X=x)=\begin{cases} {}_{180}C_0 \left(\dfrac{1}{6}\right)^{180} & (x=0) \\ {}_{180}C_x \left(\dfrac{5}{6}\right)^x \left(\dfrac{1}{6}\right)^{180-x} & (x=1,\, 2,\, \cdots,\, 179) \\ {}_{180}C_{180} \left(\dfrac{5}{6}\right)^{180} & (x=180) \end{cases}$$

일 때, $P(X \geq 160)$을 구하시오. (단, $P(0 \leq Z \leq 2)=0.4772$)

 중요

| 개념원리 확률과 통계 178쪽 |

유형 **12** 이항분포와 정규분포의 관계의 활용 – 확률 구하기

n번의 독립시행에서 사건 A가 a번 이상 b번 이하 일어날 확률은

(i) 사건 A가 일어나는 횟수를 확률변수 X라 하고, 주어진 상황을 이항분포 $B(n, p)$로 나타낸다.

(ii) 확률변수 X의 평균과 분산을 구한다.

(iii) 확률변수 X가 근사적으로 정규분포를 따름을 이용하여 X를 표준화한다.

(iv) 표준정규분포표를 이용하여 $P(a \leq X \leq b)$를 구한다.

0530 대표문제

한 개의 주사위를 720번 던질 때, 오른쪽 표준정규분포표를 이용하여 1의 눈이 130번 이상 140번 이하로 나올 확률을 구한 것은?

z	$P(0 \leq Z \leq z)$
0.5	0.1915
1.0	0.3413
1.5	0.4332
2.0	0.4772

① 0.1359　　② 0.3413

③ 0.6826　　④ 0.8185

⑤ 0.9544

0531 중

어느 고등학교에서 도보로 등교하는 학생은 전체의 25 %라 한다. 이 학교 학생 192명 중에서 도보로 등교하는 학생이 57명 이상일 확률을 오른쪽 표준정규분포표를 이용하여 구하시오.

z	$P(0 \leq Z \leq z)$
1.0	0.3413
1.5	0.4332
2.0	0.4772

| 개념원리 확률과 통계 178쪽 |

0532 중

다음은 어느 지역 선거에서 네 후보 A, B, C, D를 지지하는 유권자의 비율을 조사한 표이다.

후보	A	B	C	D	합계
유권자의 비율(%)	40	15	20	25	100

이 지역의 유권자 600명 중 A 후보를 지지하는 유권자가 264명 이상일 확률은? (단, $P(0 \le Z \le 2)=0.4772$)

① 0.0228 　　② 0.0456 　　③ 0.5228

④ 0.9544 　　⑤ 0.9772

0533 상중 서술형

어느 항공사에서 승객 정원이 340명인 비행기에 400명의 예약을 받았다. 승객 한 명이 예약을 취소할 확률이 20 %라 할 때, 오른쪽 표준정규분포표를 이용하여 탑승객이 정원을 초과하지 않을 확률을 구하시오.

z	$P(0 \le Z \le z)$
1.0	0.3413
1.5	0.4332
2.0	0.4772
2.5	0.4938

0534 상중

한 번의 시행에서 10점을 얻을 확률이 $\dfrac{1}{8}$, 1점을 잃을 확률이 $\dfrac{7}{8}$인 게임이 있다. 이 게임을 448번 독립적으로 시행했을 때, 245점 이상을 얻을 확률을 구하시오.

(단, $P(0 \le Z \le 1)=0.3413$)

유형 13 이항분포와 정규분포의 관계의 활용 – 미지수의 값 구하기

확률변수 X가 이항분포 $B(n, p)$를 따를 때,
$P(X \ge a)=\alpha$ (α는 상수)를 만족시키는 a의 값을 구할 때에는

(i) X가 근사적으로 정규분포 $N(np, np(1-p))$를 따름을 이용하여 X를 표준화한다.

(ii) $P(0 \le Z \le k)$ 꼴의 확률을 구한 후 표준정규분포표와 비교하여 a의 값을 구한다.

0535 대표문제

어떤 학생이 정답이 한 개인 오지선다형 문제 100개에 임의로 답을 할 때, a개 이상의 문제를 맞힐 확률이 0.02라 한다. 오른쪽 표준정규분포표를 이용하여 상수 a의 값을 구하시오.

z	$P(0 \le Z \le z)$
1.0	0.34
1.5	0.43
2.0	0.48
2.5	0.49

0536 중

세 개 중 한 개의 비율로 스트라이크를 던지는 어떤 야구 선수가 한 시즌에 던진 1458개의 공 중에서 스트라이크의 개수를 확률변수 X라 하자. 이때 $P(X \ge a)=0.0668$을 만족시키는 상수 a의 값은? (단, $P(0 \le Z \le 1.5)=0.4332$)

① 504 　　② 510 　　③ 513

④ 520 　　⑤ 525

0537 중

어느 회사에서 생산하는 제품 중 2 %는 불량품이라 한다. 이 회사에서 생산한 제품 2500개 중 불량품의 개수를 확률변수 X라 할 때, $P(k \le X \le 57)=0.6826$을 만족시키는 상수 k의 값을 위의 표준정규분포표를 이용하여 구하시오.

z	$P(0 \le Z \le z)$
1.0	0.3413
1.5	0.4332
2.0	0.4772

유형 up

| 개념원리 확률과 통계 175쪽 |

유형 **14** 표준화하여 확률 비교하기

확률변수 X, Y가 각각 정규분포 $\mathrm{N}(m_X, \sigma_X{}^2)$, $\mathrm{N}(m_Y, \sigma_Y{}^2)$을 따를 때, X, Y를 각각

$$Z_X = \frac{X - m_X}{\sigma_X},\ Z_Y = \frac{Y - m_Y}{\sigma_Y}$$

로 표준화하여 확률을 비교한다.

0538 대표문제

현이네 반 전체 학생의 각 과목별 평균, 표준편차와 현이의 성적은 다음 표와 같고, 각 과목의 성적은 정규분포를 따른다고 한다. 현이의 성적을 반 전체의 성적과 비교할 때, 세 과목 중 상대적으로 가장 성적이 좋은 과목을 구하시오.

(단위: 점)

구분＼과목	국어	영어	수학
평균	80	55	65
표준편차	6	15	8
현이의 성적	86	85	80

0539 상

확률변수 X, Y, W가 각각 정규분포 $\mathrm{N}(42, 4^2)$, $\mathrm{N}(37, 5^2)$, $\mathrm{N}(40, 2^2)$을 따를 때,

$$a = \mathrm{P}(X \geq 45),\ b = \mathrm{P}(Y \geq 42),\ c = \mathrm{P}(W \leq 39)$$

라 하자. 세 수 a, b, c의 대소 관계는?

① $a < b < c$ ② $a = b < c$ ③ $b < a < c$
④ $c < a < b$ ⑤ $c < a = b$

0540 중

성희네 반 전체 학생의 수학, 영어, 국어, 과학 성적의 평균, 표준편차와 성희의 성적은 다음 표와 같고, 각 과목의 성적은 정규분포를 따른다고 한다. 성희의 성적을 반 전체의 성적과 비교할 때, **보기**에서 옳은 것만을 있는 대로 고르시오.

(단위: 점)

구분＼과목	평균	표준편차	성희의 성적
수학	83	2	86
영어	78	6	81
국어	68	4	76
과학	73	5	78

● 보기 ●
ㄱ. 수학 성적이 과학 성적보다 상대적으로 좋다.
ㄴ. 국어 성적이 가장 낮게 나왔으나 수학 성적보다는 상대적으로 좋다.
ㄷ. 국어 성적이 상대적으로 가장 좋고, 영어 성적이 상대적으로 가장 나쁘다.

0541 상중

어느 고등학교의 2학년 1반, 2반, 3반 학생들의 봉사 시간을 조사하였더니 세 반 학생들의 봉사 시간은 평균이 각각 40시간, 46시간, 39시간이고, 표준편차가 각각 3시간, 7시간, 4시간인 정규분포를 따른다고 한다. 이 세 반에서 임의로 각각 한 명씩 뽑아 봉사 시간을 조사하였더니 1반 학생 A의 봉사 시간은 42시간, 2반 학생 B의 봉사 시간은 47시간, 3반 학생 C의 봉사 시간은 49시간이었다. A, B, C를 각각 자기 반에서 상대적으로 봉사 시간이 긴 학생부터 차례대로 나열한 것은?

① A, B, C ② A, C, B ③ B, A, C
④ C, A, B ⑤ C, B, A

0542

연속확률변수 X의 확률밀도함수가

$$f(x)=\begin{cases} kx & (0\le x\le 2) \\ \dfrac{k}{2}(6-x) & (2\le x\le 6) \end{cases}$$

일 때, 상수 k의 값을 구하시오.

0543

연속확률변수 X의 확률밀도함수가

$$f(x)=1-\frac{x}{2} \ (0\le x\le 2)$$

일 때, $\mathrm{P}(X\le k)=\dfrac{3}{4}$을 만족시키는 상수 k의 값은?

① $\dfrac{1}{2}$ ② $\dfrac{3}{4}$ ③ 1

④ $\dfrac{5}{4}$ ⑤ $\dfrac{3}{2}$

0544 중요

연속확률변수 X의 확률밀도함수가

$$f(x)=k|x-1| \ (0\le x\le 3)$$

일 때, $\mathrm{P}\!\left(\dfrac{1}{2}\le X\le 2\right)$는? (단, k는 상수)

① $\dfrac{1}{10}$ ② $\dfrac{1}{5}$ ③ $\dfrac{1}{4}$

④ $\dfrac{2}{5}$ ⑤ $\dfrac{1}{2}$

0545

오른쪽 표는 어느 반 학생들의 수학 성적과 국어 성적의 평균과 표준편차를 나타낸 것이다. 두 과목의 성적이 모두 정규분포를 따른다고 할 때, 다음 중 두 과목의 정규분포곡선으로 알맞은 것은?

(단위: 점)

구분 \ 과목	수학	국어
평균	62	75
표준편차	8	12

① 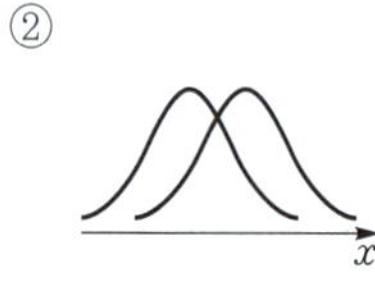 ② 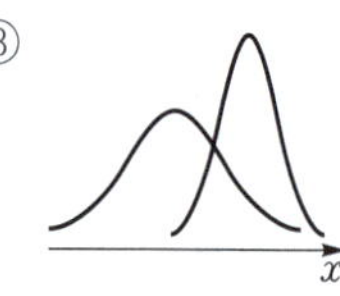

③ 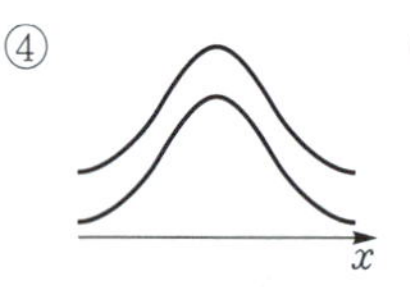 ④ 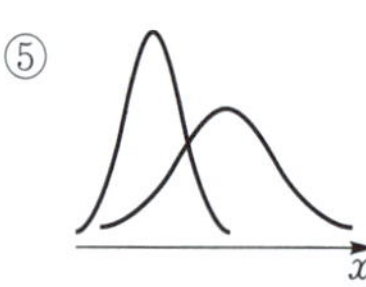

⑤

0546

확률변수 X가 평균이 50인 정규분포를 따를 때, **보기**에서 옳은 것만을 있는 대로 고른 것은? (단, $a>0$)

▶ 보기 ◀
ㄱ. $\mathrm{P}(45\le X\le 60)>2\mathrm{P}(50\le X\le 55)$
ㄴ. $\mathrm{P}(45\le X\le 60)<\mathrm{P}(45+a\le X\le 60+a)$
ㄷ. $\mathrm{P}(45\le X\le 60)<\mathrm{P}(45-a\le X\le 60-a)$

① ㄱ ② ㄴ ③ ㄷ
④ ㄱ, ㄴ ⑤ ㄱ, ㄷ

0547

정규분포 $N(4, 3^2)$을 따르는 확률변수 X와 정규분포 $N(m, \sigma^2)$을 따르는 확률변수 Y가 다음 조건을 모두 만족시킬 때, 상수 k의 값을 구하시오.

> ㈎ 확률변수 $2Y-1$의 평균은 9, 표준편차는 2이다.
> ㈏ $P(X \leq k) = P(Y \geq 4)$

0548

확률변수 X는 정규분포 $N(m, \sigma^2)$을 따르고 확률변수 Y는 정규분포 $N(40, 4^2)$을 따를 때,
$$P(m-4 \leq X \leq m+4) = P(32 \leq Y \leq 48)$$
이 성립한다. 이때 $V(2X+1)$을 구하시오.

0549 　평가원 기출

확률변수 X가 평균이 $\dfrac{3}{2}$, 표준편차가 2인 정규분포를 따를 때, 실수 전체의 집합에서 정의된 함수 $H(t)$는
$$H(t) = P(t \leq X \leq t+1)$$
이다. $H(0)+H(2)$의 값을 오른쪽 표준정규분포표를 이용하여 구한 것은?

z	$P(0 \leq Z \leq z)$
0.25	0.0987
0.50	0.1915
0.75	0.2734
1.00	0.3413

① 0.3494 　② 0.4649
③ 0.4852 　④ 0.5468
⑤ 0.6147

0550

확률변수 X가 정규분포 $N(50, 4^2)$을 따를 때, 오른쪽 표준정규분포표를 이용하여 $P(X \geq a) = 0.6915$를 만족시키는 상수 a의 값을 구하시오.

z	$P(0 \leq Z \leq z)$
0.5	0.1915
1.0	0.3413
1.5	0.4332
2.0	0.4772

0551

어느 제과점에서 만든 쿠키 한 개의 무게는 평균이 30 g, 표준편차가 2 g 인 정규분포를 따른다고 한다. 이 제과점에서 만든 쿠키 중에서 임의로 한 개를 택할 때, 오른쪽 표준정규분포표를 이용하여 이 쿠키의 무게가 29 g 이상 32 g 이하일 확률을 구한 것은?

z	$P(0 \leq Z \leq z)$
0.5	0.1915
1.0	0.3413
1.5	0.4332
2.0	0.4772

① 0.3085 　② 0.5328 　③ 0.6247
④ 0.7745 　⑤ 0.9104

0552

어느 공장에서 생산하는 음료 한 병의 양은 평균이 250 mL, 표준편차가 5 mL인 정규분포를 따른다고 한다. 이 공장에서 생산된 음료를 검사하여 음료 한 병의 양이 245 mL 이하인 것은 불량품으로 판정한다고 할 때, 이 공장에서 생산된 음료 중 임의로 선택한 3병의 음료가 모두 불량품일 확률은?
$$\text{(단, } P(0 \leq Z \leq 1) = 0.34)$$

① 0.84^3 　② 0.66^3 　③ 0.34^3
④ 0.32^3 　⑤ 0.16^3

0553 평가원 기출

어느 회사에서는 두 종류의 막대 모양 과자 A, B를 생산하고 있다. 과자 A의 길이의 분포는 평균 m, 표준편차 σ_1인 정규분포이고, 과자 B의 길이의 분포는 평균 $m+25$, 표준편차 σ_2인 정규분포이다. 과자 A의 길이가 $m+10$ 이상일 확률과 과자 B의 길이가 $m+10$ 이하일 확률이 같을 때, $\dfrac{\sigma_2}{\sigma_1}$의 값은?

① $\dfrac{3}{2}$　　　　② 2　　　　③ $\dfrac{5}{2}$

④ 3　　　　⑤ $\dfrac{7}{2}$

0554 💡중요

정원이 n명인 어느 대학교 수학과의 신입생 모집에 600명이 지원하였는데 지원자의 성적은 평균이 389점, 표준편차가 12점인 정규분포를 따른다고 한다. 합격하기 위한 최저 점수가 407점일 때, 위의 표준정규분포표를 이용하여 자연수 n의 값을 구하시오.

z	$P(0 \le Z \le z)$
1.5	0.43
2.0	0.48
2.5	0.49

0555

어느 마라톤 대회 참가자들의 기록은 평균이 160분, 표준편차가 20분인 정규분포를 따른다고 한다. 마라톤 기록이 몇 분 이하이면 상위 20 % 이내에 드는지 구하시오.

(단, $P(0 \le Z \le 0.84)=0.3$)

0556

어떤 학생이 ○, × 퀴즈 256문제에 임의로 답을 할 때, 120문제 이상 맞힐 확률을 오른쪽 표준정규분포표를 이용하여 구하시오.

z	$P(0 \le Z \le z)$
0.5	0.1915
1.0	0.3413
1.5	0.4332

0557

한 개의 주사위를 던져서 5 이상의 눈이 나오면 상금으로 1000원을 받고, 4 이하의 눈이 나오면 벌금으로 300원을 내는 게임이 있다. 이 게임을 162번 했을 때, 상금으로 25500원 이상 받을 확률을 오른쪽 표준정규분포표를 이용하여 구하시오.

z	$P(0 \le Z \le z)$
0.5	0.1915
1.0	0.3413
1.5	0.4332
2.0	0.4772

0558

어느 톨게이트를 지나는 차량 중 60 %가 하이패스를 이용한다고 한다. 이 톨게이트를 지나는 차량 600대 중 하이패스를 이용하는 차량의 수를 확률변수 X라 할 때, $P(|X-360| \ge a)=0.14$를 만족시키는 양수 a의 값을 위의 표준정규분포표를 이용하여 구한 것은?

z	$P(0 \le Z \le z)$
0.5	0.19
1.0	0.34
1.5	0.43
2.0	0.48

① 18　　　　② 19　　　　③ 20

④ 21　　　　⑤ 22

 **서술형 주관식**

0559 ⭐중요

확률변수 X가 정규분포 $N(100,\ 20^2)$을 따를 때, 오른쪽 표준정규분포표를 이용하여 $P(60 \leq X \leq a)=0.9759$를 만족시키는 상수 a의 값을 구하시오.

z	$P(0 \leq Z \leq z)$
1.0	0.3413
2.0	0.4772
3.0	0.4987

0560

확률변수 X의 확률질량함수가

$$P(X=x)=\begin{cases} {}_{450}C_0\left(\dfrac{2}{3}\right)^{450} & (x=0) \\[2mm] {}_{450}C_x\left(\dfrac{1}{3}\right)^{x}\left(\dfrac{2}{3}\right)^{450-x} & (x=1,\ 2,\ \cdots,\ 449) \\[2mm] {}_{450}C_{450}\left(\dfrac{1}{3}\right)^{450} & (x=450) \end{cases}$$

일 때, $P(120 \leq X \leq 170)$을 구하시오.

(단, $P(0 \leq Z \leq 2)=0.4772$, $P(0 \leq Z \leq 3)=0.4987$)

0561

2개의 동전을 동시에 던지는 시행을 192번 반복할 때, 2개 모두 앞면이 나오는 횟수를 확률변수 X라 하자. 오른쪽 표준정규분포표를 이용하여 $P(54 \leq X \leq 60)$을 구하시오.

z	$P(0 \leq Z \leq z)$
1.0	0.3413
1.5	0.4332
2.0	0.4772

0562

어느 렌트카 회사에 연휴 기간 동안 방문하는 고객은 400명이고, 방문하는 고객이 실제로 자동차를 빌릴 확률은 50 %라 한다. 렌트를 희망하는 고객에게 자동차를 빌려줄 수 있을 확률이 95 % 이상이 되려면 이 회사는 최소 몇 대의 자동차를 준비해야 하는지 위의 표준정규분포표를 이용하여 구하시오. (단, 고객 1명당 자동차 1대씩만 빌린다.)

z	$P(0 \leq Z \leq z)$
1.21	0.39
1.60	0.45
1.96	0.48

 **실력 up**

0563

연속확률변수 X의 확률밀도함수가

$$f(x)=kx \ (0 \leq x \leq 4)$$

일 때, t에 대한 이차방정식 $t^2+2Xt+1=0$이 실근을 가질 확률을 구하시오. (단, k는 상수)

0564 수능 기출

확률변수 X와 Y는 평균이 모두 0이고 분산이 각각 σ^2과 $\dfrac{\sigma^2}{4}$인 정규분포를 따르고, 확률변수 Z는 표준정규분포를 따른다. 두 양수 a와 b에 대하여

$$P(|X| \leq a)=P(|Y| \leq b)$$

일 때, 옳은 것만을 **보기**에서 있는 대로 고른 것은?

———● 보기 ●———
ㄱ. $a>b$
ㄴ. $P\left(Z>\dfrac{2b}{\sigma}\right)=P\left(Y>\dfrac{a}{2}\right)$
ㄷ. $P(Y \leq b)=0.7$일 때, $P(|X| \leq a)=0.3$이다.

① ㄱ   ② ㄴ   ③ ㄱ, ㄴ
④ ㄴ, ㄷ   ⑤ ㄱ, ㄴ, ㄷ

0565 창의·융합

오른쪽 그림은 각각 정규분포 $N(32,\ 4^2)$, $N(m,\ \sigma^2)$을 따르는 확률변수 X, Y의 확률밀도함수 $f(x)$, $g(x)$의 그래프를 나타낸 것이고, $Y=2X-24$가 성립한다. 두 곡선과 직선 $x=24$로 둘러싸인 도형의 넓이를 S_1, 두 곡선과 직선 $x=m$으로 둘러싸인 도형의 넓이를 S_2라 할 때, S_1-S_2의 값을 구하시오. (단, $P(0 \leq Z \leq 2)=0.4772$)

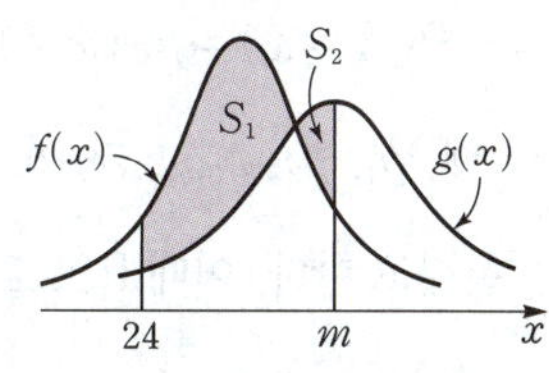

이 코너는 수학 I, II를 학습한 학생이 지수, 로그, 수열, 적분 등의 내용이 포함된 확률분포 문제를 풀 수 있도록 마련한 코너입니다.

0566~0568 확률질량함수의 성질

0566

확률변수 X의 확률질량함수가

$$P(X=x)=a^2 \log \frac{x}{x-1} \ (x=2, 3, \cdots, 10)$$

일 때, $P(X=5)$는? (단, a는 상수)

① $\frac{1}{2} \log \frac{5}{4}$ ② $\log \frac{5}{4}$ ③ $\frac{1}{4} \log \frac{6}{5}$

④ $\frac{1}{2} \log \frac{6}{5}$ ⑤ $\log \frac{6}{5}$

0567

확률변수 X의 확률분포를 표로 나타내면 다음과 같다. 세 수 a, b, $\frac{2}{5}$가 이 순서대로 등차수열을 이룬다고 할 때, a, b의 값을 구하시오.

X	1	2	3	4	합계
$P(X=x)$	$\frac{1}{10}$	a	b	$\frac{2}{5}$	1

0568

확률변수 X의 확률질량함수가

$$P(X=x)=p_x \ (x=1, 2, 3, 4)$$

일 때, p_1, p_2, p_3, p_4가 이 순서대로 공비가 $\frac{1}{3}$인 등비수열을 이룬다고 한다. 이때 $P(1 \leq X \leq 2)$는?

① $\frac{1}{2}$ ② $\frac{3}{5}$ ③ $\frac{7}{10}$

④ $\frac{4}{5}$ ⑤ $\frac{9}{10}$

0569~0571 이항분포의 평균, 분산, 표준편차

이산확률변수 X의 확률질량함수가
$$P(X=x_i)=p_i \ (i=1, 2, \cdots, n)$$일 때,
(1) $E(X)=x_1 p_1 + x_2 p_2 + \cdots + x_n p_n = \sum_{i=1}^{n} x_i p_i$
(2) $V(X)=E(X^2)-\{E(X)\}^2 = \sum_{i=1}^{n} x_i^2 p_i - \left(\sum_{i=1}^{n} x_i p_i\right)^2$
(3) $\sigma(X)=\sqrt{V(X)}$

0569

확률변수 X의 확률분포를 표로 나타내면 다음과 같다.

X	0	1	2	$\cdots$	100	합계
$P(X=x)$	$_{100}C_0 \left(\frac{1}{2}\right)^{100}$	$_{100}C_1 \left(\frac{1}{2}\right)^{100}$	$_{100}C_2 \left(\frac{1}{2}\right)^{100}$	$\cdots$	$_{100}C_{100} \left(\frac{1}{2}\right)^{100}$	1

이때 X의 평균과 표준편차의 합을 구하시오.

0570

$\sum_{x=0}^{144} x^2 \,_{144}C_x \left(\frac{1}{4}\right)^x \left(\frac{3}{4}\right)^{144-x}$의 값은?

① 1319 ② 1321 ③ 1323

④ 1325 ⑤ 1327

0571

확률변수 X의 확률질량함수가

$$P(X=x)=_{90}C_x \left(\frac{1}{3}\right)^x \left(\frac{2}{3}\right)^{90-x} \ (x=0, 1, 2, \cdots, 90)$$

일 때, $\sum_{x=0}^{90} (x^2-x)P(X=x)$의 값을 구하시오.

연속확률변수 X가 닫힌구간 $[\alpha, \beta]$에 속하는 모든 실수의 값을 가질 때, X의 확률밀도함수가 $f(x)$이면

(1) $\alpha \leq x \leq \beta$인 모든 x에 대하여 $f(x) \geq 0$

(2) $\displaystyle\int_{\alpha}^{\beta} f(x)dx = 1$

(3) $\mathrm{P}(a \leq X \leq b) = \displaystyle\int_{a}^{b} f(x)dx$ (단, $\alpha \leq a \leq b \leq \beta$)

연속확률변수 X의 확률밀도함수가 $f(x)$ $(\alpha \leq x \leq \beta)$일 때,

(1) $\mathrm{E}(X) = \displaystyle\int_{\alpha}^{\beta} xf(x)dx$

(2) $\mathrm{V}(X) = \displaystyle\int_{\alpha}^{\beta} (x-m)^2 f(x)dx = \displaystyle\int_{\alpha}^{\beta} x^2 f(x)dx - m^2$

(단, $m = \mathrm{E}(X)$)

(3) $\sigma(X) = \sqrt{\mathrm{V}(X)}$

0572

연속확률변수 X의 확률밀도함수가

$$f(x) = 6x(1-x) \ (0 \leq x \leq 1)$$

일 때, 적분을 이용하여 $\mathrm{P}\left(0 \leq X \leq \dfrac{1}{3}\right)$을 구하시오.

0575

연속확률변수 X의 확률밀도함수가

$$f(x) = 2x \ (0 \leq x \leq 1)$$

일 때, 적분을 이용하여 X의 평균과 표준편차를 구하시오.

0573

연속확률변수 X의 확률밀도함수가

$$f(x) = \begin{cases} \dfrac{1}{6}x & (0 \leq x \leq 2) \\ \dfrac{1}{3} & (2 \leq x \leq 4) \end{cases}$$

일 때, 적분을 이용하여 $\mathrm{P}(0 \leq X \leq 3)$을 구하시오.

0576

연속확률변수 X의 확률밀도함수가

$$f(x) = \dfrac{3}{4}(1-x^2) \ (-1 \leq x \leq 1)$$

일 때, $\mathrm{V}(5X+2)$를 구하면?

① $\dfrac{1}{25}$ ② $\dfrac{1}{5}$ ③ 1

④ 5 ⑤ 25

0574

연속확률변수 X의 확률밀도함수가

$$f(x) = kx - 1 \ (2 \leq x \leq 4)$$

일 때, 적분을 이용하여 $\mathrm{P}\left(2 \leq X \leq \dfrac{5}{2}\right)$를 구하면?

(단, k는 상수)

① $\dfrac{1}{16}$ ② $\dfrac{1}{8}$ ③ $\dfrac{3}{16}$

④ $\dfrac{1}{4}$ ⑤ $\dfrac{5}{16}$

0577 [이항분포와 정규분포의 관계]

이항분포 $\mathrm{B}\left(100, \dfrac{1}{5}\right)$을 따르는 확률변수 X가 자연수 a에 대하여

$$\sum_{x=16}^{a} {}_{100}\mathrm{C}_x \left(\dfrac{1}{5}\right)^x \left(\dfrac{4}{5}\right)^{100-x} \leq 0.82$$

를 만족시킬 때, a의 최댓값을 구하시오.

z	$\mathrm{P}(0 \leq Z \leq z)$
1.0	0.34
1.5	0.43
2.0	0.48

07 통계적 추정

07·1 모집단과 표본

1 **전수조사**: 통계 조사에서 조사의 대상이 되는 집단 전체를 조사하는 것
2 **표본조사**: 조사의 대상이 되는 집단 전체에서 일부분만을 뽑아서 조사하는 것
3 **모집단**: 통계 조사에서 조사의 대상이 되는 집단 전체
4 **표본**: 조사하기 위하여 뽑은 모집단의 일부분
5 **임의추출**: 모집단에 속하는 각 대상이 같은 확률로 추출되도록 표본을 추출하는 방법

07·2 모평균과 표본평균

1 어느 모집단에서 조사하고자 하는 특성을 나타내는 확률변수를 X라 할 때, X의 평균, 분산, 표준편차를 각각 **모평균**, **모분산**, **모표준편차**라 하고, 이것을 각각 기호 m, σ^2, σ로 나타낸다.
2 모집단에서 임의추출한 크기가 n인 표본을 X_1, X_2, X_3, $\cdots$, X_n이라 할 때, 이들의 평균, 분산, 표준편차를 각각 **표본평균**, **표본분산**, **표본표준편차**라 하고, 이것을 각각 기호 $\overline{X}$, S^2, S로 나타낸다. 이때 $\overline{X}$, S^2, S는 다음과 같이 구한다.

$$\overline{X}=\frac{1}{n}(X_1+X_2+\cdots+X_n)$$

$$S^2=\frac{1}{n-1}\{(X_1-\overline{X})^2+(X_2-\overline{X})^2+\cdots+(X_n-\overline{X})^2\}, \quad S=\sqrt{S^2}$$

07·3 표본평균의 분포

모평균이 m, 모표준편차가 σ인 모집단에서 크기가 n인 표본을 임의추출할 때, 표본평균 $\overline{X}$에 대하여 다음이 성립한다.

(1) $\mathrm{E}(\overline{X})=m$, $\mathrm{V}(\overline{X})=\dfrac{\sigma^2}{n}$, $\sigma(\overline{X})=\dfrac{\sigma}{\sqrt{n}}$

(2) 모집단이 정규분포 $\mathrm{N}(m,\sigma^2)$을 따르면 $\overline{X}$는 정규분포 $\mathrm{N}\!\left(m,\dfrac{\sigma^2}{n}\right)$을 따른다.

(3) 모집단의 분포가 정규분포가 아닐 때에도 n이 충분히 크면 $\overline{X}$는 근사적으로 정규분포 $\mathrm{N}\!\left(m,\dfrac{\sigma^2}{n}\right)$을 따른다.

07·4 모평균의 추정

1 **추정**: 표본에서 얻은 자료를 이용하여 모집단의 특성을 나타내는 값을 추측하는 것
2 **모평균의 신뢰구간**: 정규분포 $\mathrm{N}(m,\sigma^2)$을 따르는 모집단에서 크기가 n인 표본을 임의추출하여 구한 표본평균 $\overline{X}$의 값이 $\overline{x}$일 때, 모평균 m의 신뢰구간은 다음과 같다.

(1) **신뢰도 95 %**의 **신뢰구간**: $\overline{x}-1.96\dfrac{\sigma}{\sqrt{n}}\leq m\leq\overline{x}+1.96\dfrac{\sigma}{\sqrt{n}}$

(2) **신뢰도 99 %**의 **신뢰구간**: $\overline{x}-2.58\dfrac{\sigma}{\sqrt{n}}\leq m\leq\overline{x}+2.58\dfrac{\sigma}{\sqrt{n}}$

✚ 개념 플러스

- 표본의 크기: 표본에 포함된 자료의 개수
- 추출: 모집단에서 표본을 뽑는 것
- 복원추출: 한 번 추출된 자료를 되돌려 놓은 후 다시 추출하는 것
- 비복원추출: 추출된 자료를 되돌려 놓지 않고 다시 추출하는 것

특별한 언급이 없으면 임의추출은 복원추출로 생각한다.

표본분산을 정의할 때는 모분산을 정의할 때와는 달리 편차의 제곱의 합을 $n-1$로 나누는데, 이는 표본분산과 모분산의 차이를 줄이기 위한 것이다.

모평균 m은 상수이지만, 표본평균 $\overline{X}$는 추출한 표본에 따라 다른 값을 가질 수 있는 확률변수이다.

표본의 크기 n이 충분히 크다는 것은 $n\geq30$일 때를 뜻한다.

표본의 크기 n이 충분히 크면($n\geq30$) 모표준편차 σ 대신 표본표준편차 S의 값 s를 사용해도 된다.

정답과 풀이 **81**쪽

07·1 모집단과 표본

0578 보기에서 표본조사가 적합한 것만을 있는 대로 고르시오.

● 보기 ●
ㄱ. 국내에서 생산되는 자동차 배터리의 수명
ㄴ. 어느 지역에서 생산되는 사과의 당도
ㄷ. 어느 학급의 중간고사 수학 점수의 평균

0579 1, 2, 3, 4의 숫자가 각각 하나씩 적힌 4개의 공이 들어 있는 상자에서 2개의 공을 다음과 같이 임의추출하는 경우의 수를 구하시오.

(1) 한 개씩 복원추출

(2) 한 개씩 비복원추출

07·2 모평균과 표본평균

0580 1, 3, 5의 숫자가 각각 하나씩 적힌 3장의 카드가 들어 있는 주머니에서 임의로 2장의 카드를 복원추출할 때, 카드에 적힌 숫자의 평균을 $\overline{X}$라 하자. 다음 물음에 답하시오.

(1) 다음 표를 완성하시오.

$\overline{X}$	1	2	3	4	5	합계
$P(\overline{X}=\overline{x})$	$\dfrac{1}{9}$		$\dfrac{1}{3}$			1

(2) 표본평균 $\overline{X}$의 평균, 분산, 표준편차를 구하시오.

07·3 표본평균의 분포

0581 모평균이 30, 모분산이 81인 모집단에서 크기가 9인 표본을 임의추출할 때, 표본평균 $\overline{X}$에 대하여 다음을 구하시오.

(1) $E(\overline{X})$　　　　(2) $V(\overline{X})$　　　　(3) $\sigma(\overline{X})$

0582 정규분포 $N(60,\ 8^2)$을 따르는 모집단에서 크기가 16인 표본을 임의추출할 때, 표본평균 $\overline{X}$에 대하여 다음을 구하시오.

(1) $E(\overline{X})$　　　　(2) $V(\overline{X})$　　　　(3) $\sigma(\overline{X})$

0583 정규분포 $N(300,\ 10^2)$을 따르는 모집단에서 크기가 25인 표본을 임의추출할 때, 표본평균 $\overline{X}$에 대하여 다음 물음에 답하시오.

(1) 표본평균 $\overline{X}$의 평균과 분산을 구하시오.

(2) 표본평균 $\overline{X}$가 따르는 정규분포를 기호로 나타내시오.

(3) $\overline{X}$를 표준화하시오.

(4) $P(\overline{X}\geq302)$를 구하시오. (단, $P(0\leq Z\leq1)=0.3413$)

0584 정규분포 $N(600,\ 24^2)$을 따르는 모집단에서 임의추출한 크기가 36인 표본의 표본평균을 $\overline{X}$라 할 때, 오른쪽 표준정규분포표를 이용하여 다음을 구하시오.

z	$P(0\leq Z\leq z)$
1.0	0.3413
1.5	0.4332
2.0	0.4772
2.5	0.4938

(1) $P(\overline{X}\leq592)$

(2) $P(590\leq\overline{X}\leq606)$

07·4 모평균의 추정

0585 정규분포 $N(m,\ 6^2)$을 따르는 모집단에서 크기가 100인 표본을 임의추출하였더니 표본평균이 60이었다. 다음 신뢰도로 추정한 모평균 m의 신뢰구간을 구하시오.
　　(단, $P(|Z|\leq1.96)=0.95$, $P(|Z|\leq2.58)=0.99$)

(1) 신뢰도 95 %　　　　　　(2) 신뢰도 99 %

0586 정규분포를 따르는 어느 모집단에서 크기가 400인 표본을 임의추출하였더니 표본평균이 100, 표본표준편차가 10이었다. 다음 신뢰도로 추정한 모평균 m의 신뢰구간을 구하시오. (단, $P(|Z|\leq1.96)=0.95$, $P(|Z|\leq2.58)=0.99$)

(1) 신뢰도 95 %　　　　　　(2) 신뢰도 99 %

| 개념원리 확률과 통계 187쪽 |

유형 01 표본평균의 평균, 분산, 표준편차 – 모평균, 모표준편차가 주어진 경우

모평균이 m, 모표준편차가 σ인 모집단에서 크기가 n인 표본을 임의추출할 때, 표본평균 $\overline{X}$에 대하여

$$\Rightarrow E(\overline{X})=m,\ V(\overline{X})=\frac{\sigma^2}{n},\ \sigma(\overline{X})=\frac{\sigma}{\sqrt{n}}$$

0587 대표문제

정규분포 $N(20,\ 10^2)$을 따르는 모집단에서 크기가 25인 표본을 임의추출할 때, 표본평균 $\overline{X}$에 대하여 $E(\overline{X}^2)$을 구하시오.

0588 중하

모평균이 200, 모분산이 144인 모집단에서 크기가 4인 표본을 임의추출할 때, 표본평균 $\overline{X}$에 대하여 $E(\overline{X})+V(\overline{X})$의 값은?

① 203   ② 218   ③ 236
④ 272   ⑤ 344

0589 중하

모평균이 50, 모표준편차가 8인 모집단에서 크기가 n인 표본을 임의추출할 때, 표본평균 $\overline{X}$에 대하여 $E(\overline{X})=m$, $V(\overline{X})=\dfrac{1}{2}$이라 한다. $m+n$의 값을 구하시오.

0590 중

모표준편차가 60인 모집단에서 크기가 n인 표본을 임의추출할 때, 표본평균 $\overline{X}$에 대하여 $V(\overline{X})\leq10$이 되도록 하는 n의 최솟값을 구하시오.

| 개념원리 확률과 통계 187쪽 |

유형 02 표본평균의 평균, 분산, 표준편차 – 모집단의 확률분포가 주어진 경우

(ⅰ) 먼저 모집단의 확률분포를 이용하여 모평균 m과 모분산 σ^2을 구한다.

(ⅱ) 크기가 n인 표본을 임의추출할 때, 표본평균 $\overline{X}$에 대하여

$$E(\overline{X})=m,\ V(\overline{X})=\frac{\sigma^2}{n},\ \sigma(\overline{X})=\frac{\sigma}{\sqrt{n}}$$

임을 이용한다.

0591 대표문제

모집단의 확률변수 X의 확률분포를 표로 나타내면 다음과 같다. 이 모집단에서 크기가 10인 표본을 임의추출할 때, 표본평균 $\overline{X}$에 대하여 $E(\overline{X})+V(\overline{X})$의 값을 구하시오.

X	-1	0	1	합계
$P(X=x)$	$\dfrac{1}{4}$	a	$\dfrac{1}{4}$	1

0592 중하

모집단의 확률변수 X의 확률분포를 표로 나타내면 다음과 같다. 이 모집단에서 임의추출한 크기가 n인 표본의 표본평균 $\overline{X}$에 대하여 $E(\overline{X})V(\overline{X})=1$일 때, n의 값을 구하시오.

X	1	2	3	4	합계
$P(X=x)$	$\dfrac{1}{10}$	$\dfrac{1}{5}$	$\dfrac{3}{10}$	$\dfrac{2}{5}$	1

0593 중

모집단의 확률변수 X의 확률질량함수가

$$P(X=x)=\frac{1}{6}(x+1)\ (x=0,\ 1,\ 2)$$

이다. 이 모집단에서 크기가 4인 표본을 임의추출할 때, 표본평균 $\overline{X}$에 대하여 $\sigma(6\overline{X})$를 구하시오.

유형 03 표본평균의 평균, 분산, 표준편차 – 모집단이 주어진 경우

(i) 확률변수 X의 확률분포를 표로 나타낸다.

(ii) 모평균 m과 모분산 σ^2을 구한다.

(iii) 표본평균 $\overline{X}$의 평균, 분산, 표준편차를 구한다.

0594 대표문제

1, 1, 1, 1, 2, 6의 숫자가 각각 하나씩 적힌 6장의 카드가 들어 있는 상자에서 2장의 카드를 임의추출할 때, 카드에 적힌 숫자의 평균을 $\overline{X}$라 하자. 이때 $\mathrm{V}(\overline{X})$는?

① $\dfrac{3}{18}$ ② $\dfrac{5}{18}$ ③ $\dfrac{7}{18}$

④ $\dfrac{2}{3}$ ⑤ $\dfrac{5}{3}$

0595 중

주머니 속에 1, 2, 3, 4의 숫자가 각각 하나씩 적힌 구슬이 각각 3개씩 들어 있다. 이 주머니에서 3개의 구슬을 임의추출할 때, 구슬에 적힌 숫자의 평균을 $\overline{X}$라 하자. 이때 $\mathrm{E}(2\overline{X}-3)+\mathrm{V}(6\overline{X})$의 값을 구하시오.

0596 중 서술형

0, 1, 2, 3의 숫자가 각각 하나씩 적힌 공이 50개, 50개, 50개, 100개씩 들어 있는 상자에서 크기가 n인 표본을 임의추출할 때, 공에 적힌 숫자의 평균을 $\overline{X}$라 하자. $\overline{X}$의 분산이 $\dfrac{1}{50}$이 되도록 하는 n의 값을 구하시오.

유형 04 표본평균의 확률

(i) 표본평균 $\overline{X}$가 따르는 정규분포 $\mathrm{N}\!\left(m,\ \dfrac{\sigma^2}{n}\right)$을 구한다.

(ii) 표본평균 $\overline{X}$를 $Z=\dfrac{\overline{X}-m}{\dfrac{\sigma}{\sqrt{n}}}$으로 표준화하여 확률을 구한다.

0597 대표문제

어느 고등학교 학생들이 등교하는 데 걸리는 시간은 평균이 50분, 표준편차가 10분인 정규분포를 따른다고 한다. 이 학교 학생 중에서 25명을 임의추출할 때, 등교하는 데 걸리는 시간의 평균이 45분 이하일 확률을 오른쪽 표준정규분포표를 이용하여 구하시오.

z	$\mathrm{P}(0\leq Z\leq z)$
1.0	0.3413
1.5	0.4332
2.0	0.4772
2.5	0.4938

0598 중 하

정규분포 $\mathrm{N}(60,\ 10^2)$을 따르는 모집단에서 크기가 16인 표본을 임의추출할 때, 표본평균 $\overline{X}$가 55 이상 65 이하일 확률을 오른쪽 표준정규분포표를 이용하여 구하시오.

z	$\mathrm{P}(0\leq Z\leq z)$
1.0	0.3413
1.5	0.4332
2.0	0.4772

0599 중

어느 고등학교 2학년 학생들의 모의고사 수학 영역 성적은 평균이 52점, 표준편차가 18점인 정규분포를 따른다고 한다. 이 고등학교 2학년 학생 중에서 81명을 임의추출할 때, 모의고사 수학 영역 성적의 평균이 47점 이상 50점 이하일 확률을 위의 표준정규분포표를 이용하여 구하시오.

z	$\mathrm{P}(0\leq Z\leq z)$
1.0	0.3413
1.5	0.4332
2.0	0.4772
2.5	0.4938

유형 익/히/기

0600 중

A사에서 생산하는 장난감 공 한 개의 무게는 평균이 300 g, 표준편차가 24 g인 정규분포를 따른다고 한다. 이 회사에서 생산한 장난감 공 중에서 64개를 임의추출할 때, 장난감 공의 무게의 평균이 294 g 이상일 확률을 위의 표준정규분포표를 이용하여 구한 것은?

z	$P(0 \leq Z \leq z)$
0.5	0.1915
1.0	0.3413
1.5	0.4332
2.0	0.4772

① 0.6826   ② 0.8413   ③ 0.8664

④ 0.9542   ⑤ 0.9772

0601 중

정규분포 $N(m, 20^2)$을 따르는 모집단에서 크기가 25인 표본을 임의추출할 때, 표본평균 $\overline{X}$에 대하여 $P(|\overline{X}-m| \geq 6)$을 오른쪽 표준정규분포표를 이용하여 구하시오.

z	$P(0 \leq Z \leq z)$
1.0	0.3413
1.5	0.4332
2.0	0.4772
2.5	0.4938

0602 상중

어느 공장에서 생산하는 비누 한 개의 무게는 평균이 100 g, 표준편차가 8 g인 정규분포를 따른다고 한다. 이 비누를 4개씩 한 세트로 판매한다고 할 때, 비누 4개의 무게가 392 g 이상 416 g 이하이면 정품으로 판정한다고 한다. 5000개의 세트 중 정품으로 판정되는 것의 개수를 위의 표준정규분포표를 이용하여 구하시오.

z	$P(0 \leq Z \leq z)$
0.5	0.1915
1.0	0.3413
1.5	0.4332
2.0	0.4772

유형 05   표본평균의 확률 – 표본의 크기 구하기

표본평균 $\overline{X}$가 정규분포 $N\left(m, \dfrac{\sigma^2}{n}\right)$을 따를 때, $Z = \dfrac{\overline{X}-m}{\frac{\sigma}{\sqrt{n}}}$

임을 이용하여 확률을 만족시키는 표본의 크기를 구한다.

0603 대표문제

정규분포 $N(10, 2^2)$을 따르는 모집단에서 크기가 n인 표본을 임의추출할 때, 표본평균 $\overline{X}$에 대하여 $P(\overline{X} \geq 11) = 0.1587$을 만족시키는 n의 값을 오른쪽 표준정규분포표를 이용하여 구하시오.

z	$P(0 \leq Z \leq z)$
0.5	0.1915
1.0	0.3413
1.5	0.4332
2.0	0.4772

0604 중 서술형

정규분포 $N(80, 16^2)$을 따르는 모집단에서 크기가 n인 표본을 임의추출할 때, 표본평균 $\overline{X}$에 대하여 $P\left(\overline{X} \leq \dfrac{648}{\sqrt{n}}\right) = 0.6915$를 만족시키는 n의 값을 오른쪽 표준정규분포표를 이용하여 구하시오.

z	$P(0 \leq Z \leq z)$
0.5	0.1915
1.0	0.3413
1.5	0.4332
2.0	0.4772

0605 상중

어느 회사에서 판매하는 음료수 한 병의 용량은 평균이 120 mL, 표준편차가 5 mL인 정규분포를 따른다고 한다. 이 회사에서 판매하는 음료수 중 임의추출한 n병의 용량의 평균을 $\overline{X}$라 할 때, $P(119 \leq \overline{X} \leq 121) \geq 0.9$를 만족시키는 n의 최솟값을 위의 표준정규분포표를 이용하여 구하시오.

z	$P(0 \leq Z \leq z)$
1.4	0.42
1.5	0.43
1.6	0.45
1.7	0.46

| 개념원리 확률과 통계 189쪽 |

유형 **06**　표본평균의 확률 – 미지수의 값 구하기

표본평균 $\overline{X}$가 정규분포 $N\left(m, \dfrac{\sigma^2}{n}\right)$을 따를 때, $Z=\dfrac{\overline{X}-m}{\dfrac{\sigma}{\sqrt{n}}}$

임을 이용하여 확률을 만족시키는 미지수의 값을 구한다.

0606　대표문제

어느 고등학교 학생들의 1일 스마트폰 사용 시간은 평균이 60분, 표준편차가 15분인 정규분포를 따른다고 한다. 이 고등학교 학생 중에서 임의추출한 100명의 1일 스마트폰 사용 시간의 평균을 $\overline{X}$라 할 때,

z	$P(0 \leq Z \leq z)$
1.5	0.4332
2.0	0.4772
2.5	0.4938
3.0	0.4987

$P(\overline{X} \leq k)=0.0013$을 만족시키는 상수 k의 값을 위의 표준정규분포표를 이용하여 구한 것은?

① 54　　　　② 54.5　　　　③ 55

④ 55.5　　　　⑤ 56

0607　중

정규분포 $N(250,\ 14^2)$을 따르는 모집단에서 크기가 49인 표본을 임의추출할 때, 표본평균 $\overline{X}$에 대하여 $P(\overline{X} \geq k) \leq 0.0062$를 만족시키는 실수 k의 최솟값을 오른쪽 표준정규분포표를 이용하여 구한 것은?

z	$P(0 \leq Z \leq z)$
1.0	0.3413
1.5	0.4332
2.0	0.4772
2.5	0.4938

① 253　　　　② 255　　　　③ 257

④ 259　　　　⑤ 261

| 개념원리 확률과 통계 192쪽 |

유형 **07**　모평균의 추정 – 모표준편차가 주어진 경우

정규분포 $N(m,\ \sigma^2)$을 따르는 모집단에서 크기가 n인 표본을 임의추출하여 구한 표본평균 $\overline{X}$의 값이 $\overline{x}$일 때, 모평균 m의

(1) 신뢰도 95 %의 신뢰구간

$$\Rightarrow \overline{x}-1.96\frac{\sigma}{\sqrt{n}} \leq m \leq \overline{x}+1.96\frac{\sigma}{\sqrt{n}}$$

(2) 신뢰도 99 %의 신뢰구간

$$\Rightarrow \overline{x}-2.58\frac{\sigma}{\sqrt{n}} \leq m \leq \overline{x}+2.58\frac{\sigma}{\sqrt{n}}$$

0608　대표문제

어느 회사에서 생산하는 부품 한 개의 수명은 표준편차가 5시간인 정규분포를 따른다고 한다. 이 회사에서 생산한 부품 중에서 임의추출한 100개의 평균 수명이 120시간이었을 때, 이 회사에서 생산한 부품의 평균 수명 m시간의 신뢰도 95 %의 신뢰구간은? (단, $P(|Z| \leq 1.96)=0.95$)

① $119.06 \leq m \leq 120.94$　　② $119.04 \leq m \leq 120.96$

③ $119.02 \leq m \leq 120.98$　　④ $119 \leq m \leq 121$

⑤ $118.98 \leq m \leq 121.02$

0609　중하

어느 고등학교 여학생들의 오래 매달리기 기록은 평균이 m초, 표준편차가 10초인 정규분포를 따른다고 한다. 이 학교 여학생들 중에서 임의추출한 400명의 오래 매달리기 평균 기록이 10초이었을 때, 이 학교 여학생들의 오래 매달리기 평균 기록 m초의 신뢰도 99 %의 신뢰구간은?

(단, $P(|Z| \leq 2.58)=0.99$)

① $8.71 \leq m \leq 11.29$　　② $8.69 \leq m \leq 11.31$

③ $8.67 \leq m \leq 11.33$　　④ $8.65 \leq m \leq 11.35$

⑤ $8.63 \leq m \leq 11.37$

유형 익히기

0610 중 서술형

정규분포 $\mathrm{N}(m, \sigma^2)$을 따르는 모집단에서 크기가 n인 표본을 임의추출하여 추정한 모평균 m의 신뢰도 95 %의 신뢰구간이 $138.24 \leq m \leq 161.76$이다. 이때 같은 표본을 이용하여 추정한 모평균 m의 신뢰도 99 %의 신뢰구간에 속하는 정수의 개수를 구하시오.

(단, $\mathrm{P}(|Z| \leq 1.96) = 0.95$, $\mathrm{P}(|Z| \leq 2.58) = 0.99$)

0611 중

A 방송국의 어떤 예능 프로그램의 한 회당 방송시간은 평균이 m분, 표준편차가 3분인 정규분포를 따른다고 한다. 방송된 이 예능 프로그램의 회차 중에서 임의추출한 81회분의 평균 방송시간이 $\overline{x}$분이었을 때, 한 회당 평균 방송시간 m분을 신뢰도 99 %로 추정한 신뢰구간은 $\overline{x} - c \leq m \leq \overline{x} + c$이다. 이때 c의 값은? (단, $\mathrm{P}(0 \leq Z \leq 2.58) = 0.495$)

① 0.86 ② 1.29 ③ 1.72
④ 3.87 ⑤ 5.16

0612 상 중

어느 고등학교 학생들의 수학 점수는 표준편차가 20점인 정규분포를 따른다고 한다. 이 고등학교 학생 중에서 임의추출한 학생 25명의 수학 점수의 평균이 66점이었을 때, 이 고등학교 학생들의 수학 점수의 평균

z	$\mathrm{P}(0 \leq Z \leq z)$
1.81	0.46
1.88	0.47
2.05	0.48
2.33	0.49

m점을 신뢰도 α %로 추정한 신뢰구간이 $58.48 \leq m \leq 73.52$이다. 이때 α의 값을 위의 표준정규분포표를 이용하여 구하시오.

유형 08 모평균의 추정 – 표본표준편차가 주어진 경우

모평균의 신뢰구간을 구할 때, 모표준편차 σ를 알 수 없는 경우 표본의 크기 n이 충분히 크면($n \geq 30$) 모표준편차 σ 대신 표본표준편차를 사용할 수 있다.

0613 대표문제

A 회사에서 생산하는 자동차의 연료 1 L당 주행 거리인 연비는 정규분포를 따른다고 한다. A 회사에서 생산한 자동차 중에서 225대를 임의추출하여 연비를 조사하였더니 평균이 10 km/L, 표준편차가 3 km/L이었다. 이때 A 회사에서 생산하는 자동차의 평균 연비 m km/L의 신뢰도 99 %의 신뢰구간은? (단, $\mathrm{P}(|Z| \leq 2.5) = 0.99$)

① $9.5 \leq m \leq 10.5$ ② $9.55 \leq m \leq 10.45$
③ $9.6 \leq m \leq 10.4$ ④ $9.65 \leq m \leq 10.35$
⑤ $9.7 \leq m \leq 10.3$

0614 중하

정규분포를 따르는 모집단에서 크기가 2500인 표본을 임의추출하였더니 평균이 75, 표준편차가 15이었을 때, 모평균 m의 신뢰도 95 %의 신뢰구간은? (단, $\mathrm{P}(0 \leq Z \leq 1.96) = 0.475$)

① $73.432 \leq m \leq 76.568$ ② $73.486 \leq m \leq 76.514$
③ $74.016 \leq m \leq 75.984$ ④ $74.412 \leq m \leq 75.588$
⑤ $74.438 \leq m \leq 75.562$

0615 중

어느 공장에서 생산하는 과자 한 봉지의 무게는 정규분포를 따른다고 한다. 이 공장에서 생산한 과자 중 100봉지를 임의추출하여 그 무게를 조사하였더니 평균이 245 g, 표준편차가 20 g이었다. 이 공장에서 생산하는 과자 한 봉지의 평균 무게 m g을 신뢰도 95 %로 추정한 신뢰구간에 속하는 자연수의 개수를 구하시오. (단, $\mathrm{P}(|Z| \leq 1.96) = 0.95$)

유형 **09** 모평균의 추정 – 표본의 크기 구하기

정규분포 $N(m, \sigma^2)$을 따르는 모집단에서 크기가 n인 표본을 임의추출하여 구한 표본평균 $\overline{X}$의 값이 $\overline{x}$일 때, 신뢰도 $\alpha\,\%$로 추정한 모평균 m의 신뢰구간이 $a\leq m\leq b$이면

$$\Rightarrow a=\overline{x}-k\frac{\sigma}{\sqrt{n}},\ b=\overline{x}+k\frac{\sigma}{\sqrt{n}}\ \left(\text{단, } P(|Z|\leq k)=\frac{\alpha}{100}\right)$$

0616 ▸대표문제

어느 고객센터의 직원 한 명이 하루 동안 받는 문의 전화 수는 표준편차가 15통인 정규분포를 따른다고 한다. 이 고객센터의 직원 중에서 n명을 임의추출하여 하루 동안 받는 문의 전화 수를 조사하였더니 평균이 140통이었다. 이 고객센터 직원이 하루 동안 받는 문의 전화 수의 평균 m통을 신뢰도 95 %로 추정한 신뢰구간이 $137\leq m\leq 143$일 때, n의 값은?

(단, $P(|Z|\leq 2)=0.95$)

① 81 ② 100 ③ 121
④ 144 ⑤ 169

0617 중

어느 제과점에서 만드는 쿠키 한 개의 무게는 표준편차가 5 g인 정규분포를 따른다고 한다. 이 제과점에서 만든 쿠키 중에서 n개를 임의추출하여 그 무게를 조사하였더니 평균이 30 g이었다. 이 제과점에서 만드는 쿠키의 평균 무게 m g을 신뢰도 99 %로 추정한 신뢰구간이 $27.85\leq m\leq 32.15$일 때, n의 값은? (단, $P(|Z|\leq 2.58)=0.99$)

① 36 ② 49 ③ 64
④ 81 ⑤ 100

유형 **10** 신뢰구간 $a\leq m\leq b$에서 $b-a$의 값

모평균 m의 신뢰구간 $\overline{x}-k\dfrac{\sigma}{\sqrt{n}}\leq m\leq \overline{x}+k\dfrac{\sigma}{\sqrt{n}}$에서 표본평균의 값 $\overline{x}$에 관계없이 다음이 성립한다.

$$\Rightarrow \left(\overline{x}+k\frac{\sigma}{\sqrt{n}}\right)-\left(\overline{x}-k\frac{\sigma}{\sqrt{n}}\right)=2k\frac{\sigma}{\sqrt{n}}$$

0618 ▸대표문제

어느 과수원에서 재배하는 귤 한 개의 무게는 표준편차가 5 g인 정규분포를 따른다고 한다. 이 과수원에서 재배한 귤 중에서 100개를 임의추출하여 구한 귤 한 개의 평균 무게 m g을 신뢰도 95 %로 추정한 신뢰구간이 $a\leq m\leq b$일 때, $b-a$의 값은? (단, $P(0\leq Z\leq 1.96)=0.475$)

① 0.98 ② 1.96 ③ 2.45
④ 3.92 ⑤ 4.9

0619 중하

정규분포 $N(m, 2^2)$을 따르는 모집단에서 크기가 n인 표본을 임의추출하여 구한 모평균 m의 신뢰도 99 %의 신뢰구간이 $a\leq m\leq b$일 때, $b-a\leq 2$가 되도록 하는 n의 최솟값을 구하시오. (단, $P(|Z|\leq 3)=0.99$)

0620 중

어느 고등학교 남학생들의 키는 평균이 m cm인 정규분포를 따른다고 한다. 이 학교 남학생 중 임의추출한 121명의 키의 표준편차가 11 cm이었다고 할 때, 이 학교 남학생들의 평균 키 m cm를 신뢰도 95 %로 추정한 신뢰구간을 $a\leq m\leq b$, 신뢰도 99 %로 추정한 신뢰구간을 $c\leq m\leq d$라 하자. 이때 $|(d-c)-(b-a)|$의 값은?

(단, $P(|Z|\leq 1.96)=0.95,\ P(|Z|\leq 2.58)=0.99$)

① 1.24 ② 1.29 ③ 1.96
④ 2.48 ⑤ 2.58

유형 익/히/기

| 개념원리 확률과 통계 194쪽 |

0621 중

정규분포 $N(m, \sigma^2)$을 따르는 모집단에서 크기가 100인 표본을 임의추출하여 모평균 m을 신뢰도 95 %로 추정한 신뢰구간이 $a \le m \le b$이다. 또, 이 모집단에서 크기가 400인 표본을 임의추출하여 모평균 m을 신뢰도 95 %로 추정한 신뢰구간이 $c \le m \le d$이다. $b-a=l$이라 할 때, $d-c$를 l에 대한 식으로 나타내면? (단, $P(|Z| \le 1.96)=0.95$)

① $\dfrac{1}{4}l$ ② $\dfrac{1}{2}l$ ③ l

④ $2l$ ⑤ $4l$

0622 중 서술형

정규분포 $N(m, \sigma^2)$을 따르는 모집단에서 크기가 64인 표본을 임의추출하여 모평균 m을 신뢰도 α %로 추정한 신뢰구간이 $a \le m \le b$이다. 이 모집단에서 크기가 n인 표본을 임의추출하여 모평균 m을 같은 신뢰도로 추정한 신뢰구간이 $c \le m \le d$일 때, $d-c=2(b-a)$가 성립하도록 하는 n의 값을 구하시오.

0623 상중

정규분포 $N(m, 2^2)$을 따르는 모집단에서 크기가 36인 표본을 임의추출하여 모평균 m을 신뢰도 96 %, α %로 추정한 신뢰구간이 각각 $a \le m \le b$, $c \le m \le d$이다. $d-c=\dfrac{1}{2}(b-a)$일 때, α의 값을 위의 표준정규분포표를 이용하여 구하시오.

z	$P(0 \le Z \le z)$
0.5	0.19
1.0	0.34
1.5	0.43
2.0	0.48

유형 11 · 모평균과 표본평균의 차

정규분포 $N(m, \sigma^2)$을 따르는 모집단에서 크기가 n인 표본을 임의추출하여 모평균 m을 신뢰도 α %로 추정할 때, 모평균 m과 표본평균 $\overline{X}$의 차는

$\Rightarrow |m-\overline{X}| \le k \dfrac{\sigma}{\sqrt{n}} \left(단, P(|Z| \le k)=\dfrac{\alpha}{100} \right)$

0624 대표문제

정규분포 $N(m, 10^2)$을 따르는 모집단에서 크기가 n인 표본을 임의추출하여 모평균 m을 신뢰도 95 %로 추정할 때, 표본평균 $\overline{X}$에 대하여 $|m-\overline{X}| \le 2$가 되도록 하는 n의 최솟값은? (단, $P(|Z| \le 1.96)=0.95$)

① 84 ② 86 ③ 90

④ 94 ⑤ 97

0625 중

표준편차가 6인 정규분포를 따르는 모집단에서 크기가 n인 표본을 임의추출하여 모평균을 신뢰도 99 %로 추정할 때, 모평균과 표본평균의 차가 1 이하가 되도록 하는 n의 최솟값을 구하시오. (단, $P(|Z| \le 3)=0.99$)

0626 중

정규분포를 따르는 모집단에서 크기가 n인 표본을 임의추출하여 모평균을 신뢰도 95 %로 추정할 때, 모평균과 표본평균의 차가 모표준편차의 $\dfrac{1}{5}$ 이하가 되도록 하는 n의 최솟값을 구하시오. (단, $P(|Z| \le 2)=0.95$)

| 개념원리 확률과 통계 197쪽 |

유형 **12**   표본의 크기, 신뢰도, 신뢰구간의 관계

모평균 m을 신뢰도 α %로 추정한 신뢰구간이 $a \le m \le b$일 때, $b-a = 2k\dfrac{\sigma}{\sqrt{n}} \left(\mathrm{P}(|Z| \le k) = \dfrac{\alpha}{100} \right)$에 대하여

(1) 표본의 크기가 일정할 때, 신뢰도가 높아지면 $b-a$의 값은 커진다.

(2) 신뢰도가 일정할 때, 표본의 크기가 커지면 $b-a$의 값은 작아진다.

0627 대표문제

정규분포 $\mathrm{N}(m,\ \sigma^2)$을 따르는 모집단에서 크기가 n인 표본을 임의추출하여 모평균 m을 신뢰도 α %로 추정한 신뢰구간이 $a \le m \le b$일 때, **보기**에서 옳은 것만을 있는 대로 고른 것은?

> ● 보기 ●
>
> ㄱ. α의 값이 커지면 $b-a$의 값이 커진다.
> ㄴ. 표본평균의 값이 커지면 $b-a$의 값이 작아진다.
> ㄷ. n의 값이 커지면 $b-a$의 값이 커진다.

① ㄱ   ② ㄴ   ③ ㄷ
④ ㄱ, ㄴ   ⑤ ㄱ, ㄷ

0628 상

정규분포 $\mathrm{N}(m,\ \sigma^2)$을 따르는 모집단에서 크기가 n인 표본을 임의추출하여 모평균 m을 신뢰도 α %로 추정한 신뢰구간이 $a \le m \le b$일 때, 다음 중 $b-a$의 값이 가장 큰 것은?

① $n=100,\ \alpha=95$ ② $n=100,\ \alpha=99$
③ $n=256,\ \alpha=95$ ④ $n=400,\ \alpha=99$
⑤ $n=400,\ \alpha=95$

0629 상 중

모표준편차가 σ인 정규분포를 따르는 모집단에서 표본을 임의추출하여 모평균 m을 신뢰도 α %로 추정한 신뢰구간이 $a \le m \le b$일 때, 다음 중 옳은 것을 모두 고르면? (정답 2개)

① 신뢰도를 낮추면서 표본의 크기를 크게 하면 $b-a$의 값은 커진다.

② 표본의 크기가 일정할 때, $b-a$의 값이 작아지면 신뢰도는 낮아진다.

③ $b-a$의 값은 표본평균의 값과는 관계가 없다.

④ 신뢰도가 일정할 때, 표본의 크기가 4배가 되면 $b-a$의 값은 2배가 된다.

⑤ 신뢰도가 일정할 때, 표본의 크기를 작게 하면 $b-a$의 값은 작아진다.

0630 상 중

정규분포를 따르는 모집단에서 크기가 n인 표본을 임의추출하여 모평균 m을 신뢰도 α %로 추정한 신뢰구간이 $a \le m \le b$일 때, **보기**에서 옳은 것만을 있는 대로 고른 것은?

> ● 보기 ●
>
> ㄱ. 신뢰도가 일정할 때, 표본의 크기가 16배가 되면 $b-a$의 값은 $\dfrac{1}{4}$배가 된다.
> ㄴ. 표본의 크기가 일정할 때, 신뢰도가 높아지면 $b-a$의 값은 작아진다.
> ㄷ. 동일한 표본을 이용할 때, 모평균 m의 신뢰도 99 %의 신뢰구간은 신뢰도 95 %의 신뢰구간을 포함한다.

① ㄱ   ② ㄷ   ③ ㄱ, ㄴ
④ ㄱ, ㄷ   ⑤ ㄴ, ㄷ

0631

정규분포 $N(30, 12^2)$을 따르는 모집단에서 크기가 36인 표본을 임의추출할 때, 표본평균 $\overline{X}$에 대하여 $E(\overline{X}^2)+\sigma(\overline{X})$의 값을 구하시오.

0632

모집단의 확률변수 X의 확률분포를 표로 나타내면 다음과 같다. 이 모집단에서 크기가 2인 표본을 임의추출할 때, 표본평균 $\overline{X}$에 대하여 $E(\overline{X})V(\overline{X})$의 값은?

X	-1	0	1	2	합계
$P(X=x)$	$\dfrac{1}{8}$	$\dfrac{1}{2}$	$\dfrac{1}{8}$	$\dfrac{1}{4}$	1

① $\dfrac{1}{4}$ ② 1 ③ $\dfrac{3}{2}$

④ $\dfrac{7}{4}$ ⑤ 2

0633

주머니 속에 1, 2, 3의 숫자가 각각 하나씩 적힌 카드가 1장, 4장, 1장씩 들어 있다. 주머니에서 카드 4장을 임의추출할 때, 카드에 적힌 숫자의 평균을 $\overline{X}$라 하자. $E(\overline{X}^2)=\dfrac{q}{p}$일 때, $p+q$의 값을 구하시오. (단, p, q는 서로소인 자연수)

0634

정규분포 $N(m, \sigma^2)$을 따르는 모집단에서 크기가 각각 100, 225, 400인 표본을 임의추출하고, 그 표본평균을 각각 $\overline{X_1}$, $\overline{X_2}$, $\overline{X_3}$라 할 때, **보기**에서 옳은 것만을 있는 대로 고르시오.

> **◆ 보기 ◆**
> ㄱ. $\overline{X_1}=\overline{X_2}=\overline{X_3}$
> ㄴ. $E(\overline{X_1})=E(\overline{X_2})=E(\overline{X_3})$
> ㄷ. $\sigma(\overline{X_1})>\sigma(\overline{X_2})>\sigma(\overline{X_3})$

0635 평가원 기출

어느 지역의 1인 가구의 월 식료품 구입비는 평균이 45만 원, 표준편차가 8만 원인 정규분포를 따른다고 한다. 이 지역의 1인 가구 중에서 임의로 추출한 16가구의 월 식료품 구입비의 표본평균이 44만 원 이상이고 47만 원 이하일 확률을 오른쪽 표준정규분포표를 이용하여 구한 것은?

z	$P(0\le Z\le z)$
0.5	0.1915
1.0	0.3413
1.5	0.4332
2.0	0.4772

① 0.3830 ② 0.5328 ③ 0.6915

④ 0.8185 ⑤ 0.8413

0636

어느 학교 학생들이 일주일 동안 운동하는 시간은 평균이 40분, 표준편차가 9분인 정규분포를 따른다고 한다. 이 학교 학생 중 임의추출한 36명이 일주일 동안 운동하는 시간의 평균이 37분 이상 43분 이하일 확률을 위의 표준정규분포표를 이용하여 구하시오.

z	$P(0\le Z\le z)$
1.0	0.3413
1.5	0.4332
2.0	0.4772
2.5	0.4938

어느 초콜릿 공장에서 만드는 초콜릿 한 개의 무게는 평균이 10 g, 표준편차가 2 g인 정규분포를 따른다고 한다. 이 초콜릿 공장에서는 초콜릿 25개씩을 한 상자에 담아서 판매한다고 할 때, 25개의 초콜릿을 담은 상자의 무게가 240 g 이하일 확률을 위의 표준정규분포표를 이용하여 구한 것은? (단, 상자의 무게는 무시한다.)

z	$P(0 \leq Z \leq z)$
0.6	0.2257
0.8	0.2881
1.0	0.3413
1.2	0.3849

① 0.1151 ② 0.1587 ③ 0.2119
④ 0.2257 ⑤ 0.2743

0638

평균이 40, 표준편차가 4인 정규분포를 따르는 모집단에서 크기가 n인 표본을 임의추출할 때, 표본평균 $\overline{X}$에 대하여 $P(\overline{X} \geq 42)=0.0228$이다. 이때 오른쪽 표준정규분포표를 이용하여 n의 값을 구하시오.

z	$P(0 \leq Z \leq z)$
0.5	0.1915
1.0	0.3413
1.5	0.4332
2.0	0.4772

0639 평가원 기출

어느 공장에서 생산되는 건전지의 수명은 평균 m시간, 표준편차 3시간인 정규분포를 따른다고 한다. 이 공장에서 생산된 건전지 중 크기가 n인 표본을 임의추출하여 건전지의 수명에 대한 표본평균을 $\overline{X}$라 하자.

$$P(m-0.5 \leq \overline{X} \leq m+0.5)=0.8664$$

를 만족시키는 표본의 크기 n의 값을 위의 표준정규분포표를 이용하여 구한 것은?

z	$P(0 \leq Z \leq z)$
1.0	0.3413
1.5	0.4332
2.0	0.4772
2.5	0.4938

① 49 ② 64 ③ 81
④ 100 ⑤ 121

0640

어느 대학에 입학한 신입생들의 수능 점수는 평균이 400점, 표준편차가 80점인 정규분포를 따른다고 한다. 이 대학 신입생 중 임의추출한 64명의 수능 점수의 평균을 $\overline{X}$라 할 때, $P(\overline{X} \geq k)=0.3085$를 만족시키는 상수 k의 값을 위의 표준정규분포표를 이용하여 구하시오.

z	$P(0 \leq Z \leq z)$
0.5	0.1915
1.0	0.3413
1.5	0.4332

0641 수능 기출

정규분포 $N(0, 4^2)$을 따르는 모집단에서 크기가 9인 표본을 임의추출하여 구한 표본평균을 $\overline{X}$, 정규분포 $N(3, 2^2)$을 따르는 모집단에서 크기가 16인 표본을 임의추출하여 구한 표본평균을 $\overline{Y}$라 하자. $P(\overline{X} \geq 1)=P(\overline{Y} \leq a)$를 만족시키는 상수 a의 값은?

① $\dfrac{19}{8}$ ② $\dfrac{5}{2}$ ③ $\dfrac{21}{8}$
④ $\dfrac{11}{4}$ ⑤ $\dfrac{23}{8}$

0642

어느 회사에서 생산하는 블루투스 이어폰의 사용 시간은 평균이 6시간, 표준편차가 20분인 정규분포를 따른다고 한다. 이 회사에서 생산한 블루투스 이어폰 중에서 2500개를 임의추출하여 조사했을 때 사용 시간의 평균이 k분 이하이면 생산 공정에 문제가 있다고 판단한다. 생산 공정에 문제가 있다고 판단할 확률이 0.0062일 때, 상수 k의 값을 위의 표준정규분포표를 이용하여 구하시오.

z	$P(0 \leq Z \leq z)$
1.0	0.3413
1.5	0.4332
2.0	0.4772
2.5	0.4938

0643

어떤 통신사의 A 요금제를 사용하는 고객들의 월 음성통화 사용량은 표준편차가 20분인 정규분포를 따른다고 한다. A 요금제를 사용하는 고객 중 임의추출한 100명의 월 음성통화 사용량의 평균이 50분이었을 때, A 요금제를 사용하는 고객들의 월 음성통화 평균 사용량 m분의 신뢰도 99 %의 신뢰구간은? (단, $P(|Z| \leq 2.58) = 0.99$)

① $44.74 \leq m \leq 55.26$　　② $44.78 \leq m \leq 55.22$

③ $44.81 \leq m \leq 55.19$　　④ $44.84 \leq m \leq 55.16$

⑤ $44.88 \leq m \leq 55.12$

0644

어느 공장에서 제조하는 에탄올 한 병의 용량은 정규분포를 따른다고 한다. 이 공장에서 제조한 에탄올 중 64병을 임의추출하여 그 용량을 조사하였더니 평균이 365 mL, 표준편차가 24 mL이었다. 이 공장에서 제조하는 에탄올 한 병의 평균 용량 m mL의 신뢰도 95 %의 신뢰구간에 속하는 정수의 개수를 구하시오. (단, $P(|Z| \leq 1.96) = 0.95$)

0645

어느 지역 사람들의 월 모바일 데이터 사용량은 평균이 m MB, 표준편차가 700 MB인 정규분포를 따른다고 한다. 이 지역 사람 중 n명을 임의추출하여 월 모바일 데이터 사용량을 조사하였더니 평균이 4860 MB이었다. 이를 이용하여 모평균 m MB를 신뢰도 99 %로 추정한 신뢰구간이 $4710 \leq m \leq 5010$일 때, n의 값을 구하시오. (단, $P(|Z| \leq 3) = 0.99$)

0646

정규분포 $N(m, 40^2)$을 따르는 모집단에서 크기가 n인 표본을 임의추출하여 모평균 m을 신뢰도 95 %로 추정한 신뢰구간이 $a \leq m \leq b$일 때, $b - a = 8$이 되도록 하는 n의 값을 구하시오. (단, $P(0 \leq Z \leq 2) = 0.475$)

0647

A사에서 만드는 청소기의 작동 시간은 평균이 m분, 표준편차가 10분인 정규분포를 따른다고 한다. A사에서 만든 청소기 중 100개를 임의추출하여 모평균 m분을 신뢰도 95 %로 추정한 신뢰구간은 $a \leq m \leq b$이고, n개를 임의추출하여 모평균 m분을 신뢰도 99 %로 추정한 신뢰구간은 $c \leq m \leq d$이다. 이때 $b - a \geq d - c$가 되도록 하는 n의 최솟값을 구하시오.

(단, $P(|Z| \leq 2) = 0.95$, $P(|Z| \leq 2.6) = 0.99$)

0648

어느 고등학교 2학년 학생들의 키는 정규분포 $N(m, 15^2)$을 따른다고 한다. 이 고등학교 2학년 학생들의 평균 키 m cm를 신뢰도 95 %로 추정할 때, 모평균과 표본평균의 차가 3 cm 이하가 되기 위한 표본의 크기의 최솟값을 구하시오.

(단, $P(|Z| \leq 2) = 0.95$)

0649

정규분포 $N(m, \sigma^2)$을 따르는 모집단에서 크기가 n인 표본을 임의추출하여 모평균 m을 신뢰도 95 %로 추정한 신뢰구간을 $a \leq m \leq b$라 하자. **보기**에서 $b - a$의 값이 큰 것부터 차례대로 나열하면?

```
┌─── 보기 ───
│  ㄱ. n=81, σ=9
│  ㄴ. n=81, σ=15
│  ㄷ. n=100, σ=15
```

① ㄱ, ㄴ, ㄷ　　　② ㄴ, ㄱ, ㄷ　　　③ ㄴ, ㄷ, ㄱ

④ ㄷ, ㄱ, ㄴ　　　⑤ ㄷ, ㄴ, ㄱ

 **서술형 주관식**

0650

모집단의 확률변수 X의 확률분포를 표로 나타내면 다음과 같다.

X	-8	0	8	합계
$\mathrm{P}(X=x)$	a	$\dfrac{1}{4}$	$\dfrac{1}{2}$	1

이 모집단에서 크기가 4인 표본을 임의추출할 때, 표본평균 $\overline{X}$에 대하여 $\mathrm{E}(\overline{X}^{2})$을 구하시오.

0651

어느 회사에서 생산하는 요구르트 한 병의 용량은 평균이 m mL, 표준편차가 5 mL인 정규분포를 따른다고 한다. 이 회사에서 생산한 요구르트 중 임의추출한 225병의 용량의 평균이 198 mL 이상일 확률이 0.9987일 때, m의 값을 위의 표준정규분포표를 이용하여 구하시오.

z	$\mathrm{P}(0\le Z\le z)$
1.5	0.4332
2.0	0.4772
2.5	0.4938
3.0	0.4987

0652

어느 고등학교 남학생들의 체중은 평균이 m kg, 표준편차가 25 kg인 정규분포를 따른다고 한다. 이 학교 남학생 중 n명을 임의추출하여 구한 남학생의 평균 체중 m kg을 신뢰도 95 %로 추정한 신뢰구간이 $a\le m\le b$일 때, $b-a\le 7$이 되도록 하는 n의 최솟값을 구하시오.

(단, $\mathrm{P}(|Z|\le 1.96)=0.95$)

 **실력 up**

0653 평가원 기출

어느 지역 학생들의 1일 인터넷 사용시간 X는 평균이 m분, 표준편차가 30분인 정규분포를 따른다. 이 지역 학생들을 대상으로 9명을 임의추출하여 조사한 1일 인터넷 사용시간의 표본평균을 $\overline{X}$라 하자. 함수 $G(k)$, $H(k)$를

$$G(k)=\mathrm{P}(X\le m+30k)$$
$$H(k)=\mathrm{P}(\overline{X}\ge m-30k)$$

라 할 때, 옳은 것만을 **보기**에서 있는 대로 고른 것은?

● 보기 ●
ㄱ. $G(0)=H(0)$
ㄴ. $G(3)=H(1)$
ㄷ. $G(1)+H(-1)=1$

① ㄱ   ② ㄷ   ③ ㄱ, ㄴ
④ ㄴ, ㄷ   ⑤ ㄱ, ㄴ, ㄷ

0654 창의·융합

정규분포 $\mathrm{N}(m,\ \sigma^{2})$을 따르는 모집단에서 임의추출한 크기가 25인 표본과 크기가 100인 표본의 표본평균을 각각 $\overline{X_{\mathrm{A}}}$, $\overline{X_{\mathrm{B}}}$라 하자. $\overline{X_{\mathrm{A}}}$와 $\overline{X_{\mathrm{B}}}$의 분포를 이용하여 모평균 m을 신뢰도 95 %로 추정한 신뢰구간이 각각 $a\le m\le b$, $c\le m\le d$일 때, **보기**에서 옳은 것만을 있는 대로 고른 것은?

● 보기 ●
ㄱ. $\overline{X_{\mathrm{A}}}$의 분산은 $\overline{X_{\mathrm{B}}}$의 분산보다 크다.
ㄴ. $\mathrm{P}(\overline{X_{\mathrm{A}}}\le m+5)<\mathrm{P}(\overline{X_{\mathrm{B}}}\le m+5)$
ㄷ. $b-a<d-c$

① ㄱ   ② ㄴ   ③ ㄷ
④ ㄱ, ㄴ   ⑤ ㄱ, ㄴ, ㄷ

표준정규분포표

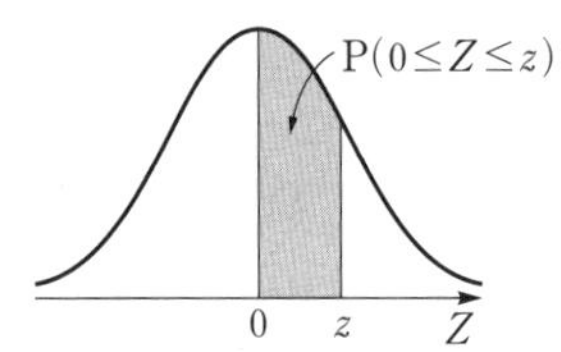

z	0.00	0.01	0.02	0.03	0.04	0.05	0.06	0.07	0.08	0.09
0.0	.0000	.0040	.0080	.0120	.0160	.0199	.0239	.0279	.0319	.0359
0.1	.0398	.0438	.0478	.0517	.0557	.0596	.0636	.0675	.0714	.0753
0.2	.0793	.0832	.0871	.0910	.0948	.0987	.1026	.1064	.1103	.1141
0.3	.1179	.1217	.1255	.1293	.1331	.1368	.1406	.1443	.1480	.1517
0.4	.1554	.1591	.1628	.1664	.1700	.1736	.1772	.1808	.1844	.1879
0.5	.1915	.1950	.1985	.2019	.2054	.2088	.2123	.2157	.2190	.2224
0.6	.2257	.2291	.2324	.2357	.2389	.2422	.2454	.2486	.2517	.2549
0.7	.2580	.2611	.2642	.2673	.2704	.2734	.2764	.2794	.2823	.2852
0.8	.2881	.2910	.2939	.2967	.2995	.3023	.3051	.3078	.3106	.3133
0.9	.3159	.3186	.3212	.3238	.3264	.3289	.3315	.3340	.3365	.3389
1.0	.3413	.3438	.3461	.3485	.3508	.3531	.3554	.3577	.3599	.3621
1.1	.3643	.3665	.3686	.3708	.3729	.3749	.3770	.3790	.3810	.3830
1.2	.3849	.3869	.3888	.3907	.3925	.3944	.3962	.3980	.3997	.4015
1.3	.4032	.4049	.4066	.4082	.4099	.4115	.4131	.4147	.4162	.4177
1.4	.4192	.4207	.4222	.4236	.4251	.4265	.4279	.4292	.4306	.4319
1.5	.4332	.4345	.4357	.4370	.4382	.4394	.4406	.4418	.4429	.4441
1.6	.4452	.4463	.4474	.4484	.4495	.4505	.4515	.4525	.4535	.4545
1.7	.4554	.4564	.4573	.4582	.4591	.4599	.4608	.4616	.4625	.4633
1.8	.4641	.4649	.4656	.4664	.4671	.4678	.4686	.4693	.4699	.4706
1.9	.4713	.4719	.4726	.4732	.4738	.4744	.4750	.4756	.4761	.4767
2.0	.4772	.4778	.4783	.4788	.4793	.4798	.4803	.4808	.4812	.4817
2.1	.4821	.4826	.4830	.4834	.4838	.4842	.4846	.4850	.4854	.4857
2.2	.4861	.4864	.4868	.4871	.4875	.4878	.4881	.4884	.4887	.4890
2.3	.4893	.4896	.4898	.4901	.4904	.4906	.4909	.4911	.4913	.4916
2.4	.4918	.4920	.4922	.4925	.4927	.4929	.4931	.4932	.4934	.4936
2.5	.4938	.4940	.4941	.4943	.4945	.4946	.4948	.4949	.4951	.4952
2.6	.4953	.4955	.4956	.4957	.4959	.4960	.4961	.4962	.4963	.4964
2.7	.4965	.4966	.4967	.4968	.4969	.4970	.4971	.4972	.4973	.4974
2.8	.4974	.4975	.4976	.4977	.4977	.4978	.4979	.4979	.4980	.4981
2.9	.4981	.4982	.4982	.4983	.4984	.4984	.4985	.4985	.4986	.4986
3.0	.4987	.4987	.4987	.4988	.4988	.4989	.4989	.4989	.4990	.4990
3.1	.4990	.4991	.4991	.4991	.4992	.4992	.4992	.4992	.4993	.4993
3.2	.4993	.4993	.4994	.4994	.4994	.4994	.4994	.4995	.4995	.4995
3.3	.4995	.4995	.4995	.4996	.4996	.4996	.4996	.4996	.4996	.4997

'남보다' 잘하려 말고 '전보다' 잘하라.

남보다 잘하려 하지 말고 전보다 잘하려고 노력해.
위대한 경쟁일수록 타인과의 경쟁이 아니라
자기 자신과의 경쟁이다.
경쟁을 통한 성취도 '남보다'라는 바깥의 기준보다
'전보다'라는 안의 기준에 비추어 본 평가가 소중하다.
아무리 남보다 잘해도 전보다 못하면 성취감을 느낄 수 없다.
전보다 잘하려는 노력이 전보다 나은 자기 자신을 만드는
원동력이다.

— 유영만의 「청춘경영」 중에서 —

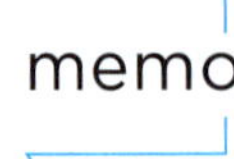

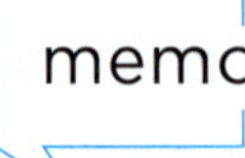

개념원리와 만나는 모든 방법

다양한 이벤트, 동기부여 콘텐츠 등
공부 자극에 필요한 모든 콘텐츠를 보고 싶다면?

개념원리 공식 인스타그램
@wonri_with

교재 속 QR코드 문제 풀이 영상 공부법까지
수학 공부에 필요한 모든 것

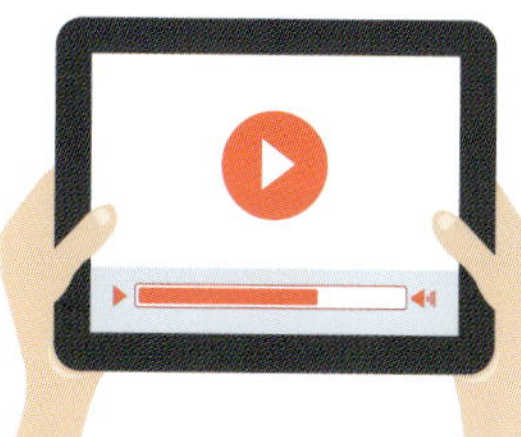

개념원리 공식 유튜브 채널
youtube.com/개념원리2022

개념원리에서 만들어지는 모든 콘텐츠를
정기적으로 받고 싶다면?

개념원리 공식
카카오뷰 채널

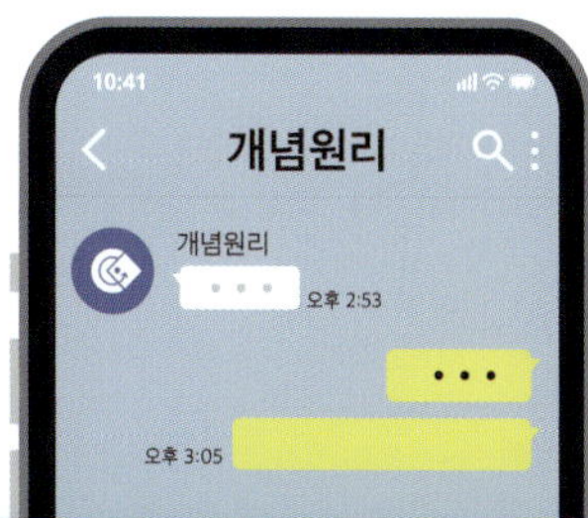

개념원리
교재 소개

문제 난이도

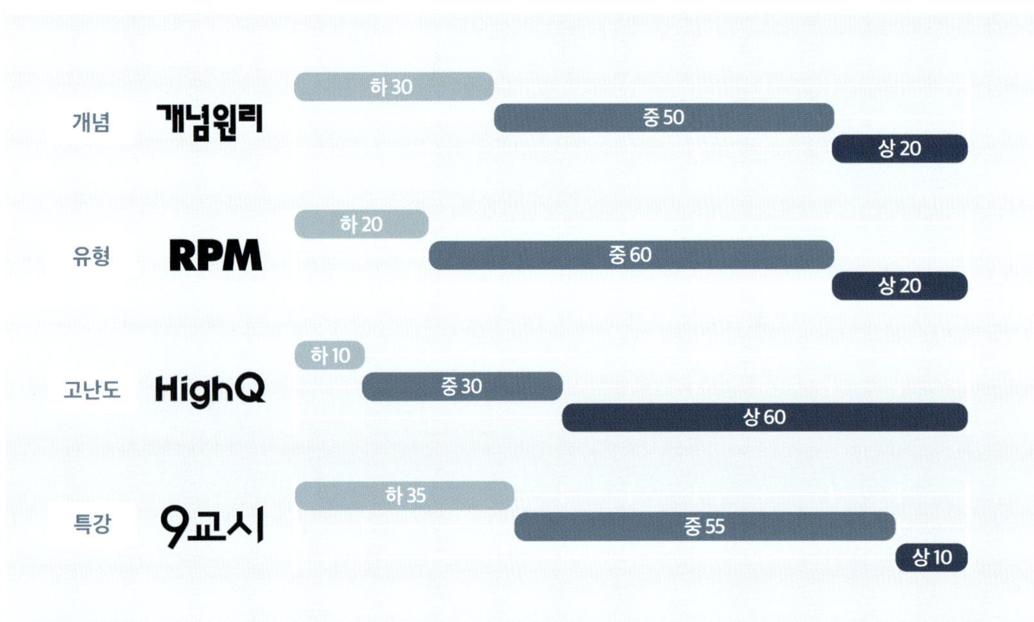

고등

개념원리 | 수학의 시작　　개념

하나를 알면 10개, 20개를 풀 수 있는 개념원리 수학
수학(상), 수학(하), 수학Ⅰ, 수학Ⅱ, 확률과 통계, 미적분, 기하

RPM | 유형의 완성　　유형

다양한 유형의 문제를 통해 수학의 문제 해결력을 높일 수 있는 RPM
수학(상), 수학(하), 수학Ⅰ, 수학Ⅱ, 확률과 통계, 미적분, 기하

High Q | 고난도 정복 (고1 내신 대비)　　고난도

최고를 향한 핵심 고난도 문제서 High Q
수학(상), 수학(하)

9교시 | 학교 안 개념원리　　특강

쉽고 빠르게 정리하는 9종 교과서 시크릿
수학(상), 수학(하), 수학Ⅰ

중등

개념원리 | 수학의 시작　　개념

하나를 알면 10개, 20개를 풀 수 있는 개념원리 수학
중학수학 1-1, 1-2, 2-1, 2-2, 3-1, 3-2

RPM | 유형의 완성　　유형

다양한 유형의 문제를 통해 수학의 문제 해결력을 높일 수 있는 RPM
중학수학 1-1, 1-2, 2-1, 2-2, 3-1, 3-2

개념원리
RPM

확률과 통계

개념원리
RPM 확률과 통계

정답과 풀이

| 친절한 풀이 정확하고 이해하기 쉬운 친절한 풀이

| 다른 풀이 수학적 사고력을 키우는 다양한 해결 방법 제시

| 서술형 분석 모범 답안과 단계별 배점 제시로 서술형 문제 완벽 대비

교재 만족도 조사

개념원리는 모든 학생들의 의견을 소중하게 생각합니다.

· 참여 혜택 : 매월 10분을 추첨해서 문화상품권 1만원을 드립니다.
· 당첨자 발표 : 매월 초 개별 연락

01 순열과 조합

📖 교과서 문제 정/복/하/기

0001 $(6-1)!=5!=120$ 　　　답 **120**

0002 (1) $(5-1)!=4!=24$
(2) A, C가 서로 이웃하므로 A, C를 한 명으로 생각하여 4명이 원탁에 둘러앉는 경우의 수는 $(4-1)!=3!=6$
A, C가 자리를 바꾸는 경우의 수는 $2!=2$
따라서 구하는 경우의 수는 $6\times2=12$
답 (1) **24**　(2) **12**

0003 원탁에 3명이 둘러앉는 경우의 수와 같으므로
$(3-1)!=2!=2$ 　　　답 **2**

0004 $_2\Pi_3=2^3=8$ 　　　답 **8**

0005 $_6\Pi_1=6^1=6$ 　　　답 **6**

0006 $_4\Pi_2=4^2=16$ 　　　답 **16**

0007 $_3\Pi_5=3^5=243$ 　　　답 **243**

0008 $_n\Pi_3=64$이므로 $n^3=64$
$\therefore n=4$ 　　　답 **4**

0009 $_2\Pi_r=128$이므로 $2^r=128$
$\therefore r=7$ 　　　답 **7**

0010 $_3\Pi_r=81$이므로 $3^r=81$
$\therefore r=4$ 　　　답 **4**

0011 $_n\Pi_3=125$이므로 $n^3=125$
$\therefore n=5$ 　　　답 **5**

0012 만들 수 있는 세 자리 자연수의 개수는 1, 2, 3, 4의 4개에서 3개를 택하는 중복순열의 수와 같으므로
$_4\Pi_3=4^3=64$ 　　　답 **64**

0013 구하는 경우의 수는 ○, ×의 2개에서 5개를 택하는 중복순열의 수이므로
$_2\Pi_5=2^5=32$ 　　　답 **32**

0014 $\dfrac{6!}{2!\times3!}=\dfrac{6\times5\times4\times3\times2\times1}{2\times1\times3\times2\times1}=60$ 　　　답 **60**

0015 (1) $\dfrac{5!}{2!\times2!}=\dfrac{5\times4\times3\times2\times1}{2\times1\times2\times1}=30$
(2) 3을 제외한 나머지 4개의 수 1, 1, 2, 3을 일렬로 나열하면 되므로 구하는 경우의 수는
$\dfrac{4!}{2!}=\dfrac{4\times3\times2\times1}{2\times1}=12$
답 (1) **30**　(2) **12**

0016 오른쪽으로 한 칸 가는 것을 a, 위쪽으로 한 칸 가는 것을 b로 나타내면 A 지점에서 B 지점까지 최단 거리로 가는 경우의 수는 6개의 a와 3개의 b를 일렬로 나열하는 순열의 수와 같으므로
$\dfrac{9!}{6!\times3!}=\dfrac{9\times8\times7\times6\times5\times4\times3\times2\times1}{6\times5\times4\times3\times2\times1\times3\times2\times1}=84$ 　　　답 **84**

0017 $_2H_4=_{2+4-1}C_4=_5C_4=_5C_1=5$ 　　　답 **5**

0018 $_3H_5=_{3+5-1}C_5=_7C_5=_7C_2=\dfrac{7\times6}{2\times1}=21$ 　　　답 **21**

0019 $_4H_4=_{4+4-1}C_4=_7C_4=_7C_3=\dfrac{7\times6\times5}{3\times2\times1}=35$ 　　　답 **35**

0020 $_5H_0=_{5+0-1}C_0=_4C_0=1$ 　　　답 **1**

0021 $_7H_3=_{7+3-1}C_3=_9C_3$ 　　$\therefore n=9$ 　　　답 **9**

0022 $_5H_r=_{5+r-1}C_r=_{r+4}C_r=_{r+4}C_4=_9C_4$이므로
$r+4=9$ 　　$\therefore r=5$ 　　　답 **5**

0023 $_4H_2=_{4+2-1}C_2=_5C_2=\dfrac{5\times4}{2\times1}=10$ 　　　답 **10**

📑 유형 익/히/기

0024 영희의 양 옆에 부모님이 앉으면 3명이 이웃하므로 영희와 부모님을 한 명으로 생각하여 4명이 원탁에 둘러앉는 경우의 수는
$(4-1)!=3!=6$
부모님이 자리를 바꾸는 경우의 수는 $2!=2$
따라서 구하는 경우의 수는 $6\times2=12$ 　　　답 ②

0025 어른 4명이 원탁에 둘러앉는 경우의 수는
$(4-1)!=3!=6$
어른 4명 사이사이의 4개의 자리 중 3개의 자리에 아이 3명이 한 명씩 앉는 경우의 수는
$_4\mathrm{P}_3=24$
따라서 구하는 경우의 수는
$6\times24=144$　　　　　　　　　　　　　　답 ⑤

0026 남학생 5명이 원탁에 둘러앉는 경우의 수는
$(5-1)!=4!=24$
남학생 5명 사이사이의 5개의 자리에 여학생 5명이 한 명씩 앉는 경우의 수는 $5!=120$
따라서 구하는 경우의 수는
$24\times120=2880$　　　　　　　　　　　답 ⑤

0027 갑, 을 중 한 사람이 자리에 앉으면 다른 한 사람은 그 반대쪽에 앉으면 되므로 갑, 을이 마주 보고 앉는 경우의 수는 7명이 원탁에 둘러앉는 경우의 수와 같다.
따라서 구하는 경우의 수는 $(7-1)!=6!=720$　　답 **720**

다른풀이 8명이 원탁에 둘러앉을 때, 갑, 을이 마주 보고 앉는 경우의 수는 갑, 을이 마주 보고 앉은 후, 남은 6개의 자리에 나머지 6명이 한 명씩 앉는 경우의 수와 같으므로
$6!=720$

0028 정사각형을 4등분한 각 영역을 서로 다른 4가지 색을 모두 사용하여 칠하는 경우의 수는 서로 다른 4개를 원형으로 배열하는 원순열의 수와 같으므로
$(4-1)!=3!=6$　　　　　　　　　　　　답 **6**

0029 한 영역에 빨간색을 칠하면 맞은편에 보라색을 칠하면 되므로 구하는 경우의 수는 서로 다른 5개를 원형으로 배열하는 원순열의 수와 같다.
$\therefore (5-1)!=4!=24$　　　　　　　　　　답 **24**

0030 5가지 색 중 하나를 택하여 밑면을 칠하는 경우의 수는
$_5\mathrm{C}_1=5$
나머지 4가지 색으로 옆면을 칠하는 경우의 수는 서로 다른 4개를 원형으로 배열하는 원순열의 수와 같으므로
$(4-1)!=3!=6$
따라서 구하는 경우의 수는
$5\times6=30$　　　　　　　　　　　　　답 **30**

0031 8가지 색 중 작은 원의 내부의 네 영역을 칠할 4가지 색을 택하는 경우의 수는 $_8\mathrm{C}_4=70$

택한 4가지 색으로 작은 원의 내부의 네 영역을 칠하는 경우의 수는 $(4-1)!=3!=6$
나머지 4가지 색으로 작은 원의 바깥쪽의 네 영역을 칠하는 경우의 수는 $4!=24$
따라서 구하는 경우의 수는
$70\times6\times24=10080$　　　　　　　답 **10080**

0032 10명이 원탁에 둘러앉는 경우의 수는
$(10-1)!=9!$

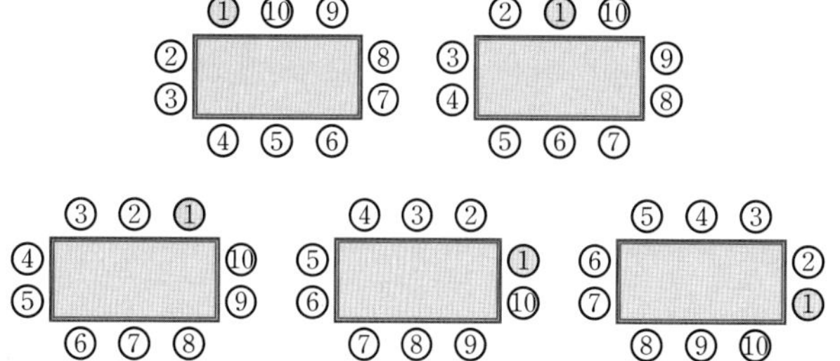

이때 위의 그림과 같이 원탁에 둘러앉는 각 경우에 대하여 서로 다른 경우가 5가지씩 존재하므로 구하는 경우의 수는
$9!\times5$　　　　　　　　　　　　　　답 ②

0033 6명이 원탁에 둘러앉는 경우의 수는
$(6-1)!=5!=120$

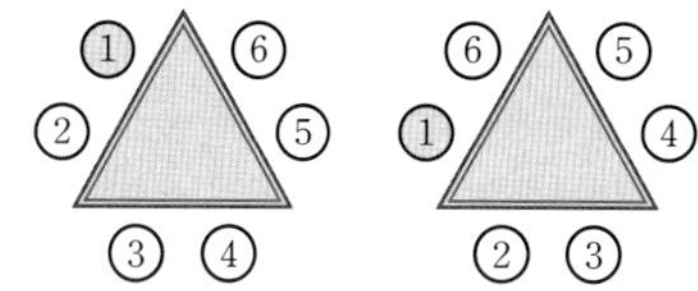

이때 위의 그림과 같이 원탁에 둘러앉는 각 경우에 대하여 서로 다른 경우가 2가지씩 존재하므로 구하는 경우의 수는
$120\times2=240$　　　　　　　　　　답 ②

0034 7명이 원탁에 둘러앉는 경우의 수는
$(7-1)!=6!=720$

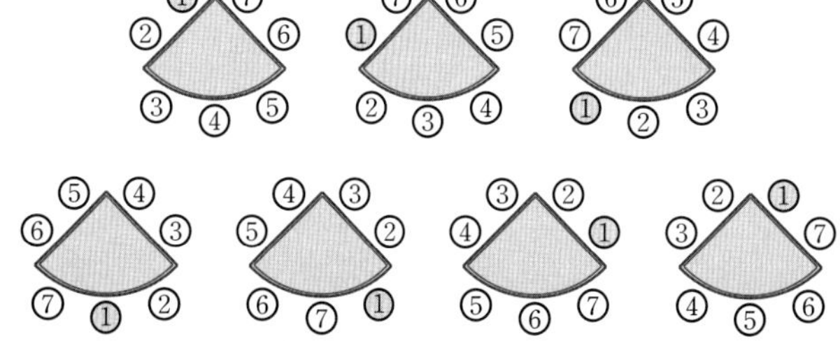

이때 위의 그림과 같이 원탁에 둘러앉는 각 경우에 대하여 서로 다른 경우가 7가지씩 존재하므로 구하는 경우의 수는
$720\times7=5040$　　　　　　　　　　답 **5040**

0035 12명이 원탁에 둘러앉는 경우의 수는
$(12-1)!=11!$

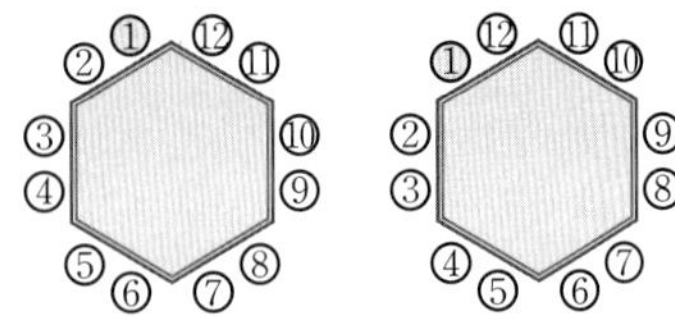

이때 위의 그림과 같이 원탁에 둘러앉는 각 경우에 대하여 서로
다른 경우가 2가지씩 존재하므로 구하는 경우의 수는

$$11! \times 2 = 11! \times 12 \times \frac{1}{6} = 12! \times \frac{1}{6}$$

$$\therefore a = \frac{1}{6}$$

답 ①

0036 영희와 철수를 한 사람으로 생각하여 4명이 축구반, 야
구반, 육상반 중 한 반에 지원하는 경우의 수를 구하면 된다.
따라서 구하는 경우의 수는 서로 다른 3개의 반 중 4개를 택하는
중복순열의 수와 같으므로

$$_3\Pi_4 = 3^4 = 81$$

답 81

0037 만들 수 있는 신호의 개수는 흰색 깃발, 파란색 깃발 중
4개를 택하는 중복순열의 수와 같으므로

$$_2\Pi_4 = 2^4 = 16$$

답 16

0038 6명 중 갑에게 투표하는 2명을 정하는 경우의 수는

$$_6C_2 = 15$$

㉮

나머지 4명이 을, 병 중 한 명에게 투표하는 경우의 수는 서로 다
른 2명 중 4명을 택하는 중복순열의 수와 같으므로

$$_2\Pi_4 = 2^4 = 16$$

㉯

따라서 구하는 경우의 수는

$$15 \times 16 = 240$$

㉰

답 240

단계	채점요소	배점
㉮	갑에게 투표하는 2명을 정하는 경우의 수 구하기	40%
㉯	나머지 4명이 투표하는 경우의 수 구하기	40%
㉰	갑이 2표를 얻는 경우의 수 구하기	20%

0039 모스 부호 •, ─ 중 중복을 허용하여
3개를 택하여 만들 수 있는 신호의 개수는

$$_2\Pi_3 = 2^3 = 8$$

4개를 택하여 만들 수 있는 신호의 개수는

$$_2\Pi_4 = 2^4 = 16$$

5개를 택하여 만들 수 있는 신호의 개수는

$$_2\Pi_5 = 2^5 = 32$$

따라서 만들 수 있는 신호의 개수는

$$8 + 16 + 32 = 56$$

답 56

0040 만의 자리에 올 수 있는 숫자는 1, 2, 3, 4의 4개
천의 자리, 백의 자리, 십의 자리에 숫자를 나열하는 경우의 수는
5개의 숫자 중 3개를 택하는 중복순열의 수와 같으므로

$$_5\Pi_3 = 5^3 = 125$$

일의 자리에 올 수 있는 숫자는 0, 2, 4의 3개
따라서 다섯 자리 짝수의 개수는

$$4 \times 125 \times 3 = 1500$$

답 1500

0041 (i) 한 자리 자연수의 개수

1, 2, 3, 4의 4

(ii) 두 자리 자연수의 개수

1, 2, 3, 4의 4개에서 2개를 택하는 중복순열의 수와 같으므로

$$_4\Pi_2 = 4^2 = 16$$

(iii) 세 자리 자연수의 개수

1, 2, 3, 4의 4개에서 3개를 택하는 중복순열의 수와 같으므로

$$_4\Pi_3 = 4^3 = 64$$

(i)~(iii)에서 세 자리 이하의 자연수의 개수는

$$4 + 16 + 64 = 84$$

답 84

0042 세 개의 숫자 1, 2, 3 중에서 중복을 허용하여 만들 수
있는 네 자리 자연수의 개수는

$$_3\Pi_4 = 3^4 = 81$$

숫자 1을 포함하지 않는 네 자리 자연수의 개수는 2, 3의 2개에
서 4개를 택하는 중복순열의 수와 같으므로

$$_2\Pi_4 = 2^4 = 16$$

따라서 숫자 1을 포함하는 자연수의 개수는

$$81 - 16 = 65$$

답 ③

0043 (i) 한 자리 자연수의 개수

1, 2, 3, 4, 5의 5

(ii) 두 자리 자연수의 개수

십의 자리에는 1, 2, 3, 4, 5의 5가지, 일의 자리에는 0, 1, 2,
3, 4, 5의 6가지의 숫자가 올 수 있으므로

$$5 \times 6 = 30$$

(iii) 세 자리 자연수의 개수

백의 자리에 올 수 있는 숫자는 1, 2, 3, 4, 5의 5가지
십의 자리, 일의 자리에 숫자를 나열하는 경우의 수는 0, 1,
2, 3, 4, 5의 6개에서 2개를 택하는 중복순열의 수와 같으므
로 $_6\Pi_2 = 6^2 = 36$

$$\therefore 5 \times 36 = 180$$

(iv) 1□□□ 꼴의 네 자리 자연수의 개수

백의 자리, 십의 자리, 일의 자리의 숫자를 택하는 경우의 수
는 0, 1, 2, 3, 4, 5의 6개에서 3개를 택하는 중복순열의 수와
같으므로

$$_6\Pi_3 = 6^3 = 216$$

(i)~(iv)에서 2000보다 작은 자연수의 개수는

$5+30+180+216=431$

이므로 2000은 432번째 수이다. 답 ③

0044 (i) X에서 Y로의 함수의 개수

Y의 원소 a, b, c, d, e의 5개에서 3개를 택하는 중복순열의 수와 같으므로

$_5\Pi_3=5^3=125$ ∴ $m=125$

(ii) X에서 Y로의 일대일함수의 개수

Y의 원소 a, b, c, d, e의 5개에서 3개를 택하는 순열의 수와 같으므로

$_5P_3=60$ ∴ $n=60$

(i), (ii)에서 $m+n=125+60=185$ 답 ②

0045 X에서 Y로의 함수의 개수는 Y의 원소 1, 2, 3, 4, 5의 5개에서 4개를 택하는 중복순열의 수와 같으므로

$_5\Pi_4=5^4=625$

$f(3)=3$인 함수의 개수는 Y의 원소 1, 2, 3, 4, 5의 5개에서 3개를 택하는 중복순열의 수와 같으므로

$_5\Pi_3=5^3=125$

따라서 구하는 함수의 개수는

$625-125=500$ 답 **500**

다른풀이 $f(3)\neq3$이면 $f(3)$의 값이 될 수 있는 Y의 원소는 1, 2, 4, 5의 4개

$f(1)$, $f(2)$, $f(4)$의 값을 정하는 경우의 수는 Y의 원소 1, 2, 3, 4, 5의 5개에서 3개를 택하는 중복순열의 수와 같으므로

$_5\Pi_3=5^3=125$

따라서 구하는 함수의 개수는

$4\times125=500$

0046 (i) $f(1)=1$인 함수의 개수

Y의 원소 1, 2, 3, 4, 5의 5개에서 3개를 택하는 중복순열의 수와 같으므로

$_5\Pi_3=5^3=125$

(ii) $f(2)=2$인 함수의 개수

(i)과 같은 방법으로 $_5\Pi_3=5^3=125$

(iii) $f(1)=1$이고 $f(2)=2$인 함수의 개수

Y의 원소 1, 2, 3, 4, 5의 5개에서 2개를 택하는 중복순열의 수와 같으므로

$_5\Pi_2=5^2=25$

(i)~(iii)에서 구하는 함수의 개수는

$125+125-25=225$ 답 **225**

0047 $f(1)=f(4)>3$이므로

$f(1)=f(4)=4$ 또는 $f(1)=f(4)=5$

(i) $f(1)=f(4)=4$인 함수의 개수

공역 X의 원소 1, 2, 3, 4, 5의 5개에서 3개를 택하는 중복순열의 수와 같으므로

$_5\Pi_3=5^3=125$

(ii) $f(1)=f(4)=5$인 함수의 개수

(i)과 같은 방법으로 $_5\Pi_3=5^3=125$

(i), (ii)에서 구하는 함수의 개수는

$125+125=250$ 답 **250**

0048 양 끝에 l을 하나씩 나열하고 가운데에 c, h, a, e, n, g, e를 일렬로 나열하는 경우의 수는

$\dfrac{7!}{2!}=2520$ 답 ②

0049 happiness의 9개의 문자 중 모음은 a, i, e의 3개이므로 a, i, e를 한 문자 A로 생각하여 7개의 문자 A, h, p, p, n, s, s를 일렬로 나열하는 경우의 수는

$\dfrac{7!}{2!\times2!}=1260$

모음끼리 자리를 바꾸는 경우의 수는

$3!=6$

따라서 구하는 경우의 수는

$1260\times6=7560$ 답 **7560**

0050 internet의 8개의 문자를 일렬로 나열하는 경우의 수는

$\dfrac{8!}{2!\times2!\times2!}=5040$

2개의 t를 한 문자 A로 생각하여 7개의 문자 i, n, A, e, r, n, e를 일렬로 나열하는 경우의 수는

$\dfrac{7!}{2!\times2!}=1260$

따라서 구하는 경우의 수는

$5040-1260=3780$ 답 ④

다른풀이 2개의 t를 제외한 나머지 6개의 문자 i, n, e, r, n, e를 일렬로 나열하는 경우의 수는

$\dfrac{6!}{2!\times2!}=180$

2개의 t가 서로 이웃하지 않으므로 6개의 문자 사이사이와 양 끝의 7개의 자리에서 2개를 택하여 t를 하나씩 나열하는 경우의 수는

$_7C_2=21$

따라서 구하는 경우의 수는

$180\times21=3780$

0051 a, b, b, c, c, c, d를 일렬로 나열하는 경우의 수는

$\dfrac{7!}{2!\times3!}=420$

(i) 양 끝에 b가 오는 경우

양 끝에 b를 하나씩 나열하고 가운데에 a, c, c, c, d를 일렬로 나열하는 경우의 수는

$$\frac{5!}{3!}=20$$

                  ⓐ

(ii) 양 끝에 c가 오는 경우

양 끝에 c를 하나씩 나열하고 가운데에 a, b, b, c, d를 일렬로 나열하는 경우의 수는

$$\frac{5!}{2!}=60$$

                  ⓒ

(i), (ii)에서 양 끝에 서로 같은 문자가 오는 경우의 수는

$20+60=80$

따라서 구하는 경우의 수는

$420-80=340$

                  ⓓ

답 **340**

단계	채점요소	배점
ⓐ	7개의 문자를 일렬로 나열하는 경우의 수 구하기	20 %
ⓑ	양 끝에 b가 오는 경우의 수 구하기	30 %
ⓒ	양 끝에 c가 오는 경우의 수 구하기	30 %
ⓓ	양 끝에 서로 다른 문자가 오는 경우의 수 구하기	20 %

0052 0, 1, 1, 2, 2, 2를 일렬로 나열하는 경우의 수는

$$\frac{6!}{2!\times3!}=60$$

0□□□□□ 꼴로 나열하는 경우의 수는 1, 1, 2, 2, 2를 일렬로 나열하는 경우의 수와 같으므로

$$\frac{5!}{2!\times3!}=10$$

따라서 구하는 자연수의 개수는

$60-10=50$ 답 ④

0053 (i) 1, 2, 2, 3을 일렬로 나열하는 경우의 수는

$$\frac{4!}{2!}=12$$

(ii) 1, 2, 3, 3을 일렬로 나열하는 경우의 수는

$$\frac{4!}{2!}=12$$

(iii) 2, 2, 3, 3을 일렬로 나열하는 경우의 수는

$$\frac{4!}{2!\times2!}=6$$

(i)~(iii)에서 구하는 자연수의 개수는

$12+12+6=30$ 답 **30**

0054 (i) 4□□□□ 꼴의 자연수의 개수는 1, 2, 2, 5, 5를 일렬로 나열하는 경우의 수와 같으므로

$$\frac{5!}{2!\times2!}=30$$

(ii) 5□□□□ 꼴의 자연수의 개수는 1, 2, 2, 4, 5를 일렬로 나열하는 경우의 수와 같으므로

$$\frac{5!}{2!}=60$$

(i), (ii)에서 구하는 자연수의 개수는

$30+60=90$ 답 ③

0055 홀수이므로 일의 자리의 숫자는 1 또는 3이어야 한다.

(i) □□□□□1 꼴의 자연수의 개수

0, 1, 2, 2, 3을 일렬로 나열하는 경우의 수는

$$\frac{5!}{2!}=60$$

0□□□□1 꼴로 나열하는 경우의 수는 1, 2, 2, 3을 일렬로 나열하는 경우의 수와 같으므로

$$\frac{4!}{2!}=12$$

$\therefore\ 60-12=48$

(ii) □□□□□3 꼴의 자연수의 개수

0, 1, 1, 2, 2를 일렬로 나열하는 경우의 수는

$$\frac{5!}{2!\times2!}=30$$

0□□□□3 꼴로 나열하는 경우의 수는 1, 1, 2, 2를 일렬로 나열하는 경우의 수와 같으므로

$$\frac{4!}{2!\times2!}=6$$

$\therefore\ 30-6=24$

(i), (ii)에서 구하는 홀수의 개수는

$48+24=72$ 답 **72**

0056 a, e의 순서가 정해져 있으므로 a, e를 모두 A로 생각하여 A, b, c, d, A, f를 일렬로 나열한 후, 첫 번째 A를 a로, 두 번째 A를 e로 바꾸면 된다.

따라서 구하는 경우의 수는

$$\frac{6!}{2!}=360$$ 답 ①

0057 t가 m보다 앞에 와야 하므로 t, m을 모두 A로 생각하여 AoAorrow를 일렬로 나열한 후, 첫 번째 A를 t로, 두 번째 A를 m으로 바꾸면 된다.

따라서 구하는 경우의 수는

$$\frac{8!}{2!\times3!\times2!}=1680$$ 답 **1680**

0058 2, 3, 4를 이 순서대로 나열해야 하므로 2, 3, 4를 모두 A로 생각하여 1, 1, 1, A, A, A, 5를 일렬로 나열한 후, 첫 번째 A를 2로, 두 번째 A를 3으로, 세 번째 A를 4로 바꾸면 된다.

따라서 구하는 경우의 수는

$$\frac{7!}{3! \times 3!}=140$$ 답 ⑤

0059 c는 p보다 앞에 오고, i는 r보다 앞에 오므로 c, p는 모두 A로, i, r는 모두 B로 생각하여 AomABomBse를 일렬로 나열한 후, 첫 번째 A를 c로, 두 번째 A를 p로 바꾸고 첫 번째 B를 i로, 두 번째 B를 r로 바꾸면 된다.
따라서 조건에 맞게 나열하는 경우의 수는

$$\frac{10!}{2! \times 2! \times 2! \times 2!}=\frac{1}{16} \times 10! \qquad \therefore k=\frac{1}{16}$$ 답 ③

0060 (i) A 지점에서 P 지점까지 최단 거리로 가는 경우의 수는

$$\frac{5!}{3! \times 2!}=10$$

(ii) P 지점에서 B 지점까지 최단 거리로 가는 경우의 수는

$$\frac{3!}{2! \times 1!}=3$$

(i), (ii)에서 구하는 경우의 수는
$10 \times 3=30$ 답 **30**

0061 A 지점에서 선분 PQ를 거쳐 B 지점까지 가려면
$A \rightarrow P \rightarrow Q \rightarrow B$와 같이 이동해야 한다.
(i) A 지점에서 P 지점까지 최단 거리로 가는 경우의 수는

$$\frac{6!}{4! \times 2!}=15$$

(ii) P 지점에서 Q 지점까지 최단 거리로 가는 경우의 수는 1
(iii) Q 지점에서 B 지점까지 최단 거리로 가는 경우의 수는

$$\frac{4!}{2! \times 2!}=6$$

(i)~(iii)에서 구하는 경우의 수는
$15 \times 1 \times 6=90$ 답 **90**

0062 (i) A 지점에서 P 지점까지 최단 거리로 가는 경우의 수는

$$\frac{3!}{2! \times 1!}=3$$ ㉮

(ii) P 지점에서 B 지점까지 최단 거리로 가는 경우의 수는

$$\frac{7!}{4! \times 3!}=35$$

P 지점에서 Q 지점을 거쳐 B 지점까지 최단 거리로 가는 경우의 수는

$$\frac{3!}{2! \times 1!} \times \frac{4!}{2! \times 2!}=18$$

따라서 P 지점에서 Q 지점을 거치지 않고 B 지점까지 최단 거리로 가는 경우의 수는
$35-18=17$ ㉯

(i), (ii)에서 구하는 경우의 수는
$3 \times 17=51$ ㉰
답 **51**

단계	채점요소	배점
㉮	A 지점에서 P 지점까지 최단 거리로 가는 경우의 수 구하기	30 %
㉯	P 지점에서 Q 지점을 거치지 않고 B 지점까지 최단 거리로 가는 경우의 수 구하기	60 %
㉰	P 지점은 거쳐 가고 Q 지점은 거쳐 가지 않는 경우의 수 구하기	10 %

0063 직육면체의 가로 방향으로 한 칸 가는 것을 a, 세로 방향으로 한 칸 가는 것을 b, 직육면체의 높이 방향으로 한 칸 가는 것을 c로 나타내면 A 지점에서 B 지점까지 최단 거리로 가는 경우의 수는 3개의 a, 1개의 b, 2개의 c를 일렬로 나열하는 순열의 수와 같으므로

$$\frac{6!}{3! \times 2!}=60$$ 답 **60**

0064 서로 다른 5명 중 10명을 택하는 중복조합의 수와 같으므로
$_5H_{10}={}_{5+10-1}C_{10}={}_{14}C_{10}={}_{14}C_4=1001$ 답 **1001**

0065 $(a+b+c)^8$을 전개할 때 생기는 서로 다른 항의 개수는 a, b, c의 3개에서 8개를 택하는 중복조합의 수와 같으므로
$_3H_8={}_{3+8-1}C_8={}_{10}C_8={}_{10}C_2=45$ 답 **45**

0066 흰색 접시에 송편 2조각, 연두색 접시에 송편 3조각을 먼저 담고, 남은 송편 5조각을 4개의 접시에 나누어 담으면 된다.
따라서 구하는 경우의 수는 흰색, 노란색, 연두색, 분홍색의 4개의 접시 중 5개를 택하는 중복조합의 수와 같으므로
$_4H_5={}_{4+5-1}C_5={}_8C_5={}_8C_3=56$ 답 ④

0067 갑, 을, 병에게 각각 구슬 2개씩을 먼저 주고, 남은 구슬 6개를 3명에게 나누어 주면 된다.
따라서 구하는 경우의 수는 갑, 을, 병 3명 중 6명을 택하는 중복조합의 수와 같으므로
$_3H_6={}_{3+6-1}C_6={}_8C_6={}_8C_2=28$ 답 ③

0068 (i) 음이 아닌 정수해의 개수
x, y, z의 3개에서 10개를 택하는 중복조합의 수와 같으므로
$_3H_{10}={}_{3+10-1}C_{10}={}_{12}C_{10}={}_{12}C_2=66$
$$\therefore a=66$$

(ii) 양의 정수해의 개수
x, y, z가 양의 정수이므로
$x=x'+1, y=y'+1, z=z'+1$로 놓으면 x', y', z'은 모두 음이 아닌 정수이고, $x+y+z=10$에서

$(x'+1)+(y'+1)+(z'+1)=10$

$\therefore x'+y'+z'=7$ $\qquad\cdots\cdots$ ㉠

방정식 $x+y+z=10$의 양의 정수해의 개수는 방정식 ㉠의 음이 아닌 정수해의 개수와 같다.

방정식 ㉠의 음이 아닌 정수해의 개수는 x', y', z'의 3개에서 7개를 택하는 중복조합의 수와 같으므로

$_3H_7=_{3+7-1}C_7=_9C_7=_9C_2=36$

$\therefore b=36$

(ⅰ), (ⅱ)에서 $a+b=66+36=102$ 답 ②

0069 x, y, z가 각각 $x\geq2$, $y\geq2$, $z\geq1$인 정수이므로 $x=x'+2$, $y=y'+2$, $z=z'+1$로 놓으면 x', y', z'은 음이 아닌 정수이고, $x+y+z=11$에서

$(x'+2)+(y'+2)+(z'+1)=11$

$\therefore x'+y'+z'=6$ $\qquad\cdots\cdots$ ㉠

방정식 $x+y+z=11\,(x\geq2,\ y\geq2,\ z\geq1)$의 정수해의 개수는 방정식 ㉠의 음이 아닌 정수해의 개수와 같다.

방정식 ㉠의 음이 아닌 정수해의 개수는 x', y', z'의 3개에서 6개를 택하는 중복조합의 수와 같으므로

$_3H_6=_{3+6-1}C_6=_8C_6=_8C_2=28$ 답 28

0070 x, y, z가 모두 음이 아닌 정수이므로 $x+y+z\geq0$이다. 따라서 $x+y+z<5$의 음이 아닌 정수해의 개수는 다음과 같이 나누어 생각할 수 있다.

(ⅰ) $x+y+z=0$의 음이 아닌 정수해의 개수는

$_3H_0=_{3+0-1}C_0=_2C_0=1$

(ⅱ) $x+y+z=1$의 음이 아닌 정수해의 개수는

$_3H_1=_{3+1-1}C_1=_3C_1=3$

(ⅲ) $x+y+z=2$의 음이 아닌 정수해의 개수는

$_3H_2=_{3+2-1}C_2=_4C_2=6$

(ⅳ) $x+y+z=3$의 음이 아닌 정수해의 개수는

$_3H_3=_{3+3-1}C_3=_5C_3=_5C_2=10$

(ⅴ) $x+y+z=4$의 음이 아닌 정수해의 개수는

$_3H_4=_{3+4-1}C_4=_6C_4=_6C_2=15$

(ⅰ)~(ⅴ)에서 구하는 순서쌍 $(x,\ y,\ z)$의 개수는

$1+3+6+10+15=35$ 답 ④

0071 (ⅰ) $a=0$일 때

$b+c+d=9$의 음이 아닌 정수해의 개수는

$_3H_9=_{3+9-1}C_9=_{11}C_9=_{11}C_2=55$

(ⅱ) $a=1$일 때

$b+c+d=8$의 음이 아닌 정수해의 개수는

$_3H_8=_{3+8-1}C_8=_{10}C_8=_{10}C_2=45$

(ⅲ) $a=2$일 때

$b+c+d=5$의 음이 아닌 정수해의 개수는

$_3H_5=_{3+5-1}C_5=_7C_5=_7C_2=21$

(ⅳ) $a=3$일 때

$b+c+d=0$의 음이 아닌 정수해의 개수는

$_3H_0=_{3+0-1}C_0=_2C_0=1$

(ⅰ)~(ⅳ)에서 구하는 순서쌍 $(a,\ b,\ c,\ d)$의 개수는

$55+45+21+1=122$ 답 122

0072 오른쪽 그림과 같이 중간 지점 P, Q, R를 잡으면

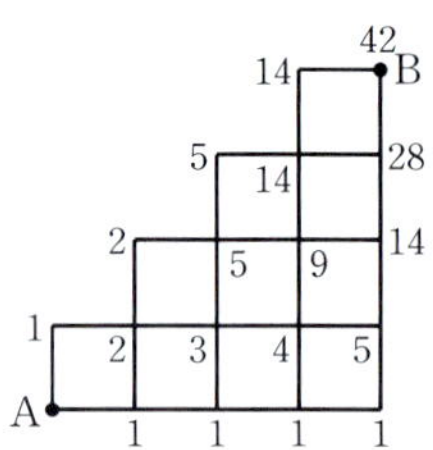

(ⅰ) A → P → B로 가는 경우의 수는

$$\left(\frac{4!}{2!\times2!}-1\right)\times\left(\frac{4!}{2!\times2!}-1\right)$$

$=25$ 점 C를 지나는 경우   점 D를 지나는 경우

(ⅱ) A → Q → B로 가는 경우의 수는

$$\frac{4!}{3!}\times\frac{4!}{3!}=16$$

(ⅲ) A → R → B로 가는 경우의 수는

$$1\times1=1$$

(ⅰ)~(ⅲ)에서 구하는 경우의 수는

$25+16+1=42$ 답 42

다른풀이 오른쪽 그림과 같이 합의 법칙을 이용하면 A 지점에서 B 지점까지 최단 거리로 가는 경우의 수는 42이다.

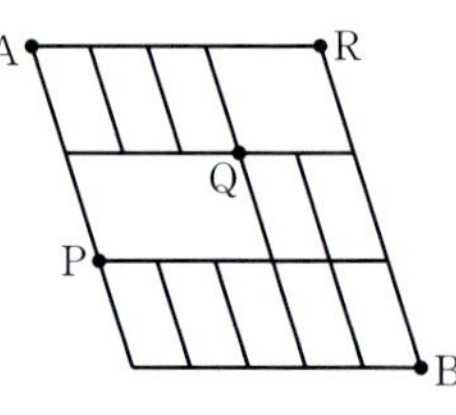

0073 오른쪽 그림과 같이 중간 지점 P, Q를 잡으면

(ⅰ) A → P → B로 가는 경우의 수는

$$\frac{3!}{2!}\times\frac{4!}{2!\times2!}=18$$

(ⅱ) A → Q → B로 가는 경우의 수는

$$\frac{3!}{2!}\times\frac{3!}{2!}=9$$

(ⅰ), (ⅱ)에서 구하는 경우의 수는

$18+9=27$ 답 27

0074 오른쪽 그림과 같이 중간 지점 P, Q, R를 잡으면

(ⅰ) A → P → B로 가는 경우의 수는

$$1\times\frac{6!}{5!}=6$$

(ii) A → Q → B로 가는 경우의 수는

$$\frac{4!}{3!} \times \frac{4!}{2! \times 2!} = 24$$

(iii) A → R → B로 가는 경우의 수는

$$1 \times 1 = 1$$

(i)~(iii)에서 구하는 경우의 수는

$$6 + 24 + 1 = 31$$

답 **31**

0075 오른쪽 그림과 같이 중간 지점 P, Q, R, S, T를 잡으면

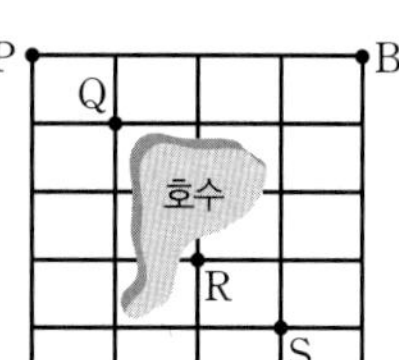

(i) A → P → B로 가는 경우의 수는

$$1 \times 1 = 1$$

(ii) A → Q → B로 가는 경우의 수는

$$\frac{5!}{4!} \times \frac{4!}{3!} = 20$$

(iii) A → R → B로 가는 경우의 수는

$$\frac{3!}{2!} \times \frac{4!}{3!} = 12$$

(iv) A → S → B로 가는 경우의 수는

$$\frac{4!}{3!} \times \frac{5!}{4!} = 20$$

(v) A → T → B로 가는 경우의 수는

$$1 \times 1 = 1$$

(i)~(v)에서 구하는 경우의 수는

$$1 + 20 + 12 + 20 + 1 = 54$$

답 **54**

0076 $f(1) \leq f(2) \leq f(3) \leq f(4)$이므로 공역 Y의 원소 중 중복을 허용하여 4개를 택하면 $f(1), f(2), f(3), f(4)$의 값이 정해진다.

따라서 구하는 함수의 개수는 공역 Y의 원소 3, 4, 5, 6, 7, 8의 6개에서 4개를 택하는 중복조합의 수와 같으므로

$$_6H_4 = {}_{6+4-1}C_4 = {}_9C_4 = 126$$

답 **126**

0077 주어진 조건에서 $f(1) \geq f(2) \geq f(3) \geq f(4)$이므로 공역 Y의 원소 중 중복을 허용하여 4개를 택하면 $f(1), f(2), f(3), f(4)$의 값이 정해진다.

따라서 구하는 함수의 개수는 공역 Y의 원소 1, 2, 3, 4, 5, 6, 7의 7개에서 4개를 택하는 중복조합의 수와 같으므로

$$_7H_4 = {}_{7+4-1}C_4 = {}_{10}C_4 = 210$$

답 **210**

0078 (i) $f(1) \leq f(2) = 3$이므로 $f(1)$의 값이 될 수 있는 공역 Y의 원소는 1, 2, 3의 3개

(ii) $f(2) = 3 \leq f(3) \leq f(4)$이므로 공역 Y의 원소 3, 4, 5, 6 중 중복을 허용하여 2개를 택하면 $f(3), f(4)$의 값이 정해진다.

따라서 $f(3), f(4)$의 값을 정하는 경우의 수는 공역 Y의 원소 3, 4, 5, 6의 4개에서 2개를 택하는 중복조합의 수와 같으므로

$$_4H_2 = {}_{4+2-1}C_2 = {}_5C_2 = 10$$

(iii) $f(5)$의 값이 될 수 있는 공역 Y의 원소는 1, 2, 3, 4, 5, 6의 6개

(i)~(iii)에서 구하는 함수의 개수는

$$3 \times 10 \times 6 = 180$$

답 **180**

0079 (i) 조건 ㈎에서 $x \leq 3$이면 $f(x) \geq 3$이므로 $f(1), f(2), f(3)$의 값은 각각 3, 4, 5 중 하나이다.

따라서 $f(1), f(2), f(3)$의 값을 정하는 경우의 수는 공역 X의 원소 3, 4, 5의 3개에서 3개를 택하는 중복순열의 수와 같으므로

$$_3\Pi_3 = 3^3 = 27$$

(ii) 조건 ㈏에서 $f(4) \leq f(5)$이므로 공역 X의 원소 중 중복을 허용하여 2개를 택하면 $f(4), f(5)$의 값이 정해진다.

따라서 $f(4), f(5)$의 값을 정하는 경우의 수는 공역 X의 원소 1, 2, 3, 4, 5의 5개에서 2개를 택하는 중복조합의 수와 같으므로

$$_5H_2 = {}_{5+2-1}C_2 = {}_6C_2 = 15$$

(i), (ii)에서 구하는 함수의 개수는

$$27 \times 15 = 405$$

답 **405**

0080 한 쌍의 부부를 한 명으로 생각하여 3쌍의 부부를 각각 A, B, C로 놓으면 3명이 원탁에 둘러앉는 경우의 수는

$$(3-1)! = 2! = 2$$

부부 A가 서로 자리를 바꾸는 경우의 수는 $2! = 2$

부부 B가 서로 자리를 바꾸는 경우의 수는 $2! = 2$

부부 C가 서로 자리를 바꾸는 경우의 수는 $2! = 2$

따라서 구하는 경우의 수는

$$2 \times 2 \times 2 \times 2 = 16$$

답 ③

0081 원을 5등분한 5개의 영역을 서로 다른 5가지 색을 모두 사용하여 칠하는 경우의 수는

$$(5-1)! = 4! = 24$$

빨간색과 파란색을 한 가지 색으로 생각하여 서로 다른 4가지 색을 칠하는 경우의 수는

$$(4-1)! = 3! = 6$$

빨간색과 파란색이 자리를 바꾸는 경우의 수는 $2! = 2$이므로 빨간색과 파란색을 이웃하게 칠하는 경우의 수는

$$6 \times 2 = 12$$

따라서 구하는 경우의 수는

$$24 - 12 = 12$$

답 **12**

 빨간색을 먼저 칠한 후, 빨간색과 이웃하지 않는 두 영역 중 하나에 파란색을 칠하는 경우의 수는 2

나머지 3가지 색을 남은 세 영역에 칠하는 경우의 수는

$3!=6$

따라서 빨간색과 파란색을 이웃하지 않게 칠하는 경우의 수는

$2 \times 6 = 12$

0082 윗면을 칠하는 경우의 수는 6

아랫면을 칠하는 경우의 수는 $6-1=5$

나머지 4가지 색으로 옆면을 칠하는 경우의 수는 4개를 원형으로 배열하는 원순열의 수와 같으므로

$(4-1)!=3!=6$

따라서 구하는 경우의 수는

$6 \times 5 \times 6 = 180$　　　　　　답 **180**

0083 15명이 원탁에 둘러앉는 경우의 수는

$(15-1)!=14!$

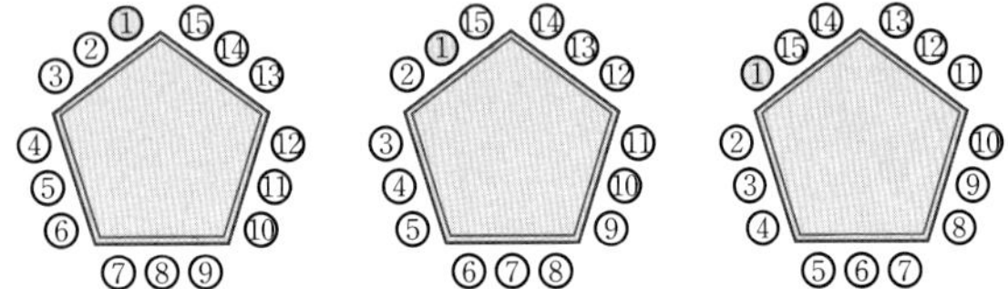

이때 위의 그림과 같이 원탁에 둘러앉는 각 경우에 대하여 서로 다른 경우가 3가지씩 존재하므로 구하는 경우의 수는

$14! \times 3$　　　　　　답 ③

0084 서로 다른 6개의 놀이기구 중 3개를 택하는 중복순열의 수와 같으므로

$_6\Pi_3 = 6^3 = 216$　　　　　　답 **216**

0085 일의 자리에 올 수 있는 숫자는 5의 1개

천의 자리, 백의 자리, 십의 자리에 숫자를 나열하는 경우의 수는 5개의 숫자 중 3개를 택하는 중복순열의 수와 같으므로

$_5\Pi_3 = 5^3 = 125$

따라서 네 자리 자연수가 5의 배수인 경우의 수는

$1 \times 125 = 125$　　　　　　답 ③

0086 (i) 3□□□ 꼴의 자연수의 개수

　　5개의 숫자 중 3개를 택하는 중복순열의 수와 같으므로

　　$_5\Pi_3 = 5^3 = 125$

(ii) 4□□□ 꼴의 자연수의 개수

　　5개의 숫자 중 3개를 택하는 중복순열의 수와 같으므로

　　$_5\Pi_3 = 5^3 = 125$

(i), (ii)에서 3000 이상의 자연수의 개수는

$125 + 125 = 250$

이므로 3000보다 큰 자연수의 개수는

$250 - 1 = 249$　　　　　　답 **249**

└ 네 자리 자연수 중 3000인 경우를 제외한다.

0087 $f(a)=f(b)$이므로 $f(a)$의 값이 정해지면 $f(b)$의 값도 정해진다.

따라서 구하는 함수의 개수는 Y의 원소 1, 2, 3의 3개에서 3개를 택하는 중복순열의 수와 같으므로

$_3\Pi_3 = 3^3 = 27$　　　　　　답 **27**

0088 r끼리 이웃하므로 2개의 r를 한 문자 A로 생각하여 8개의 문자 s, e, c, A, e, t, a, y를 일렬로 나열하는 경우의 수는

$\dfrac{8!}{2!} = \dfrac{1}{2} \times 8! = \dfrac{1}{2} \times 8 \times 7! = 4 \times 7!$　　　　　　답 ③

0089 홀수가 4개, 짝수가 4개이므로 8개의 숫자를 홀짝홀짝홀짝홀짝과 같이 나열하면 된다.

홀수 번째 자리에 홀수 1, 1, 1, 3을 나열하는 경우의 수는

$\dfrac{4!}{3!} = 4$

짝수 번째 자리에 짝수 2, 2, 4, 4를 나열하는 경우의 수는

$\dfrac{4!}{2! \times 2!} = 6$

따라서 구하는 경우의 수는

$4 \times 6 = 24$　　　　　　답 ④

0090 i, i, e를 모두 A로 생각하여 prAncAplA를 일렬로 나열한 후, 첫 번째 A와 두 번째 A를 i로, 세 번째 A를 e로 바꾸면 된다.

따라서 구하는 경우의 수는

$\dfrac{9!}{2! \times 3!} = 30240$　　　　　　답 ⑤

0091 A 지점에서 B 지점까지 최단 거리로 가는 경우의 수는

$\dfrac{10!}{5! \times 5!} = 252$

A → P → Q → B로 가는 경우의 수는

$\dfrac{4!}{2! \times 2!} \times 1 \times \dfrac{5!}{3! \times 2!} = 60$

따라서 구하는 경우의 수는

$252 - 60 = 192$　　　　　　답 **192**

0092 4명의 학생에게 각각 볼펜 1자루씩을 먼저 주고, 남은 볼펜 6자루를 4명에게 나누어 주면 된다.

따라서 구하는 경우의 수는 4명 중 6명을 택하는 중복조합의 수와 같으므로

$_4H_6 = {}_{4+6-1}C_6 = {}_9C_6 = {}_9C_3 = 84$　　　　　　답 **84**

0093 (i) 숫자 4를 0개 택하는 경우

1, 2, 3의 3개에서 5개를 택하는 중복조합의 수와 같으므로

$$_3H_5 =\ _{3+5-1}C_5 =\ _7C_5 =\ _7C_2 = 21$$

(ii) 숫자 4를 1개 택하는 경우

1, 2, 3의 3개에서 4개를 택하는 중복조합의 수와 같으므로

$$_3H_4 =\ _{3+4-1}C_4 =\ _6C_4 =\ _6C_2 = 15$$

(i), (ii)에서 구하는 경우의 수는

$$21 + 15 = 36 \hspace{3em} \text{답 ④}$$

0094 (i) $w=0$일 때

$x+y+z=6$의 음이 아닌 정수해의 개수는

$$_3H_6 =\ _{3+6-1}C_6 =\ _8C_6 =\ _8C_2 = 28$$

(ii) $w=1$일 때

$x+y+z=3$의 음이 아닌 정수해의 개수는

$$_3H_3 =\ _{3+3-1}C_3 =\ _5C_3 =\ _5C_2 = 10$$

(iii) $w=2$일 때

$x+y+z=0$의 음이 아닌 정수해의 개수는

$$_3H_0 =\ _{3+0-1}C_0 =\ _2C_0 = 1$$

(i)~(iii)에서 구하는 정수해의 개수는

$$28 + 10 + 1 = 39 \hspace{3em} \text{답 } 39$$

0095 $f(3)=f(4)$이므로 $f(3)$의 값이 정해지면 $f(4)$의 값도 정해진다.

따라서 구하는 함수의 개수는 Y의 원소 -2, -1, 0, 1, 2의 5개에서 3개를 택하는 중복조합의 수와 같으므로

$$_5H_3 =\ _{5+3-1}C_3 =\ _7C_3 = 35 \hspace{2em} \text{답 ⑤}$$

0096 같은 학년 학생을 한 명으로 생각하여 3명이 원탁에 둘러앉는 경우의 수를 구하면

$$(3-1)! = 2! = 2 \hspace{4em} ⑦$$

1학년 학생 3명끼리 자리를 바꾸는 경우의 수는 $3! = 6$

2학년 학생 3명끼리 자리를 바꾸는 경우의 수는 $3! = 6$

3학년 학생 3명끼리 자리를 바꾸는 경우의 수는 $3! = 6$

$$\hspace{12em} ⑭$$

따라서 구하는 경우의 수는

$$2 \times 6 \times 6 \times 6 = 432 \hspace{3em} ⑭$$

$$\hspace{8em} \text{답 } 432$$

단계	채점요소	배점
⑦	같은 학년 학생을 한 명으로 생각하여 원탁에 둘러앉는 경우의 수 구하기	40%
⑭	같은 학년 학생끼리 자리를 바꾸는 경우의 수 구하기	40%
㉓	같은 학년 학생끼리 이웃하게 앉는 경우의 수 구하기	20%

0097 $f(1)+f(2)=2$이므로

$f(1)=0$, $f(2)=2$

또는 $f(1)=1$, $f(2)=1$

또는 $f(1)=2$, $f(2)=0$

의 3가지 경우가 있다.

$$\hspace{12em} ⑦$$

또, $f(3)$, $f(4)$의 값을 정하는 경우의 수는 공역 Y의 원소 0, 1, 2, 3, 4의 5개에서 2개를 택하는 중복순열의 수와 같으므로

$$_5\Pi_2 = 5^2 = 25$$

$$\hspace{12em} ⑭$$

따라서 구하는 함수의 개수는

$$3 \times 25 = 75 \hspace{3em} ⑭$$

$$\hspace{8em} \text{답 } 75$$

단계	채점요소	배점
⑦	$f(1)$, $f(2)$의 값을 정하는 경우의 수 구하기	40%
⑭	$f(3)$, $f(4)$의 값을 정하는 경우의 수 구하기	40%
㉓	함수의 개수 구하기	20%

0098 6개의 숫자 1, 1, 1, 2, 2, 3 중에서 4개를 택하는 경우는

1, 1, 1, 2	1, 1, 1, 3	1, 1, 2, 2
1, 1, 2, 3	1, 2, 2, 3	

이때 3의 배수의 각 자리의 숫자의 합은 3의 배수이므로 4개의 숫자의 합이 3의 배수가 되는 경우를 찾으면

$$1, 1, 1, 3 \hspace{3em} 1, 1, 2, 2$$

$$\hspace{12em} ⑦$$

1, 1, 1, 3을 일렬로 나열하는 경우의 수는

$$\frac{4!}{3!} = 4$$

1, 1, 2, 2를 일렬로 나열하는 경우의 수는

$$\frac{4!}{2! \times 2!} = 6$$

$$\hspace{12em} ⑭$$

따라서 구하는 3의 배수의 개수는

$$4 + 6 = 10 \hspace{3em} ⑭$$

$$\hspace{8em} \text{답 } 10$$

단계	채점요소	배점
⑦	각 자리의 숫자의 합이 3의 배수인 경우 찾기	40%
⑭	⑦에서 구한 각 경우의 3의 배수의 개수 구하기	40%
㉓	3의 배수의 개수 구하기	20%

0099 8그릇 중 짜장면 3그릇을 먼저 주문한 후, 짜장면, 짬뽕, 볶음밥 중에서 나머지 5그릇을 주문하면 된다.

따라서 구하는 경우의 수는 짜장면, 짬뽕, 볶음밥 중 5그릇을 택

하는 중복조합의 수와 같으므로

$$\cdots\cdots ㉮$$

$$_3H_5=_{3+5-1}C_5=_7C_5=_7C_2=21$$

$$\cdots\cdots ㉯$$

답 **21**

단계	채점요소	배점
㉮	구하는 경우의 수를 중복조합으로 생각하기	60 %
㉯	중복조합의 수 계산하기	40 %

0100 $f(1)=a$인 함수의 개수는 Y의 원소 a, b, c의 3개에서 5개를 택하는 중복순열의 수와 같으므로

$$_3\Pi_5=3^5=243$$

이때 $f(1)=a$이므로 함수의 치역은 $\{a\}$, $\{a, b\}$, $\{a, c\}$, $\{a, b, c\}$ 중 하나이다.

(i) $f(1)=a$이고, 치역이 $\{a\}$인 경우

$f(2)=f(3)=f(4)=f(5)=f(6)=a$이므로 함수의 개수는 1

(ii) $f(1)=a$이고, 치역이 $\{a, b\}$인 경우

$f(2)$, $f(3)$, $f(4)$, $f(5)$, $f(6)$의 값을 정하는 경우의 수는 Y의 원소 a, b의 2개에서 5개를 택하는 중복순열의 수와 같으므로

$$_2\Pi_5=2^5=32$$

그런데 $f(2)=f(3)=f(4)=f(5)=f(6)=a$이면 치역이 $\{a\}$가 되므로 이 경우는 제외해야 한다.

$$\therefore 32-1=31$$

(iii) $f(1)=a$이고, 치역이 $\{a, c\}$인 경우

(ii)와 같은 방법으로 함수의 개수는 31

(i)~(iii)에서 구하는 함수의 개수는

$$243-1-31-31=180$$

답 **180**

0101 오른쪽 그림과 같이 지나갈 수 없는 모서리를 점선으로 연결하고 두 점 P, Q를 잡자. 직육면체의 가로 방향으로 한 칸 가는 것을 a, 세로 방향으로 한 칸 가는 것을 b, 직육면체의 높이 방향으로 한 칸 가는 것을 c로 나타내면 A 지점에서 B 지점까지 최단 거리로 가는 경우의 수는

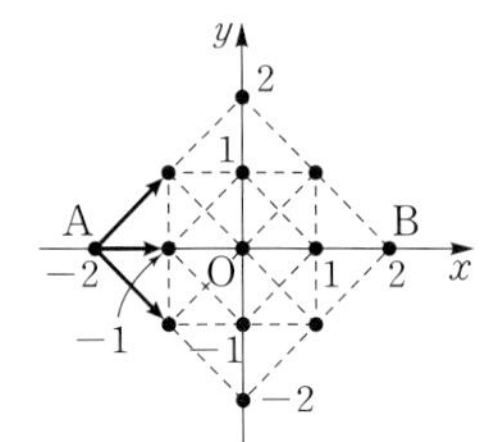

$$\frac{6!}{2!\times 3!}=60$$

(i) A → P → B로 가는 경우의 수는

$$1\times\frac{4!}{3!}=4$$

(ii) A → Q → B로 가는 경우의 수는

$$\frac{3!}{2!}\times 1=3$$

이때 (i), (ii)에서 A → P → Q → B인 1가지 경우가 중복된다.
따라서 구하는 경우의 수는

$$60-4-3+1=54$$

답 **54**

0102 (i) 사과를 0개 택하는 경우

감, 배, 귤 세 종류의 과일 중에서 8개를 선택하면 된다.

이때 감, 배, 귤을 각각 1개 이상씩 선택해야 하므로 감, 배, 귤을 각각 1개씩 먼저 선택한 후, 나머지 5개를 감, 배, 귤 중에서 택하면 된다.

따라서 이 경우의 수는 감, 배, 귤 중 5개를 택하는 중복조합의 수와 같으므로

$$_3H_5=_{3+5-1}C_5=_7C_5=_7C_2=21$$

(ii) 사과를 1개 택하는 경우

감, 배, 귤 세 종류의 과일 중에서 7개를 선택하면 된다.

이때 감, 배, 귤을 각각 1개 이상씩 선택해야 하므로 감, 배, 귤을 각각 1개씩 먼저 선택한 후, 나머지 4개를 감, 배, 귤 중에서 택하면 된다.

따라서 이 경우의 수는 감, 배, 귤 중 4개를 택하는 중복조합의 수와 같으므로

$$_3H_4=_{3+4-1}C_4=_6C_4=_6C_2=15$$

(i), (ii)에서 구하는 경우의 수는

$$21+15=36$$

답 **36**

0103 점 A에서 한 번의 '점프'로 이동할 수 있는 경우는 길이가 1인 →, 길이가 $\sqrt{2}$인 ↗, 길이가 $\sqrt{2}$인 ↘의 세 가지가 있다.

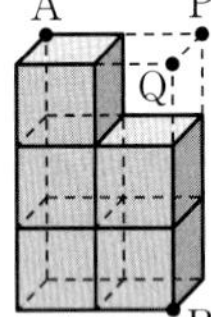

(i) →로 네 번 '점프'하는 경우

→, →, →, →을 일렬로 나열하는 경우의 수와 같으므로 1

(ii) →로 두 번, ↗와 ↘로 각각 한 번씩 '점프'하는 경우

→, →, ↗, ↘을 일렬로 나열하는 경우의 수와 같으므로

$$\frac{4!}{2!}=12$$

(iii) ↗와 ↘로 각각 두 번씩 '점프'하는 경우

↗, ↗, ↘, ↘을 일렬로 나열하는 경우의 수와 같으므로

$$\frac{4!}{2!\times 2!}=6$$

(i)~(iii)에서 구하는 경우의 수는

$$1+12+6=19$$

답 **19**

02 이항정리

📖 교과서 문제 정/복/하/기

본문 19쪽

0104 $(x+y)^4 = {}_4C_0 x^4 + {}_4C_1 x^3 y + {}_4C_2 x^2 y^2 + {}_4C_3 xy^3 + {}_4C_4 y^4$
$= x^4 + 4x^3 y + 6x^2 y^2 + 4xy^3 + y^4$

답 $x^4 + 4x^3 y + 6x^2 y^2 + 4xy^3 + y^4$

0105 $(x-2)^5$
$= {}_5C_0 x^5 + {}_5C_1 x^4(-2) + {}_5C_2 x^3(-2)^2 + {}_5C_3 x^2(-2)^3$
$\qquad + {}_5C_4 x(-2)^4 + {}_5C_5(-2)^5$
$= x^5 - 10x^4 + 40x^3 - 80x^2 + 80x - 32$

답 $x^5 - 10x^4 + 40x^3 - 80x^2 + 80x - 32$

0106 $(3a+2b)^4$
$= {}_4C_0(3a)^4 + {}_4C_1(3a)^3(2b) + {}_4C_2(3a)^2(2b)^2$
$\qquad + {}_4C_3(3a)(2b)^3 + {}_4C_4(2b)^4$
$= 81a^4 + 216a^3 b + 216a^2 b^2 + 96ab^3 + 16b^4$

답 $81a^4 + 216a^3 b + 216a^2 b^2 + 96ab^3 + 16b^4$

0107 $\left(a - \dfrac{2}{a}\right)^3$
$= {}_3C_0 a^3 + {}_3C_1 a^2\left(-\dfrac{2}{a}\right) + {}_3C_2 a\left(-\dfrac{2}{a}\right)^2 + {}_3C_3\left(-\dfrac{2}{a}\right)^3$
$= a^3 - 6a + \dfrac{12}{a} - \dfrac{8}{a^3}$

답 $a^3 - 6a + \dfrac{12}{a} - \dfrac{8}{a^3}$

0108 $(x+y)^7$의 전개식의 일반항은
${}_7C_r x^{7-r} y^r$
(1) $x^4 y^3$항은 $7-r=4$인 경우이므로 $r=3$
　　따라서 $x^4 y^3$의 계수는 ${}_7C_3 = 35$
(2) $x^5 y^2$항은 $7-r=5$인 경우이므로 $r=2$
　　따라서 $x^5 y^2$의 계수는 ${}_7C_2 = 21$
(3) y^7항은 $r=7$인 경우이므로
　　y^7의 계수는 ${}_7C_7 = 1$

답 (1) 35　(2) 21　(3) 1

0109 $(x+2)^4$의 전개식의 일반항은
${}_4C_r x^{4-r} 2^r = {}_4C_r 2^r x^{4-r}$
x^3항은 $4-r=3$인 경우이므로 $r=1$
따라서 x^3의 계수는 ${}_4C_1 2^1 = 8$

답 8

0110 $(2x-y)^5$의 전개식의 일반항은
${}_5C_r(2x)^{5-r}(-y)^r = {}_5C_r 2^{5-r}(-1)^r x^{5-r} y^r$

$x^3 y^2$항은 $5-r=3$인 경우이므로 $r=2$
따라서 $x^3 y^2$의 계수는
${}_5C_2 2^3(-1)^2 = 10 \times 8 \times 1 = 80$

답 80

0111 $\left(a - \dfrac{1}{a}\right)^6$의 전개식의 일반항은
${}_6C_r a^{6-r}\left(-\dfrac{1}{a}\right)^r = {}_6C_r a^{6-r}(-1)^r \dfrac{1}{a^r}$
$\qquad\qquad = {}_6C_r(-1)^r \dfrac{a^{6-r}}{a^r}$
상수항은 $6-r=r$인 경우이므로 $r=3$
따라서 상수항은 ${}_6C_3(-1)^3 = -20$

답 -20

0112
$$\begin{array}{ccccccccc}
 & & & & 1 & & 1 & & \\
 & & & 1 & & 2 & & 1 & \\
 & & 1 & & 3 & & \boxed{3} & & 1 \\
 & 1 & & \boxed{4} & & \boxed{6} & & 4 & & 1 \\
1 & & \boxed{5} & & \boxed{10} & & 10 & & \boxed{5} & & 1
\end{array}$$

$\therefore (a+b)^5 = a^5 + 5a^4 b + 10a^3 b^2 + 10a^2 b^3 + 5ab^4 + b^5$

답 풀이 참조

0113
$$\begin{array}{ccccccccccc}
 & & & & & 1 & & 1 & & & \\
 & & & & 1 & & 2 & & 1 & & \\
 & & & 1 & & 3 & & \boxed{3} & & 1 & \\
 & & 1 & & \boxed{4} & & \boxed{6} & & 4 & & 1 \\
 & 1 & & \boxed{5} & & \boxed{10} & & 10 & & \boxed{5} & & 1 \\
1 & & \boxed{6} & & \boxed{15} & & \boxed{20} & & 15 & & 6 & & 1
\end{array}$$

$\therefore (a+2b)^6 = a^6 + 6a^5(2b) + 15a^4(2b)^2 + 20a^3(2b)^3$
$\qquad\qquad + 15a^2(2b)^4 + 6a(2b)^5 + (2b)^6$
$\qquad = a^6 + 12a^5 b + 60a^4 b^2 + 160a^3 b^3 + 240a^2 b^4$
$\qquad\qquad + 192ab^5 + 64b^6$

답 풀이 참조

0114 ${}_3C_0 + {}_3C_1 + {}_4C_2 + {}_5C_3$
$= {}_4C_1 + {}_4C_2 + {}_5C_3 \;(\because\; {}_3C_0 + {}_3C_1 = {}_4C_1)$
$= {}_5C_2 + {}_5C_3 \;(\because\; {}_4C_1 + {}_4C_2 = {}_5C_2)$
$= {}_6C_3$
$\therefore n = 6$

답 6

참고 파스칼의 삼각형에서
${}_{n-1}C_{r-1} + {}_{n-1}C_r = {}_nC_r$

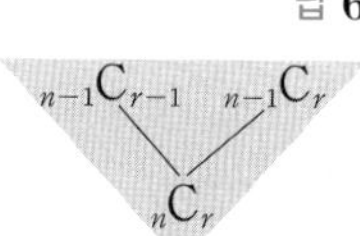

0115 ${}_4C_2 + {}_4C_1 + {}_5C_1 + {}_6C_1$
$= {}_5C_2 + {}_5C_1 + {}_6C_1 \;(\because\; {}_4C_2 + {}_4C_1 = {}_5C_2)$
$= {}_6C_2 + {}_6C_1 \;(\because\; {}_5C_2 + {}_5C_1 = {}_6C_2)$
$= {}_7C_2$
$\therefore n = 7$

답 7

0116 $_8C_0+_8C_1+_8C_2+\cdots+_8C_8=2^8=256$ 답 **256**

0117 $_9C_0-_9C_1+_9C_2-_9C_3+\cdots-_9C_9=0$ 답 **0**

0118 $_{10}C_0+_{10}C_2+_{10}C_4+_{10}C_6+_{10}C_8+_{10}C_{10}$
$=2^{10-1}=2^9=512$ 답 **512**

0119 $_7C_1+_7C_3+_7C_5+_7C_7=2^{7-1}=2^6=64$ 답 **64**

0120 n이 짝수일 때,
$(1+x)^n=_nC_0+_nC_1x+\boxed{_nC_2}x^2+\cdots+_nC_nx^n$ ······ ㉠

㉠에 $x=1$을 대입하면
$2^n=_nC_0+_nC_1+_nC_2+\cdots+_nC_n$ ······ ㉡

㉠에 $x=\boxed{-1}$을 대입하면
$0=_nC_0-_nC_1+_nC_2-\cdots+_nC_n$ ······ ㉢

㉡+㉢을 하면
$2^n=2\,_nC_0+2\boxed{_nC_2}+2\,_nC_4+\cdots+2\,_nC_n$

양변을 2로 나누면
$2^{n-1}=_nC_0+\boxed{_nC_2}+_nC_4+\cdots+_nC_n$

㉡$-$㉢을 하면
$2^n=2\,_nC_1+2\,_nC_3+2\boxed{_nC_5}+\cdots+2\,_nC_{n-1}$

양변을 2로 나누면
$\boxed{2^{n-1}}=_nC_1+_nC_3+\boxed{_nC_5}+\cdots+_nC_{n-1}$
$\therefore 2^{n-1}=_nC_0+_nC_2+_nC_4+\cdots+_nC_n$
$\qquad\quad=_nC_1+_nC_3+_nC_5+\cdots+_nC_{n-1}$

답 $_nC_2,\ -1,\ _nC_2,\ _nC_2,\ _nC_5,\ 2^{n-1},\ _nC_5$

0121 $\left(mx^2+\dfrac{1}{x}\right)^5$의 전개식의 일반항은
$_5C_r(mx^2)^{5-r}\left(\dfrac{1}{x}\right)^r=_5C_r\,m^{5-r}x^{10-2r}\dfrac{1}{x^r}$
$\qquad\qquad\qquad\qquad\quad=_5C_r\,m^{5-r}\dfrac{x^{10-2r}}{x^r}$

x^4항은 $(10-2r)-r=4$인 경우이므로 $r=2$
따라서 x^4의 계수는 $_5C_2\,m^3=80$
$10m^3=80,\ m^3=8$
$\therefore m=2$ 답 ②

0122 $(1+x)^n$의 전개식의 일반항은
$_nC_r\,1^{n-r}x^r=_nC_r\,x^r$

---

x^2항은 $r=2$인 경우이므로
x^2의 계수는 $_nC_2=66$
$\dfrac{n(n-1)}{2!}=66$
$n(n-1)=132,\ (n+11)(n-12)=0$
$\therefore n=12\ (\because n$은 자연수)   답 **12**

0123 $(3x+k)^6$의 전개식의 일반항은
$_6C_r(3x)^{6-r}k^r=_6C_r\,3^{6-r}k^r x^{6-r}$

                   ㉮

x^3항은 $6-r=3$인 경우이므로 $r=3$
따라서 x^3의 계수는 $_6C_3\,3^3k^3$

                   ㉯

x^2항은 $6-r=2$인 경우이므로 $r=4$
따라서 x^2의 계수는 $_6C_4\,3^2k^4$

                   ㉰

x^3의 계수와 x^2의 계수가 같으므로
$_6C_3\,3^3k^3=_6C_4\,3^2k^4,\ 20\times3^3\times k^3=15\times3^2\times k^4$
$\therefore k=4$

                   ㉱
답 **4**

단계	채점요소	배점
㉮	전개식의 일반항 구하기	25 %
㉯	x^3의 계수 구하기	25 %
㉰	x^2의 계수 구하기	25 %
㉱	k의 값 구하기	25 %

0124 $\left(x^2+\dfrac{2}{x^3}\right)^n$의 전개식의 일반항은
$_nC_r(x^2)^{n-r}\left(\dfrac{2}{x^3}\right)^r=_nC_r\,x^{2n-2r}\dfrac{2^r}{x^{3r}}$
$\qquad\qquad\qquad\qquad\quad=_nC_r\,2^r\dfrac{x^{2n-2r}}{x^{3r}}$

상수항은 $2n-2r=3r$인 경우이므로 $r=\dfrac{2}{5}n$
이때 5와 2는 서로소이므로 n은 5의 배수, r는 2의 배수이다.
따라서 자연수 n의 최솟값은 5이다.   답 ②

0125 $(\sqrt{6}+x)^6$의 전개식의 일반항은
$_6C_r(\sqrt{6})^{6-r}x^r$
이때 계수 $_6C_r(\sqrt{6})^{6-r}$은 $6-r\,(0\le r\le6)$가 0 또는 짝수일 때 정수가 된다.
$\therefore r=0$ 또는 $r=2$ 또는 $r=4$ 또는 $r=6$
즉, 계수가 정수인 항은 상수항, x^2, x^4, x^6이므로
상수항은 $_6C_0(\sqrt{6})^6=216$
x^2의 계수는 $_6C_2(\sqrt{6})^4=540$

x^4의 계수는 $_6\mathrm{C}_4(\sqrt{6})^2=90$

x^6의 계수는 $_6\mathrm{C}_6=1$

따라서 계수가 정수인 모든 항의 계수의 합은

$216+540+90+1=847$ 답 ①

0126 $\left(x+\dfrac{1}{x}\right)^4$의 전개식의 일반항은

$$_4\mathrm{C}_r\,x^{4-r}\left(\dfrac{1}{x}\right)^r=_4\mathrm{C}_r\dfrac{x^{4-r}}{x^r} \qquad \cdots\cdots \text{㉠}$$

이때 $(x+2)\left(x+\dfrac{1}{x}\right)^4=x\left(x+\dfrac{1}{x}\right)^4+2\left(x+\dfrac{1}{x}\right)^4$이므로

전개식에서 x^2항은 $x\times$(㉠의 x항), $2\times$(㉠의 x^2항)일 때 나타난다.

(i) ㉠에서 x항은 $(4-r)-r=1$인 경우이므로 $r=\dfrac{3}{2}$

그런데 r는 $0\le r\le 4$인 정수이므로 ㉠에서 x항은 존재하지 않는다.

(ii) ㉠에서 x^2항은 $(4-r)-r=2$인 경우이므로 $r=1$

따라서 $\left(x+\dfrac{1}{x}\right)^4$의 전개식에서 x^2의 계수는

$_4\mathrm{C}_1=4$

(i), (ii)에서 구하는 x^2의 계수는

$2\times 4=8$ 답 ⑤

0127 $\dfrac{(1+x)^8-1}{x}$의 전개식에서 x^3의 계수는 $(1+x)^8$의 전개식에서 x^4의 계수와 같다.

$(1+x)^8$의 전개식의 일반항은

$_8\mathrm{C}_r 1^{8-r}x^r=_8\mathrm{C}_r x^r$

이고, x^4항은 $r=4$인 경우이므로 x^4의 계수는

$_8\mathrm{C}_4=70$

따라서 $\dfrac{(1+x)^8-1}{x}$의 전개식에서 x^3의 계수는 70이다. 답 ④

0128 $(x^2+2)^7$의 전개식의 일반항은

$$_7\mathrm{C}_r(x^2)^{7-r}2^r=_7\mathrm{C}_r 2^r x^{14-2r} \qquad \cdots\cdots \text{㉠}$$

이때 $(2x^2-x)(x^2+2)^7=2x^2(x^2+2)^7-x(x^2+2)^7$이므로

전개식에서 x^4항은 $2x^2\times$(㉠의 x^2항), $-x\times$(㉠의 x^3항)일 때 나타난다.

(i) ㉠에서 x^2항은 $14-2r=2$인 경우이므로 $r=6$

따라서 $(x^2+2)^7$의 전개식에서 x^2의 계수는

$_7\mathrm{C}_6 2^6=448$

(ii) ㉠에서 x^3항은 $14-2r=3$인 경우이므로 $r=\dfrac{11}{2}$

그런데 r는 $0\le r\le 7$인 정수이므로 ㉠에서 x^3항은 존재하지 않는다.

(i), (ii)에서 구하는 x^4의 계수는

$2\times 448=896$ 답 ②

0129 $(3x+2)^5$의 전개식의 일반항은

$$_5\mathrm{C}_r(3x)^{5-r}2^r=_5\mathrm{C}_r 2^r 3^{5-r}x^{5-r} \qquad \cdots\cdots \text{㉠}$$

이때 $(ax^3-3x)(3x+2)^5=ax^3(3x+2)^5-3x(3x+2)^5$이므로

전개식에서 x^4항은 $ax^3\times$(㉠의 x항), $-3x\times$(㉠의 x^3항)일 때 나타난다.

(i) ㉠에서 x항은 $5-r=1$인 경우이므로 $r=4$

따라서 $(3x+2)^5$의 전개식에서 x의 계수는

$_5\mathrm{C}_4 2^4\times 3^1=240$

(ii) ㉠에서 x^3항은 $5-r=3$인 경우이므로 $r=2$

따라서 $(3x+2)^5$의 전개식에서 x^3의 계수는

$_5\mathrm{C}_2 2^2\times 3^3=1080$

(i), (ii)에서 구하는 x^4의 계수는

$a\times 240+(-3)\times 1080=-2040$

$240a=1200$ $\quad \therefore a=5$ 답 ④

0130 $\left(x+\dfrac{1}{x}\right)^6$의 전개식의 일반항은

$$_6\mathrm{C}_r x^{6-r}\left(\dfrac{1}{x}\right)^r=_6\mathrm{C}_r\dfrac{x^{6-r}}{x^r} \qquad \cdots\cdots \text{㉠}$$

이때

$(x^2+x+1)\left(x+\dfrac{1}{x}\right)^6=x^2\left(x+\dfrac{1}{x}\right)^6+x\left(x+\dfrac{1}{x}\right)^6+\left(x+\dfrac{1}{x}\right)^6$

이므로 전개식에서 상수항은 $x^2\times\left(\text{㉠의 }\dfrac{1}{x^2}\text{항}\right)$,

$x\times\left(\text{㉠의 }\dfrac{1}{x}\text{항}\right)$, (㉠의 상수항)일 때 나타난다.

(i) ㉠에서 $\dfrac{1}{x^2}$항은 $r-(6-r)=2$인 경우이므로 $r=4$

따라서 $\left(x+\dfrac{1}{x}\right)^6$의 전개식에서 $\dfrac{1}{x^2}$의 계수는

$_6\mathrm{C}_4=_6\mathrm{C}_2=15$

(ii) ㉠에서 $\dfrac{1}{x}$항은 $r-(6-r)=1$인 경우이므로 $r=\dfrac{7}{2}$

그런데 r는 $0\le r\le 6$인 정수이므로 ㉠에서 $\dfrac{1}{x}$항은 존재하지 않는다.

(iii) ㉠에서 상수항은 $6-r=r$인 경우이므로 $r=3$

따라서 $\left(x+\dfrac{1}{x}\right)^6$의 전개식에서 상수항은 $_6\mathrm{C}_3=20$

(i)~(iii)에서 구하는 상수항은 $15+20=35$ 답 ③

0131 $(x-2)^3$의 전개식의 일반항은

$$_3\mathrm{C}_r x^{3-r}(-2)^r=_3\mathrm{C}_r(-2)^r x^{3-r} \qquad \cdots\cdots \text{㉠}$$

$(2x+1)^5$의 전개식의 일반항은

$$_5\mathrm{C}_s(2x)^{5-s}1^s=_5\mathrm{C}_s 2^{5-s}x^{5-s} \qquad \cdots\cdots \text{㉡}$$

$(x-2)^3(2x+1)^5$의 전개식에서 x^2항은

(㉠의 상수항)$\times$(㉡의 x^2항)$+$(㉠의 x항)$\times$(㉡의 x항)

$+$(㉠의 x^2항)$\times$(㉡의 상수항)

이므로 x^2의 계수는

$_3C_3(-2)^3 \times {}_5C_3 2^2 + {}_3C_2(-2)^2 \times {}_5C_4 2 + {}_3C_1(-2) \times {}_5C_5$
$=-320+120-6$
$=-206$ 답 -206

0132 $(x-3)^5$의 전개식의 일반항은
$_5C_r x^{5-r}(-3)^r = {}_5C_r(-3)^r x^{5-r}$ …… ㉠
$(x+a)^4$의 전개식의 일반항은
$_4C_s x^{4-s} a^s = {}_4C_s a^s x^{4-s}$ …… ㉡
$(x-3)^5(x+a)^4$의 전개식에서 x^8항은
(㉠의 x^5항)$\times$(㉡의 x^3항)$+$(㉠의 x^4항)$\times$(㉡의 x^4항)
이므로 x^8의 계수는
$_5C_0 \times {}_4C_1 a + {}_5C_1(-3) \times {}_4C_0 = 1$
$4a=16$ $\therefore a=4$ 답 ④

0133 $_1C_0 = {}_2C_0 = 1$이므로
$_1C_0 + {}_2C_1 + {}_3C_2 + {}_4C_3 + {}_5C_4 + {}_6C_5$
$=_2C_0 + {}_2C_1 + {}_3C_2 + {}_4C_3 + {}_5C_4 + {}_6C_5$
$=_3C_1 + {}_3C_2 + {}_4C_3 + {}_5C_4 + {}_6C_5$
$=_4C_2 + {}_4C_3 + {}_5C_4 + {}_6C_5$
$=_5C_3 + {}_5C_4 + {}_6C_5$
$=_6C_4 + {}_6C_5$
$=_7C_5 = {}_7C_2$ 답 ④

0134 $_{n-1}C_5 + {}_{n-1}C_6 = {}_nC_6$이므로 $_nC_5 = {}_nC_6$
즉, $_nC_5 = {}_nC_{n-5} = {}_nC_6$이므로
$n-5=6$ $\therefore n=11$ 답 **11**

0135 $_2C_2 = {}_3C_3 = 1$이므로
$_2C_2 + {}_3C_2 + {}_4C_2 + {}_5C_2 + \cdots + {}_{10}C_2$
$=_3C_3 + {}_3C_2 + {}_4C_2 + {}_5C_2 + \cdots + {}_{10}C_2$
$=_4C_3 + {}_4C_2 + {}_5C_2 + \cdots + {}_{10}C_2$
$=_5C_3 + {}_5C_2 + \cdots + {}_{10}C_2$
$\quad\vdots$
$=_{10}C_3 + {}_{10}C_2$
$=_{11}C_3$ 답 ③

0136 $_7C_1 + {}_8C_2 + {}_9C_3 + {}_{10}C_4 + {}_{11}C_5$
$=_7C_0 + {}_7C_1 + {}_8C_2 + {}_9C_3 + {}_{10}C_4 + {}_{11}C_5 - {}_7C_0$
$=_8C_1 + {}_8C_2 + {}_9C_3 + {}_{10}C_4 + {}_{11}C_5 - {}_7C_0$
$=_9C_2 + {}_9C_3 + {}_{10}C_4 + {}_{11}C_5 - {}_7C_0$
$=_{10}C_3 + {}_{10}C_4 + {}_{11}C_5 - {}_7C_0$
$=_{11}C_4 + {}_{11}C_5 - {}_7C_0$
$=_{12}C_5 - {}_7C_0$
$=_{12}C_5 - 1$ 답 ①

0137 $(1+x)^n$의 전개식의 일반항은 $_nC_r x^r$이고
$2 \le n \le 20$인 경우에만 x^2항이 나오므로
$(1+x)^2$의 전개식에서 x^2의 계수는 $_2C_2$
$(1+x)^3$의 전개식에서 x^2의 계수는 $_3C_2$
$(1+x)^4$의 전개식에서 x^2의 계수는 $_4C_2$
$\quad\vdots$
$(1+x)^{20}$의 전개식에서 x^2의 계수는 $_{20}C_2$
따라서 구하는 x^2의 계수는
$_2C_2 + {}_3C_2 + {}_4C_2 + {}_5C_2 + {}_6C_2 + \cdots + {}_{20}C_2$
$=_3C_3 + {}_3C_2 + {}_4C_2 + {}_5C_2 + {}_6C_2 + \cdots + {}_{20}C_2 \ (\because {}_2C_2 = {}_3C_3 = 1)$
$=_4C_3 + {}_4C_2 + {}_5C_2 + {}_6C_2 + \cdots + {}_{20}C_2$
$=_5C_3 + {}_5C_2 + {}_6C_2 + \cdots + {}_{20}C_2$
$=_6C_3 + {}_6C_2 + \cdots + {}_{20}C_2$
$\quad\vdots$
$=_{20}C_3 + {}_{20}C_2$
$=_{21}C_3$ 답 ⑤

0138 $_nC_0 + {}_nC_1 + {}_nC_2 + {}_nC_3 + \cdots + {}_nC_n = 2^n$이므로
$_nC_1 + {}_nC_2 + {}_nC_3 + \cdots + {}_nC_n = 2^n - {}_nC_0 = 2^n - 1$
따라서 주어진 부등식은 $100 < 2^n - 1 < 200$
$\therefore 101 < 2^n < 201$
이때 $2^6 = 64$, $2^7 = 128$, $2^8 = 256$이므로
$n=7$ 답 ②

0139 $_{99}C_k = {}_{99}C_{99-k} \ (k=0,\ 1,\ 2,\ \cdots,\ 99)$이므로
$_{99}C_0 + {}_{99}C_1 + {}_{99}C_2 + \cdots + {}_{99}C_{49}$
$=_{99}C_{99} + {}_{99}C_{98} + {}_{99}C_{97} + \cdots + {}_{99}C_{50}$
이때 $_{99}C_0 + {}_{99}C_1 + {}_{99}C_2 + \cdots + {}_{99}C_{99} = 2^{99}$이므로
$_{99}C_0 + {}_{99}C_1 + {}_{99}C_2 + \cdots + {}_{99}C_{49} = \dfrac{1}{2} \times 2^{99} = 2^{98}$ 답 2^{98}

0140 $_{20}C_0 - {}_{20}C_1 + {}_{20}C_2 - {}_{20}C_3 + \cdots - {}_{20}C_{19} + {}_{20}C_{20} = 0$이므로
$_{20}C_1 - {}_{20}C_2 + {}_{20}C_3 - {}_{20}C_4 + \cdots + {}_{20}C_{19} = {}_{20}C_0 + {}_{20}C_{20}$
$\qquad\qquad\qquad\qquad\qquad = 1+1 = 2$ 답 ④

0141 $_{2n}C_1 + {}_{2n}C_3 + {}_{2n}C_5 + \cdots + {}_{2n}C_{2n-1} = 2^{2n-1}$이므로
$2^{2n-1} = 512 = 2^9$
즉, $2n-1=9$이므로 $n=5$ 답 **5**

0142 $_{15}C_0 + {}_{15}C_2 + {}_{15}C_4 + \cdots + {}_{15}C_{14} = 2^{15-1} = 2^{14}$ ㉮

또한, $_9C_k = {}_9C_{9-k} \ (k=0,\ 1,\ 2,\ \cdots,\ 9)$이므로
$_9C_0 + {}_9C_1 + {}_9C_2 + {}_9C_3 + {}_9C_4 = {}_9C_9 + {}_9C_8 + {}_9C_7 + {}_9C_6 + {}_9C_5$
이때 $_9C_0 + {}_9C_1 + {}_9C_2 + \cdots + {}_9C_9 = 2^9$이므로
$_9C_0 + {}_9C_1 + {}_9C_2 + {}_9C_3 + {}_9C_4 = \dfrac{1}{2} \times 2^9 = 2^8$ ㉯

따라서 $\dfrac{{}_{15}C_0+{}_{15}C_2+{}_{15}C_4+\cdots+{}_{15}C_{14}}{{}_{9}C_0+{}_{9}C_1+{}_{9}C_2+{}_{9}C_3+{}_{9}C_4}=\dfrac{2^{14}}{2^8}=2^6$이므로

$n=6$

답 **6**

단계	채점요소	배점
㉮	분자의 값 구하기	40 %
㉯	분모의 값 구하기	40 %
㉰	자연수 n의 값 구하기	20 %

0143 11명의 직원 중 회의에 참석하는 직원이
6명인 경우의 수는 ${}_{11}C_6$,
7명인 경우의 수는 ${}_{11}C_7$,
$\vdots$
11명인 경우의 수는 ${}_{11}C_{11}$
이므로 회의에 참석하는 직원이 6명 이상인 경우의 수는
${}_{11}C_6+{}_{11}C_7+{}_{11}C_8+{}_{11}C_9+{}_{11}C_{10}+{}_{11}C_{11}$
한편, ${}_{11}C_k={}_{11}C_{11-k}\ (k=0,\ 1,\ 2,\ \cdots,\ 11)$이므로
${}_{11}C_6+{}_{11}C_7+{}_{11}C_8+{}_{11}C_9+{}_{11}C_{10}+{}_{11}C_{11}$
$={}_{11}C_5+{}_{11}C_4+{}_{11}C_3+{}_{11}C_2+{}_{11}C_1+{}_{11}C_0$
이때 ${}_{11}C_0+{}_{11}C_1+{}_{11}C_2+\cdots+{}_{11}C_{11}=2^{11}$이므로
${}_{11}C_6+{}_{11}C_7+{}_{11}C_8+{}_{11}C_9+{}_{11}C_{10}+{}_{11}C_{11}=\dfrac{1}{2}\times2^{11}$
$\qquad\qquad\qquad\qquad=2^{10}=1024$ 답 **1024**

0144 원소가 1개인 부분집합의 개수는 ${}_{8}C_1$,
원소가 3개인 부분집합의 개수는 ${}_{8}C_3$,
원소가 5개인 부분집합의 개수는 ${}_{8}C_5$,
원소가 7개인 부분집합의 개수는 ${}_{8}C_7$
이므로 원소의 개수가 홀수인 부분집합의 개수는
${}_{8}C_1+{}_{8}C_3+{}_{8}C_5+{}_{8}C_7=2^{8-1}=2^7=128$ 답 **128**

0145 ㄱ. ${}_{11}C_1+{}_{11}C_3+{}_{11}C_5+{}_{11}C_7+{}_{11}C_9+{}_{11}C_{11}=2^{11-1}=2^{10}$
　　이므로
　　${}_{11}C_1+{}_{11}C_3+{}_{11}C_5+{}_{11}C_7+{}_{11}C_9=2^{10}-{}_{11}C_{11}=2^{10}-1$
ㄴ. ${}_{7}C_0-{}_{7}C_1+{}_{7}C_2-\cdots-{}_{7}C_7=0$
ㄷ. ${}_{2n}C_0+{}_{2n}C_1+{}_{2n}C_2+\cdots+{}_{2n}C_{2n}=2^{2n}=4^n$
따라서 옳은 것은 ㄴ, ㄷ이다. 답 **ㄴ, ㄷ**

■ 유형 **up**　　　　본문 23쪽

0146 31^{20}
$=(30+1)^{20}$
$={}_{20}C_0 30^{20}+{}_{20}C_1 30^{19}+\cdots+{}_{20}C_{18} 30^2+{}_{20}C_{19} 30+{}_{20}C_{20}$
$=30^2({}_{20}C_0 30^{18}+{}_{20}C_1 30^{17}+\cdots+{}_{20}C_{18})+{}_{20}C_{19} 30+{}_{20}C_{20}$

이때 $30^2({}_{20}C_0 30^{18}+{}_{20}C_1 30^{17}+\cdots+{}_{20}C_{18})$은 900으로 나누어
떨어지므로 31^{20}을 900으로 나누었을 때의 나머지는
${}_{20}C_{19} 30+{}_{20}C_{20}=601$ 답 ⑤

0147 ${}_{20}C_0+7\times{}_{20}C_1+7^2\times{}_{20}C_2+\cdots+7^{20}\times{}_{20}C_{20}$
$={}_{20}C_0 1^{20}+{}_{20}C_1 1^{19}7+{}_{20}C_2 1^{18}7^2+\cdots+{}_{20}C_{20}7^{20}$
$=(1+7)^{20}=8^{20}=2^{60}$ 답 ③

0148 11^{30}
$=(10+1)^{30}$
$={}_{30}C_0 10^{30}+{}_{30}C_1 10^{29}+\cdots+{}_{30}C_{28} 10^2+{}_{30}C_{29} 10+{}_{30}C_{30}$
$=10^3({}_{30}C_0 10^{27}+{}_{30}C_1 10^{26}+\cdots+{}_{30}C_{27})$
$\qquad\qquad\qquad\qquad+{}_{30}C_{28} 10^2+{}_{30}C_{29} 10+{}_{30}C_{30}$
$=10^3({}_{30}C_0 10^{27}+{}_{30}C_1 10^{26}+\cdots+{}_{30}C_{27})+43500+300+1$
$=10^3({}_{30}C_0 10^{27}+{}_{30}C_1 10^{26}+\cdots+{}_{30}C_{27})+43801$
이때 $10^3({}_{30}C_0 10^{27}+{}_{30}C_1 10^{26}+\cdots+{}_{30}C_{27})$은 1000으로 나누어
떨어지므로 11^{30}의 백의 자리의 숫자는 8, 십의 자리의 숫자는 0,
일의 자리의 숫자는 1이다.
따라서 $a=8,\ b=0,\ c=1$이므로
$a-b-c=7$ 답 **7**

0149 8^{13}
$=(7+1)^{13}$
$={}_{13}C_0 7^{13}+{}_{13}C_1 7^{12}+{}_{13}C_2 7^{11}+\cdots+{}_{13}C_{12} 7+{}_{13}C_{13}$
$=7({}_{13}C_0 7^{12}+{}_{13}C_1 7^{11}+{}_{13}C_2 7^{10}+\cdots+{}_{13}C_{12})+{}_{13}C_{13}$
이때 $7({}_{13}C_0 7^{12}+{}_{13}C_1 7^{11}+{}_{13}C_2 7^{10}+\cdots+{}_{13}C_{12})$는 7로 나누어
떨어지므로 8^{13}을 7로 나누었을 때의 나머지는 ${}_{13}C_{13}=1$이다.
따라서 어느 월요일로부터 8^{13}일 후는 화요일이다. 답 ②

■ 시험에 **꼭** 나오는 문제　　　　본문 24~25쪽

0150 $(2+ax)^5$의 전개식의 일반항은
${}_{5}C_r 2^{5-r}(ax)^r={}_{5}C_r 2^{5-r}a^r x^r$
x^2항은 $r=2$인 경우이므로
x^2의 계수는 ${}_{5}C_2 2^3 a^2=2000$
$80a^2=2000,\ a^2=25$
$\therefore a=5\ (\because a>0)$ 답 ②

0151 $\left(ax+\dfrac{1}{x}\right)^4$의 전개식의 일반항은
${}_{4}C_r(ax)^{4-r}\left(\dfrac{1}{x}\right)^r={}_{4}C_r a^{4-r}\dfrac{x^{4-r}}{x^r}$
상수항은 $4-r=r$인 경우이므로 $r=2$

따라서 상수항은 $_4\mathrm{C}_2 a^2=54$

$6a^2=54,\ a^2=9$

$\therefore a=3\ (\because a>0)$ 답 **3**

0152 $(2x+1)^4$의 전개식의 일반항은

$_4\mathrm{C}_r(2x)^{4-r}1^r=_4\mathrm{C}_r 2^{4-r}x^{4-r}$ ······ ㉠

$(ax^2+1)(2x+1)^4=ax^2(2x+1)^4+(2x+1)^4$ ······ ㉡

㉡의 전개식에서 x^4항은 $ax^2\times(㉠의\ x^2항),\ (㉠의\ x^4항)$일 때 나타난다.

(i) ㉠에서 x^2항은 $4-r=2$인 경우이므로 $r=2$

　　따라서 $(2x+1)^4$의 전개식에서 x^2의 계수는

　　　　$_4\mathrm{C}_2 2^2=24$

(ii) ㉠에서 x^4의 계수는 $_4\mathrm{C}_0 2^4=16$

(i), (ii)에서 ㉡의 전개식에서 x^4의 계수는

$a\times24+16=-56$

$24a=-72$　　$\therefore a=-3$

따라서 ㉡의 전개식에서 x^2항은 $-3x^2\times(㉠의\ 상수항),$

$(㉠의\ x^2항)$일 때 나타나므로 x^2의 계수는

$(-3)\times_4\mathrm{C}_4+_4\mathrm{C}_2 2^2=-3+24=21$ 답 **21**

0153 $(x-1)^3$의 전개식의 일반항은

$_3\mathrm{C}_r x^{3-r}(-1)^r=_3\mathrm{C}_r(-1)^r x^{3-r}$ ······ ㉠

$\left(x+\dfrac{3}{x}\right)^5$의 전개식의 일반항은

$_5\mathrm{C}_s x^{5-s}\left(\dfrac{3}{x}\right)^s=_5\mathrm{C}_s 3^s\dfrac{x^{5-s}}{x^s}$ ······ ㉡

$(x-1)^3\left(x+\dfrac{3}{x}\right)^5$의 전개식에서 x^6항은

$(㉠의\ x항)\times(㉡의\ x^5항),\ (㉠의\ x^2항)\times(㉡의\ x^4항),$

$(㉠의\ x^3항)\times(㉡의\ x^3항)$일 때 나타난다.

그런데 ㉡에서 x^4항은 $s=\dfrac{1}{2}$인 경우이고 이는 $0\le s\le5$인 정수

가 아니므로 x^4항은 존재하지 않는다.

따라서 $(x-1)^3\left(x+\dfrac{3}{x}\right)^5$의 전개식의 x^6항은

$(㉠의\ x항)\times(㉡의\ x^5항)+(㉠의\ x^3항)\times(㉡의\ x^3항)$

이므로 x^6의 계수는

$_3\mathrm{C}_2(-1)^2\times_5\mathrm{C}_0+_3\mathrm{C}_0\times_5\mathrm{C}_1 3^1=3+15=18$ 답 **18**

0154 $_2\mathrm{C}_2+_3\mathrm{C}_2+_4\mathrm{C}_2+\cdots+_{40}\mathrm{C}_2$

$=_3\mathrm{C}_3+_3\mathrm{C}_2+_4\mathrm{C}_2+\cdots+_{40}\mathrm{C}_2\ (\because _2\mathrm{C}_2=_3\mathrm{C}_3=1)$

$=_4\mathrm{C}_3+_4\mathrm{C}_2+_5\mathrm{C}_2+\cdots+_{40}\mathrm{C}_2$

$=_5\mathrm{C}_3+_5\mathrm{C}_2+\cdots+_{40}\mathrm{C}_2$

$\vdots$

$=_{40}\mathrm{C}_3+_{40}\mathrm{C}_2$

$=_{41}\mathrm{C}_3$

$\therefore n=41$ 답 **41**

0155 $_3\mathrm{C}_1+_4\mathrm{C}_2+_5\mathrm{C}_3+_6\mathrm{C}_4+_7\mathrm{C}_5+_8\mathrm{C}_6+_9\mathrm{C}_7$

$=(_4\mathrm{C}_1+_4\mathrm{C}_2+_5\mathrm{C}_3+_6\mathrm{C}_4+_7\mathrm{C}_5+_8\mathrm{C}_6+_9\mathrm{C}_7)-_4\mathrm{C}_1+_3\mathrm{C}_1$

$=(_5\mathrm{C}_2+_5\mathrm{C}_3+_6\mathrm{C}_4+_7\mathrm{C}_5+_8\mathrm{C}_6+_9\mathrm{C}_7)-_4\mathrm{C}_1+_3\mathrm{C}_1$

$=(_6\mathrm{C}_3+_6\mathrm{C}_4+_7\mathrm{C}_5+_8\mathrm{C}_6+_9\mathrm{C}_7)-_4\mathrm{C}_1+_3\mathrm{C}_1$

$=(_7\mathrm{C}_4+_7\mathrm{C}_5+_8\mathrm{C}_6+_9\mathrm{C}_7)-_4\mathrm{C}_1+_3\mathrm{C}_1$

$=(_8\mathrm{C}_5+_8\mathrm{C}_6+_9\mathrm{C}_7)-_4\mathrm{C}_1+_3\mathrm{C}_1$

$=(_9\mathrm{C}_6+_9\mathrm{C}_7)-_4\mathrm{C}_1+_3\mathrm{C}_1$

$=_{10}\mathrm{C}_7-_4\mathrm{C}_1+_3\mathrm{C}_1$

$=_{10}\mathrm{C}_7-1$ 답 ①

0156 $(1+2x)^n$의 전개식의 일반항은

$_n\mathrm{C}_r 1^{n-r}(2x)^r=_n\mathrm{C}_r 2^r x^r$

이고 $2\le n\le10$인 경우에만 x^2항이 나오므로

$(1+2x)^2$의 전개식에서 x^2의 계수는 $_2\mathrm{C}_2 2^2$

$(1+2x)^3$의 전개식에서 x^2의 계수는 $_3\mathrm{C}_2 2^2$

$(1+2x)^4$의 전개식에서 x^2의 계수는 $_4\mathrm{C}_2 2^2$

$\vdots$

$(1+2x)^{10}$의 전개식에서 x^2의 계수는 $_{10}\mathrm{C}_2 2^2$

따라서 구하는 x^2의 계수는

$_2\mathrm{C}_2 2^2+_3\mathrm{C}_2 2^2+_4\mathrm{C}_2 2^2+_5\mathrm{C}_2 2^2+\cdots+_{10}\mathrm{C}_2 2^2$

$=2^2(_2\mathrm{C}_2+_3\mathrm{C}_2+_4\mathrm{C}_2+_5\mathrm{C}_2+\cdots+_{10}\mathrm{C}_2)$

$=2^2(_3\mathrm{C}_3+_3\mathrm{C}_2+_4\mathrm{C}_2+_5\mathrm{C}_2+\cdots+_{10}\mathrm{C}_2)\ (\because _2\mathrm{C}_2=_3\mathrm{C}_3=1)$

$=2^2(_4\mathrm{C}_3+_4\mathrm{C}_2+_5\mathrm{C}_2+\cdots+_{10}\mathrm{C}_2)$

$=2^2(_5\mathrm{C}_3+_5\mathrm{C}_2+\cdots+_{10}\mathrm{C}_2)$

$\vdots$

$=2^2(_{10}\mathrm{C}_3+_{10}\mathrm{C}_2)$

$=2^2\,_{11}\mathrm{C}_3=660$ 답 ③

0157 $_{2n+1}\mathrm{C}_0+_{2n+1}\mathrm{C}_2+_{2n+1}\mathrm{C}_4+_{2n+1}\mathrm{C}_6+\cdots+_{2n+1}\mathrm{C}_{2n}$

$=2^{(2n+1)-1}=2^{2n}$

이므로

$_{2n+1}\mathrm{C}_2+_{2n+1}\mathrm{C}_4+_{2n+1}\mathrm{C}_6+\cdots+_{2n+1}\mathrm{C}_{2n}$

$=2^{2n}-_{2n+1}\mathrm{C}_0$

$=2^{2n}-1$

즉, $2^{2n}-1=255$이므로 $2^{2n}=256=2^8$

$2n=8$　　$\therefore n=4$ 답 **4**

0158 ㄱ. $_{10}\mathrm{C}_0+_{10}\mathrm{C}_1+_{10}\mathrm{C}_2+\cdots+_{10}\mathrm{C}_9+_{10}\mathrm{C}_{10}=2^{10}$이므로

　　$_{10}\mathrm{C}_0+_{10}\mathrm{C}_1+_{10}\mathrm{C}_2+\cdots+_{10}\mathrm{C}_9=2^{10}-_{10}\mathrm{C}_{10}$

　　　　　　　　　　　　　　　　$=2^{10}-1$

ㄴ. $_4\mathrm{C}_0-_4\mathrm{C}_1+_4\mathrm{C}_2-_4\mathrm{C}_3+_4\mathrm{C}_4=0$

ㄷ. $_7\mathrm{C}_0+_7\mathrm{C}_2+_7\mathrm{C}_4+_7\mathrm{C}_6=_7\mathrm{C}_1+_7\mathrm{C}_3+_7\mathrm{C}_5+_7\mathrm{C}_7$이고

　　$_7\mathrm{C}_0=_7\mathrm{C}_7=1$이므로

　　$_7\mathrm{C}_2+_7\mathrm{C}_4+_7\mathrm{C}_6=_7\mathrm{C}_1+_7\mathrm{C}_3+_7\mathrm{C}_5$

따라서 옳은 것은 ㄱ, ㄷ이다. 답 ④

0159 $_{10}C_1 2^9 + _{10}C_2 2^8 + _{10}C_3 2^7 + \cdots + _{10}C_9 2 + _{10}C_{10}$

$= (_{10}C_0 2^{10} + _{10}C_1 2^9 + _{10}C_2 2^8 + _{10}C_3 2^7 + \cdots + _{10}C_9 2 + _{10}C_{10})$
$\qquad\qquad\qquad\qquad\qquad\qquad\qquad\qquad - _{10}C_0 2^{10}$

$= (_{10}C_0 2^{10} + _{10}C_1 2^9 1 + _{10}C_2 2^8 1^2 + _{10}C_3 2^7 1^3 + \cdots + _{10}C_9 2 \times 1^9$
$\qquad\qquad\qquad\qquad\qquad\qquad\qquad + _{10}C_{10} 1^{10}) - 2^{10}$

$= (2+1)^{10} - 2^{10} = 3^{10} - 2^{10}$
$\hfill$ 답 ③

0160 9^{11}

$= (10-1)^{11}$

$= _{11}C_0 10^{11} + _{11}C_1 10^{10}(-1) + _{11}C_2 10^9 (-1)^2 + \cdots$
$\qquad\qquad + _{11}C_9 10^2 (-1)^9 + _{11}C_{10} 10(-1)^{10} + _{11}C_{11}(-1)^{11}$

$= 10^2 \{ _{11}C_0 10^9 + _{11}C_1 10^8 (-1) + _{11}C_2 10^7 (-1)^2 + \cdots$
$\qquad\qquad + _{11}C_9 (-1)^9 \} + _{11}C_{10} 10(-1)^{10} + _{11}C_{11}(-1)^{11}$

이때

$10^2 \{ _{11}C_0 10^9 + _{11}C_1 10^8 (-1) + _{11}C_2 10^7 (-1)^2 + \cdots$
$\qquad\qquad\qquad\qquad\qquad\qquad + _{11}C_9 (-1)^9 \}$

은 100으로 나누어떨어진다.

따라서 9^{11}을 100으로 나누었을 때의 나머지는

$_{11}C_{10} 10(-1)^{10} + _{11}C_{11}(-1)^{11} = 109$를 100으로 나누었을 때의

나머지와 같으므로 9이다.
$\hfill$ 답 **9**

0161 $(1+x)^{15}$의 전개식의 일반항은

$_{15}C_r 1^{15-r} x^r = _{15}C_r x^r$

이고 $(1+x)^{15}(1+x)^{15}$의 전개식에서 x^{15}의 계수는

$_{15}C_0 \times _{15}C_{15} + _{15}C_1 \times _{15}C_{14} + _{15}C_2 \times _{15}C_{13} + \cdots + _{15}C_{15} \times _{15}C_0$

$= _{15}C_0 \times _{15}C_0 + _{15}C_1 \times _{15}C_1 + _{15}C_2 \times _{15}C_2 + \cdots + _{15}C_{15} \times _{15}C_{15}$
$\hfill (\because \, _nC_r = _nC_{n-r})$

$= (_{15}C_0)^2 + (_{15}C_1)^2 + (_{15}C_2)^2 + \cdots + (_{15}C_{15})^2$

그런데 $(1+x)^{15}(1+x)^{15}$의 전개식에서 x^{15}의 계수는 $(1+x)^{30}$
의 전개식에서 x^{15}의 계수와 같으므로

$(_{15}C_0)^2 + (_{15}C_1)^2 + (_{15}C_2)^2 + \cdots + (_{15}C_{15})^2 = _{30}C_{15}$

따라서 $n=30$, $r=15$이므로

$n+r = 45$
$\hfill$ 답 **45**

0162 $\left(x + \dfrac{2}{x} \right)^6$의 전개식의 일반항은

$_6C_r x^{6-r} \left(\dfrac{2}{x} \right)^r = _6C_r 2^r \dfrac{x^{6-r}}{x^r}$
$\hfill$ ㉮

(ⅰ) 상수항은 $6-r = r$인 경우이므로 $r=3$

따라서 $\left(x + \dfrac{2}{x} \right)^6$의 전개식에서 상수항은

$_6C_3 2^3 = 20 \times 8 = 160$ $\quad\therefore a = 160$
$\hfill$ ㉯

(ⅱ) x^2항은 $(6-r) - r = 2$인 경우이므로 $r=2$

따라서 $\left(x + \dfrac{2}{x} \right)^6$의 전개식에서 x^2의 계수는

$_6C_2 2^2 = 15 \times 4 = 60$ $\quad\therefore b = 60$
$\hfill$ ㉰

(ⅰ), (ⅱ)에서 $a+b = 220$
$\hfill$ ㉱

$\hfill$ 답 **220**

단계	채점요소	배점
㉮	전개식의 일반항 구하기	30%
㉯	상수항 구하기	30%
㉰	x^2의 계수 구하기	30%
㉱	$a+b$의 값 구하기	10%

0163 원 위의 서로 다른 8개의 점을 이어 만들 수 있는 다각형
은 삼각형, 사각형, 오각형, $\cdots$, 팔각형이다.
$\hfill$ ㉮

삼각형의 개수는 $_8C_3$, 사각형의 개수는 $_8C_4$
오각형의 개수는 $_8C_5$, 육각형의 개수는 $_8C_6$
칠각형의 개수는 $_8C_7$, 팔각형의 개수는 $_8C_8$
$\hfill$ ㉯

따라서 모든 다각형의 개수는

$_8C_3 + _8C_4 + _8C_5 + _8C_6 + _8C_7 + _8C_8$

$= (_8C_0 + _8C_1 + _8C_2 + \cdots + _8C_8) - (_8C_0 + _8C_1 + _8C_2)$

$= 2^8 - (1 + 8 + 28) = 219$
$\hfill$ ㉰

$\hfill$ 답 **219**

단계	채점요소	배점
㉮	만들 수 있는 다각형 구하기	30%
㉯	각 다각형의 개수 구하기	35%
㉰	다각형의 개수의 합 구하기	35%

0164 $9^2 \times _6C_1 + 9^3 \times _6C_2 + 9^4 \times _6C_3 + \cdots + 9^7 \times _6C_6$

$= 9(9 \times _6C_1 + 9^2 \times _6C_2 + 9^3 \times _6C_3 + \cdots + 9^6 \times _6C_6)$

$= 9(_6C_1 1^5 9 + _6C_2 1^4 9^2 + _6C_3 1^3 9^3 + \cdots + _6C_6 9^6)$

$= 9(_6C_0 1^6 + _6C_1 1^5 9 + _6C_2 1^4 9^2 + _6C_3 1^3 9^3 + \cdots + _6C_6 9^6 - _6C_0 1^6)$

$= 9\{(1+9)^6 - 1\} = 9(10^6 - 1)$

$= 9000000 - 9 = 8999991$

따라서 각 자리의 숫자의 합은

$8 + 9 + 9 + 9 + 9 + 9 + 1 = 54$
$\hfill$ 답 **54**

0165 $_nC_1 + _nC_2 + _nC_3 + \cdots + _nC_n$

$= (_nC_0 + _nC_1 + _nC_2 + _nC_3 + \cdots + _nC_n) - _nC_0$

$= 2^n - 1$

$n=1$일 때 $2^1 - 1 = 1$,

$n=2$일 때 $2^2 - 1 = 3$,

$n=3$일 때 $2^3 - 1 = 7$,

$n=4$일 때 $2^4 - 1 = 15$,

$n=5$일 때 $2^5-1=31$,

$n=6$일 때 $2^6-1=63$,

$$\vdots$$

이므로 n이 짝수일 때 2^n-1의 값이 3의 배수이다.

따라서 50 이하의 짝수 n의 개수는 25이다. 답 **25**

📖 **수학 I**을 학습한 학생들을 위한 **이항정리** 본문 26~27쪽

0166
$$P=\sum_{k=0}^{20} {}_{20}C_k\left(\frac{5}{2}\right)^{20-k}\left(\frac{3}{2}\right)^k$$

$$={}_{20}C_0\left(\frac{5}{2}\right)^{20}+{}_{20}C_1\left(\frac{5}{2}\right)^{19}\left(\frac{3}{2}\right)^1+\cdots {}_{20}C_{20}\left(\frac{3}{2}\right)^{20}$$

$$=\left(\frac{5}{2}+\frac{3}{2}\right)^{20}$$

$$=4^{20}=(2^2)^{20}=2^{40}$$

$$\therefore \log_2 P=\log_2 2^{40}=40$$ 답 ④

> **참고** n이 자연수일 때,
> $$(a+b)^n={}_nC_0 a^n+{}_nC_1 a^{n-1}b+{}_nC_2 a^{n-2}b^2+\cdots$$
> $$+{}_nC_r a^{n-r}b^r+\cdots+{}_nC_n b^n$$
> $$=\sum_{r=0}^{n} {}_nC_r a^{n-r}b^r$$

0167 $(1+x)^n$의 전개식의 일반항은

$${}_nC_r 1^{n-r}x^r={}_nC_r x^r$$

따라서 x^8, x^9, x^{10}의 계수는 각각

$${}_nC_8,\ {}_nC_9,\ {}_nC_{10}$$

이고, 이 세 수가 이 순서대로 등차수열을 이루므로

$$2{}_nC_9={}_nC_8+{}_nC_{10}$$

$$2\times \frac{n!}{9!\times(n-9)!}=\frac{n!}{8!\times(n-8)!}+\frac{n!}{10!\times(n-10)!}$$

양변에 $\dfrac{10!(n-8)!}{n!}$을 곱하면

$$2\times 10(n-8)=10\times 9+(n-8)(n-9)$$

$$n^2-37n+322=0$$

$$(n-14)(n-23)=0$$

$$\therefore n=23\ (\because n>20)$$ 답 **23**

> **참고** 세 수 a, b, c가 이 순서대로 등차수열을 이루면 $b=\dfrac{a+c}{2}$가 성립한다.

0168 $(2x+1)^5$의 전개식의 일반항은

$${}_5C_r(2x)^{5-r}1^r={}_5C_r 2^{5-r}x^{5-r}$$

$(x-1)^4$의 전개식의 일반항은

$${}_4C_s x^{4-s}(-1)^s={}_4C_s(-1)^s x^{4-s}$$

따라서 $(2x+1)^5(x-1)^4$의 전개식의 일반항은

$${}_5C_r 2^{5-r}x^{5-r}\times {}_4C_s(-1)^s x^{4-s}={}_5C_r\times {}_4C_s 2^{5-r}(-1)^s x^{9-r-s}$$

이때 x^2항은 $9-r-s=2$인 경우이므로

$r+s=7\ (0\le r\le 5,\ 0\le s\le 4)$을 만족시키는 r, s의 순서쌍 $(r,\ s)$는

$$(3,\ 4),\ (4,\ 3),\ (5,\ 2)$$

따라서 x^2의 계수는

$${}_5C_3\times {}_4C_4 2^2(-1)^4+{}_5C_4\times {}_4C_3 2^1(-1)^3+{}_5C_5\times {}_4C_2 2^0(-1)^2$$

$$=40-40+6=6$$ 답 **6**

0169 $\left(x+\dfrac{1}{x}\right)^5$의 전개식의 일반항은

$${}_5C_r x^{5-r}\left(\frac{1}{x}\right)^r={}_5C_r x^{5-r}x^{-r}={}_5C_r x^{5-2r}$$

$(x^2+1)^3$의 전개식의 일반항은

$${}_3C_s(x^2)^{3-s}1^s={}_3C_s x^{6-2s}$$

따라서 $\left(x+\dfrac{1}{x}\right)^5(x^2+1)^3$의 전개식의 일반항은

$${}_5C_r x^{5-2r}\times {}_3C_s x^{6-2s}={}_5C_r\times {}_3C_s x^{11-2r-2s}$$

이때 x항은 $11-2r-2s=1$인 경우이므로

$r+s=5\ (0\le r\le 5,\ 0\le s\le 3)$를 만족시키는 r, s의 순서쌍 $(r,\ s)$는

$$(2,\ 3),\ (3,\ 2),\ (4,\ 1),\ (5,\ 0)$$

따라서 x의 계수는

$${}_5C_2\times {}_3C_3+{}_5C_3\times {}_3C_2+{}_5C_4\times {}_3C_1+{}_5C_5\times {}_3C_0$$

$$=10+30+15+1=56$$ 답 ④

0170 $(x+a)^4$의 전개식의 일반항은

$${}_4C_r x^{4-r}a^r={}_4C_r a^r x^{4-r}$$

$\left(x-\dfrac{1}{x^2}\right)^3$의 전개식의 일반항은

$${}_3C_s x^{3-s}\left(-\frac{1}{x^2}\right)^s={}_3C_s(-1)^s x^{3-s}x^{-2s}={}_3C_s(-1)^s x^{3-3s}$$

따라서 $(x+a)^4\left(x-\dfrac{1}{x^2}\right)^3$의 전개식의 일반항은

$${}_4C_r a^r x^{4-r}\times {}_3C_s(-1)^s x^{3-3s}={}_4C_r\times {}_3C_s a^r(-1)^s x^{7-r-3s}$$

이때 x^2항은 $7-r-3s=2$인 경우이므로

$r+3s=5\ (0\le r\le 4,\ 0\le s\le 3)$를 만족시키는 r, s의 순서쌍 $(r,\ s)$는 $(2,\ 1)$뿐이다.

따라서 x^2의 계수는

$${}_4C_2\times {}_3C_1 a^2(-1)^1=-72$$

$$-18a^2=-72,\ a^2=4$$

$$\therefore a=2\ (\because a>0)$$ 답 ②

0171
$$(1+x)+(1+x)^2+(1+x)^3+\cdots+(1+x)^{10}$$

$$=\frac{(1+x)\{(1+x)^{10}-1\}}{(1+x)-1}\quad \leftarrow \text{첫째항: } 1+x, \text{ 공비: } 1+x, \text{ 항의 개수: } 10$$

$$=\frac{(1+x)^{11}-(1+x)}{x}\qquad \cdots\cdots ㉠$$

㉠의 전개식에서 x^2의 계수는 $(1+x)^{11}$의 전개식에서 x^3의 계수와 같다.

$(1+x)^{11}$의 전개식의 일반항은
$$_{11}C_r 1^{11-r} x^r = {}_{11}C_r x^r$$
이므로 x^3의 계수는 $_{11}C_3 = 165$
따라서 ㉠의 전개식에서 x^2의 계수는 165이다. 　　답 ④

0172 $x^2(1+x^2) + x^2(1+x^2)^2 + x^2(1+x^2)^3 + \cdots$
$$+ x^2(1+x^2)^{10}$$
$$= \frac{x^2(1+x^2)\{(1+x^2)^{10}-1\}}{(1+x^2)-1} \quad \leftarrow \text{첫째항: } x^2(1+x^2), \text{ 공비: } 1+x^2,$$
$$\text{항의 개수: } 10$$
$$= \frac{x^2(1+x^2)^{11} - x^2(1+x^2)}{x^2}$$
$$= (1+x^2)^{11} - (1+x^2) \qquad \cdots\cdots ㉠$$
㉠의 전개식에서 x^6의 계수는 $(1+x^2)^{11}$의 전개식에서 x^6의 계수
와 같다.
$(1+x^2)^{11}$의 전개식의 일반항은
$$_{11}C_r 1^{11-r}(x^2)^r = {}_{11}C_r x^{2r}$$
이므로 x^6의 계수는 $r=3$일 때 $_{11}C_3$
따라서 ㉠의 전개식에서 x^6의 계수는 $_{11}C_3$이다. 　　답 ②

0173 주어진 파스칼의 삼각형은 다음과 같다.

$$\begin{array}{c}
_1C_0 \quad _1C_1 \\
_2C_0 \quad _2C_1 \quad _2C_2 \\
_3C_0 \quad _3C_1 \quad _3C_2 \quad _3C_3 \\
_4C_0 \quad _4C_1 \quad _4C_2 \quad _4C_3 \quad _4C_4 \\
\vdots \\
_{10}C_0 \quad _{10}C_1 \quad \cdots \quad _{10}C_9 \quad _{10}C_{10}
\end{array}$$

$$_1C_0 + {}_1C_1 = 2^1$$
$$_2C_0 + {}_2C_1 + {}_2C_2 = 2^2$$
$$_3C_0 + {}_3C_1 + {}_3C_2 + {}_3C_3 = 2^3$$
$$_4C_0 + {}_4C_1 + {}_4C_2 + {}_4C_3 + {}_4C_4 = 2^4$$
$$\vdots$$
$$_{10}C_0 + {}_{10}C_1 + \cdots + {}_{10}C_9 + {}_{10}C_{10} = 2^{10}$$
따라서 주어진 그림에 있는 모든 수들의 합은
$$2^1 + 2^2 + 2^3 + 2^4 + \cdots + 2^{10} = \frac{2(2^{10}-1)}{2-1} \quad \leftarrow \text{첫째항: } 2, \text{ 공비: } 2,$$
$$\text{항의 개수: } 10$$
$$= 2^{11} - 2$$
$$= 2046 \qquad\qquad \text{답 } \mathbf{2046}$$

0174 $_{39}C_k = {}_{39}C_{39-k}$ $(k=0,\ 1,\ 2,\ \cdots,\ 39)$이므로
$$_{39}C_0 + {}_{39}C_1 + {}_{39}C_2 + \cdots + {}_{39}C_{19}$$
$$= {}_{39}C_{39} + {}_{39}C_{38} + {}_{39}C_{37} + \cdots + {}_{39}C_{20}$$
이때 $_{39}C_0 + {}_{39}C_1 + {}_{39}C_2 + \cdots + {}_{39}C_{39} = 2^{39}$이므로
$$_{39}C_0 + {}_{39}C_1 + {}_{39}C_2 + \cdots + {}_{39}C_{19} = \frac{1}{2} \times 2^{39} = 2^{38}$$
$$\therefore \log_2({}_{39}C_0 + {}_{39}C_1 + {}_{39}C_2 + \cdots + {}_{39}C_{19}) = \log_2 2^{38} = 38 \quad \text{답 } \mathbf{38}$$

0175 $_{2k}C_1 + {}_{2k}C_3 + {}_{2k}C_5 + \cdots + {}_{2k}C_{2k-1} = 2^{2k-1}$이므로
$$f(n) = \sum_{k=1}^{n} ({}_{2k}C_1 + {}_{2k}C_3 + {}_{2k}C_5 + \cdots + {}_{2k}C_{2k-1})$$
$$= \sum_{k=1}^{n} 2^{2k-1} = \sum_{k=1}^{n} \left(\frac{1}{2} \times 4^k \right)$$
$$= \frac{2(4^n-1)}{4-1} \quad \leftarrow \text{첫째항: } 2, \text{ 공비: } 4, \text{ 항의 개수: } n$$
$$= \frac{2}{3}(4^n - 1)$$
$$\therefore f(5) = \frac{2}{3}(4^5 - 1) = 682 \qquad\qquad \text{답 } \mathbf{682}$$

0176 $(1+x)^{20} = a_{20}x^{20} + a_{19}x^{19} + a_{18}x^{18} + \cdots + a_1 x + a_0$
이므로 a_{10}은 $(1+x)^{20}$의 전개식에서 x^{10}의 계수이다.
그런데 $(1+x)^{20}$의 전개식에서 x^{10}의 계수는 $(1+x)^{10}(1+x)^{10}$
의 전개식에서 x^{10}의 계수와 같다.
이때 $(1+x)^{10}(1+x)^{10}$의 전개식의 일반항은
$$_{10}C_r 1^{10-r}x^r \times {}_{10}C_s 1^{10-s}x^s = {}_{10}C_r \times {}_{10}C_s x^{r+s}$$
이므로 $(1+x)^{10}(1+x)^{10}$의 전개식에서 x^{10}의 계수는
$$_{10}C_0 \times {}_{10}C_{10} + {}_{10}C_1 \times {}_{10}C_9 + {}_{10}C_2 \times {}_{10}C_8 + \cdots$$
$$+ {}_{10}C_9 \times {}_{10}C_1 + {}_{10}C_{10} \times {}_{10}C_0$$
$$= \sum_{k=0}^{10} ({}_{10}C_k \times {}_{10}C_{10-k})$$
$$= \sum_{k=0}^{10} ({}_{10}C_k \times {}_{10}C_k) \ (\because {}_nC_{n-k} = {}_nC_k)$$
$$= \sum_{k=0}^{10} ({}_{10}C_k)^2$$
$$\therefore a_{10} = \sum_{k=0}^{10} ({}_{10}C_k)^2 \qquad\qquad \text{답 } ④$$

0177 $\displaystyle\sum_{r=1}^{20} {}_{20}C_r 2^{20-r}$
$$= {}_{20}C_1 2^{19} + {}_{20}C_2 2^{18} + {}_{20}C_3 2^{17} + \cdots + {}_{20}C_{20}$$
$$= {}_{20}C_0 2^{20} + {}_{20}C_1 2^{19} 1^1 + {}_{20}C_2 2^{18} 1^2 + \cdots + {}_{20}C_{20} 1^{20} - {}_{20}C_0 2^{20}$$
$$= (2+1)^{20} - 2^{20}$$
$$= 3^{20} - 2^{20} \qquad\qquad \text{답 } ③$$

0178 $\displaystyle\sum_{k=0}^{30} 5^k {}_{30}C_k = 5^0 {}_{30}C_0 + 5^1 {}_{30}C_1 + 5^2 {}_{30}C_2 + \cdots + 5^{30} {}_{30}C_{30}$
$$= {}_{30}C_0 1^{30} + {}_{30}C_1 1^{29} 5^1 + {}_{30}C_2 1^{28} 5^2 + \cdots$$
$$+ {}_{30}C_{30} 5^{30}$$
$$= (1+5)^{30} = 6^{30}$$
$$\therefore \log_6 \left(\sum_{k=0}^{30} 5^k {}_{30}C_k \right) = \log_6 6^{30} = 30 \qquad \text{답 } \mathbf{30}$$

03 확률의 뜻과 활용

📖 **교과서 문제** 정복하기

본문 31쪽, 33쪽

0179 (2) 근원사건은 {1}, {2}, {3}, {4}, {5}, {6}의 6개이다.

답 (1) $\{1, 2, 3, 4, 5, 6\}$ (2) 6 (3) $\{2, 4, 6\}$

0180 표본공간을 S라 하면

$S=\{\mathrm{HH, HT, TH, TT}\}$,

$A=\{\mathrm{HT, TH}\}$, $B=\{\mathrm{HT, TH, TT}\}$, $C=\{\mathrm{HH}\}$

(1) $A \cap B=\{\mathrm{HT, TH}\}$

(2) $A \cup C=\{\mathrm{HT, TH, HH}\}$

(3) $B^C=\{\mathrm{HH}\}$

(4) $A \cap B=\{\mathrm{HT, TH}\}$

   $B \cap C=\varnothing$

   $A \cap C=\varnothing$

   이므로 A, B, C 중 서로 배반사건인 두 사건은 A와 C, B와 C이다.

답 (1) $\{\mathbf{HT, TH}\}$ (2) $\{\mathbf{HT, TH, HH}\}$

(3) $\{\mathbf{HH}\}$ (4) $\boldsymbol{A}$와 $\boldsymbol{C}$, $\boldsymbol{B}$와 $\boldsymbol{C}$

0181 표본공간을 S라 하면

$S=\{1, 2, 3, 4, 5, 6, 7, 8, 9, 10\}$, $A=\{3, 6, 9\}$, $B=\{4, 8\}$

(1) $A^C=\{1, 2, 4, 5, 7, 8, 10\}$

(2) $B^C=\{1, 2, 3, 5, 6, 7, 9, 10\}$

(3) $A \cup B=\{3, 4, 6, 8, 9\}$

(4) $A \cap B=\varnothing$

답 (1) $\{\mathbf{1, 2, 4, 5, 7, 8, 10}\}$ (2) $\{\mathbf{1, 2, 3, 5, 6, 7, 9, 10}\}$

(3) $\{\mathbf{3, 4, 6, 8, 9}\}$ (4) $\varnothing$

0182 한 개의 주사위를 한 번 던지는 시행에서 모든 경우의 수는 6이고, $A=\{1, 3, 5\}$, $B=\{2, 3, 5\}$이므로

(1) $\mathrm{P}(A)=\dfrac{3}{6}=\dfrac{1}{2}$

(2) $\mathrm{P}(B)=\dfrac{3}{6}=\dfrac{1}{2}$

(3) $A \cup B=\{1, 2, 3, 5\}$이므로

   $\mathrm{P}(A \cup B)=\dfrac{4}{6}=\dfrac{2}{3}$

(4) $A \cap B=\{3, 5\}$이므로

   $\mathrm{P}(A \cap B)=\dfrac{2}{6}=\dfrac{1}{3}$

답 (1) $\dfrac{1}{2}$ (2) $\dfrac{1}{2}$ (3) $\dfrac{2}{3}$ (4) $\dfrac{1}{3}$

0183 (1) 5명을 일렬로 세우는 경우의 수는 $5!=120$

A가 가장 앞에 서는 경우의 수는 $4!=24$

따라서 구하는 확률은

$\dfrac{24}{120}=\dfrac{1}{5}$

(2) D, E를 한 사람으로 생각하여 4명이 일렬로 서는 경우의 수는 $4!=24$

D, E가 서로 자리를 바꾸는 경우의 수는 $2!=2$

따라서 D, E가 이웃하게 서는 경우의 수는 $24 \times 2=48$이므로 구하는 확률은

$\dfrac{48}{120}=\dfrac{2}{5}$

답 (1) $\dfrac{1}{5}$ (2) $\dfrac{2}{5}$

0184 $\dfrac{10000-9900}{10000}=\dfrac{100}{10000}=\dfrac{1}{100}$ 답 $\dfrac{1}{100}$

0185 $\dfrac{(4가 \ 적힌 \ 과녁의 \ 넓이)}{(전체 \ 과녁의 \ 넓이)}=\dfrac{1}{4}$ 답 $\dfrac{1}{4}$

0186 (1) 두 눈의 수의 곱은 항상 40 이하이다. 따라서 두 눈의 수의 곱이 40 이하인 사건은 반드시 일어나므로 구하는 확률은 1이다.

(2) 두 눈의 수의 합의 최댓값은 12이다. 따라서 두 눈의 수의 합이 14인 사건은 절대로 일어나지 않으므로 구하는 확률은 0이다.

답 (1) 1 (2) 0

0187 (1) 음의 정수가 적힌 카드를 뽑는 사건은 절대로 일어나지 않으므로 구하는 확률은 0이다.

(2) 10 이하의 자연수가 적힌 카드를 뽑는 사건은 반드시 일어나므로 구하는 확률은 1이다.

답 (1) 0 (2) 1

0188 $\mathrm{P}(A \cup B)=\mathrm{P}(A)+\mathrm{P}(B)-\mathrm{P}(A \cap B)$

$=\dfrac{2}{5}+\dfrac{1}{4}-\dfrac{1}{10}$

$=\dfrac{11}{20}$ 답 $\dfrac{11}{20}$

0189 $\mathrm{P}(A \cup B)=\mathrm{P}(A)+\mathrm{P}(B)-\mathrm{P}(A \cap B)$에서

$\dfrac{5}{6}=\dfrac{1}{5}+\dfrac{2}{3}-\mathrm{P}(A \cap B)$

$\therefore \mathrm{P}(A \cap B)=\dfrac{1}{30}$ 답 $\dfrac{1}{30}$

0190 $A \cap B=\varnothing$, 즉 $\mathrm{P}(A \cap B)=0$이므로

$\mathrm{P}(A \cup B)=\mathrm{P}(A)+\mathrm{P}(B)$에서

$0.7=0.3+\mathrm{P}(B)$

$\therefore \mathrm{P}(B)=0.4$ 답 0.4

0191 (1) 공에 적힌 수가 3의 배수인 사건을 A, 4의 배수인 사건을 B라 하면 $A \cap B$는 12의 배수인 사건이므로

$$P(A)=\frac{13}{40},\ P(B)=\frac{10}{40},\ P(A \cap B)=\frac{3}{40}$$

두 사건 A, B는 서로 배반사건이 아니므로 구하는 확률은

$$P(A \cup B)=P(A)+P(B)-P(A \cap B)$$
$$=\frac{13}{40}+\frac{10}{40}-\frac{3}{40}$$
$$=\frac{1}{2}$$

(2) 공에 적힌 수가 5의 배수인 사건을 A, 9의 배수인 사건을 B라 하면 $A \cap B$는 45의 배수인 사건이므로

$$P(A)=\frac{8}{40},\ P(B)=\frac{4}{40},\ P(A \cap B)=0$$

두 사건 A, B는 서로 배반사건이므로 구하는 확률은

$$P(A \cup B)=P(A)+P(B)$$
$$=\frac{8}{40}+\frac{4}{40}=\frac{3}{10}$$

$$\text{답 (1) } \frac{1}{2} \quad \text{(2) } \frac{3}{10}$$

0192 $P(A)=\frac{1}{6}$이므로

$$P(A^C)=1-P(A)=1-\frac{1}{6}=\frac{5}{6} \qquad \text{답 } \frac{5}{6}$$

0193 서로 다른 3개의 동전을 동시에 던질 때, 모든 경우의 수는 $2 \times 2 \times 2 = 8$

적어도 한 개는 앞면이 나오는 사건을 A라 하면 $\boxed{A^C}$는 동전 3개 모두 뒷면이 나오는 사건이다.

동전 3개 모두 뒷면이 나올 확률은

$$P(\boxed{A^C})=\boxed{\frac{1}{8}}$$

이므로 적어도 한 개는 앞면이 나올 확률은

$$P(A)=1-P(A^C)=1-\frac{1}{8}=\boxed{\frac{7}{8}}$$

$$\text{답 } A^C,\ A^C,\ \frac{1}{8},\ \frac{7}{8}$$

0194 서로 다른 두 개의 주사위를 동시에 던질 때, 모든 경우의 수는

$6 \times 6 = 36$

나오는 두 눈의 수의 곱이 홀수인 사건을 A라 하면 A^C는 나오는 두 눈의 수의 곱이 짝수인 사건이다.

(1) 두 눈의 수의 곱이 홀수인 경우는 두 주사위의 눈의 수가 모두 홀수가 나오는 경우이므로 그 경우의 수는

$$3 \times 3 = 9$$

따라서 구하는 확률은 $P(A)=\dfrac{9}{36}=\dfrac{1}{4}$

(2) 나오는 두 눈의 수의 곱이 짝수일 확률은 $P(A^C)$이므로

$$P(A^C)=1-P(A)=1-\frac{1}{4}=\frac{3}{4}$$

$$\text{답 (1) } \frac{1}{4} \quad \text{(2) } \frac{3}{4}$$

0195 $A=\{2,\ 4,\ 6\}$, $B=\{1,\ 3,\ 5\}$, $C=\{3,\ 6\}$

ㄱ. $A \cap B=\varnothing$

ㄴ. $B \cap C=\{3\}$

ㄷ. $A \cap C=\{6\}$

따라서 서로 배반사건인 것은 ㄱ뿐이다.   답 ㄱ

0196 ㄱ. $A \cap (A^C \cup B)=(A \cap A^C) \cup (A \cap B)$
$$=\varnothing \cup (A \cap B)$$
$$=A \cap B=\{3\}$$

ㄴ. $A \cap (B^C \cap C)=\{1,\ 3,\ 6\} \cap \{5\}=\varnothing$

ㄷ. $A \cap (B \cap C^C)=\{1,\ 3,\ 6\} \cap \{4\}=\varnothing$

따라서 사건 A와 서로 배반사건인 것은 ㄴ, ㄷ이다.

$$\text{답 ㄴ, ㄷ}$$

0197 표본공간을 S라 하고, 두 집합 A, B를 벤다이어그램으로 나타내면 오른쪽과 같다.

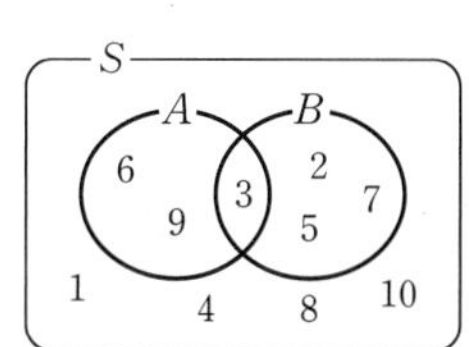

A와 배반사건인 사건은 A^C의 부분집합이고, B와 배반사건인 사건은 B^C의 부분집합이므로 두 사건 A, B 모두와 배반사건인 사건은 $A^C \cap B^C$의 부분집합이다.

이때 $A^C \cap B^C=(A \cup B)^C=\{1,\ 4,\ 8,\ 10\}$이므로 A, B 모두와 배반사건인 사건의 개수는 $2^4=16$ 답 **16**

0198 서로 다른 두 개의 주사위를 동시에 던질 때, 모든 경우의 수는 $6 \times 6 = 36$

(i) 두 눈의 수의 차가 3인 경우

$(1,\ 4),\ (2,\ 5),\ (3,\ 6),\ (6,\ 3),\ (5,\ 2),\ (4,\ 1)$의 6가지

(ii) 두 눈의 수의 차가 4인 경우

$(1,\ 5),\ (2,\ 6),\ (6,\ 2),\ (5,\ 1)$의 4가지

(iii) 두 눈의 수의 차가 5인 경우

$(1,\ 6),\ (6,\ 1)$의 2가지

(i)~(iii)에서 두 눈의 수의 차가 3 이상인 경우의 수는

$6+4+2=12$이므로 구하는 확률은

$$\frac{12}{36}=\frac{1}{3} \qquad \text{답 } \frac{1}{3}$$

0199 (i) B를 거치지 않고 A에서 C로 가는 경우의 수는 3

(ii) B를 거쳐 A에서 C로 가는 경우의 수는 $3 \times 2 = 6$

(i), (ii)에서 A에서 C로 가는 모든 경우의 수는 $3+6=9$이므로 구하는 확률은

$$\frac{6}{9} = \frac{2}{3}$$

답 $\dfrac{2}{3}$

0200 집합 A의 모든 부분집합의 개수는

$2^6 = 64$

원소 2, 5를 모두 포함하는 A의 부분집합의 개수는

$2^{6-2} = 16$

따라서 구하는 확률은

$$\frac{16}{64} = \frac{1}{4}$$

답 ③

0201 한 개의 주사위를 두 번 던질 때, 모든 경우의 수는

$6 \times 6 = 36$

㉮

이차방정식 $x^2 + ax + b = 0$의 판별식을 D라 할 때, 이 이차방정식이 서로 다른 두 허근을 가지려면 $D<0$이어야 하므로

$D = a^2 - 4b < 0$

$\therefore b > \dfrac{a^2}{4}$

㉯

이를 만족시키는 순서쌍 (a, b)는

$(1, 1), (1, 2), (1, 3), (1, 4), (1, 5), (1, 6),$

$(2, 2), (2, 3), (2, 4), (2, 5), (2, 6),$

$(3, 3), (3, 4), (3, 5), (3, 6),$

$(4, 5), (4, 6)$

의 17개이다.

㉰

따라서 구하는 확률은 $\dfrac{17}{36}$이다.

㉱

답 $\dfrac{17}{36}$

단계	채점요소	배점
㉮	모든 경우의 수 구하기	20 %
㉯	이차방정식이 서로 다른 두 허근을 가질 조건 구하기	30 %
㉰	조건을 만족시키는 순서쌍 (a, b)의 개수 구하기	30 %
㉱	확률 구하기	20 %

0202 책 7권을 일렬로 꽂는 경우의 수는 $7!$

만화책 3권을 한 권으로 생각하여 총 5권을 일렬로 꽂는 경우의 수는 $5!$

만화책 3권의 자리를 바꾸는 경우의 수는 $3!$

따라서 만화책끼리 이웃하게 꽂는 경우의 수는 $5! \times 3!$이므로 구하는 확률은

$$\frac{5! \times 3!}{7!} = \frac{1}{7}$$

답 ②

0203 6명의 선수가 달리는 순서를 정하는 경우의 수는 $6!$

첫 번째로 달리는 여자 선수와 마지막에 달리는 여자 선수를 정하는 경우의 수는 $_3P_2$

나머지 4명이 달리는 순서를 정하는 경우의 수는 $4!$

따라서 첫 번째로 달리는 선수와 마지막에 달리는 선수가 모두 여자인 경우의 수는 $_3P_2 \times 4!$이므로 구하는 확률은

$$\frac{_3P_2 \times 4!}{6!} = \frac{1}{5}$$

답 ③

0204 8명이 일렬로 서는 경우의 수는 $8!$

양 끝에 서는 남학생을 정하는 경우의 수는 $_5P_2$

나머지 6명 중 여학생 3명을 한 명으로 생각하여 4명이 일렬로 서는 경우의 수는 $4!$

여학생 3명이 자리를 바꾸는 경우의 수는 $3!$

따라서 양 끝에는 남학생이 서고 여학생끼리는 서로 이웃하게 서는 경우의 수는 $_5P_2 \times 4! \times 3!$이므로 구하는 확률은

$$\frac{_5P_2 \times 4! \times 3!}{8!} = \frac{1}{14}$$

답 $\dfrac{1}{14}$

0205 다섯 개의 숫자 1, 2, 3, 4, 5를 모두 사용하여 만들 수 있는 다섯 자리 자연수의 개수는 $5! = 120$

이때 35000보다 큰 자연수는 35□□□ 또는 4□□□□ 또는 5□□□□ 꼴이다.

(i) 35□□□ 꼴의 자연수의 개수는

$\qquad 3! = 6$

(ii) 4□□□□ 꼴의 자연수의 개수는

$\qquad 4! = 24$

(iii) 5□□□□ 꼴의 자연수의 개수는

$\qquad 4! = 24$

(i)~(iii)에서 35000보다 큰 자연수의 개수는 $6+24+24=54$이므로 만든 자연수가 35000보다 클 확률은

$$\frac{54}{120} = \frac{9}{20}$$

답 $\dfrac{9}{20}$

0206 7명이 원탁에 둘러앉는 경우의 수는

$(7-1)! = 6!$

부모를 한 사람으로 생각하여 6명이 원탁에 둘러앉는 경우의 수는 $(6-1)! = 5!$

부모가 서로 자리를 바꾸는 경우의 수는 $2!$

따라서 부모가 이웃하여 앉는 경우의 수는 $5! \times 2!$이므로 구하는 확률은

$$\frac{5! \times 2!}{6!} = \frac{1}{3}$$

답 ①

0207 8명이 원탁에 둘러앉는 경우의 수는
$(8-1)!=7!$
남자 4명이 원탁에 둘러앉는 경우의 수는 $(4-1)!=3!$
남자 4명이 앉은 자리 사이사이에 여자 4명이 각각 한 명씩 앉는
경우의 수는 $4!$
따라서 남녀가 번갈아 앉는 경우의 수는 $3!\times4!$이므로 구하는 확
률은

$$\frac{3!\times4!}{7!}=\frac{1}{35}$$

답 $\dfrac{1}{35}$

0208 6가지 색을 모두 칠하는 경우의 수는
$(6-1)!=5!$
한 영역에 빨간색을 칠하면 맞은편에 파란색을 칠하면 된다. 즉,
이 경우의 수는 서로 다른 5개를 원형으로 배열하는 원순열의 수
와 같으므로 $(5-1)!=4!$
따라서 구하는 확률은

$$\frac{4!}{5!}=\frac{1}{5}$$

답 $\dfrac{1}{5}$

0209 10명이 원탁에 둘러앉는 경우의 수는
$(10-1)!=9!$

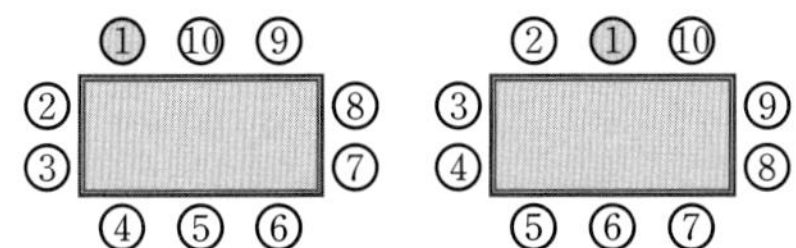

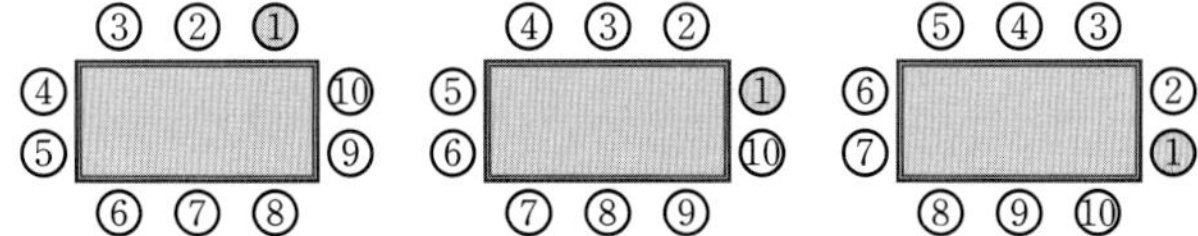

이때 원탁에 둘러앉는 각 경우에 대하여 서로 다른 경우가 5가지
씩 존재하므로 주어진 직사각형 모양의 탁자에 10명이 둘러앉는
경우의 수는 $9!\times5$
할머니와 할아버지가 의자가 2개 놓인 쪽에 먼저 나란히 앉는 경
우의 수는 2
나머지 8명이 남은 자리에 앉는 경우의 수는 $8!$
따라서 할머니와 할아버지가 의자가 2개 놓인 쪽에 나란히 앉는
경우의 수는 $2\times8!$이므로 구하는 확률은

$$\frac{2\times8!}{9!\times5}=\frac{2}{45}$$

답 $\dfrac{2}{45}$

0210 세 사람이 각각 4개의 호텔 중 한 곳을 택하여 투숙하는
경우의 수는
$_4\Pi_3=4^3=64$
세 사람이 서로 다른 호텔에 투숙하는 경우의 수는
$_4P_3=24$
따라서 구하는 확률은 $\dfrac{24}{64}=\dfrac{3}{8}$

답 ①

0211 서로 다른 6개의 과일을 3명에게 나누어 주는 경우의 수
는 $_3\Pi_6=3^6$
사과와 귤을 먼저 갑에게 주고, 나머지 4개의 과일을 3명에게 나
누어 주는 경우의 수는 $_3\Pi_4=3^4$
따라서 구하는 확률은

$$\frac{3^4}{3^6}=\frac{1}{9}$$

답 $\dfrac{1}{9}$

0212 집합 X에서 집합 Y로의 함수 f의 개수는
$_5\Pi_4=5^4=625$
집합 X의 원소 x_1, x_2에 대하여 $x_1\neq x_2$이면 $f(x_1)\neq f(x_2)$를
만족시키는 함수는 일대일함수이므로 그 개수는
$_5P_4=120$
따라서 구하는 확률은

$$\frac{120}{625}=\frac{24}{125}$$

답 ④

0213 다섯 개의 숫자 1, 2, 3, 4, 5에서 중복을 허용하여 만들
수 있는 네 자리 자연수의 개수는
$_5\Pi_4=5^4=625$
(i) 33□□, 34□□, 35□□ 꼴의 자연수의 개수는 각각
$\quad_5\Pi_2=5^2=25$
(ii) 4□□□, 5□□□ 꼴의 자연수의 개수는 각각
$\quad_5\Pi_3=5^3=125$
(i), (ii)에서 3300보다 큰 자연수의 개수는
$3\times25+2\times125=325$이므로 구하는 확률은

$$\frac{325}{625}=\frac{13}{25}$$

답 ③

0214 6개의 숫자 1, 1, 2, 2, 2, 3을 일렬로 나열하는 경우의
수는 $\dfrac{6!}{2!\times3!}=60$
6개의 숫자 중 짝수, 즉 숫자 2끼리 서로 이웃하는 경우의 수는
숫자 2 세 개를 한 숫자로 보고 1, 1, 2, 3을 일렬로 나열하는 경
우의 수와 같으므로 $\dfrac{4!}{2!}=12$
따라서 구하는 확률은

$$\frac{12}{60}=\frac{1}{5}$$

답 ②

0215 7개의 문자 C, E, C, I, L, I, A를 일렬로 나열하는 경
우의 수는 $\dfrac{7!}{2!\times2!}=1260$
자음은 C, C, L의 3개, 모음은 E, I, I, A의 4개이므로 자음과
모음이 번갈아 나오도록 모자모자모자모 와 같이 나열하는
경우의 수는

$$\frac{4!}{2!}\times\frac{3!}{2!}=36$$

따라서 구하는 확률은

$$\frac{36}{1260}=\frac{1}{35}$$ 답 ①

0216 집합 X에서 집합 X로의 함수 f의 개수는

$_4\Pi_4=4^4=256$

$f(1)+f(2)+f(3)+f(4)=7$을 만족시키는 함수의 개수는

1, 1, 1, 4 또는 1, 1, 2, 3 또는 1, 2, 2, 2

를 일렬로 나열하는 경우의 수의 합과 같다.

(i) 1, 1, 1, 4를 일렬로 나열하는 경우의 수는

$$\frac{4!}{3!}=4$$

(ii) 1, 1, 2, 3을 일렬로 나열하는 경우의 수는

$$\frac{4!}{2!}=12$$

(iii) 1, 2, 2, 2를 일렬로 나열하는 경우의 수는

$$\frac{4!}{3!}=4$$

(i)~(iii)에서 $f(1)+f(2)+f(3)+f(4)=7$인 경우의 수는

$4+12+4=20$이므로 구하는 확률은

$$\frac{20}{256}=\frac{5}{64}$$ 답 $\dfrac{5}{64}$

0217 A 지점에서 B 지점까지 최단 거리로 가는 경우의 수는

$$\frac{8!}{4!\times4!}=70$$

A 지점에서 C 지점까지 최단 거리로 가는 경우의 수는

$$\frac{3!}{2!}=3$$

C 지점에서 B 지점까지 최단 거리로 가는 경우의 수는

$$\frac{5!}{3!\times2!}=10$$

따라서 A 지점에서 C 지점을 거쳐 B 지점까지 최단 거리로 가는 경우의 수는 $3\times10=30$이므로 구하는 확률은

$$\frac{30}{70}=\frac{3}{7}$$ 답 ③

0218 6명 중에서 3명의 대표를 뽑는 경우의 수는

$_6C_3=20$

영희는 대표로 뽑히고 철수는 대표로 뽑히지 않는 경우의 수는 영희와 철수를 제외한 나머지 4명 중에서 2명의 대표를 뽑고 영희를 포함시키는 경우의 수와 같으므로

$_4C_2=6$

따라서 구하는 확률은

$$\frac{6}{20}=\frac{3}{10}$$ 답 ③

0219 6장의 카드 중에서 3장의 카드를 뽑는 경우의 수는

$_6C_3=20$

카드에 적힌 수의 곱이 홀수인 경우는 뽑은 카드 세 장에 적힌 수가 모두 홀수인 경우이므로 1, 3, 5가 적힌 카드를 뽑는 경우 1가지뿐이다.

따라서 구하는 확률은 $\dfrac{1}{20}$이다. 답 ①

0220 10개의 공 중에서 5개의 공을 꺼내는 경우의 수는

$_{10}C_5=252$

흰 공 4개 중 2개, 검은 공 6개 중 3개를 꺼내는 경우의 수는

$_4C_2\times_6C_3=6\times20=120$

따라서 구하는 확률은

$$\frac{120}{252}=\frac{10}{21}$$ 답 $\dfrac{10}{21}$

0221 20개의 제비 중에서 2개의 제비를 뽑는 경우의 수는

$_{20}C_2=190$

━━━━━━━━━━━━━━━━━━━━━━━━━━ ㉮

상자에 들어 있는 당첨 제비의 개수를 n이라 하면 n개의 당첨 제비 중에서 2개를 뽑는 경우의 수는 $_nC_2$이므로

$$\frac{_nC_2}{190}=\frac{1}{19}$$

━━━━━━━━━━━━━━━━━━━━━━━━━━ ㉯

$_nC_2=10,\ \dfrac{n(n-1)}{2!}=10$

$n(n-1)=20=5\times4$ $\therefore n=5$

따라서 당첨 제비의 개수는 5이다.

━━━━━━━━━━━━━━━━━━━━━━━━━━ ㉰

답 5

단계	채점요소	배점
㉮	모든 경우의 수 구하기	20%
㉯	2개 모두 당첨 제비를 뽑을 확률을 이용하여 식 세우기	50%
㉰	당첨 제비의 개수 구하기	30%

0222 5명의 자리를 배정하는 경우의 수는

$5!=120$

처음 자리와 같은 자리에 배정받는 학생 2명을 선택하는 경우의 수는 $_5C_2=10$이고, 나머지 3명의 학생을 처음 자리와 다른 자리에 배정하는 경우의 수는 2이므로 처음 자리와 같은 자리에 배정받은 학생이 2명인 경우의 수는 $10\times2=20$

따라서 구하는 확률은

$$\frac{20}{120}=\frac{1}{6}$$ 답 ①

0223 6개의 점 중에서 임의로 택한 3개의 점을 꼭짓점으로 하는 삼각형의 개수는

$_6C_3=20$

오른쪽 그림과 같이 하나의 지름에 대하여 4개의 직각삼각형을 만들 수 있고, 6개의 점

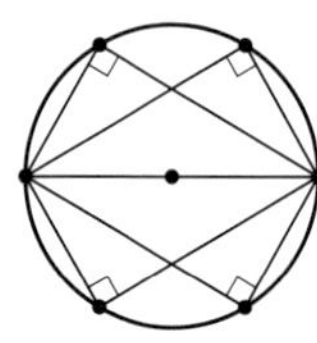

으로 만들 수 있는 지름은 3개이므로 직각삼각형의 개수는

$4 \times 3 = 12$

따라서 구하는 확률은

$\dfrac{12}{20} = \dfrac{3}{5}$

답 $\dfrac{3}{5}$

0224 10명의 유권자가 3명의 후보 중 1명에게 무기명으로 투표하는 경우의 수는 서로 다른 3개에서 10개를 택하는 중복조합의 수와 같으므로

${}_3H_{10} = {}_{3+10-1}C_{10} = {}_{12}C_{10} = {}_{12}C_2 = 66$

갑이 2표를 받는 경우의 수는 을, 병이 합하여 8표를 받는 경우의 수와 같으므로

${}_2H_8 = {}_{2+8-1}C_8 = {}_9C_8 = {}_9C_1 = 9$

따라서 구하는 확률은

$\dfrac{9}{66} = \dfrac{3}{22}$

답 $\dfrac{3}{22}$

0225 방정식 $x+y+z=12$의 음이 아닌 정수해의 개수는

${}_3H_{12} = {}_{3+12-1}C_{12} = {}_{14}C_{12} = {}_{14}C_2 = 91$

$z=3$이면 $x+y=9$이므로 $x+y=9$의 음이 아닌 정수해의 개수는

${}_2H_9 = {}_{2+9-1}C_9 = {}_{10}C_9 = {}_{10}C_1 = 10$

따라서 구하는 확률은 $\dfrac{10}{91}$이다.

답 $\dfrac{10}{91}$

0226 10개의 공 중에서 2개의 공을 꺼내는 경우의 수는

${}_{10}C_2 = 45$

10개의 공 중 흰 공을 n개라 하면 꺼낸 공 2개가 모두 흰 공인 경우의 수는 ${}_nC_2$

이때 2개의 공이 모두 흰 공일 통계적 확률이 $\dfrac{1}{3}$이므로

$\dfrac{{}_nC_2}{45} = \dfrac{1}{3}$, ${}_nC_2 = 15$, $\dfrac{n(n-1)}{2!} = 15$

$n(n-1) = 30 = 6 \times 5$

$\therefore n = 6$

따라서 흰 공은 6개 들어 있다고 할 수 있다.

답 6

0227 조사한 전체 사람 수는

$272 + 160 + 82 + 106 = 620$(명)

이므로 임의로 택한 한 사람이 B사의 휴대전화를 사용할 확률은

$\dfrac{160}{620} = \dfrac{8}{31}$

답 $\dfrac{8}{31}$

0228 60점 이상 80점 미만인 학생 수가

$26 + 18 = 44$(명)

이므로 구하는 확률은

$\dfrac{44}{100} = \dfrac{11}{25}$

답 $\dfrac{11}{25}$

0229 ㄱ. $0 \leq P(A) \leq 1$

ㄴ. [반례] $P(A) = \dfrac{1}{5}$, $P(B) = \dfrac{2}{5}$이면

$P(A) + P(B) = \dfrac{1}{5} + \dfrac{2}{5} = \dfrac{3}{5} < 1$

ㄷ. $P(S) = 1$, $P(\varnothing) = 0$이므로

$1 - P(S) = P(\varnothing)$

따라서 옳은 것은 ㄱ, ㄷ이다.

답 ㄱ, ㄷ

0230 ㄱ. $0 \leq P(A) \leq 1$, $0 \leq P(B) \leq 1$이므로

$0 \leq P(A)P(B) \leq 1$

ㄴ. $P(S) = 1$, $P(\varnothing) = 0$이므로

$P(S) + P(\varnothing) = 1$

ㄷ. $\varnothing \subset (A \cap B) \subset S$이므로

$P(\varnothing) \leq P(A \cap B) \leq P(S)$

$\therefore 0 \leq P(A \cap B) \leq 1$

따라서 옳은 것은 ㄱ, ㄴ, ㄷ이다.

답 ㄱ, ㄴ, ㄷ

0231 ㄱ. [반례] $S = \{1, 2, 3, 4, 5, 6\}$, $A = \{1, 2, 3, 4, 5\}$, $B = \{4, 5, 6\}$이면 $A \cup B = S$이지만

$P(A) + P(B) = \dfrac{5}{6} + \dfrac{3}{6} = \dfrac{4}{3} \neq 1$

ㄴ. $0 \leq P(A) \leq 1$, $0 \leq P(B) \leq 1$이므로

$0 \leq P(A) + P(B) \leq 2$

ㄷ. [반례] $S = \{1, 2, 3, 4, 5, 6\}$, $A = \{1, 3, 5\}$, $B = \{2, 3, 5\}$이면

$P(A) + P(B) = \dfrac{3}{6} + \dfrac{3}{6} = 1$

이지만 $A \cap B = \{3, 5\} \neq \varnothing$이므로 두 사건 A와 B는 서로 배반사건이 아니다.

따라서 옳은 것은 ㄴ뿐이다.

답 ㄴ

0232 두 상자 A, B에서 각각 한 장의 카드를 꺼낼 때, 모든 경우의 수는 $4 \times 5 = 20$

두 카드에 적힌 숫자를 각각 a, b라 하고 순서쌍 (a, b)로 나타낼 때, 숫자의 합이 4 이하인 사건을 A, 3의 배수인 사건을 B라 하면

$A = \{(1, 1), (1, 2), (1, 3), (3, 1)\}$

$B = \{(1, 2), (1, 5), (3, 3), (5, 1), (5, 4), (7, 2), (7, 5)\}$

$A \cap B = \{(1, 2)\}$

$\therefore P(A) = \dfrac{4}{20}$, $P(B) = \dfrac{7}{20}$, $P(A \cap B) = \dfrac{1}{20}$

따라서 구하는 확률은

$P(A \cup B) = P(A) + P(B) - P(A \cap B)$

$\qquad = \dfrac{4}{20} + \dfrac{7}{20} - \dfrac{1}{20}$

$\qquad = \dfrac{1}{2}$

답 $\dfrac{1}{2}$

0233 택한 학생이 영화감상반에 지원한 학생인 사건을 A, 곰인형 만들기반에 지원한 학생인 사건을 B라 하면

$$\mathrm{P}(A)=\frac{2}{5},\ \mathrm{P}(B)=\frac{1}{3},\ \mathrm{P}(A\cap B)=\frac{2}{15}$$

따라서 구하는 확률은

$$\mathrm{P}(A\cup B)=\mathrm{P}(A)+\mathrm{P}(B)-\mathrm{P}(A\cap B)$$
$$=\frac{2}{5}+\frac{1}{3}-\frac{2}{15}=\frac{3}{5}$$

답 $\dfrac{3}{5}$

0234 $f(1)=0$인 사건을 A, $f(2)=1$인 사건을 B라 하면

$$\mathrm{P}(A)=\frac{{}_4\Pi_2}{{}_4\Pi_3}=\frac{4^2}{4^3}=\frac{1}{4}$$

$$\mathrm{P}(B)=\frac{{}_4\Pi_2}{{}_4\Pi_3}=\frac{4^2}{4^3}=\frac{1}{4}$$

$$\mathrm{P}(A\cap B)=\frac{{}_4\Pi_1}{{}_4\Pi_3}=\frac{4^1}{4^3}=\frac{1}{16}$$

따라서 구하는 확률은

$$\mathrm{P}(A\cup B)=\mathrm{P}(A)+\mathrm{P}(B)-\mathrm{P}(A\cap B)$$
$$=\frac{1}{4}+\frac{1}{4}-\frac{1}{16}=\frac{7}{16}$$

답 ②

0235 이차방정식 $10x^2-7ax+a^2=0$을 풀면

$$(2x-a)(5x-a)=0$$

$$\therefore x=\frac{a}{2}\ \text{또는}\ x=\frac{a}{5}$$

⑦

이때 이차방정식이 정수해를 가지려면 a는 2의 배수이거나 5의 배수이어야 한다.

⑭

a가 2의 배수인 사건을 A, 5의 배수인 사건을 B라 하면 $A\cap B$는 10의 배수인 사건이므로

$$\mathrm{P}(A)=\frac{15}{30},\ \mathrm{P}(B)=\frac{6}{30},\ \mathrm{P}(A\cap B)=\frac{3}{30}$$

따라서 구하는 확률은

$$\mathrm{P}(A\cup B)=\mathrm{P}(A)+\mathrm{P}(B)-\mathrm{P}(A\cap B)$$
$$=\frac{15}{30}+\frac{6}{30}-\frac{3}{30}=\frac{3}{5}$$

⑮

답 $\dfrac{3}{5}$

단계	채점요소	배점
⑦	주어진 이차방정식 풀기	30%
⑭	a의 값의 조건 구하기	20%
⑮	주어진 이차방정식이 정수해를 가질 확률 구하기	50%

0236 8개의 공 중에서 2개를 꺼낼 때, 꺼낸 2개의 공이 모두 흰 공인 사건을 A, 2개의 공이 모두 검은 공인 사건을 B라 하면

$$\mathrm{P}(A)=\frac{{}_3\mathrm{C}_2}{{}_8\mathrm{C}_2}=\frac{3}{28}$$

$$\mathrm{P}(B)=\frac{{}_5\mathrm{C}_2}{{}_8\mathrm{C}_2}=\frac{5}{14}$$

A, B는 서로 배반사건이므로 구하는 확률은

$$\mathrm{P}(A\cup B)=\mathrm{P}(A)+\mathrm{P}(B)$$
$$=\frac{3}{28}+\frac{5}{14}=\frac{13}{28}$$

답 $\dfrac{13}{28}$

0237 뽑은 카드에 적힌 세 수의 합이 홀수인 경우는 공에 적힌 세 수가 홀수 1개, 짝수 2개인 경우와 홀수 3개인 경우이다.

뽑은 카드에 적힌 세 수가 홀수 1개, 짝수 2개인 사건을 A, 홀수 3개인 사건을 B라 하면

$$\mathrm{P}(A)=\frac{{}_4\mathrm{C}_1\times{}_3\mathrm{C}_2}{{}_7\mathrm{C}_3}=\frac{12}{35}$$

$$\mathrm{P}(B)=\frac{{}_4\mathrm{C}_3}{{}_7\mathrm{C}_3}=\frac{4}{35}$$

A, B는 서로 배반사건이므로 구하는 확률은

$$\mathrm{P}(A\cup B)=\mathrm{P}(A)+\mathrm{P}(B)$$
$$=\frac{12}{35}+\frac{4}{35}=\frac{16}{35}$$

답 ④

0238 1학년 학생이 2학년 학생보다 많으려면 선발한 6명의 학생 중 1학년 학생이 4명 또는 5명이어야 한다.

1학년 학생이 4명 선발되는 사건을 A, 1학년 학생이 5명 선발되는 사건을 B라 하면

$$\mathrm{P}(A)=\frac{{}_5\mathrm{C}_4\times{}_3\mathrm{C}_2}{{}_8\mathrm{C}_6}=\frac{15}{28}$$

$$\mathrm{P}(B)=\frac{{}_5\mathrm{C}_5\times{}_3\mathrm{C}_1}{{}_8\mathrm{C}_6}=\frac{3}{28}$$

A, B는 서로 배반사건이므로 구하는 확률은

$$\mathrm{P}(A\cup B)=\mathrm{P}(A)+\mathrm{P}(B)$$
$$=\frac{15}{28}+\frac{3}{28}=\frac{9}{14}$$

답 $\dfrac{9}{14}$

0239 연아와 윤주가 1열에 이웃하게 앉는 사건을 A, 2열에 이웃하게 앉는 사건을 B라 하면

$$\mathrm{P}(A)=\frac{2\times{}_5\mathrm{P}_4\times2!}{{}_7\mathrm{P}_6}=\frac{2}{21}$$

$$\mathrm{P}(B)=\frac{3\times{}_5\mathrm{P}_4\times2!}{{}_7\mathrm{P}_6}=\frac{1}{7}$$

A, B는 서로 배반사건이므로 구하는 확률은

$$\mathrm{P}(A\cup B)=\mathrm{P}(A)+\mathrm{P}(B)$$
$$=\frac{2}{21}+\frac{1}{7}=\frac{5}{21}$$

답 $\dfrac{5}{21}$

0240 $A^c\cup B^c=(A\cap B)^c$이므로 $\mathrm{P}(A^c\cup B^c)=\dfrac{5}{6}$에서

$$\mathrm{P}(A^c\cup B^c)=\mathrm{P}((A\cap B)^c)=1-\mathrm{P}(A\cap B)=\frac{5}{6}$$

$$\therefore \mathrm{P}(A\cap B)=\frac{1}{6}$$

$$\therefore \mathrm{P}(A\cup B)=\mathrm{P}(A)+\mathrm{P}(B)-\mathrm{P}(A\cap B)$$
$$=\frac{1}{3}+\frac{1}{2}-\frac{1}{6}=\frac{2}{3}$$

답 $\dfrac{2}{3}$

0241 $A^c\cap B^c=(A\cup B)^c$이므로 $\mathrm{P}(A^c\cap B^c)=\dfrac{1}{5}$에서

$$\mathrm{P}(A^c\cap B^c)=\mathrm{P}((A\cup B)^c)=1-\mathrm{P}(A\cup B)=\frac{1}{5}$$

$$\therefore \mathrm{P}(A\cup B)=\frac{4}{5}$$

또, $\mathrm{P}(B)=1-\mathrm{P}(B^c)=1-\dfrac{2}{5}=\dfrac{3}{5}$이므로

$$\mathrm{P}(A\cup B)=\mathrm{P}(A)+\mathrm{P}(B)-\mathrm{P}(A\cap B)에서$$

$$\frac{4}{5}=\frac{1}{3}+\frac{3}{5}-\mathrm{P}(A\cap B)$$

$$\therefore \mathrm{P}(A\cap B)=\frac{2}{15}$$

$$\therefore \mathrm{P}(A-B)=\mathrm{P}(A)-\mathrm{P}(A\cap B)$$
$$=\frac{1}{3}-\frac{2}{15}=\frac{1}{5}$$

답 ④

0242 $\mathrm{P}(A^c)=\dfrac{5}{12}$, $\mathrm{P}(B^c)=\dfrac{1}{2}$이므로

$$\mathrm{P}(A)=1-\mathrm{P}(A^c)=1-\frac{5}{12}=\frac{7}{12}$$

$$\mathrm{P}(B)=1-\mathrm{P}(B^c)=1-\frac{1}{2}=\frac{1}{2}$$

또한 $\mathrm{P}(A\cap B^c)=\dfrac{1}{3}$이므로

$$\mathrm{P}(A\cap B)=\mathrm{P}(A)-\mathrm{P}(A-B)$$
$$=\mathrm{P}(A)-\mathrm{P}(A\cap B^c)$$
$$=\frac{7}{12}-\frac{1}{3}=\frac{1}{4}$$

$$\therefore \mathrm{P}(A\cup B)=\mathrm{P}(A)+\mathrm{P}(B)-\mathrm{P}(A\cap B)$$
$$=\frac{7}{12}+\frac{1}{2}-\frac{1}{4}=\frac{5}{6}$$

답 $\dfrac{5}{6}$

0243 $A^c\cap B^c=(A\cup B)^c$이므로 $\mathrm{P}(A^c\cap B^c)=\dfrac{1}{8}$에서

$$\mathrm{P}(A^c\cap B^c)=\mathrm{P}((A\cup B)^c)=1-\mathrm{P}(A\cup B)=\frac{1}{8}$$

$$\therefore \mathrm{P}(A\cup B)=\frac{7}{8}$$

$$\mathrm{P}(A\cup B)=\mathrm{P}(A)+\mathrm{P}(B)-\mathrm{P}(A\cap B)에서$$

$$\frac{7}{8}=\mathrm{P}(A)+\mathrm{P}(B)-\frac{1}{10}$$

$$\therefore \mathrm{P}(A)=\frac{39}{40}-\mathrm{P}(B)$$

$\dfrac{1}{5}\leq\mathrm{P}(A)\leq\dfrac{3}{8}$이므로 $\dfrac{1}{5}\leq\dfrac{39}{40}-\mathrm{P}(B)\leq\dfrac{3}{8}$

$$-\frac{31}{40}\leq-\mathrm{P}(B)\leq-\frac{3}{5}$$

$$\therefore \frac{3}{5}\leq\mathrm{P}(B)\leq\frac{31}{40}$$

따라서 $\mathrm{P}(B)$의 최댓값은 $\dfrac{31}{40}$이다.

답 $\dfrac{31}{40}$

0244 적어도 한 개의 주사위의 눈의 수가 4 이하인 사건을 A라 하면 A^c는 두 개의 주사위의 눈의 수가 모두 5 이상인 사건이므로

$$\mathrm{P}(A^c)=\frac{2\times 2}{6^2}=\frac{1}{9}$$

따라서 구하는 확률은

$$\mathrm{P}(A)=1-\mathrm{P}(A^c)=1-\frac{1}{9}=\frac{8}{9}$$

답 ⑤

0245 5명이 일렬로 설 때, 적어도 한쪽 끝에는 남학생이 서는 사건을 A라 하면 A^c는 양쪽 끝에 모두 여학생이 서는 사건이므로

$$\mathrm{P}(A^c)=\frac{{}_3\mathrm{P}_2\times 3!}{5!}=\frac{3}{10}$$

따라서 구하는 확률은

$$\mathrm{P}(A)=1-\mathrm{P}(A^c)=1-\frac{3}{10}=\frac{7}{10}$$

답 ⑤

0246 10명의 학생 중 2명의 대표를 선출할 때, 적어도 1명의 여학생이 대표로 선출되는 사건을 A라 하면 A^c는 2명의 대표가 모두 남학생이 선출되는 사건이므로

$$\mathrm{P}(A^c)=\frac{{}_{10-n}\mathrm{C}_2}{{}_{10}\mathrm{C}_2}=\frac{(10-n)(9-n)}{90} \qquad \cdots\cdots ㉠$$

이때 $\mathrm{P}(A)=\dfrac{13}{15}$이므로

$$\mathrm{P}(A^c)=1-\mathrm{P}(A)=1-\frac{13}{15}=\frac{2}{15} \qquad \cdots\cdots ㉡$$

㉠, ㉡에서 $\dfrac{(10-n)(9-n)}{90}=\dfrac{2}{15}$

$$n^2-19n+78=0,\ (n-6)(n-13)=0$$

$$\therefore n=6\ (\because n\leq 10)$$

답 6

0247 6명을 복도 청소, 운동장 청소를 하는 2개의 조에 각각 3명씩 배정하는 경우의 수는

$$\left({}_6\mathrm{C}_3\times {}_3\mathrm{C}_3\times\frac{1}{2!}\right)\times 2!=20$$

영주, 민수 중 적어도 한 명이 복도 청소를 하는 사건을 A라 하면 A^c는 영주와 민수 모두 운동장 청소를 하는 사건이므로

$$\mathrm{P}(A^c)=\frac{{}_4\mathrm{C}_1}{20}=\frac{1}{5}$$

따라서 구하는 확률은

$$\mathrm{P}(A)=1-\mathrm{P}(A^c)=1-\frac{1}{5}=\frac{4}{5}$$

답 $\dfrac{4}{5}$

참고 6명을 복도 청소, 운동장 청소를 하는 2개의 조에 각각 3명씩 배정하는 경우의 수는 6명 중 복도 청소를 할 3명을 택하는 경우의 수와 같으므로 ${}_6\mathrm{C}_3=20$과 같이 구할 수도 있다.

0248 9개의 구슬 중 4개의 구슬을 꺼낼 때, 검은 구슬이 2개 이하로 나오는 사건을 A라 하면 A^C는 검은 구슬이 3개 또는 4개가 나오는 사건이다.

(i) 검은 구슬이 3개 나올 확률은

$$\frac{{}_5C_3 \times {}_4C_1}{{}_9C_4} = \frac{20}{63}$$

(ii) 검은 구슬이 4개 나올 확률은

$$\frac{{}_5C_4 \times {}_4C_0}{{}_9C_4} = \frac{5}{126}$$

(i), (ii)에서 $P(A^C) = \dfrac{20}{63} + \dfrac{5}{126} = \dfrac{5}{14}$

따라서 구하는 확률은

$$P(A) = 1 - P(A^C) = 1 - \frac{5}{14} = \frac{9}{14}$$

답 $\dfrac{9}{14}$

0249 2문제 이상 맞히는 사건을 A라 하면 A^C는 1문제를 맞히거나 1문제도 맞히지 못하는 사건이다.

(i) 1문제를 맞힐 확률은

$$\frac{{}_5C_1}{{}_2\Pi_5} = \frac{5}{32}$$

(ii) 1문제도 맞히지 못할 확률은

$$\frac{{}_5C_0}{{}_2\Pi_5} = \frac{1}{32}$$

(i), (ii)에서 $P(A^C) = \dfrac{5}{32} + \dfrac{1}{32} = \dfrac{3}{16}$

따라서 구하는 확률은

$$P(A) = 1 - P(A^C) = 1 - \frac{3}{16} = \frac{13}{16}$$

답 ⑤

0250 3조각의 떡을 고를 때, 꿀떡이 2조각 이하인 사건을 A라 하면 A^C는 꿀떡이 3조각인 사건이므로

$$P(A^C) = \frac{{}_3C_3}{{}_{n+3}C_3} = \frac{1}{{}_{n+3}C_3} \qquad \cdots\cdots ㉠$$

이때 $P(A) = \dfrac{83}{84}$이므로

$$P(A^C) = 1 - P(A) = 1 - \frac{83}{84} = \frac{1}{84} \qquad \cdots\cdots ㉡$$

㉠, ㉡에서 $\dfrac{1}{{}_{n+3}C_3} = \dfrac{1}{84}$이므로 ${}_{n+3}C_3 = 84$

$$\frac{(n+3)(n+2)(n+1)}{3!} = 84$$

$$(n+3)(n+2)(n+1) = 84 \times 3! = 9 \times 8 \times 7$$

$$\therefore n = 6$$

답 6

0251 $(a-b)(b-c)(c-a) = 0$에서

$a = b$ 또는 $b = c$ 또는 $c = a$

$(a-b)(b-c)(c-a) = 0$인 사건을 A라 하면 A^C는

$(a-b)(b-c)(c-a) \neq 0$인 사건이다. 즉, $a \neq b$, $b \neq c$, $c \neq a$

이므로 세 개의 주사위의 눈의 수가 모두 다른 사건이다.

           ㉮

$$\therefore P(A^C) = \frac{{}_6P_3}{6^3} = \frac{5}{9}$$

           ㉯

따라서 구하는 확률은

$$P(A) = 1 - P(A^C) = 1 - \frac{5}{9} = \frac{4}{9}$$

           ㉰

답 $\dfrac{4}{9}$

단계	채점요소	배점
㉮	$(a-b)(b-c)(c-a)=0$인 사건을 A로 놓고 A^C의 의미 알기	30%
㉯	$P(A^C)$ 구하기	40%
㉰	$(a-b)(b-c)(c-a)=0$일 확률 구하기	30%

0252 삼각형 PBC가 예각삼각형이려면 점 P는 오른쪽 그림과 같이 $\overline{BC}$를 지름으로 하는 반원의 외부에 있어야 한다.

정사각형 ABCD의 넓이는

$4 \times 4 = 16$

색칠한 부분의 넓이는

$$16 - \pi \times 2^2 \times \frac{1}{2} = 16 - 2\pi$$

따라서 삼각형 PBC가 예각삼각형일 확률은

$$\frac{(색칠한\ 부분의\ 넓이)}{(정사각형\ ABCD의\ 넓이)} = \frac{16 - 2\pi}{16} = 1 - \frac{\pi}{8}$$

즉, $p = 1$, $q = -\dfrac{1}{8}$이므로

$$8pq = 8 \times 1 \times \left(-\frac{1}{8}\right) = -1$$

답 -1

0253 과녁 전체의 넓이는 $\pi \times 4^2 = 16\pi$

색칠한 부분의 넓이는

(반지름의 길이가 3인 원의 넓이)

$-$ (반지름의 길이가 2인 원의 넓이)

$+$ (반지름의 길이가 1인 원의 넓이)

$= \pi \times 3^2 - \pi \times 2^2 + \pi \times 1^2$

$= 6\pi$

따라서 색칠한 부분을 맞힐 확률은

$$\frac{(색칠한\ 부분의\ 넓이)}{(과녁\ 전체의\ 넓이)} = \frac{6\pi}{16\pi} = \frac{3}{8}$$

답 $\dfrac{3}{8}$

0254 이차방정식 $x^2 + ax - 2a = 0$의 판별식을 D라 할 때, 이 이차방정식이 서로 다른 두 실근을 가지려면 $D > 0$이어야 하므로

$$D = a^2 - 4 \times (-2a) = a^2 + 8a > 0$$

$a(a+8) > 0$ $\therefore a < -8$ 또는 $a > 0$

이때 $-3 \leq a \leq 4$이므로 $0 < a \leq 4$

따라서 구하는 확률은

$$\frac{4-0}{4-(-3)}=\frac{4}{7}$$

답 $\dfrac{4}{7}$

0255 $\overline{PA}\geq1,\ \overline{PB}\geq1,\ \overline{PC}\geq1,\ \overline{PD}\geq1$
이려면 점 P는 오른쪽 그림과 같이 정사각형의 각 꼭짓점을 중심으로 하는 사분원의 외부에 있어야 한다.

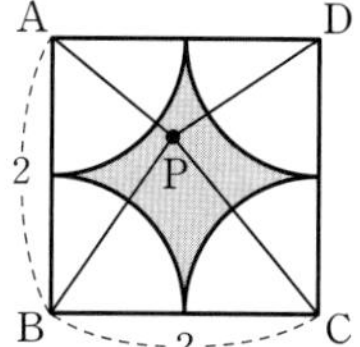

정사각형 ABCD의 넓이는

$$2\times2=4$$

색칠한 부분의 넓이는

$$4-\left(\pi\times1^2\times\frac{1}{4}\right)\times4=4-\pi$$

따라서 구하는 확률은

$$\frac{(\text{색칠한 부분의 넓이})}{(\text{정사각형 ABCD의 넓이})}=\frac{4-\pi}{4}=1-\frac{\pi}{4}$$

즉, $p=1,\ q=-\dfrac{1}{4}$이므로

$$100pq=100\times1\times\left(-\frac{1}{4}\right)=-25$$

답 -25

0256 $A=\{(1,1),(2,2),(3,3),(4,4),(5,5),(6,6)\}$
$B=\{(4,6),(5,5),(6,4)\}$
$C=\{(1,5),(2,6),(5,1),(6,2)\}$
$D=\{(5,5)\}$
ㄱ. $A\cap B=\{(5,5)\}$　　　　ㄴ. $A\cap C=\varnothing$
ㄷ. $A\cap D=\{(5,5)\}$　　　　ㄹ. $B\cap C=\varnothing$
ㅁ. $B\cap D=\{(5,5)\}$　　　　ㅂ. $C\cap D=\varnothing$
따라서 서로 배반사건인 것은 ㄴ, ㄹ, ㅂ이다.

답 ㄴ, ㄹ, ㅂ

0257 여섯 개의 숫자 0, 1, 2, 3, 4, 5 중 서로 다른 세 숫자를 사용하여 만들 수 있는 세 자리 자연수의 개수는

$$5\times5\times4=100$$

(i) □□0 꼴의 자연수의 개수는 $5\times4=20$
(ii) □□2 꼴의 자연수의 개수는 $4\times4=16$
(iii) □□4 꼴의 자연수의 개수는 $4\times4=16$
(i)~(iii)에서 짝수의 개수는 $20+16+16=52$

따라서 구하는 확률은 $\dfrac{52}{100}=\dfrac{13}{25}$

답 $\dfrac{13}{25}$

0258 갑이 주머니 A에서, 을이 주머니 B에서 각자 2장의 카드를 꺼내는 경우의 수는

$${}_4C_2\times{}_4C_2=36$$

두 장의 카드에 적힌 수의 합이
(i) 3일 때
　갑이 ①, ②, 을이 ①, ②를 뽑는 경우의 수는 1
(ii) 4일 때
　갑이 ①, ③, 을이 ①, ③을 뽑는 경우의 수는 1
(iii) 5일 때
　갑이 ①, ④ 또는 ②, ③을 뽑고, 을이 ①, ④ 또는 ②, ③을 뽑는 경우의 수는 $2\times2=4$
(iv) 6일 때
　갑이 ②, ④, 을이 ②, ④를 뽑는 경우의 수는 1
(v) 7일 때
　갑이 ③, ④, 을이 ③, ④를 뽑는 경우의 수는 1

(i)~(v)에서 갑이 가진 카드에 적힌 수의 합과 을이 가진 카드에 적힌 수의 합이 서로 같은 경우의 수는

$$1+1+4+1+1=8$$

이므로 그 확률은

$$\frac{8}{36}=\frac{2}{9}$$

따라서 $p=9,\ q=2$이므로

$$p+q=9+2=11$$

답 11

0259 7명이 일렬로 서는 경우의 수는 $7!$
남학생 사이에 여학생 5명 중 3명이 일렬로 서는 경우의 수는 ${}_5P_3$
남학생 2명과 그 사이에 선 여학생 3명을 한 명으로 생각하여 3명이 일렬로 서는 경우의 수는 $3!$
남학생 2명이 자리를 바꾸는 경우의 수는 $2!$
따라서 남학생 사이에 여학생 3명이 서는 경우의 수는 ${}_5P_3\times3!\times2!$이므로 구하는 확률은

$$\frac{{}_5P_3\times3!\times2!}{7!}=\frac{1}{7}$$

답 $\dfrac{1}{7}$

0260 네 사람이 일렬로 서는 경우의 수는

$$4!=24$$

네 명을 키가 작은 순서대로 A, B, C, D라 하면
(i) □□B□와 같이 서는 경우
　B보다 키가 큰 사람은 C, D뿐이므로 A는 가장 왼쪽에 서고, B와 이웃하는 두 자리에 C, D가 서는 경우의 수는
　$2!=2$
(ii) □□A□와 같이 서는 경우
　B, C, D 모두 A보다 키가 크므로 3명이 3개의 자리에 서는 경우의 수는
　$3!=6$

(i), (ii)에서 왼쪽에서 세 번째에 선 사람이 자신과 이웃한 두 사람보다 키가 작은 경우의 수는 $2+6=8$이므로 구하는 확률은

$$\frac{8}{24}=\frac{1}{3}$$

답 ①

0261 8가지 색을 모두 칠하는 경우의 수는

$(8-1)!=7!$

노란색과 보라색을 한 가지 색으로 생각하여 7가지 색을 칠하는 경우의 수는 $(7-1)!=6!$

노란색과 보라색을 칠할 자리를 바꾸는 경우의 수는 $2!$

따라서 노란색과 보라색이 이웃하게 칠하는 경우의 수는 $6!\times2!$
이므로 구하는 확률은

$$\frac{6!\times2!}{7!}=\frac{2}{7}$$

답 $\dfrac{2}{7}$

0262 3명의 학생을 각각 6개의 반 중 하나에 배정하는 경우의 수는

$_6\Pi_3=6^3$

갑과 을이 같은 반이 되는 경우의 수는 갑, 을을 한 명으로 보고 2명을 각각 6개의 반 중 하나에 배정하는 경우의 수와 같으므로

$_6\Pi_2=6^2$

따라서 구하는 확률은 $\dfrac{6^2}{6^3}=\dfrac{1}{6}$

답 $\dfrac{1}{6}$

0263 집합 X에서 집합 Y로의 함수 f의 개수는

$_3\Pi_4=3^4=81$

$f(0)+f(1)+f(2)+f(3)=3$을 만족시키는 함수의 개수는

0, 0, 1, 2 또는 0, 1, 1, 1

을 일렬로 나열하는 경우의 수의 합과 같다.

(i) 0, 0, 1, 2를 일렬로 나열하는 경우의 수는

$$\frac{4!}{2!}=12$$

(ii) 0, 1, 1, 1을 일렬로 나열하는 경우의 수는

$$\frac{4!}{3!}=4$$

(i), (ii)에서 $f(0)+f(1)+f(2)+f(3)=3$인 경우의 수는

$12+4=16$이므로 구하는 확률은 $\dfrac{16}{81}$이다.

답 ①

0264 6개의 문자 b, a, n, a, n, a를 일렬로 나열하는 경우의 수는 $\dfrac{6!}{3!\times2!}=60$

두 개의 n이 서로 이웃하는 경우의 수는 두 개의 n을 한 문자로 생각하여 5개의 문자를 일렬로 나열하는 경우의 수와 같으므로

$$\frac{5!}{3!}=20$$

따라서 구하는 확률은 $\dfrac{20}{60}=\dfrac{1}{3}$

답 ⑤

0265 같은 종류의 수학책 2권, 국어책 1권, 영어책 1권을 4명에게 한 권씩 나누어 주는 경우의 수는

$$\frac{4!}{2!}=12$$

남학생 2명이 수학책 2권을 받으면 여학생 2명은 국어책과 영어책을 1권씩 받으면 되므로 그 경우의 수는

$2!=2$

따라서 구하는 확률은 $\dfrac{2}{12}=\dfrac{1}{6}$

답 $\dfrac{1}{6}$

0266 A, A, A, B, B, C가 적힌 6장의 카드를 일렬로 나열하는 경우의 수는

$$\frac{6!}{3!\times2!}=60$$

양 끝에 모두 A가 적힌 카드를 놓고, 나머지 A, B, B, C가 적힌 카드를 가운데에 나열하는 경우의 수는

$$\frac{4!}{2!}=12$$

따라서 구하는 확률은 $\dfrac{12}{60}=\dfrac{1}{5}$

답 ②

0267 10개의 점 중에서 3개를 택하는 경우의 수는

$_{10}C_3=120$

한 직선 위의 세 점으로는 삼각형이 만들어지지 않으므로 반원의 지름 위의 점 5개 중 3개를 택한 경우에는 삼각형이 만들어지지 않는다.

이 경우의 수는 $_5C_3=10$

따라서 삼각형이 만들어지는 경우의 수는 $120-10=110$이므로 구하는 확률은

$$\frac{110}{120}=\frac{11}{12}$$

답 ④

0268 6개의 공 중 2개의 공을 꺼내는 경우의 수는

$_6C_2=15$

꺼낸 2개의 공이 모두 흰 공인 경우의 수는 $_2C_2=1$이므로 그 확률은 $\dfrac{1}{15}$이다.

따라서 $p=15$, $q=1$이므로

$p+q=15+1=16$

답 16

0269 6명의 선수 중 2명씩 짝을 지어 3개의 팀을 만드는 경우의 수는 $_6C_2\times_4C_2\times_2C_2\times\dfrac{1}{3!}=15$

여자 선수가 2명뿐이므로 한 여자 선수가 어떤 남자 선수와 팀을 이루면 다른 여자 선수도 반드시 남자 선수와 팀을 이루게 된다.

남자 선수 4명 중 2명이 여자 선수와 팀을 이루는 경우의 수는

$_4P_2=12$

따라서 구하는 확률은 $\dfrac{12}{15}=\dfrac{4}{5}$

답 $\dfrac{4}{5}$

0270 사과, 귤, 배 중에서 8개의 과일을 사는 경우의 수는

$_3H_8 = _{3+8-1}C_8 = _{10}C_8 = _{10}C_2 = 45$

사과를 5개 사고, 귤과 배 중에서 3개를 사는 경우의 수는

$_2H_3 = _{2+3-1}C_3 = _4C_3 = _4C_1 = 4$

따라서 구하는 확률은 $\dfrac{4}{45}$이다. 답 $\dfrac{4}{45}$

0271 16개의 구슬 중에서 2개의 구슬을 꺼내는 경우의 수는

$_{16}C_2 = 120$

16개의 구슬 중 흰 구슬을 n개라 하면 꺼낸 구슬 2개가 모두 흰 구슬인 경우의 수는 $_nC_2$

이때 2개의 구슬이 모두 흰 구슬일 통계적 확률이 $\dfrac{3}{8}$이므로

$\dfrac{_nC_2}{120} = \dfrac{3}{8}$, $_nC_2 = 45$, $\dfrac{n(n-1)}{2!} = 45$

$n(n-1) = 90 = 10 \times 9$ $\therefore n = 10$

따라서 흰 구슬은 10개 들어 있다고 할 수 있다. 답 ④

0272 ㄱ. $0 \leq P(A) \leq 1$

ㄴ. $A \subset B$이면 $n(A) \leq n(B)$이므로

$\dfrac{n(A)}{n(S)} \leq \dfrac{n(B)}{n(S)}$ $\therefore P(A) \leq P(B)$

ㄷ. $P(A \cup B) = P(A) + P(B) - P(A \cap B)$
$\leq P(A) + P(B)$ ($\because P(A \cap B) \geq 0$)

따라서 옳은 것은 ㄴ, ㄷ이다. 답 ④

0273 택한 학생이 한국지리를 선택한 학생인 사건을 A, 세계사를 선택한 학생인 사건을 B라 하면

$P(A) = \dfrac{11}{18}$, $P(B) = \dfrac{5}{6}$, $P(A \cap B) = \dfrac{5}{9}$

따라서 구하는 확률은

$P(A \cup B) = P(A) + P(B) - P(A \cap B)$
$= \dfrac{11}{18} + \dfrac{5}{6} - \dfrac{5}{9} = \dfrac{8}{9}$ 답 $\dfrac{8}{9}$

0274 나오는 두 눈의 수를 순서쌍으로 나타내면

(짝수, 짝수)인 경우의 수는 $3 \times 3 = 9$

(홀수, 홀수)인 경우의 수는 $3 \times 3 = 9$

이므로 $P(A) = \dfrac{9+9}{6^2} = \dfrac{1}{2}$

두 눈의 수의 곱이 15의 배수인 경우는 $(3, 5)$, $(5, 3)$, $(5, 6)$, $(6, 5)$의 4가지이므로

$P(B) = \dfrac{4}{6^2} = \dfrac{1}{9}$

$A \cap B = \{(3, 5), (5, 3)\}$이므로

$P(A \cap B) = \dfrac{2}{6^2} = \dfrac{1}{18}$

$\therefore P(A \cup B) = P(A) + P(B) - P(A \cap B)$
$= \dfrac{1}{2} + \dfrac{1}{9} - \dfrac{1}{18} = \dfrac{5}{9}$ 답 $\dfrac{5}{9}$

0275 생산직 근로자 2명, 관리직 근로자 1명이 뽑히는 사건을 A, 생산직 근로자 3명이 뽑히는 사건을 B라 하면

$P(A) = \dfrac{_6C_2 \times _4C_1}{_{10}C_3} = \dfrac{1}{2}$

$P(B) = \dfrac{_6C_3 \times _4C_0}{_{10}C_3} = \dfrac{1}{6}$

A, B는 서로 배반사건이므로 구하는 확률은

$P(A \cup B) = P(A) + P(B)$
$= \dfrac{1}{2} + \dfrac{1}{6} = \dfrac{2}{3}$ 답 $\dfrac{2}{3}$

0276 $P(A \cup B) = P(A) + P(B) - P(A \cap B)$
$= \dfrac{2}{3} + \dfrac{1}{4} - \dfrac{1}{6} = \dfrac{3}{4}$

$\therefore P(A^C \cap B^C) = P((A \cup B)^C)$
$= 1 - P(A \cup B)$
$= 1 - \dfrac{3}{4} = \dfrac{1}{4}$ 답 ⑤

0277 B와 D 사이에 적어도 한 명의 학생이 서는 사건을 A라 하면 A^C는 B와 D 사이에 아무도 서지 않는 사건, 즉 B와 D가 서로 이웃하게 서는 사건이므로

$P(A^C) = \dfrac{4! \times 2!}{5!} = \dfrac{2}{5}$

따라서 구하는 확률은

$P(A) = 1 - P(A^C) = 1 - \dfrac{2}{5} = \dfrac{3}{5}$ 답 $\dfrac{3}{5}$

0278 적어도 한 명의 남학생을 뽑는 사건을 A라 하면 A^C는 3명 모두 여학생을 뽑는 사건이므로

$P(A^C) = \dfrac{_3C_3}{_6C_3} = \dfrac{1}{20}$

따라서 구하는 확률은

$P(A) = 1 - P(A^C) = 1 - \dfrac{1}{20} = \dfrac{19}{20}$ 답 ⑤

0279 갑, 을, 병이 16종류의 여행 상품 중 서로 다른 여행 상품을 하나씩 택하는 경우의 수는 $_{16}P_3 = 3360$

적어도 한 명은 다른 나라의 여행 상품을 택하는 사건을 A라 하면 A^C는 세 명 모두 같은 나라의 여행 상품을 택하는 사건이다.

갑, 을, 병 모두

(i) 갑 여행 상품을 택할 확률은

$\dfrac{_4P_3}{_{16}P_3} = \dfrac{1}{140}$

(ii) 태국 여행 상품을 택할 확률은
$$\frac{_5P_3}{_{16}P_3}=\frac{1}{56}$$

(iii) 중국 여행 상품을 택할 확률은
$$\frac{_7P_3}{_{16}P_3}=\frac{1}{16}$$

(i)~(iii)에서
$$P(A^C)=\frac{1}{140}+\frac{1}{56}+\frac{1}{16}=\frac{7}{80}$$

따라서 구하는 확률은
$$P(A)=1-P(A^C)=1-\frac{7}{80}=\frac{73}{80}$$

답 $\dfrac{73}{80}$

0280 8개의 문자 c, o, m, p, u, t, e, r를 일렬로 나열하는 경우의 수는 8!

㉮

c와 r 사이에 나머지 6개의 문자 중 2개를 일렬로 나열하는 경우의 수는 $_6P_2$

c, r와 그 사이에 나열한 문자 2개를 한 문자로 생각하여 5개의 문자를 일렬로 나열하는 경우의 수는 5!

c와 r가 자리를 바꾸는 경우의 수는 2!

따라서 c와 r 사이에 2개의 문자가 오는 경우의 수는
$$_6P_2\times5!\times2!$$

㉯

이므로 구하는 확률은
$$\frac{_6P_2\times5!\times2!}{8!}=\frac{5}{28}$$

㉰

답 $\dfrac{5}{28}$

단계	채점요소	배점
㉮	모든 경우의 수 구하기	20%
㉯	c와 r 사이에 2개의 문자가 오는 경우의 수 구하기	60%
㉰	c와 r 사이에 2개의 문자가 올 확률 구하기	20%

0281 정육각형의 6개의 꼭짓점 중 세 점을 택하여 삼각형을 만드는 경우의 수는
$$_6C_3=20$$

㉮

정삼각형이 만들어지는 경우는 오른쪽 그림과 같이 2가지이다.

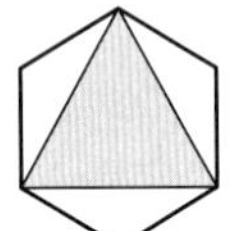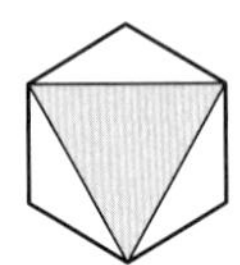

㉯

따라서 구하는 확률은 $\dfrac{2}{20}=\dfrac{1}{10}$

㉰

답 $\dfrac{1}{10}$

단계	채점요소	배점
㉮	모든 경우의 수 구하기	30%
㉯	정삼각형이 만들어지는 경우의 수 구하기	40%
㉰	정삼각형이 만들어질 확률 구하기	30%

0282 정상인 제품을 4개 택하는 사건을 A, 정상인 제품을 5개 택하는 사건을 B라 하면
$$P(A)=\frac{_6C_4\times_4C_1}{_{10}C_5}=\frac{5}{21}$$
$$P(B)=\frac{_6C_5\times_4C_0}{_{10}C_5}=\frac{1}{42}$$

㉮

A, B는 서로 배반사건이므로 구하는 확률은
$$P(A\cup B)=P(A)+P(B)$$
$$=\frac{5}{21}+\frac{1}{42}=\frac{11}{42}$$

㉯

답 $\dfrac{11}{42}$

단계	채점요소	배점
㉮	정상인 제품이 4개 포함될 확률, 5개 포함될 확률 각각 구하기	60%
㉯	정상인 제품이 4개 이상 포함될 확률 구하기	40%

0283 $P(A\cap B)\leq P(A)$, $P(A\cap B)\leq P(B)$이므로
$$P(A\cap B)\leq\frac{3}{5},\ P(A\cap B)\leq\frac{5}{6}$$
$$\therefore P(A\cap B)\leq\frac{3}{5}$$ ······ ㉠

㉮

$P(A\cup B)\leq P(S)=1$이므로
$$P(A)+P(B)-P(A\cap B)\leq1$$
$$\frac{3}{5}+\frac{5}{6}-P(A\cap B)\leq1$$
$$\therefore P(A\cap B)\geq\frac{13}{30}$$ ······ ㉡

㉯

㉠, ㉡의 공통 범위는
$$\frac{13}{30}\leq P(A\cap B)\leq\frac{3}{5}$$

따라서 $P(A\cap B)$의 최댓값은 $\dfrac{3}{5}$, 최솟값은 $\dfrac{13}{30}$이므로
$$M=\frac{3}{5},\ m=\frac{13}{30}$$

㉰

$$\therefore Mm=\frac{3}{5}\times\frac{13}{30}=\frac{13}{50}$$

㉱

답 $\dfrac{13}{50}$

단계	채점요소	배점
㉮	$P(A \cap B)$의 범위 구하기	30%
㉯	$P(A \cap B)$의 범위 구하기	30%
㉰	M, m의 값 구하기	30%
㉱	Mm의 값 구하기	10%

0284 8명이 원탁에 둘러앉는 경우의 수는
$$(8-1)!=7!$$
A가 앉으면 B의 자리가 그 맞은편으로 정해지고, C가 나머지 6개의 자리 중 한 자리에 앉으면 D의 자리가 그 맞은편으로 정해진다. 또, 나머지 4명이 남은 4개의 자리에 앉는 경우의 수는 4!이다.

따라서 A는 B와, C는 D와 마주 보고 앉는 경우의 수는 $6 \times 4!$이므로 구하는 확률은
$$\frac{6 \times 4!}{7!}=\frac{1}{35}$$

답 ①

0285 집합 X에서 집합 Y로의 함수 f의 개수는
$$_6\Pi_4=6^4=1296$$
(i) $f(1)<f(2)<f(3)=f(4)$인 경우

공역 Y의 원소 중 서로 다른 3개를 택한 후 가장 작은 것부터 차례대로 $f(1)$, $f(2)$, $f(3)(=f(4))$으로 정하면 된다.

$$\therefore {}_6C_3=20$$

(ii) $f(1)=f(2)<f(3)=f(4)$인 경우

공역 Y의 원소 중 서로 다른 2개를 택한 후 작은 것을 $f(1)(=f(2))$, 큰 것을 $f(3)(=f(4))$으로 정하면 된다.

$$\therefore {}_6C_2=15$$

(i), (ii)에서 $f(1) \leq f(2) < f(3)=f(4)$를 만족시키는 함수의 개개수는 $20+15=35$이므로 구하는 확률은 $\dfrac{35}{1296}$이다.

답 $\dfrac{35}{1296}$

0286 방정식 $x+y+z=10$의 음이 아닌 정수해의 개수는
$$_3H_{10}={}_{3+10-1}C_{10}={}_{12}C_{10}={}_{12}C_2=66$$
$(x-y)(y-z)(z-x) \neq 0$인 사건을 A라 하면 A^C는 $(x-y)(y-z)(z-x)=0$인 사건이다.

이때 $(x-y)(y-z)(z-x)=0$이면
$$x=y \text{ 또는 } y=z \text{ 또는 } z=x$$

(i) $x=y$일 때

$2x+z=10$이므로 이를 만족시키는 순서쌍 (x, y, z)는
$(0, 0, 10)$, $(1, 1, 8)$, $(2, 2, 6)$, $(3, 3, 4)$, $(4, 4, 2)$, $(5, 5, 0)$의 6개이다.

(ii) $y=z$일 때

(i)과 같은 방법으로 풀면 $x+2y=10$이므로 이를 만족시키는 순서쌍 (x, y, z)는 6개이다.

(iii) $z=x$일 때

(i)과 같은 방법으로 풀면 $y+2z=10$이므로 이를 만족시키는 순서쌍 (x, y, z)는 6개이다.

(i)~(iii)에서 $(x-y)(y-z)(z-x)=0$을 만족시키는 경우의 수는 $6+6+6=18$이므로
$$P(A^C)=\frac{18}{66}=\frac{3}{11}$$
따라서 구하는 확률은
$$P(A)=1-P(A^C)=1-\frac{3}{11}=\frac{8}{11}$$
즉, $p=11$, $q=8$이므로
$$p+q=11+8=19$$

답 **19**

참고 $x=y$이면서 $y=z$이면 $x=y=z$이므로 $x+y+z=10$을 만족시키는 정수해는 존재하지 않는다. 즉,
$$x=y\text{이면 } x=y \neq z,\ y=z\text{이면 } x \neq y=z,\ z=x\text{이면 } z=x \neq y$$
이므로 (i), (ii), (iii)의 순서쌍 (x, y, z) 중 중복되는 것은 없다.

0287 한 개의 주사위를 두 번 던질 때, 모든 경우의 수는
$$6 \times 6=36$$
$$i^m \times (-i)^n = i^m \times (-1)^n \times i^n = (-1)^n \times i^{m+n}=1$$
이때 n이 홀수이면 $(-1)^n=-1$, 짝수이면 $(-1)^n=1$이므로 n이 홀수일 때와 짝수일 때로 나누어 m, n의 값을 구한다.

(i) n이 홀수일 때   ← $i^{m+n}=-1$이어야 한다.

$m+n$의 값은 2 또는 6 또는 10이어야 하므로 이를 만족시키는 경우를 순서쌍 (m, n)으로 나타내면
$(1, 1)$, $(1, 5)$, $(3, 3)$, $(5, 1)$, $(5, 5)$의 5가지

(ii) n이 짝수일 때   ← $i^{m+n}=1$이어야 한다.

$m+n$의 값은 4 또는 8 또는 12이어야 하므로 이를 만족시키는 경우를 순서쌍 (m, n)으로 나타내면
$(2, 2)$, $(2, 6)$, $(4, 4)$, $(6, 2)$, $(6, 6)$의 5가지

(i), (ii)에서 $i^m \times (-i)^n=1$이 되는 경우의 수는 $5+5=10$이므로 그 확률은
$$\frac{10}{36}=\frac{5}{18}$$
따라서 $p=18$, $q=5$이므로
$$p+q=18+5=23$$

답 **23**

참고 i를 거듭제곱하면 i, -1, $-i$, 1이 차례대로 반복되어 나타나므로 다음과 같은 규칙을 갖는다.
$$i^{4k+1}=i,\ i^{4k+2}=-1,\ i^{4k+3}=-i,\ i^{4k+4}=1 \text{ (단, } k\text{는 음이 아닌 정수)}$$

04 | 조건부확률

📖 교과서 문제 정/복/하/기

본문 47쪽

0288 $A=\{2,\ 4,\ 6\}$, $B=\{2,\ 3,\ 5\}$에서

(1) $\mathrm{P}(A)=\dfrac{3}{6}=\dfrac{1}{2}$

(2) $A\cap B=\{2\}$이므로 $\mathrm{P}(A\cap B)=\dfrac{1}{6}$

(3) $\mathrm{P}(B\,|\,A)=\dfrac{\mathrm{P}(A\cap B)}{\mathrm{P}(A)}=\dfrac{\frac{1}{6}}{\frac{1}{2}}=\dfrac{1}{3}$

답 (1) $\dfrac{1}{2}$　(2) $\dfrac{1}{6}$　(3) $\dfrac{1}{3}$

0289 뒷면이 1개 나오는 사건을 A, 10원짜리 동전이 뒷면이 나오는 사건을 B라 하면

$\mathrm{P}(A)=\dfrac{3}{8}$, $\mathrm{P}(A\cap B)=\dfrac{1}{8}$

구하는 확률은 $\mathrm{P}(B\,|\,A)$이므로

$\mathrm{P}(B\,|\,A)=\dfrac{\mathrm{P}(A\cap B)}{\mathrm{P}(A)}=\dfrac{\frac{1}{8}}{\frac{3}{8}}=\dfrac{1}{3}$

답 $\dfrac{1}{3}$

0290 $\mathrm{P}(A\cap B)=\mathrm{P}(A)\mathrm{P}(B\,|\,A)=\dfrac{1}{3}\times\dfrac{1}{2}=\dfrac{1}{6}$

답 $\dfrac{1}{6}$

0291 (1) $\mathrm{P}(A\cap B)=\mathrm{P}(B)\mathrm{P}(A\,|\,B)=0.2\times0.5=0.1$

(2) $\mathrm{P}(B\,|\,A)=\dfrac{\mathrm{P}(A\cap B)}{\mathrm{P}(A)}=\dfrac{0.1}{0.3}=\dfrac{1}{3}$

(3) $\mathrm{P}(A\cup B)=\mathrm{P}(A)+\mathrm{P}(B)-\mathrm{P}(A\cap B)$
$=0.3+0.2-0.1=0.4$

$\therefore\ \mathrm{P}(A^{c}\cap B^{c})=\mathrm{P}((A\cup B)^{c})$
$=1-\mathrm{P}(A\cup B)$
$=1-0.4=0.6$

(4) $\mathrm{P}(A^{c}\,|\,B^{c})=\dfrac{\mathrm{P}(A^{c}\cap B^{c})}{\mathrm{P}(B^{c})}$
$=\dfrac{0.6}{1-\mathrm{P}(B)}$
$=\dfrac{0.6}{1-0.2}$
$=0.75$

답 (1) **0.1**　(2) $\dfrac{1}{3}$　(3) **0.6**　(4) **0.75**

0292 $\mathrm{P}(A)=\dfrac{{}_3\mathrm{C}_1\times{}_6\mathrm{C}_1}{36}=\dfrac{1}{2}$, $\mathrm{P}(B)=\dfrac{{}_6\mathrm{C}_1\times{}_2\mathrm{C}_1}{36}=\dfrac{1}{3}$,

$\mathrm{P}(A\cap B)=\dfrac{{}_3\mathrm{C}_1\times{}_2\mathrm{C}_1}{36}=\dfrac{1}{6}$

따라서 $\mathrm{P}(A\cap B)=\dfrac{1}{6}$, $\mathrm{P}(A)\mathrm{P}(B)=\dfrac{1}{2}\times\dfrac{1}{3}=\dfrac{1}{6}$이므로 두 사건 A, B는 서로 독립이다.

답 **독립**

0293 (1) 두 사건 A, B가 서로 독립이므로

$\mathrm{P}(A\cap B)=\mathrm{P}(A)\mathrm{P}(B)=\dfrac{1}{4}\times\dfrac{2}{3}=\dfrac{1}{6}$

(2) $\mathrm{P}(A\cup B)=\mathrm{P}(A)+\mathrm{P}(B)-\mathrm{P}(A\cap B)$

$=\dfrac{1}{4}+\dfrac{2}{3}-\dfrac{1}{6}=\dfrac{3}{4}$

(3) 두 사건 A^{c}, B도 서로 독립이므로

$\mathrm{P}(A^{c}\cap B)=\mathrm{P}(A^{c})\mathrm{P}(B)$
$=\{1-\mathrm{P}(A)\}\mathrm{P}(B)$
$=\left(1-\dfrac{1}{4}\right)\times\dfrac{2}{3}=\dfrac{1}{2}$

(4) 두 사건 A, B^{c}도 서로 독립이므로

$\mathrm{P}(A\,|\,B^{c})=\mathrm{P}(A)=\dfrac{1}{4}$

답 (1) $\dfrac{1}{6}$　(2) $\dfrac{3}{4}$　(3) $\dfrac{1}{2}$　(4) $\dfrac{1}{4}$

0294 주사위의 짝수의 눈이 나오는 사건을 A, 동전의 앞면이 나오는 사건을 B라 하면 두 사건 A, B는 서로 독립이다.
따라서 구하는 확률은

$\mathrm{P}(A\cap B)=\mathrm{P}(A)\mathrm{P}(B)=\dfrac{1}{2}\times\dfrac{1}{2}=\dfrac{1}{4}$

답 $\dfrac{1}{4}$

0295 선수 A가 화살을 명중시키는 사건을 A, 선수 B가 화살을 명중시키는 사건을 B라 하면 두 사건 A, B는 서로 독립이다.
따라서 구하는 확률은

$\mathrm{P}(A\cap B)=\mathrm{P}(A)\mathrm{P}(B)=0.5\times0.7=0.35$

답 **0.35**

0296 (1) $A=\{2,\ 4,\ 6\}$이므로 $\mathrm{P}(A)=\dfrac{3}{6}=\dfrac{1}{2}$

(2) $\mathrm{P}(A)=\dfrac{1}{2}$, $\mathrm{P}(A^{c})=1-\dfrac{1}{2}=\dfrac{1}{2}$이고, 각 시행은 서로 독립이므로 구하는 확률은

${}_5\mathrm{C}_3\left(\dfrac{1}{2}\right)^{3}\left(\dfrac{1}{2}\right)^{2}=\dfrac{5}{16}$

답 (1) $\dfrac{1}{2}$　(2) $\dfrac{5}{16}$

0297 동전을 한 번 던질 때 앞면이 나오는 사건을 A라 하면

$\mathrm{P}(A)=\dfrac{1}{2}$, $\mathrm{P}(A^{c})=1-\dfrac{1}{2}=\dfrac{1}{2}$

각 시행은 서로 독립이므로 구하는 확률은

$$_4\text{C}_3\left(\frac{1}{2}\right)^3\left(\frac{1}{2}\right)^1=\frac{1}{4}$$

답 $\dfrac{1}{4}$

0298 오지선다형 한 문제에 임의로 답하여 정답을 맞히는 사건을 A라 하면

$$\text{P}(A)=\frac{1}{5}, \ \text{P}(A^C)=1-\frac{1}{5}=\frac{4}{5}$$

각 시행은 서로 독립이므로 구하는 확률은

$$_4\text{C}_3\left(\frac{1}{5}\right)^3\left(\frac{4}{5}\right)^1=\frac{16}{625}$$

답 $\dfrac{16}{625}$

0299 농구 선수가 1번의 자유투에서 골을 넣는 사건을 A라 하면

$$\text{P}(A)=\frac{80}{100}=\frac{4}{5}, \ \text{P}(A^C)=1-\frac{4}{5}=\frac{1}{5}$$

각 시행은 서로 독립이므로 구하는 확률은

$$_3\text{C}_2\left(\frac{4}{5}\right)^2\left(\frac{1}{5}\right)^1=\frac{48}{125}$$

답 $\dfrac{48}{125}$

유형 익히기

본문 48~53쪽

0300
$$\begin{aligned}
\text{P}(A\cup B)&=1-\text{P}((A\cup B)^C)\\
&=1-\text{P}(A^C\cap B^C)\\
&=1-0.5=0.5
\end{aligned}$$

이므로

$$\begin{aligned}
\text{P}(A\cap B)&=\text{P}(A)+\text{P}(B)-\text{P}(A\cup B)\\
&=0.2+0.4-0.5\\
&=0.1
\end{aligned}$$

$$\therefore \ \text{P}(A\,|\,B)=\frac{\text{P}(A\cap B)}{\text{P}(B)}=\frac{0.1}{0.4}=\frac{1}{4}$$

답 $\dfrac{1}{4}$

0301
$$\begin{aligned}
\text{P}(A\cap B)&=\text{P}(B)\text{P}(A\,|\,B)\\
&=\frac{2}{5}\times\frac{1}{2}=\frac{1}{5}
\end{aligned}$$

$$\therefore \ \text{P}(B\,|\,A)=\frac{\text{P}(A\cap B)}{\text{P}(A)}=\frac{\frac{1}{5}}{\frac{1}{3}}=\frac{3}{5}$$

답 $\dfrac{3}{5}$

0302 두 사건 A, B가 서로 배반사건이므로

$$A\cap B=\varnothing \quad \therefore \ B\subset A^C$$

따라서 $B\cap A^C=B$이므로

$$\text{P}(B\,|\,A^C)=\frac{\text{P}(B\cap A^C)}{\text{P}(A^C)}=\frac{\text{P}(B)}{1-\text{P}(A)}$$

$$=\frac{\frac{3}{5}}{1-\frac{1}{4}}=\frac{4}{5}$$

답 ⑤

0303 $\text{P}(A\,|\,B)=\dfrac{\text{P}(A\cap B)}{\text{P}(B)}=\dfrac{2}{3}$에서

$$\text{P}(A\cap B)=\frac{2}{3}\text{P}(B) \qquad \cdots\cdots \ \bigcirc$$

이때 $\text{P}(A\cup B)=\text{P}(A)+\text{P}(B)-\text{P}(A\cap B)$이므로

$$\frac{3}{4}=\frac{2}{3}+\text{P}(B)-\frac{2}{3}\text{P}(B) \ (\because \ \bigcirc)$$

$$\frac{1}{3}\text{P}(B)=\frac{1}{12} \qquad \therefore \ \text{P}(B)=\frac{1}{4}$$

답 $\dfrac{1}{4}$

0304 여학생을 뽑는 사건을 A, 수학을 선호하는 학생을 뽑는 사건을 B라 하면

$$\text{P}(A)=\frac{28}{60}, \ \text{P}(A\cap B)=\frac{12}{60}$$

따라서 구하는 확률은

$$\text{P}(B\,|\,A)=\frac{\text{P}(A\cap B)}{\text{P}(A)}=\frac{\frac{12}{60}}{\frac{28}{60}}=\frac{3}{7}$$

답 ③

0305 국내 여행을 선호하는 회원을 뽑는 사건을 A, 남자 회원을 뽑는 사건을 B라 하면

$$\text{P}(A)=\frac{40}{100}, \ \text{P}(A\cap B)=\frac{25}{100}$$

따라서 구하는 확률은

$$\text{P}(B\,|\,A)=\frac{\text{P}(A\cap B)}{\text{P}(A)}=\frac{\frac{25}{100}}{\frac{40}{100}}=\frac{5}{8}$$

답 $\dfrac{5}{8}$

0306 다음 달 낚시에 참여하는 회원을 택하는 사건을 A, 여자 회원을 택하는 사건을 B라 하면

$$\text{P}(A)=\frac{15+a}{30}, \ \text{P}(A\cap B)=\frac{a}{30}$$

$$\therefore \ \text{P}(B\,|\,A)=\frac{\text{P}(A\cap B)}{\text{P}(A)}=\frac{\frac{a}{30}}{\frac{15+a}{30}}=\frac{a}{15+a}$$

따라서 $\dfrac{a}{15+a}=\dfrac{2}{7}$이므로

$$7a=2(15+a), \ 5a=30 \quad \therefore \ a=6$$

답 6

0307 첫 번째로 뽑은 학생이 여학생인 사건을 A, 두 번째로 뽑은 학생이 여학생인 사건을 B라 하면

$$P(A)=\frac{13}{27},\ P(B|A)=\frac{12}{26}$$

따라서 구하는 확률은

$$P(A\cap B)=P(A)P(B|A)=\frac{13}{27}\times\frac{12}{26}=\frac{2}{9}$$

답 ②

0308 주머니 A를 택하는 사건을 A, 빨간 구슬을 꺼내는 사건을 C라 하면

$$P(A)=\frac{1}{2},\ P(C|A)=\frac{5}{9}$$

따라서 구하는 확률은

$$P(A\cap C)=P(A)P(C|A)=\frac{1}{2}\times\frac{5}{9}=\frac{5}{18}$$

답 $\dfrac{5}{18}$

0309 첫 번째에 여학생을 호명하는 사건을 A, 두 번째에 남학생을 호명하는 사건을 B라 하면

$$P(A)=\frac{3}{9},\ P(B|A)=\frac{6}{8}$$

따라서 구하는 확률은

$$P(A\cap B)=P(A)P(B|A)=\frac{3}{9}\times\frac{6}{8}=\frac{1}{4}$$

답 $\dfrac{1}{4}$

0310 첫 번째에 흰 바둑돌이 나오는 사건을 A, 두 번째에 검은 바둑돌이 나오는 사건을 B라 하면

$$P(A)=\frac{n}{n+4},\ P(B|A)=\frac{4}{n+3}$$

이때 첫 번째에는 흰 바둑돌, 두 번째에는 검은 바둑돌이 나올 확률은

$$\begin{aligned}
P(A\cap B)&=P(A)P(B|A)\\
&=\frac{n}{n+4}\times\frac{4}{n+3}\\
&=\frac{4n}{(n+4)(n+3)}
\end{aligned}$$

··········· ㉮

즉, $\dfrac{4n}{(n+4)(n+3)}=\dfrac{1}{5}$이므로

$(n+4)(n+3)=20n,\ n^2-13n+12=0$

$(n-1)(n-12)=0$

$\therefore n=1$ 또는 $n=12$

··········· ㉯

따라서 모든 n의 값의 합은

$1+12=13$

··········· ㉰

답 **13**

단계	채점요소	배점
㉮	첫 번째에는 흰 바둑돌, 두 번째에는 검은 바둑돌이 나올 확률을 n에 대한 식으로 나타내기	50 %
㉯	n의 값 구하기	40 %
㉰	n의 값의 합 구하기	10 %

0311 갑이 검은 공을 꺼내는 사건을 A, 을이 검은 공을 꺼내는 사건을 E라 하면 갑이 흰 공을 꺼내는 사건은 A^C이므로

$$P(A)=\frac{3}{7},\ P(A^C)=\frac{4}{7},$$

$$P(E|A)=\frac{2}{6},\ P(E|A^C)=\frac{3}{6}$$

따라서 구하는 확률은

$$\begin{aligned}
P(E)&=P(A\cap E)+P(A^C\cap E)\\
&=P(A)P(E|A)+P(A^C)P(E|A^C)\\
&=\frac{3}{7}\times\frac{2}{6}+\frac{4}{7}\times\frac{3}{6}=\frac{3}{7}
\end{aligned}$$

답 $\dfrac{3}{7}$

0312 이번 주 일요일에 비가 오는 사건을 A, 경기에서 이기는 사건을 E라 하면 이번 주 일요일에 비가 오지 않는 사건은 A^C이므로

$$P(A)=0.3,\ P(A^C)=0.7,$$

$$P(E|A)=0.4,\ P(E|A^C)=0.6$$

따라서 구하는 확률은

$$\begin{aligned}
P(E)&=P(A\cap E)+P(A^C\cap E)\\
&=P(A)P(E|A)+P(A^C)P(E|A^C)\\
&=0.3\times0.4+0.7\times0.6=0.54
\end{aligned}$$

답 **0.54**

0313 수시 합격자를 택하는 사건을 A, 여학생을 택하는 사건을 E라 하면 정시 합격자를 택하는 사건은 A^C이므로

$$P(A)=\frac{70}{100},\ P(A^C)=\frac{30}{100},$$

$$P(E|A)=\frac{60}{100},\ P(E|A^C)=\frac{40}{100}$$

따라서 구하는 확률은

$$\begin{aligned}
P(E)&=P(A\cap E)+P(A^C\cap E)\\
&=P(A)P(E|A)+P(A^C)P(E|A^C)\\
&=\frac{70}{100}\times\frac{60}{100}+\frac{30}{100}\times\frac{40}{100}=\frac{27}{50}
\end{aligned}$$

답 ③

0314 A반 학생을 뽑는 사건을 A, B반 학생을 뽑는 사건을 B, 수학 과목 수업을 신청한 학생을 뽑는 사건을 E라 하면

$$P(A)=\frac{20}{50},\ P(B)=\frac{30}{50},\ P(E|A)=\frac{1}{5},\ P(E|B)=\frac{1}{6}$$

따라서 구하는 확률은

$$\begin{aligned}
P(E)&=P(A\cap E)+P(B\cap E)\\
&=P(A)P(E|A)+P(B)P(E|B)\\
&=\frac{20}{50}\times\frac{1}{5}+\frac{30}{50}\times\frac{1}{6}=\frac{9}{50}
\end{aligned}$$

답 $\dfrac{9}{50}$

0315 A 공장에서 생산된 제품을 택하는 사건을 A, B 공장에서 생산된 제품을 택하는 사건을 B, 불량품을 택하는 사건을 E라 하면

$$P(A \cap E) = P(A)P(E|A) = \frac{40}{100} \times \frac{5}{100} = \frac{1}{50}$$

$$P(B \cap E) = P(B)P(E|B) = \frac{60}{100} \times \frac{3}{100} = \frac{9}{500}$$

$$\therefore P(E) = P(A \cap E) + P(B \cap E) = \frac{1}{50} + \frac{9}{500} = \frac{19}{500}$$

따라서 구하는 확률은

$$P(A|E) = \frac{P(A \cap E)}{P(E)} = \frac{\frac{1}{50}}{\frac{19}{500}} = \frac{10}{19}$$

답 $\dfrac{10}{19}$

0316 K 프로 야구팀이 치르는 경기가 홈 경기인 사건을 A, K 프로 야구팀이 승리하는 사건을 E라 하면 K 프로 야구팀이 치르는 경기가 원정 경기인 사건은 A^C이므로

$$P(A \cap E) = P(A)P(E|A) = \frac{30}{100} \times \frac{70}{100} = \frac{21}{100}$$

$$P(A^C \cap E) = P(A^C)P(E|A^C) = \frac{70}{100} \times \frac{50}{100} = \frac{7}{20}$$

$$\therefore P(E) = P(A \cap E) + P(A^C \cap E)$$

$$= \frac{21}{100} + \frac{7}{20} = \frac{14}{25}$$

따라서 구하는 확률은

$$P(A|E) = \frac{P(A \cap E)}{P(E)} = \frac{\frac{21}{100}}{\frac{14}{25}} = \frac{3}{8}$$

답 ②

0317 필통 A를 택하는 사건을 A, 필통 B를 택하는 사건을 B라 하고, 빨간 볼펜 1개, 파란 볼펜 1개가 나오는 사건을 E라 하면

$$P(A \cap E) = P(A)P(E|A) = \frac{1}{2} \times \frac{_2C_1 \times _4C_1}{_6C_2} = \frac{4}{15}$$

$$P(B \cap E) = P(B)P(E|B) = \frac{1}{2} \times \frac{_3C_1 \times _3C_1}{_6C_2} = \frac{3}{10}$$

$$\therefore P(E) = P(A \cap E) + P(B \cap E)$$

$$= \frac{4}{15} + \frac{3}{10} = \frac{17}{30}$$

따라서 구하는 확률은

$$P(B|E) = \frac{P(B \cap E)}{P(E)} = \frac{\frac{3}{10}}{\frac{17}{30}} = \frac{9}{17}$$

답 ①

0318 민수가 꺼낸 공이 흰 공인 사건을 A, 지호가 꺼낸 공이 흰 공인 사건을 E라 하면 민수가 꺼낸 공이 검은 공인 사건은 A^C이므로

$$P(A \cap E) = P(A)P(E|A) = \frac{2}{4} \times \frac{1}{3} = \frac{1}{6}$$

$$P(A^C \cap E) = P(A^C)P(E|A^C) = \frac{2}{4} \times \frac{2}{3} = \frac{1}{3}$$

$$\therefore P(E) = P(A \cap E) + P(A^C \cap E) = \frac{1}{6} + \frac{1}{3} = \frac{1}{2}$$

따라서 구하는 확률은

$$P(A|E) = \frac{P(A \cap E)}{P(E)} = \frac{\frac{1}{6}}{\frac{1}{2}} = \frac{1}{3}$$

답 ②

0319 제품을 운송할 때 기차로 운송하는 사건을 A, 버스로 운송하는 사건을 B, 제품이 1일 이내에 배송되는 사건을 E라 하면

$$P(A \cap E) = P(A)P(E|A) = \frac{70}{100} \times \frac{20}{100} = \frac{7}{50}$$

$$P(B \cap E) = P(B)P(E|B) = \frac{30}{100} \times \frac{80}{100} = \frac{6}{25}$$

$$\therefore P(E) = P(A \cap E) + P(B \cap E)$$

$$= \frac{7}{50} + \frac{6}{25} = \frac{19}{50}$$

따라서 구하는 확률은

$$P(A|E) = \frac{P(A \cap E)}{P(E)} = \frac{\frac{7}{50}}{\frac{19}{50}} = \frac{7}{19}$$

답 ③

0320 카드 A를 뽑는 사건을 A, 카드 B를 뽑는 사건을 B, 카드 C를 뽑는 사건을 C, 보이는 면에 숫자 1이 쓰여 있는 사건을 E라 하면

$$P(A \cap E) = P(A)P(E|A) = \frac{1}{3} \times 1 = \frac{1}{3}$$

$$P(B \cap E) = P(B)P(E|B) = \frac{1}{3} \times \frac{1}{2} = \frac{1}{6}$$

$$P(C \cap E) = P(C)P(E|C) = \frac{1}{3} \times 0 = 0$$

$$\therefore P(E) = P(A \cap E) + P(B \cap E) + P(C \cap E)$$

$$= \frac{1}{3} + \frac{1}{6} + 0 = \frac{1}{2}$$

따라서 구하는 확률은

$$P(B|E) = \frac{P(B \cap E)}{P(E)} = \frac{\frac{1}{6}}{\frac{1}{2}} = \frac{1}{3}$$

답 $\dfrac{1}{3}$

0321 $A = \{1, 3, 5, 7, 9, 11\}$, $B = \{3, 6, 9, 12\}$, $C = \{2, 3, 5, 7, 11\}$이므로

$$P(A) = \frac{6}{12} = \frac{1}{2}, \ P(B) = \frac{4}{12} = \frac{1}{3}, \ P(C) = \frac{5}{12}$$

ㄱ. $A \cap B = \{3, 9\}$이므로 $P(A \cap B) = \frac{2}{12} = \frac{1}{6}$

$\quad \therefore P(A \cap B) = P(A)P(B)$

$\quad$ 즉, 두 사건 A, B는 서로 독립이다.

ㄴ. $B \cap C = \{3\}$이므로 $P(B \cap C) = \frac{1}{12}$

$\quad \therefore P(B \cap C) \neq P(B)P(C)$

$\quad$ 즉, 두 사건 B, C는 서로 종속이다.

ㄷ. $C \cap A = \{3, 5, 7, 11\}$이므로 $\mathrm{P}(C \cap A) = \dfrac{4}{12} = \dfrac{1}{3}$

$\therefore \mathrm{P}(C \cap A) \neq \mathrm{P}(C)\mathrm{P}(A)$

즉, 두 사건 C, A는 서로 종속이다.

따라서 서로 독립인 사건은 ㄱ뿐이다.   답 ㄱ

0322 동전의 앞면을 H, 뒷면을 T라 하고 10원짜리 동전, 100원짜리 동전의 나온 면을 차례대로 나타내면 표본공간은 $\{\mathrm{HH},\ \mathrm{HT},\ \mathrm{TH},\ \mathrm{TT}\}$이고,

$A = \{\mathrm{HH},\ \mathrm{HT}\}$, $B = \{\mathrm{HT},\ \mathrm{TT}\}$,

$C = \{\mathrm{HH},\ \mathrm{TT}\}$, $D = \{\mathrm{HT},\ \mathrm{TH}\}$

$\therefore \mathrm{P}(A) = \dfrac{1}{2}$, $\mathrm{P}(B) = \dfrac{1}{2}$, $\mathrm{P}(C) = \dfrac{1}{2}$, $\mathrm{P}(D) = \dfrac{1}{2}$

① $A \cap B = \{\mathrm{HT}\}$이므로 $\mathrm{P}(A \cap B) = \dfrac{1}{4}$

$\therefore \mathrm{P}(A \cap B) = \mathrm{P}(A)\mathrm{P}(B)$

즉, 두 사건 A, B는 서로 독립이다.

② $B \cap C = \{\mathrm{TT}\}$이므로 $\mathrm{P}(B \cap C) = \dfrac{1}{4}$

$\therefore \mathrm{P}(B \cap C) = \mathrm{P}(B)\mathrm{P}(C)$

즉, 두 사건 B, C는 서로 독립이다.

③ $C \cap D = \varnothing$이므로 $\mathrm{P}(C \cap D) = 0$

$\therefore \mathrm{P}(C \cap D) \neq \mathrm{P}(C)\mathrm{P}(D)$

즉, 두 사건 C, D는 서로 종속이다.

④ $D \cap A = \{\mathrm{HT}\}$이므로 $\mathrm{P}(D \cap A) = \dfrac{1}{4}$

$\therefore \mathrm{P}(D \cap A) = \mathrm{P}(D)\mathrm{P}(A)$

즉, 두 사건 D, A는 서로 독립이다.

⑤ $D \cap B = \{\mathrm{HT}\}$이므로 $\mathrm{P}(D \cap B) = \dfrac{1}{4}$

$\therefore \mathrm{P}(D \cap B) = \mathrm{P}(D)\mathrm{P}(B)$

즉, 두 사건 D, B는 서로 독립이다.

따라서 서로 독립이 아닌 것은 ③이다.   답 ③

0323 사건 $\{1, 2, 3, 4\}$를 A라 하면 $\mathrm{P}(A) = \dfrac{4}{6} = \dfrac{2}{3}$

ㄱ. 사건 $\{3, 5\}$를 B라 하면 $A \cap B = \{3\}$이므로

$\mathrm{P}(B) = \dfrac{2}{6} = \dfrac{1}{3}$, $\mathrm{P}(A \cap B) = \dfrac{1}{6}$

$\therefore \mathrm{P}(A \cap B) \neq \mathrm{P}(A)\mathrm{P}(B)$

즉, 두 사건 A, B는 서로 종속이다.

ㄴ. 사건 $\{1, 2, 6\}$을 C라 하면 $A \cap C = \{1, 2\}$이므로

$\mathrm{P}(C) = \dfrac{3}{6} = \dfrac{1}{2}$, $\mathrm{P}(A \cap C) = \dfrac{2}{6} = \dfrac{1}{3}$

$\therefore \mathrm{P}(A \cap C) = \mathrm{P}(A)\mathrm{P}(C)$

즉, 두 사건 A, C는 서로 독립이다.

ㄷ. 사건 $\{3, 4, 5, 6\}$을 D라 하면 $A \cap D = \{3, 4\}$이므로

$\mathrm{P}(D) = \dfrac{4}{6} = \dfrac{2}{3}$, $\mathrm{P}(A \cap D) = \dfrac{2}{6} = \dfrac{1}{3}$

$\therefore \mathrm{P}(A \cap D) \neq \mathrm{P}(A)\mathrm{P}(D)$

즉, 두 사건 A, D는 서로 종속이다.

따라서 사건 $\{1, 2, 3, 4\}$와 서로 독립인 사건은 ㄴ뿐이다.

    답 ②

0324 두 사건 A, B가 서로 독립이므로

$\mathrm{P}(A \cap B) = \mathrm{P}(A)\mathrm{P}(B) = \dfrac{1}{2}\mathrm{P}(B)$

$\mathrm{P}(A \cup B) = \mathrm{P}(A) + \mathrm{P}(B) - \mathrm{P}(A \cap B)$에서

$\dfrac{2}{3} = \dfrac{1}{2} + \mathrm{P}(B) - \dfrac{1}{2}\mathrm{P}(B)$

$\therefore \mathrm{P}(B) = \dfrac{1}{3}$ 답 $\dfrac{1}{3}$

0325 두 사건 A, B가 서로 독립이므로

$\mathrm{P}(A \cap B) = \mathrm{P}(A)\mathrm{P}(B) = \dfrac{1}{3}$

$\mathrm{P}(A \cup B) = \mathrm{P}(A) + \mathrm{P}(B) - \mathrm{P}(A \cap B)$에서

$\dfrac{2}{5} = \mathrm{P}(A) + \mathrm{P}(B) - \dfrac{1}{3}$

$\therefore \mathrm{P}(A) + \mathrm{P}(B) = \dfrac{11}{15}$

$\therefore \mathrm{P}(A \mid B) + \mathrm{P}(B \mid A) = \mathrm{P}(A) + \mathrm{P}(B) = \dfrac{11}{15}$ 답 $\dfrac{11}{15}$

0326 $\mathrm{P}(A \cap B^c) = \mathrm{P}(A - B) = \mathrm{P}(A \cup B) - \mathrm{P}(B)$이므로

$\dfrac{1}{4} = \dfrac{3}{4} - \mathrm{P}(B)$ $\therefore \mathrm{P}(B) = \dfrac{1}{2}$

    ㉮

두 사건 A, B는 서로 독립이므로

$\mathrm{P}(A \cap B) = \mathrm{P}(A)\mathrm{P}(B) = \dfrac{1}{2}\mathrm{P}(A)$

$\mathrm{P}(A \cup B) = \mathrm{P}(A) + \mathrm{P}(B) - \mathrm{P}(A \cap B)$에서

$\dfrac{3}{4} = \mathrm{P}(A) + \dfrac{1}{2} - \dfrac{1}{2}\mathrm{P}(A)$

$\therefore \mathrm{P}(A) = \dfrac{1}{2}$

    ㉯

    답 $\dfrac{1}{2}$

단계	채점요소	배점
㉮	$\mathrm{P}(B)$ 구하기	40%
㉯	$\mathrm{P}(A)$ 구하기	60%

0327 $\mathrm{P}(A \cup B) = \mathrm{P}(A) + \mathrm{P}(B) - \mathrm{P}(A \cap B)$에서

$\dfrac{5}{8} = \mathrm{P}(A) + \mathrm{P}(B) - \dfrac{1}{8}$

$\therefore \mathrm{P}(A) + \mathrm{P}(B) = \dfrac{3}{4}$ $\cdots\cdots$ ㉠

두 사건 A, B는 서로 독립이므로

$$P(A \cap B) = P(A)P(B) = \frac{1}{8} \qquad \cdots\cdots \ \text{ⓛ}$$

㉠에서 $P(A) = \frac{3}{4} - P(B)$이므로 이를 ⓛ에 대입하면

$$\left\{\frac{3}{4} - P(B)\right\}P(B) = \frac{1}{8}, \ 8\{P(B)\}^2 - 6P(B) + 1 = 0$$

$$\{2P(B) - 1\}\{4P(B) - 1\} = 0$$

$$\therefore P(B) = \frac{1}{2} \ \text{또는} \ P(B) = \frac{1}{4}$$

이때 $P(A) > P(B)$이므로 $P(B) = \frac{1}{4}$ 답 ③

다른풀이 ㉠, ⓛ에서 $P(A)$, $P(B)$는 이차방정식

$t^2 - \frac{3}{4}t + \frac{1}{8} = 0$, 즉 $8t^2 - 6t + 1 = 0$의 두 근이므로

$$(2t - 1)(4t - 1) = 0 \qquad \therefore t = \frac{1}{2} \ \text{또는} \ t = \frac{1}{4}$$

이때 $P(A) > P(B)$이므로 $P(B) = \frac{1}{4}$

0328 주머니 A에서 파란 구슬을 꺼내는 사건을 A, 주머니 B에서 파란 구슬을 꺼내는 사건을 B라 하면 두 사건 A, B는 서로 독립이므로 구하는 확률은

$$P(A \cap B) = P(A)P(B) = \frac{3}{8} \times \frac{4}{7} = \frac{3}{14} \qquad \text{답} \ \boldsymbol{\frac{3}{14}}$$

0329 화요일, 수요일에 눈이 오는 사건을 각각 A, B라 하면 두 사건 A, B는 서로 독립이므로 수요일에만 눈이 올 확률은

$$P(A^c \cap B) = P(A^c)P(B) = (1 - 0.2) \times 0.3 = 0.24 \qquad \text{답} \ ④$$

0330 선수 A, B가 페널티킥을 성공시키는 사건을 각각 A, B라 하면 두 사건 A, B는 서로 독립이므로 두 선수 A, B 모두 페널티킥을 성공시키지 못할 확률은

$$P(A^c \cap B^c) = P(A^c)P(B^c) = \left(1 - \frac{2}{5}\right) \times \left(1 - \frac{1}{3}\right) = \frac{2}{5}$$

구하는 확률은 $P(A \cup B)$이므로

$$P(A \cup B) = 1 - P((A \cup B)^c)$$
$$= 1 - P(A^c \cap B^c) = 1 - \frac{2}{5} = \frac{3}{5} \qquad \text{답} \ \boldsymbol{\frac{3}{5}}$$

0331 A 통신사, B 통신사 사용자가 통화에 성공하는 사건을 각각 A, B라 하면 두 사건 A, B는 서로 독립이므로 구하는 확률은

$$P(A \cap B^c) + P(A^c \cap B)$$
$$= P(A)P(B^c) + P(A^c)P(B)$$
$$= \frac{9}{10} \times \left(1 - \frac{4}{5}\right) + \left(1 - \frac{9}{10}\right) \times \frac{4}{5}$$
$$= \frac{9}{50} + \frac{4}{50} = \frac{13}{50} \qquad \text{답} \ \boldsymbol{\frac{13}{50}}$$

0332 바이러스 A 보균자를 택하는 사건을 A, 남자를 택하는 사건을 B라 하면

$$P(A) = \frac{240}{450} = \frac{8}{15}, \ P(B) = \frac{150}{450} = \frac{1}{3}, \ P(A \cap B) = \frac{x}{450}$$

두 사건 A, B가 서로 독립이므로

$$P(A \cap B) = P(A)P(B)에서$$

$$\frac{x}{450} = \frac{8}{15} \times \frac{1}{3} \qquad \therefore x = 80 \qquad \text{답} \ ①$$

0333 두 수의 합이 홀수이려면 두 수 중 하나는 홀수이고 다른 하나는 짝수이어야 한다. 상자 A, B에서 홀수가 적힌 카드를 꺼내는 사건을 각각 A, B라 하면

$$P(A) = \frac{3}{4}, \ P(B) = \frac{1}{4}$$

두 사건 A, B는 서로 독립이므로

(i) A 상자에서 홀수, B 상자에서 짝수가 적힌 카드를 꺼낼 확률은

$$P(A \cap B^c) = P(A)P(B^c) = \frac{3}{4} \times \left(1 - \frac{1}{4}\right) = \frac{9}{16}$$

(ii) A 상자에서 짝수, B 상자에서 홀수가 적힌 카드를 꺼낼 확률은

$$P(A^c \cap B) = P(A^c)P(B)$$
$$= \left(1 - \frac{3}{4}\right) \times \frac{1}{4} = \frac{1}{16}$$

(i), (ii)에서 구하는 확률은

$$\frac{9}{16} + \frac{1}{16} = \frac{5}{8} \qquad \text{답} \ \boldsymbol{\frac{5}{8}}$$

0334 스위치 A가 열려 있는 사건을 A, 스위치 B가 열려 있는 사건을 B라 하면 두 사건 A, B는 서로 독립이므로 두 스위치 A, B가 모두 열려 있을 확률은

$$P(A \cap B) = P(A)P(B) = 0.5 \times 0.4 = 0.2 \qquad \text{㉮}$$

전구에 불이 켜지려면 적어도 하나의 스위치는 닫혀 있어야 하므로 구하는 확률은

$$P(A^c \cup B^c) = 1 - P((A^c \cup B^c)^c)$$
$$= 1 - P(A \cap B)$$
$$= 1 - 0.2 = 0.8 \qquad \text{㉯}$$

답 0.8

단계	채점요소	배점
㉮	두 스위치 A, B가 모두 열려 있을 확률 구하기	60 %
㉯	전구에 불이 켜질 확률 구하기	40 %

0335 표적을 한 번 이상 맞히는 사건을 A라 하면 A^c는 표적을 한 번도 맞히지 못하는 사건이다. 표적을 한 번도 맞히지 못할 확률은

$$P(A^c) = \left(1 - \frac{1}{3}\right)^5 = \left(\frac{2}{3}\right)^5 = \frac{32}{243}$$

따라서 구하는 확률은

$$\mathrm{P}(A)=1-\mathrm{P}(A^C)=1-\frac{32}{243}=\frac{211}{243}$$

답 ⑤

0336 윷 1개를 던질 때 ⌒ 모양이 나올 확률은 $\frac{1}{4}$이므로 네 개의 윷을 동시에 던져서 ⌒ 모양이 3개 나올 확률은

$${}_4\mathrm{C}_3\left(\frac{1}{4}\right)^3\left(\frac{3}{4}\right)^1=\frac{3}{64}$$

답 $\dfrac{3}{64}$

0337 6월의 4일 중 적어도 하루는 비가 내리지 않는 사건을 A 라 하면 A^C는 4일 내내 비가 내리는 사건이다.

6월의 어느 날 A 도시에 비가 내릴 확률은 $\frac{10}{30}=\frac{1}{3}$이므로 4일 내내 비가 내릴 확률은

$$\mathrm{P}(A^C)=\left(\frac{1}{3}\right)^4=\frac{1}{81}$$

따라서 구하는 확률은

$$\mathrm{P}(A)=1-\mathrm{P}(A^C)=1-\frac{1}{81}=\frac{80}{81}$$

답 ①

0338 평균적으로 7문제 중 2문제를 맞히므로 한 문제를 맞힐 확률은 $\frac{2}{7}$이다.

(i) 4문제 중 3문제를 맞힐 확률은

$${}_4\mathrm{C}_3\left(\frac{2}{7}\right)^3\left(\frac{5}{7}\right)^1=\frac{160}{7^4}$$

(ii) 4문제 중 4문제 모두 맞힐 확률은

$$\left(\frac{2}{7}\right)^4=\frac{16}{7^4}$$

(i), (ii)에서 구하는 확률은

$$\frac{160}{7^4}+\frac{16}{7^4}=\frac{176}{7^4}$$

$$\therefore k=176$$

답 **176**

0339 서브를 2번 이상 성공시키는 사건을 A라 하면 A^C는 서브를 1번 이하 성공시키는 사건이다.

서브 성공률은 $\frac{40}{100}=\frac{2}{5}$이므로

(i) 서브를 한 번도 성공시키지 못할 확률은

$$\left(1-\frac{2}{5}\right)^4=\left(\frac{3}{5}\right)^4=\frac{81}{625}$$

(ii) 서브를 1번 성공시킬 확률은

$${}_4\mathrm{C}_1\left(\frac{2}{5}\right)^1\left(\frac{3}{5}\right)^3=\frac{216}{625}$$

(i), (ii)에서 서브를 1번 이하 성공시킬 확률은

$$\mathrm{P}(A^C)=\frac{81}{625}+\frac{216}{625}=\frac{297}{625}$$

따라서 구하는 확률은

$$\mathrm{P}(A)=1-\mathrm{P}(A^C)=1-\frac{297}{625}=\frac{328}{625}$$

답 ④

0340 4번째 경기에서 우승팀이 결정되려면 우승팀은 3번째 경기까지 2승 1패를 기록하고 4번째 경기에서 이겨야 한다.

이때 두 팀 A, B가 한 경기에서 서로를 이길 확률이 같으므로 한 경기에서 A팀과 B팀이 이길 확률은 각각 $\frac{1}{2}$이다.

(i) A팀이 우승할 확률은

$${}_3\mathrm{C}_2\left(\frac{1}{2}\right)^2\left(\frac{1}{2}\right)^1\times\frac{1}{2}=\frac{3}{16}$$

(ii) B팀이 우승할 확률은

$${}_3\mathrm{C}_2\left(\frac{1}{2}\right)^2\left(\frac{1}{2}\right)^1\times\frac{1}{2}=\frac{3}{16}$$

(i), (ii)에서 구하는 확률은

$$\frac{3}{16}+\frac{3}{16}=\frac{3}{8}$$

답 $\dfrac{3}{8}$

0341 (i) 주사위를 던졌을 때 6의 눈이 나오고, 동전을 3번 던져서 앞면이 1번 나올 확률은

$$\frac{1}{6}\times{}_3\mathrm{C}_1\left(\frac{1}{2}\right)^1\left(\frac{1}{2}\right)^2=\frac{1}{16}$$

(ii) 주사위를 던졌을 때 6이 아닌 눈이 나오고, 동전을 2번 던져서 앞면이 1번 나올 확률은

$$\frac{5}{6}\times{}_2\mathrm{C}_1\left(\frac{1}{2}\right)^1\left(\frac{1}{2}\right)^1=\frac{5}{12}$$

(i), (ii)에서 구하는 확률은

$$\frac{1}{16}+\frac{5}{12}=\frac{23}{48}$$

답 $\dfrac{23}{48}$

유형 up

본문 54쪽

0342 ㄱ. 두 사건 A, B가 서로 독립이면

$$\mathrm{P}(A\,|\,B)=\mathrm{P}(A)$$
$$\mathrm{P}(B\,|\,A)=\mathrm{P}(B)$$
$$\therefore\ \mathrm{P}(A\,|\,B)\neq\mathrm{P}(B\,|\,A)$$

ㄴ. 두 사건 A, B가 서로 배반사건이면 $\mathrm{P}(A\cap B)=0$이므로

$$\mathrm{P}(B\,|\,A)=\frac{\mathrm{P}(A\cap B)}{\mathrm{P}(A)}=\frac{0}{\mathrm{P}(A)}=0$$

ㄷ. $A\subset B$이면 $A\cap B=A$이므로

$$\mathrm{P}(B\,|\,A)=\frac{\mathrm{P}(A\cap B)}{\mathrm{P}(A)}=\frac{\mathrm{P}(A)}{\mathrm{P}(A)}=1$$

따라서 옳은 것은 ㄴ뿐이다.

답 ㄴ

0343 ㄱ. 두 사건 A, B가 서로 배반사건이면 $P(A \cap B) = 0$
그런데 $P(A)P(B) \neq 0$이므로
$$P(A \cap B) \neq P(A)P(B)$$
즉, A, B는 서로 독립이 아니다.

ㄴ. 두 사건 A, B가 서로 독립이면 $P(A \cap B) = P(A)P(B) \neq 0$
이므로 A, B는 서로 배반사건이 아니다.

ㄷ. 두 사건 A, B가 서로 독립이면 $P(A \cap B) = P(A)P(B)$
$$\begin{aligned} \therefore P(A^c \cap B) &= P(B - A) \\ &= P(B) - P(A \cap B) \\ &= P(B) - P(A)P(B) \\ &= \{1 - P(A)\}P(B) \\ &= P(A^c)P(B) \end{aligned}$$
즉, A^c, B는 서로 독립이다.
따라서 옳은 것은 ㄷ뿐이다. **답** ㄷ

0344 ㄱ. $P(A^c | B) = \dfrac{P(A^c \cap B)}{P(B)} = \dfrac{P(B - A)}{P(B)}$
$$\begin{aligned} &= \frac{P(B) - P(A \cap B)}{P(B)} \\ &= 1 - \frac{P(A \cap B)}{P(B)} \\ &= 1 - P(A | B) \end{aligned}$$

ㄴ. 두 사건 A, B가 서로 독립이면 $P(A \cap B) = P(A)P(B)$
이므로
$$\begin{aligned} &\{1 - P(A)\}\{1 - P(B)\} \\ &= 1 - P(A) - P(B) + P(A)P(B) \\ &= 1 - P(A) - P(B) + P(A \cap B) \\ &= 1 - \{P(A) + P(B) - P(A \cap B)\} \\ &= 1 - P(A \cup B) \end{aligned}$$

ㄷ. $$\begin{aligned} P(A \cap B) &= 1 - P((A \cap B)^c) \\ &= 1 - P(A^c \cup B^c) \\ &= \{1 - P(A^c)\}\{1 - P(B^c)\} \;(\because ㄴ) \\ &= P(A)P(B) \end{aligned}$$
즉, 두 사건 A, B는 서로 독립이다.
따라서 옳은 것은 ㄱ, ㄴ, ㄷ이다. **답** ㄱ, ㄴ, ㄷ

0345 한 개의 주사위를 던질 때 5의 약수의 눈이 나올 확률은
$\dfrac{2}{6} = \dfrac{1}{3}$이다.

5의 약수의 눈이 x번, 5의 약수가 아닌 눈이 y번 나온다고 하면
$$x + y = 4, \quad x - y = 2$$
위의 두 식을 연립하여 풀면
$$x = 3, \quad y = 1$$
따라서 점 A의 좌표가 2가 되려면 5의 약수의 눈이 3번, 5의 약수가 아닌 눈이 1번 나와야 하므로 구하는 확률은
$$_4 C_3 \left(\frac{1}{3}\right)^3 \left(\frac{2}{3}\right)^1 = \frac{8}{81}$$
답 ①

0346 주머니에서 임의로 1개의 공을 꺼낼 때, 흰 공이 나올 확률은 $\dfrac{3}{5}$, 검은 공이 나올 확률은 $\dfrac{2}{5}$이다.

흰 공이 x번, 검은 공이 y번 나온다고 하면
$$x + y = 5, \quad 3x + 2y = 14$$
위의 두 식을 연립하여 풀면
$$x = 4, \quad y = 1$$

㉮

따라서 이 게임을 5번 하여 14점을 얻으려면 흰 공이 4번, 검은 공이 1번 나와야 하므로 구하는 확률은
$$_5 C_4 \left(\frac{3}{5}\right)^4 \left(\frac{2}{5}\right)^1 = \frac{162}{625}$$

㉯

답 $\dfrac{162}{625}$

단계	채점요소	배점
㉮	흰 공, 검은 공이 나오는 횟수 구하기	40 %
㉯	게임을 5번 하여 14점을 얻을 확률 구하기	60 %

0347 동전을 한 번 던질 때, 앞면이 나올 확률은 $\dfrac{1}{2}$, 뒷면이 나올 확률은 $\dfrac{1}{2}$이다.

앞면이 x번, 뒷면이 y번 나온다고 하면
$$x + y = 6, \quad 2x + y = 10$$
위의 두 식을 연립하여 풀면
$$x = 4, \quad y = 2$$
따라서 점 P가 점 A로 되돌아오려면 앞면이 4번, 뒷면이 2번 나와야 하므로 구하는 확률은
$$_6 C_4 \left(\frac{1}{2}\right)^4 \left(\frac{1}{2}\right)^2 = \frac{15}{64}$$
답 $\dfrac{15}{64}$

참고 점 P가 점 A로 되돌아오려면 시계 반대 방향으로 5, 10, 15, $\cdots$ 만큼 움직여야 한다. 또한 동전을 6번 던지면 점 P는 시계 반대 방향으로 최소 6에서 최대 12만큼 움직일 수 있으므로 점 P는 시계 반대 방향으로 10만큼 움직인다.

시험에 꼭 나오는 문제
본문 55~57쪽

0348 $P(A \cap B) = P(A)P(B | A) = 0.5 \times 0.4 = 0.2$
$$\therefore P(B) = \frac{P(A \cap B)}{P(A | B)} = \frac{0.2}{0.3} = \frac{2}{3}$$
답 $\dfrac{2}{3}$

0349 $P(A^c \cap B^c) = P((A \cup B)^c) = 1 - P(A \cup B) = \dfrac{1}{6}$
$$\therefore P(A \cup B) = \frac{5}{6}$$

$$\mathrm{P}(A\,|\,B)=\frac{\mathrm{P}(A\cap B)}{\mathrm{P}(B)}=\frac{1}{4}\text{에서}$$

$$\mathrm{P}(A\cap B)=\frac{1}{4}\mathrm{P}(B)$$

$$\mathrm{P}(A\cup B)=\mathrm{P}(A)+\mathrm{P}(B)-\mathrm{P}(A\cap B)\text{에서}$$

$$\frac{5}{6}=\frac{1}{3}+\mathrm{P}(B)-\frac{1}{4}\mathrm{P}(B)$$

$$\therefore \mathrm{P}(B)=\frac{2}{3} \qquad\qquad \text{답}\ \frac{2}{3}$$

0350 임의로 택한 한 명이 축구 경기를 관람한 사건을 C, 야구 경기를 관람한 사건을 D라 하면

$$\mathrm{P}(C)=\frac{42}{120},\ \mathrm{P}(C\cap D)=\frac{6}{120}$$

따라서 구하는 확률은

$$\mathrm{P}(D\,|\,C)=\frac{\mathrm{P}(C\cap D)}{\mathrm{P}(C)}=\frac{\dfrac{6}{120}}{\dfrac{42}{120}}=\frac{1}{7} \qquad \text{답}\ \frac{1}{7}$$

0351 여학생의 수를 a라 하고 주어진 조건을 표로 나타내면 다음과 같다.

(단위: 명)

구분	남학생	여학생	합계
체험 학습 A	90	70	160
체험 학습 B	$270-a$	$a-70$	200
합계	$360-a$	a	360

체험 학습 B를 선택한 학생을 뽑는 사건을 A, 남학생을 뽑는 사건을 B라 하면 $\mathrm{P}(B\,|\,A)=\dfrac{2}{5}$이고

$$\mathrm{P}(A)=\frac{200}{360},\ \mathrm{P}(A\cap B)=\frac{270-a}{360}$$

$$\therefore \mathrm{P}(B\,|\,A)=\frac{\mathrm{P}(A\cap B)}{\mathrm{P}(A)}=\frac{\dfrac{270-a}{360}}{\dfrac{200}{360}}$$

$$=\frac{270-a}{200}$$

따라서 $\dfrac{270-a}{200}=\dfrac{2}{5}$이므로

$1350-5a=400 \qquad \therefore a=190$

따라서 이 학교의 여학생은 190명이다. 답 ③

0352 진구가 당첨 제비를 뽑는 사건을 A, 우진이가 당첨 제비를 뽑는 사건을 B라 하면

$$\mathrm{P}(A)=\frac{3}{10},\ \mathrm{P}(A^C)=\frac{7}{10},$$

$$\mathrm{P}(B\,|\,A)=\frac{2}{9},\ \mathrm{P}(B\,|\,A^C)=\frac{3}{9}$$

따라서 구하는 확률은

$$\mathrm{P}(B)=\mathrm{P}(A\cap B)+\mathrm{P}(A^C\cap B)$$

$$=\mathrm{P}(A)\mathrm{P}(B\,|\,A)+\mathrm{P}(A^C)\mathrm{P}(B\,|\,A^C)$$

$$=\frac{3}{10}\times\frac{2}{9}+\frac{7}{10}\times\frac{3}{9}=\frac{3}{10} \qquad \text{답}\ \frac{3}{10}$$

0353 A상자를 택하는 사건을 A, B상자를 택하는 사건을 B, 꺼낸 2개의 구슬이 서로 다른 색인 사건을 E라 하면

$$\mathrm{P}(A)=\frac{1}{2},\ \mathrm{P}(B)=\frac{1}{2},$$

$$\mathrm{P}(E\,|\,A)=\frac{{}_3\mathrm{C}_1\times{}_4\mathrm{C}_1}{{}_7\mathrm{C}_2}=\frac{4}{7},\ \mathrm{P}(E\,|\,B)=\frac{{}_5\mathrm{C}_1\times{}_2\mathrm{C}_1}{{}_7\mathrm{C}_2}=\frac{10}{21}$$

따라서 구하는 확률은

$$\mathrm{P}(E)=\mathrm{P}(A\cap E)+\mathrm{P}(B\cap E)$$

$$=\mathrm{P}(A)\mathrm{P}(E\,|\,A)+\mathrm{P}(B)\mathrm{P}(E\,|\,B)$$

$$=\frac{1}{2}\times\frac{4}{7}+\frac{1}{2}\times\frac{10}{21}=\frac{11}{21} \qquad \text{답}\ \frac{11}{21}$$

0354 A 회사의 컴퓨터를 택하는 사건을 A, B 회사의 컴퓨터를 택하는 사건을 B, 컴퓨터에서 바이러스가 발견되는 사건을 E라 하면

$$\mathrm{P}(A\cap E)=\mathrm{P}(A)\mathrm{P}(E\,|\,A)=\frac{10}{30}\times\frac{3}{100}=\frac{1}{100}$$

$$\mathrm{P}(B\cap E)=\mathrm{P}(B)\mathrm{P}(E\,|\,B)=\frac{20}{30}\times\frac{x}{100}=\frac{2x}{300}$$

$$\therefore \mathrm{P}(E)=\mathrm{P}(A\cap E)+\mathrm{P}(B\cap E)$$

$$=\frac{1}{100}+\frac{2x}{300}=\frac{3+2x}{300}$$

이때 $\mathrm{P}(A\,|\,E)=\dfrac{3}{13}$이므로

$$\mathrm{P}(A\,|\,E)=\frac{\mathrm{P}(A\cap E)}{\mathrm{P}(E)}=\frac{\dfrac{1}{100}}{\dfrac{3+2x}{300}}=\frac{3}{3+2x}=\frac{3}{13}$$

$3+2x=13 \qquad \therefore x=5$ 답 5

0355 $A=\{1,\ 2,\ 3,\ 4\}$, $B=\{2,\ 4,\ 6\}$, $C=\{1,\ 2,\ 3,\ 6\}$이므로

$$\mathrm{P}(A)=\frac{4}{6}=\frac{2}{3},\ \mathrm{P}(B)=\frac{3}{6}=\frac{1}{2},\ \mathrm{P}(C)=\frac{4}{6}=\frac{2}{3}$$

ㄱ. $A\cap B=\{2,\ 4\}$이므로 $\mathrm{P}(A\cap B)=\dfrac{2}{6}=\dfrac{1}{3}$

$\quad \therefore \mathrm{P}(A\cap B)=\mathrm{P}(A)\mathrm{P}(B)$

$\quad$ 즉, 두 사건 A, B는 서로 독립이다.

ㄴ. $C^C=\{4,\ 5\}$, $B\cap C^C=\{4\}$이므로

$\quad \mathrm{P}(C^C)=\dfrac{2}{6}=\dfrac{1}{3},\ \mathrm{P}(B\cap C^C)=\dfrac{1}{6}$

$\quad \therefore \mathrm{P}(B\cap C^C)=\mathrm{P}(B)\mathrm{P}(C^C)$

$\quad$ 즉, 두 사건 B, C^C는 서로 독립이다.

ㄷ. $A^C=\{5,\ 6\}$, $A^C\cap C=\{6\}$이므로

$$\mathrm{P}(A^C)=\frac{2}{6}=\frac{1}{3},\ \mathrm{P}(A^C\cap C)=\frac{1}{6}$$

$$\therefore \mathrm{P}(A^C\cap C)\neq\mathrm{P}(A^C)\mathrm{P}(C)$$

즉, 두 사건 A^C, C는 서로 독립이 아니다. (종속이다.)

따라서 옳은 것은 ㄱ, ㄷ이다.　　　　　　　　　　　　답 ㄱ, ㄷ

0356 ㄱ. 두 사건 A, B가 서로 독립이면 두 사건 A, B^C도 서로 독립이므로

$$\mathrm{P}(A\,|\,B^C)=\mathrm{P}(A)$$

$$1-\mathrm{P}(A\,|\,B)=1-\mathrm{P}(A)=\mathrm{P}(A^C)$$

$$\therefore \mathrm{P}(A\,|\,B^C)\neq1-\mathrm{P}(A\,|\,B)$$

ㄴ. $A=B^C$이면 $A\cap B=B^C\cap B=\varnothing$

즉, 두 사건 A, B는 서로 배반사건이다.

ㄷ. $\mathrm{P}(A\,|\,B)=\dfrac{\mathrm{P}(A\cap B)}{\mathrm{P}(B)}=1$이면 $\mathrm{P}(A\cap B)=\mathrm{P}(B)$

$$\therefore B\subset A$$

따라서 옳은 것은 ㄴ, ㄷ이다.　　　　　　　　　　　　답 ④

0357 두 사건 A, B가 서로 독립이면 두 사건 A, B^C도 서로 독립이고 두 사건 A^C, B도 서로 독립이므로

$$\mathrm{P}(A\cap B^C)+\mathrm{P}(A^C\cap B)=\frac{1}{3}\text{에서}$$

$$\mathrm{P}(A)\mathrm{P}(B^C)+\mathrm{P}(A^C)\mathrm{P}(B)=\frac{1}{3}$$

$$\mathrm{P}(A)\{1-\mathrm{P}(B)\}+\{1-\mathrm{P}(A)\}\mathrm{P}(B)=\frac{1}{3}$$

$$\frac{1}{6}\{1-\mathrm{P}(B)\}+\frac{5}{6}\mathrm{P}(B)=\frac{1}{3}\left(\because \mathrm{P}(A)=\frac{1}{6}\right)$$

$$\frac{2}{3}\mathrm{P}(B)=\frac{1}{6}\qquad\therefore \mathrm{P}(B)=\frac{1}{4}$$　　　　答 ②

0358 $0\leq(\text{확률})\leq1$이므로

$$0\leq4a-1\leq1,\ 0\leq1-2a\leq1$$

$$\therefore \frac{1}{4}\leq a\leq\frac{1}{2}$$

$$\begin{aligned}\mathrm{P}(A\cap B)&=\mathrm{P}(A)\mathrm{P}(B)\\&=(4a-1)(1-2a)\\&=-8a^2+6a-1\\&=-8\left(a-\frac{3}{8}\right)^2+\frac{1}{8}\end{aligned}$$

따라서 $\mathrm{P}(A\cap B)$, 즉 A와 B가 동시에 일어날 확률은 $a=\dfrac{3}{8}$에서 최댓값 $\dfrac{1}{8}$을 갖는다.　　　　　　　　　　　답 ①

0359 남학생을 택하는 사건을 A, 놀이동산을 선호하는 학생을 택하는 사건을 B라 하면

$$\mathrm{P}(A)=\frac{30}{40}=\frac{3}{4},\ \mathrm{P}(B)=\frac{24}{40}=\frac{3}{5},\ \mathrm{P}(A\cap B)=\frac{b}{40}$$

이때 두 사건 A, B가 서로 독립이므로

$$\begin{aligned}\mathrm{P}(A\cap B)&=\mathrm{P}(A)\mathrm{P}(B)\\&=\frac{3}{4}\times\frac{3}{5}=\frac{9}{20}\end{aligned}$$

즉, $\dfrac{b}{40}=\dfrac{9}{20}$이므로 $b=18$

$$\therefore a=30-18=12,\ d=24-18=6$$

$$\therefore \frac{a}{d}=\frac{12}{6}=2$$　　　　　　　　　　　　답 2

0360 앞면이 나오는 횟수를 a, 뒷면이 나오는 횟수를 b라 하면

$$a+b=5,\ ab=6$$

위의 두 식을 연립하여 풀면

$$a=2,\ b=3\ \text{또는}\ a=3,\ b=2$$

(i) $a=2$, $b=3$일 확률은

$$_5\mathrm{C}_2\left(\frac{1}{2}\right)^2\left(\frac{1}{2}\right)^3=\frac{5}{16}$$

(ii) $a=3$, $b=2$일 확률은

$$_5\mathrm{C}_3\left(\frac{1}{2}\right)^3\left(\frac{1}{2}\right)^2=\frac{5}{16}$$

(i), (ii)에서 구하는 확률은

$$\frac{5}{16}+\frac{5}{16}=\frac{5}{8}$$　　　　　　　　　　　　답 ①

0361 혜진이가 이긴 횟수를 x번이라 하면 비기거나 진 횟수는 $(5-x)$번이다.

혜진이가 4계단을 올라가게 되므로

$$2x-(5-x)=4\qquad\therefore x=3$$

한 번의 가위바위보에서 이길 확률은 $\dfrac{1}{3}$이므로 구하는 확률은

$$_5\mathrm{C}_3\left(\frac{1}{3}\right)^3\left(\frac{2}{3}\right)^2=\frac{40}{243}$$

따라서 $p=243$, $q=40$이므로

$$p+q=243+40=283$$　　　　　　　　　　　답 ③

0362 서로 다른 두 개의 주사위를 동시에 던질 때 나오는 모든 경우의 수는 $6\times6=36$

-- ㉮

두 주사위의 눈의 수의 합이 6인 사건을 A, 눈의 수가 모두 3인 사건을 B라 하면

$$A=\{(1,\ 5),\ (2,\ 4),\ (3,\ 3),\ (4,\ 2),\ (5,\ 1)\}$$

$$B=\{(3,\ 3)\}$$

$$\therefore A\cap B=\{(3,\ 3)\}$$

$$\therefore \mathrm{P}(A)=\frac{5}{36},\ \mathrm{P}(A\cap B)=\frac{1}{36}$$

-- ㉯

따라서 구하는 확률은 $\mathrm{P}(B|A)=\dfrac{\mathrm{P}(A\cap B)}{\mathrm{P}(A)}=\dfrac{\frac{1}{36}}{\frac{5}{36}}=\dfrac{1}{5}$

───────────────────────────────── ㉼

답 $\dfrac{1}{5}$

단계	채점요소	배점
㉮	서로 다른 두 개의 주사위를 던질 때 나오는 모든 경우의 수 구하기	20 %
㉯	조건부확률을 구하는 데 필요한 확률 구하기	40 %
㉼	조건부확률 구하기	40 %

0363 첫 번째에 뽑은 제비가 당첨 제비인 사건을 A, 두 번째에 뽑은 제비가 당첨 제비인 사건을 B라 하면

$$\mathrm{P}(A)=\dfrac{2}{5}, \ \mathrm{P}(B|A)=\dfrac{1}{4}$$

이때 2개 모두 당첨 제비일 확률은

$$\mathrm{P}(A\cap B)=\mathrm{P}(A)\mathrm{P}(B|A)=\dfrac{2}{5}\times\dfrac{1}{4}=\dfrac{1}{10}$$

$$\therefore p_1=\dfrac{1}{10}$$

───────────────────────────────── ㉮

또, $\mathrm{P}(A^C)=1-\dfrac{2}{5}=\dfrac{3}{5}$, $\mathrm{P}(B|A^C)=\dfrac{2}{4}=\dfrac{1}{2}$이므로 두 번째 제비만 당첨 제비일 확률은

$$\mathrm{P}(A^C\cap B)=\mathrm{P}(A^C)\mathrm{P}(B|A^C)=\dfrac{3}{5}\times\dfrac{1}{2}=\dfrac{3}{10}$$

$$\therefore p_2=\dfrac{3}{10}$$

───────────────────────────────── ㉯

$$\therefore p_1+p_2=\dfrac{1}{10}+\dfrac{3}{10}=\dfrac{2}{5}$$

───────────────────────────────── ㉼

답 $\dfrac{2}{5}$

단계	채점요소	배점
㉮	p_1의 값 구하기	40 %
㉯	p_2의 값 구하기	50 %
㉼	p_1+p_2의 값 구하기	10 %

0364 A가 시험에 합격하는 사건을 A, B가 시험에 합격하는 사건을 B라 하면

$$\mathrm{P}(A\cap B^C)=\dfrac{3}{5}, \ \mathrm{P}(A\cup B)=\dfrac{4}{5}$$

$$\begin{aligned}\therefore \mathrm{P}(B)&=\mathrm{P}(A\cup B)-\mathrm{P}(A-B)\\&=\mathrm{P}(A\cup B)-\mathrm{P}(A\cap B^C)\\&=\dfrac{4}{5}-\dfrac{3}{5}=\dfrac{1}{5}\end{aligned}$$

───────────────────────────────── ㉮

두 사건 A, B가 서로 독립이므로

$$\mathrm{P}(A\cap B)=\mathrm{P}(A)\mathrm{P}(B)=\dfrac{1}{5}\mathrm{P}(A)$$

이때 $\mathrm{P}(A\cup B)=\mathrm{P}(A)+\mathrm{P}(B)-\mathrm{P}(A\cap B)$에서

$$\dfrac{4}{5}=\mathrm{P}(A)+\dfrac{1}{5}-\dfrac{1}{5}\mathrm{P}(A)$$

$$\therefore \mathrm{P}(A)=\dfrac{3}{4}$$

따라서 A가 시험에 합격할 확률은 $\dfrac{3}{4}$이다.

───────────────────────────────── ㉯

답 $\dfrac{3}{4}$

단계	채점요소	배점
㉮	B가 시험에 합격할 확률 구하기	40 %
㉯	A가 시험에 합격할 확률 구하기	60 %

0365 평균적으로 5문제 중 4문제를 맞히므로 한 문제를 맞힐 확률은 $\dfrac{4}{5}$이다.

3문제 이상 맞히는 사건을 A, 1번 문제를 틀리는 사건을 B라 하면

$$\mathrm{P}(A)={}_4\mathrm{C}_3\left(\dfrac{4}{5}\right)^3\left(\dfrac{1}{5}\right)^1+\left(\dfrac{4}{5}\right)^4=\dfrac{512}{625}$$

───────────────────────────────── ㉮

$A\cap B$는 3문제 이상을 맞히면서 1번 문제는 틀리는 사건이므로 2번, 3번, 4번 문제만 맞히는 사건과 같다.

$$\therefore \mathrm{P}(A\cap B)=\dfrac{1}{5}\times\left(\dfrac{4}{5}\right)^3=\dfrac{64}{625}$$

───────────────────────────────── ㉯

따라서 구하는 확률은

$$\mathrm{P}(B|A)=\dfrac{\mathrm{P}(A\cap B)}{\mathrm{P}(A)}=\dfrac{\frac{64}{625}}{\frac{512}{625}}=\dfrac{1}{8}$$

───────────────────────────────── ㉼

답 $\dfrac{1}{8}$

단계	채점요소	배점
㉮	3문제 이상 맞힐 확률 구하기	40 %
㉯	2번, 3번, 4번 문제만 맞힐 확률 구하기	40 %
㉼	조건부확률 구하기	20 %

0366 철수가 우산을 잃어버리는 사건을 A, 학교, 분식집, 서점에 가는 사건을 각각 B, C, D라 하면

$$\mathrm{P}(A\cap B)=\dfrac{1}{3}$$

$$\mathrm{P}(A\cap C)=\dfrac{2}{3}\times\dfrac{1}{3}=\dfrac{2}{9}$$

$$P(A \cap D) = \frac{2}{3} \times \frac{2}{3} \times \frac{1}{3} = \frac{4}{27}$$

$$\therefore P(A) = P(A \cap B) + P(A \cap C) + P(A \cap D)$$

$$= \frac{1}{3} + \frac{2}{9} + \frac{4}{27} = \frac{19}{27}$$

따라서 구하는 확률은

$$P(C|A) = \frac{P(A \cap C)}{P(A)} = \frac{\frac{2}{9}}{\frac{19}{27}} = \frac{6}{19}$$

답 $\dfrac{6}{19}$

0367 세 번째 검사까지 1개의 불량품을 꺼내는 사건을 A, 네 번째 검사에서 두 번째 불량품을 꺼내는 사건을 B라 하면

$$P(A) = \frac{2}{10} \times \frac{8}{9} \times \frac{7}{8} + \frac{8}{10} \times \frac{2}{9} \times \frac{7}{8} + \frac{8}{10} \times \frac{7}{9} \times \frac{2}{8} = \frac{7}{15}$$

↳첫 번째에 불량품이 나올 확률　↳두 번째에 불량품이 나올 확률　↳세 번째에 불량품이 나올 확률

$$P(B|A) = \frac{1}{7}$$

따라서 구하는 확률은

$$P(A \cap B) = P(A)P(B|A) = \frac{7}{15} \times \frac{1}{7} = \frac{1}{15}$$

답 ⑤

0368 주사위를 던질 때, 3 이하의 눈이 나올 확률은 $\dfrac{1}{2}$, 4 이상의 눈이 나올 확률은 $\dfrac{1}{2}$이다.

점 P가 색칠한 부분을 지나려면 점 $(2,\ 2)$ 또는 점 $(3,\ 2)$를 지나야 한다.

(i) 점 P가 점 $(2,\ 2)$를 지날 확률은 $_4C_2\left(\dfrac{1}{2}\right)^2\left(\dfrac{1}{2}\right)^2 = \dfrac{3}{8}$

(ii) 점 P가 점 $(3,\ 2)$를 지날 확률은 $_5C_3\left(\dfrac{1}{2}\right)^3\left(\dfrac{1}{2}\right)^2 = \dfrac{5}{16}$

(iii) 점 P가 두 점 $(2,\ 2)$, $(3,\ 2)$를 모두 지날 확률은

$$_4C_2\left(\frac{1}{2}\right)^2\left(\frac{1}{2}\right)^2 \times \frac{1}{2} = \frac{3}{16}$$

(i)~(iii)에서 구하는 확률은

$$\frac{3}{8} + \frac{5}{16} - \frac{3}{16} = \frac{1}{2}$$

답 $\dfrac{1}{2}$

05 | 확률분포 (1)

📖 교과서 문제 정/복/하기

본문 61쪽, 63쪽

0369 이산확률변수는 확률변수가 가질 수 있는 값을 셀 수 있어야 하므로 이산확률변수인 것은 ㄱ, ㄷ이다.　답 ㄱ, ㄷ

0370 동전의 앞면을 H, 뒷면을 T라 하자.

$X=0$인 경우는 TT의 1가지이므로 $P(X=0) = \dfrac{1}{4}$

$X=1$인 경우는 HT, TH의 2가지이므로 $P(X=1) = \dfrac{2}{4} = \dfrac{1}{2}$

$X=2$인 경우는 HH의 1가지이므로 $P(X=2) = \dfrac{1}{4}$

따라서 X의 확률분포를 표로 나타내면 다음과 같다.

X	0	1	2	합계
$P(X=x)$	$\dfrac{1}{4}$	$\dfrac{1}{2}$	$\dfrac{1}{4}$	1

답 **풀이 참조**

0371 (1) 확률변수 X가 가질 수 있는 값은 0, 1, 2이다.

(2) $P(X=0) = \dfrac{_2C_0 \times _3C_2}{_5C_2} = \dfrac{3}{10}$

$P(X=1) = \dfrac{_2C_1 \times _3C_1}{_5C_2} = \dfrac{3}{5}$

$P(X=2) = \dfrac{_2C_2 \times _3C_0}{_5C_2} = \dfrac{1}{10}$

(3)

X	0	1	2	합계
$P(X=x)$	$\dfrac{3}{10}$	$\dfrac{3}{5}$	$\dfrac{1}{10}$	1

답 (1) **0, 1, 2**

(2) $P(X=0) = \dfrac{3}{10}$, $P(X=1) = \dfrac{3}{5}$, $P(X=2) = \dfrac{1}{10}$

(3) **풀이 참조**

0372 (1) 6개의 공 중에서 3개의 공을 꺼내는 경우의 수는 $_6C_3$, 나온 3개의 공 중에 빨간 공이 x개 포함되어 있는 경우의 수는 $_4C_x \times _2C_{3-x}$이므로 X의 확률질량함수는

$$P(X=x) = \frac{_4C_{\boxed{x}} \times _2C_{\boxed{3-x}}}{_6C_3} \ (x=1,\ 2,\ 3)$$

(2) $P(X=1) = \dfrac{_4C_1 \times _2C_2}{_6C_3} = \dfrac{1}{5}$

$P(X=2) = \dfrac{_4C_2 \times _2C_1}{_6C_3} = \dfrac{3}{5}$

$P(X=3) = \dfrac{_4C_3 \times _2C_0}{_6C_3} = \dfrac{1}{5}$

따라서 X의 확률분포를 표로 나타내면 다음과 같다.

X	1	2	3	합계
$P(X=x)$	$\frac{1}{5}$	$\frac{3}{5}$	$\frac{1}{5}$	1

답 (1) x, $3-x$ (2) **풀이 참조**

0373 (1) 확률의 총합은 1이므로

$$\frac{1}{3}+a+\frac{2}{9}+3a=1,\ 4a=\frac{4}{9} \qquad \therefore a=\frac{1}{9}$$

(2) $P(X=1\ \text{또는}\ X=2)=P(X=1)+P(X=2)$

$$=\frac{2}{9}+3a=\frac{2}{9}+\frac{3}{9}=\frac{5}{9}$$

(3) $P(-1\le X\le 1)=P(X=-1)+P(X=0)+P(X=1)$

$$=\frac{1}{3}+a+\frac{2}{9}=\frac{1}{3}+\frac{1}{9}+\frac{2}{9}=\frac{2}{3}$$

답 (1) $\dfrac{1}{9}$ (2) $\dfrac{5}{9}$ (3) $\dfrac{2}{3}$

0374 (1) $E(X)=1\times\frac{1}{4}+2\times\frac{1}{8}+3\times\frac{1}{4}+4\times\frac{3}{8}=\frac{11}{4}$

(2) $V(X)=E(X^2)-\{E(X)\}^2$

$$=1^2\times\frac{1}{4}+2^2\times\frac{1}{8}+3^2\times\frac{1}{4}+4^2\times\frac{3}{8}-\left(\frac{11}{4}\right)^2$$

$$=\frac{23}{16}$$

(3) $\sigma(X)=\sqrt{V(X)}=\sqrt{\frac{23}{16}}=\frac{\sqrt{23}}{4}$

답 (1) $\dfrac{11}{4}$ (2) $\dfrac{23}{16}$ (3) $\dfrac{\sqrt{23}}{4}$

0375 (1) 한 개의 주사위를 한 번 던질 때, 3의 약수의 눈이 나올 확률은 $\frac{2}{6}=\frac{1}{3}$, 그 외의 눈이 나올 확률은 $1-\frac{1}{3}=\frac{2}{3}$이므로

$$P(X=0)=\frac{2}{3}\times\frac{2}{3}=\frac{4}{9}$$

$$P(X=1)=\frac{1}{3}\times\frac{2}{3}+\frac{2}{3}\times\frac{1}{3}=\frac{4}{9}$$

$$P(X=2)=\frac{1}{3}\times\frac{1}{3}=\frac{1}{9}$$

따라서 X의 확률분포를 표로 나타내면 다음과 같다.

X	0	1	2	합계
$P(X=x)$	$\frac{4}{9}$	$\frac{4}{9}$	$\frac{1}{9}$	1

(2) $E(X)=0\times\frac{4}{9}+1\times\frac{4}{9}+2\times\frac{1}{9}=\frac{2}{3}$

$V(X)=E(X^2)-\{E(X)\}^2$

$$=0^2\times\frac{4}{9}+1^2\times\frac{4}{9}+2^2\times\frac{1}{9}-\left(\frac{2}{3}\right)^2=\frac{4}{9}$$

$\sigma(X)=\sqrt{V(X)}=\sqrt{\frac{4}{9}}=\frac{2}{3}$

답 (1) **풀이 참조**   (2) $E(X)=\dfrac{2}{3}$, $V(X)=\dfrac{4}{9}$, $\sigma(X)=\dfrac{2}{3}$

0376 확률변수 X가 가질 수 있는 값은 0, 50, 100이고 그 확률은 각각

$$P(X=0)=\frac{1}{2}\times\frac{1}{2}=\frac{1}{4}$$

$$P(X=50)=\frac{1}{2}\times\frac{1}{2}+\frac{1}{2}\times\frac{1}{2}=\frac{1}{2}$$

$$P(X=100)=\frac{1}{2}\times\frac{1}{2}=\frac{1}{4}$$

이므로 X의 확률분포를 표로 나타내면 다음과 같다.

X	0	50	100	합계
$P(X=x)$	$\frac{1}{4}$	$\frac{1}{2}$	$\frac{1}{4}$	1

$$\therefore E(X)=0\times\frac{1}{4}+50\times\frac{1}{2}+100\times\frac{1}{4}=50$$

따라서 X의 기댓값은 50원이다.   답 **50원**

0377 (1) $E(Y)=E(2X-1)=2E(X)-1=2\times2-1=3$

$$V(Y)=V(2X-1)=2^2V(X)=4\times\frac{3}{2}=6$$

$$\sigma(Y)=\sigma(2X-1)=|2|\sigma(X)=2\times\sqrt{\frac{3}{2}}=\sqrt{6}$$

(2) $E(Y)=E\left(-\frac{1}{3}X+5\right)=-\frac{1}{3}E(X)+5$

$$=-\frac{1}{3}\times2+5=\frac{13}{3}$$

$$V(Y)=V\left(-\frac{1}{3}X+5\right)=\left(-\frac{1}{3}\right)^2V(X)=\frac{1}{9}\times\frac{3}{2}=\frac{1}{6}$$

$$\sigma(Y)=\sigma\left(-\frac{1}{3}X+5\right)=\left|-\frac{1}{3}\right|\sigma(X)=\frac{1}{3}\times\sqrt{\frac{3}{2}}=\frac{\sqrt{6}}{6}$$

답 (1) $E(Y)=3$, $V(Y)=6$, $\sigma(Y)=\sqrt{6}$

(2) $E(Y)=\dfrac{13}{3}$, $V(Y)=\dfrac{1}{6}$, $\sigma(Y)=\dfrac{\sqrt{6}}{6}$

0378 $E(X)=0\times\frac{1}{8}+1\times\frac{1}{4}+2\times\frac{1}{8}+3\times\frac{1}{2}=2$

$E(X^2)=0^2\times\frac{1}{8}+1^2\times\frac{1}{4}+2^2\times\frac{1}{8}+3^2\times\frac{1}{2}=\frac{21}{4}$이므로

$$V(X)=E(X^2)-\{E(X)\}^2=\frac{21}{4}-2^2=\frac{5}{4}$$

$$\sigma(X)=\sqrt{V(X)}=\sqrt{\frac{5}{4}}=\frac{\sqrt{5}}{2}$$

(1) $E(4X+2)=4E(X)+2=4\times2+2=10$

(2) $V(4X+2)=4^2V(X)=16\times\frac{5}{4}=20$

(3) $\sigma(4X+2)=4\sigma(X)=4\times\frac{\sqrt{5}}{2}=2\sqrt{5}$

답 (1) **10**   (2) **20**   (3) $2\sqrt{5}$

0379 뒷면이 나올 확률이 $\frac{1}{2}$이므로 뒷면이 나오는 동전의 개수 X는 이항분포 $B\left(10,\frac{1}{2}\right)$을 따른다.   답 $B\left(10,\dfrac{1}{2}\right)$

0380 명중률이 $\frac{1}{3}$이므로 과녁에 명중하는 화살의 개수 X는

이항분포 $\mathrm{B}\left(7, \frac{1}{3}\right)$을 따른다. $\qquad$ 답 $\mathbf{B}\left(7, \dfrac{1}{3}\right)$

0381 2개의 제비를 1개씩 차례대로 뽑을 때, 첫 번째 제비를 뽑는 시행과 두 번째 제비를 뽑는 시행은 서로 독립이 아니므로 이항분포를 따르지 않는다. 답 **이항분포를 따르지 않는다.**

0382 (1) $\mathrm{P}(X=x)=\begin{cases} {}_9\mathrm{C}_0\left(\dfrac{1}{2}\right)^9 & (x=0) \\[2mm] {}_9\mathrm{C}_x\left(\dfrac{1}{2}\right)^x\left(\dfrac{1}{2}\right)^{9-x} & (x=1,\,2,\,\cdots,\,8) \\[2mm] {}_9\mathrm{C}_9\left(\dfrac{1}{2}\right)^9 & (x=9) \end{cases}$

(2) $\mathrm{P}(X=3)={}_9\mathrm{C}_3\left(\dfrac{1}{2}\right)^3\left(\dfrac{1}{2}\right)^6=\dfrac{21}{128}$

답 (1) **풀이 참조** (2) $\dfrac{21}{128}$

0383 (1) X는 이항분포 $\mathrm{B}\left(5, \dfrac{3}{5}\right)$을 따른다.

(2) $\mathrm{P}(X=x)=\begin{cases} {}_5\mathrm{C}_0\left(\dfrac{2}{5}\right)^5 & (x=0) \\[2mm] {}_5\mathrm{C}_x\left(\dfrac{3}{5}\right)^x\left(\dfrac{2}{5}\right)^{5-x} & (x=1,\,2,\,3,\,4) \\[2mm] {}_5\mathrm{C}_5\left(\dfrac{3}{5}\right)^5 & (x=5) \end{cases}$

(3) $\mathrm{P}(X=2)={}_5\mathrm{C}_2\left(\dfrac{3}{5}\right)^2\left(\dfrac{2}{5}\right)^3=\dfrac{144}{625}$

답 (1) $\mathbf{B}\left(5, \dfrac{3}{5}\right)$ (2) **풀이 참조** (3) $\dfrac{144}{625}$

0384 $\mathrm{E}(X)=63\times\dfrac{1}{3}=21$

$\mathrm{V}(X)=63\times\dfrac{1}{3}\times\dfrac{2}{3}=14$

$\sigma(X)=\sqrt{\mathrm{V}(X)}=\sqrt{14}$

답 $\mathbf{E}(X)=21,\ \mathbf{V}(X)=14,\ \sigma(X)=\sqrt{14}$

0385 $\mathrm{E}(X)=128\times\dfrac{3}{4}=96$

$\mathrm{V}(X)=128\times\dfrac{3}{4}\times\dfrac{1}{4}=24$

$\sigma(X)=\sqrt{\mathrm{V}(X)}=\sqrt{24}=2\sqrt{6}$

답 $\mathbf{E}(X)=96,\ \mathbf{V}(X)=24,\ \sigma(X)=2\sqrt{6}$

0386 확률변수 X는 이항분포 $\mathrm{B}\left(45, \dfrac{2}{3}\right)$를 따르므로

(1) $\mathrm{E}(X)=45\times\dfrac{2}{3}=30$

(2) $\mathrm{V}(X)=45\times\dfrac{2}{3}\times\dfrac{1}{3}=10$

(3) $\sigma(X)=\sqrt{\mathrm{V}(X)}=\sqrt{10}$ 답 (1) **30** (2) **10** (3) $\sqrt{10}$

0387 확률의 총합은 1이므로

$\mathrm{P}(X=2)+\mathrm{P}(X=3)+\cdots+\mathrm{P}(X=9)=1$

$\dfrac{k}{2\times1}+\dfrac{k}{3\times2}+\cdots+\dfrac{k}{9\times8}=1$

$k\left\{\left(1-\dfrac{1}{2}\right)+\left(\dfrac{1}{2}-\dfrac{1}{3}\right)+\cdots+\left(\dfrac{1}{8}-\dfrac{1}{9}\right)\right\}=1$

$k\left(1-\dfrac{1}{9}\right)=1,\ \dfrac{8}{9}k=1 \quad \therefore k=\dfrac{9}{8}$

$\therefore \mathrm{P}(X=9)=\dfrac{9}{8}\times\dfrac{1}{9\times8}=\dfrac{1}{64}$ 답 $\dfrac{1}{64}$

0388 확률의 총합은 1이므로

$\mathrm{P}(X=1)+\mathrm{P}(X=2)+\mathrm{P}(X=3)+\mathrm{P}(X=4)=1$

$k+4k+9k+16k=1$

$30k=1 \quad \therefore k=\dfrac{1}{30}$ 답 $\dfrac{1}{30}$

0389 확률의 총합은 1이므로

$\mathrm{P}(X=0)+\mathrm{P}(X=1)+\mathrm{P}(X=2)+\mathrm{P}(X=3)$
$\hspace{6cm}+\mathrm{P}(X=4)=1$

$a+\left(\dfrac{1}{12}+a\right)+\left(\dfrac{2}{12}+a\right)+\left(\dfrac{3}{12}-a\right)+\left(\dfrac{4}{12}-a\right)=1$

$a+\dfrac{5}{6}=1 \quad \therefore a=\dfrac{1}{6}$

$\therefore \mathrm{P}(X=2)=\dfrac{2}{12}+a=\dfrac{1}{6}+\dfrac{1}{6}=\dfrac{1}{3}$ 답 $\dfrac{1}{3}$

0390 $\mathrm{P}(X=x)=\dfrac{k}{\sqrt{x}+\sqrt{x+1}}$

$\hspace{2cm}=\dfrac{k(\sqrt{x}-\sqrt{x+1})}{(\sqrt{x}+\sqrt{x+1})(\sqrt{x}-\sqrt{x+1})}$

$\hspace{2cm}=k(\sqrt{x+1}-\sqrt{x})$

확률의 총합은 1이므로

$\mathrm{P}(X=1)+\mathrm{P}(X=2)+\mathrm{P}(X=3)+\cdots+\mathrm{P}(X=15)=1$

$k(\sqrt{2}-\sqrt{1})+k(\sqrt{3}-\sqrt{2})+k(\sqrt{4}-\sqrt{3})+\cdots$
$\hspace{5cm}+k(\sqrt{16}-\sqrt{15})=1$

$k\{(\sqrt{2}-1)+(\sqrt{3}-\sqrt{2})+(\sqrt{4}-\sqrt{3})+\cdots$
$\hspace{5cm}+(\sqrt{16}-\sqrt{15})\}=1$

$k(-1+\sqrt{16})=1,\ 3k=1 \quad \therefore k=\dfrac{1}{3}$

$\therefore \mathrm{P}(X=4)+\mathrm{P}(X=5)+\mathrm{P}(X=6)+\cdots+\mathrm{P}(X=15)$

$\hspace{1cm}=\dfrac{1}{3}\{(\sqrt{5}-\sqrt{4})+(\sqrt{6}-\sqrt{5})+(\sqrt{7}-\sqrt{6})+\cdots$
$\hspace{6cm}+(\sqrt{16}-\sqrt{15})\}$

$\hspace{1cm}=\dfrac{1}{3}(-\sqrt{4}+\sqrt{16})=\dfrac{2}{3}$ 답 ④

0391 확률의 총합은 1이므로

$$\frac{k}{2}+\left(\frac{3}{8}-k^2\right)+\frac{1}{8}+k=1$$

$$2k^2-3k+1=0,\ (2k-1)(k-1)=0$$

$$\therefore k=\frac{1}{2}\ (\because k\neq1)$$

한편, $X^2-5X+6=0$에서

$$(X-2)(X-3)=0$$

$$\therefore X=2\ 또는\ X=3$$

$$\therefore P(X^2-5X+6=0)=P(X=2)+P(X=3)$$

$$=\left(\frac{3}{8}-k^2\right)+\frac{1}{8}$$

$$=\frac{3}{8}-\frac{1}{4}+\frac{1}{8}=\frac{1}{4}\qquad 답\ \mathbf{\frac{1}{4}}$$

0392 확률의 총합은 1이므로

$$\frac{1}{9}+\frac{2}{9}+a+\frac{4}{9}=1\qquad \therefore a=\frac{2}{9}$$

$$\therefore P(X\geq4a)=P\left(X\geq\frac{8}{9}\right)$$

$$=P(X=1)+P(X=2)+P(X=3)$$

$$=\frac{2}{9}+\frac{2}{9}+\frac{4}{9}=\frac{8}{9}\qquad 답\ \mathbf{\frac{8}{9}}$$

0393 $P(X=1)=\frac{1}{3}P(X=-1)$에서

$$q=\frac{1}{3}\times2p\qquad \therefore q=\frac{2}{3}p\qquad\qquad \cdots\cdots\ ㉠$$

확률의 총합은 1이므로

$$2p+\frac{4}{3}p+q=1\qquad \therefore 10p+3q=3\qquad \cdots\cdots\ ㉡$$

㉠, ㉡을 연립하여 풀면 $p=\frac{1}{4}$, $q=\frac{1}{6}$

$$\therefore P(0\leq X\leq1)=P(X=0)+P(X=1)$$

$$=\frac{4}{3}p+q$$

$$=\frac{4}{3}\times\frac{1}{4}+\frac{1}{6}=\frac{1}{2}\qquad 답\ \mathbf{\frac{1}{2}}$$

0394 확률변수 X가 가질 수 있는 값은 0, 1, 2, 3이고, 그 확률은 각각

$$P(X=0)=\frac{{}_4C_0\times{}_5C_3}{{}_9C_3}=\frac{5}{42}$$

$$P(X=1)=\frac{{}_4C_1\times{}_5C_2}{{}_9C_3}=\frac{10}{21}$$

$$P(X=2)=\frac{{}_4C_2\times{}_5C_1}{{}_9C_3}=\frac{5}{14}$$

$$P(X=3)=\frac{{}_4C_3\times{}_5C_0}{{}_9C_3}=\frac{1}{21}$$

이므로 X의 확률분포를 표로 나타내면 다음과 같다.

X	0	1	2	3	합계
$P(X=x)$	$\frac{5}{42}$	$\frac{10}{21}$	$\frac{5}{14}$	$\frac{1}{21}$	1

$$\therefore P(X\geq2)=P(X=2)+P(X=3)$$

$$=\frac{5}{14}+\frac{1}{21}=\frac{17}{42}\qquad 답\ \mathbf{\frac{17}{42}}$$

0395 나오는 두 눈의 수를 a, b라 하면 순서쌍 (a,b)에 대하여 나오는 눈의 수의 합이

(ⅰ) 3인 경우는 $(1,2)$, $(2,1)$의 2가지이므로

$$P(X=3)=\frac{2}{36}$$

(ⅱ) 4인 경우는 $(1,3)$, $(2,2)$, $(3,1)$의 3가지이므로

$$P(X=4)=\frac{3}{36}$$

(ⅲ) 5인 경우는 $(1,4)$, $(2,3)$, $(3,2)$, $(4,1)$의 4가지이므로

$$P(X=5)=\frac{4}{36}$$

(ⅰ)~(ⅲ)에서 구하는 확률은

$$P(3\leq X\leq5)=P(X=3)+P(X=4)+P(X=5)$$

$$=\frac{2}{36}+\frac{3}{36}+\frac{4}{36}$$

$$=\frac{9}{36}=\frac{1}{4}\qquad 답\ ②$$

0396 확률변수 X가 가질 수 있는 값은 0, 1, 2, 3이고, $X^2-4X+3\leq0$에서

$$(X-1)(X-3)\leq0\qquad \therefore 1\leq X\leq3$$

$$\therefore P(X^2-4X+3\leq0)=P(1\leq X\leq3)$$

$$=P(X=1)+P(X=2)+P(X=3)$$

$$=1-P(X=0)$$

이때 $P(X=0)=\frac{{}_3C_0\times{}_4C_3}{{}_7C_3}=\frac{4}{35}$이므로 구하는 확률은

$$1-P(X=0)=1-\frac{4}{35}=\frac{31}{35}\qquad 답\ \mathbf{\frac{31}{35}}$$

0397 확률변수 X가 가질 수 있는 값은 0, 1, 2이고, 그 확률은 각각

$$P(X=0)=\frac{{}_6C_2\times{}_4C_0}{{}_{10}C_2}=\frac{1}{3}$$

$$P(X=1)=\frac{{}_6C_1\times{}_4C_1}{{}_{10}C_2}=\frac{8}{15}$$

$$P(X=2)=\frac{{}_6C_0\times{}_4C_2}{{}_{10}C_2}=\frac{2}{15}$$

이므로 X의 확률분포를 표로 나타내면 다음과 같다.

X	0	1	2	합계
$P(X=x)$	$\frac{1}{3}$	$\frac{8}{15}$	$\frac{2}{15}$	1

앞의 표에서 $P(X=1)+P(X=2)=\dfrac{8}{15}+\dfrac{2}{15}=\dfrac{2}{3}$이므로

$P(X\geq1)=\dfrac{2}{3}$ $\therefore a=1$ 답 **1**

0398 확률의 총합은 1이므로

$\dfrac{1}{4}+\dfrac{1}{3}+a+\dfrac{1}{6}=1$ $\therefore a=\dfrac{1}{4}$

따라서 확률변수 X에 대하여

$E(X)=(-1)\times\dfrac{1}{4}+0\times\dfrac{1}{3}+1\times\dfrac{1}{4}+2\times\dfrac{1}{6}=\dfrac{1}{3}$

$E(X^2)=(-1)^2\times\dfrac{1}{4}+0^2\times\dfrac{1}{3}+1^2\times\dfrac{1}{4}+2^2\times\dfrac{1}{6}=\dfrac{7}{6}$

$\therefore V(X)=E(X^2)-\{E(X)\}^2$

$\qquad\quad=\dfrac{7}{6}-\left(\dfrac{1}{3}\right)^2=\dfrac{19}{18}$

답 $a=\dfrac{1}{4},\ V(X)=\dfrac{19}{18}$

0399 확률의 총합은 1이므로

$P(X=2)+P(X=3)+P(X=4)+P(X=5)=1$

$k+2k+3k+4k=1$

$10k=1$ $\therefore k=\dfrac{1}{10}$

따라서 X의 확률분포를 표로 나타내면 다음과 같다.

X	2	3	4	5	합계
$P(X=x)$	$\dfrac{1}{10}$	$\dfrac{1}{5}$	$\dfrac{3}{10}$	$\dfrac{2}{5}$	1

이때 확률변수 X에 대하여

$E(X)=2\times\dfrac{1}{10}+3\times\dfrac{1}{5}+4\times\dfrac{3}{10}+5\times\dfrac{2}{5}=4$

$E(X^2)=2^2\times\dfrac{1}{10}+3^2\times\dfrac{1}{5}+4^2\times\dfrac{3}{10}+5^2\times\dfrac{2}{5}=17$

$\therefore V(X)=E(X^2)-\{E(X)\}^2$

$\qquad\quad=17-4^2=1$

$\therefore \sigma(X)=\sqrt{V(X)}=1$ 답 ③

0400 $P(X=-2)=a,\ P(X=-1)=b$라 하면 확률의 총합은 1이므로

$a+b+\dfrac{1}{4}+\dfrac{1}{2}=1$

$\therefore a+b=\dfrac{1}{4}$ …… ㉠

———————————————————— ㉮

$E(X)=\dfrac{1}{6}$이므로

$(-2)\times a+(-1)\times b+0\times\dfrac{1}{4}+1\times\dfrac{1}{2}=\dfrac{1}{6}$

$\therefore 2a+b=\dfrac{1}{3}$ …… ㉡

———————————————————— ㉯

㉠, ㉡을 연립하여 풀면 $a=\dfrac{1}{12},\ b=\dfrac{1}{6}$

$\therefore P(X=-1)=\dfrac{1}{6}$

———————————————————— ㉰

답 $\dfrac{1}{6}$

단계	채점요소	배점
㉮	확률의 총합이 1임을 이용하여 식 세우기	40%
㉯	$E(X)=\dfrac{1}{6}$임을 이용하여 식 세우기	40%
㉰	$P(X=-1)$ 구하기	20%

0401 확률변수 X가 가질 수 있는 값은 0, 1, 2, 3이고, 그 확률은 각각

$P(X=0)=\dfrac{{}_4C_0\times{}_6C_3}{{}_{10}C_3}=\dfrac{1}{6}$

$P(X=1)=\dfrac{{}_4C_1\times{}_6C_2}{{}_{10}C_3}=\dfrac{1}{2}$

$P(X=2)=\dfrac{{}_4C_2\times{}_6C_1}{{}_{10}C_3}=\dfrac{3}{10}$

$P(X=3)=\dfrac{{}_4C_3\times{}_6C_0}{{}_{10}C_3}=\dfrac{1}{30}$

이므로 X의 확률분포를 표로 나타내면 다음과 같다.

X	0	1	2	3	합계
$P(X=x)$	$\dfrac{1}{6}$	$\dfrac{1}{2}$	$\dfrac{3}{10}$	$\dfrac{1}{30}$	1

따라서 확률변수 X에 대하여

$E(X)=0\times\dfrac{1}{6}+1\times\dfrac{1}{2}+2\times\dfrac{3}{10}+3\times\dfrac{1}{30}=\dfrac{6}{5}$

$E(X^2)=0^2\times\dfrac{1}{6}+1^2\times\dfrac{1}{2}+2^2\times\dfrac{3}{10}+3^2\times\dfrac{1}{30}=2$

$\therefore V(X)=E(X^2)-\{E(X)\}^2$

$\qquad\quad=2-\left(\dfrac{6}{5}\right)^2=\dfrac{14}{25}$ 답 $\dfrac{14}{25}$

0402 확률변수 X가 가질 수 있는 값은 0, 1, 2이고, 그 확률은 각각

$P(X=0)=\dfrac{{}_3C_0\times{}_4C_2}{{}_7C_2}=\dfrac{2}{7}$

$P(X=1)=\dfrac{{}_3C_1\times{}_4C_1}{{}_7C_2}=\dfrac{4}{7}$

$P(X=2)=\dfrac{{}_3C_2\times{}_4C_0}{{}_7C_2}=\dfrac{1}{7}$

이므로 X의 확률분포를 표로 나타내면 다음과 같다.

X	0	1	2	합계
$P(X=x)$	$\dfrac{2}{7}$	$\dfrac{4}{7}$	$\dfrac{1}{7}$	1

따라서 확률변수 X에 대하여

$E(X)=0\times\dfrac{2}{7}+1\times\dfrac{4}{7}+2\times\dfrac{1}{7}=\dfrac{6}{7}$ 답 $\dfrac{6}{7}$

0403 뽑은 카드에 적힌 두 수를 a, b $(a<b)$라 하면 순서쌍 (a, b)에 대하여 두 수 중 큰 수가

2인 경우는 $(1, 2)$의 1가지

3인 경우는 $(1, 3)$, $(2, 3)$의 2가지

4인 경우는 $(1, 4)$, $(2, 4)$, $(3, 4)$의 3가지

이므로 확률변수 X가 가질 수 있는 값은 2, 3, 4이고, 그 확률은 각각

$$P(X=2)=\frac{1}{{}_4C_2}=\frac{1}{6}$$

$$P(X=3)=\frac{2}{{}_4C_2}=\frac{1}{3}$$

$$P(X=4)=\frac{3}{{}_4C_2}=\frac{1}{2}$$

따라서 X의 확률분포를 표로 나타내면 다음과 같다.

X	2	3	4	합계
$P(X=x)$	$\frac{1}{6}$	$\frac{1}{3}$	$\frac{1}{2}$	1

이때 확률변수 X에 대하여

$$E(X)=2\times\frac{1}{6}+3\times\frac{1}{3}+4\times\frac{1}{2}=\frac{10}{3}$$

$$E(X^2)=2^2\times\frac{1}{6}+3^2\times\frac{1}{3}+4^2\times\frac{1}{2}=\frac{35}{3}$$

$$\therefore V(X)=E(X^2)-\{E(X)\}^2=\frac{35}{3}-\left(\frac{10}{3}\right)^2=\frac{5}{9}$$

$$\therefore \sigma(X)=\sqrt{V(X)}=\sqrt{\frac{5}{9}}=\frac{\sqrt{5}}{3}$$

답 ①

0404 (i) $X=1$인 경우

1회에서 3 이상의 눈이 나오는 경우이므로

$$P(X=1)=\frac{4}{6}=\frac{2}{3}$$

(ii) $X=2$인 경우

1회에는 1의 눈이 나오고 2회에서 2 이상의 눈이 나오는 경우와 1회에는 2의 눈이 나오고 2회에서 1 이상의 눈이 나오는 경우이므로

$$P(X=2)=\frac{1}{6}\times\frac{5}{6}+\frac{1}{6}\times1=\frac{11}{36}$$

(iii) $X=3$인 경우

1회, 2회에는 모두 1의 눈이 나오고 3회에서 1 이상의 눈이 나오는 경우이므로

$$P(X=3)=\frac{1}{6}\times\frac{1}{6}\times1=\frac{1}{36}$$

(i)~(iii)에서 X의 확률분포를 표로 나타내면 다음과 같다.

X	1	2	3	합계
$P(X=x)$	$\frac{2}{3}$	$\frac{11}{36}$	$\frac{1}{36}$	1

따라서 확률변수 X에 대하여

$$E(X)=1\times\frac{2}{3}+2\times\frac{11}{36}+3\times\frac{1}{36}=\frac{49}{36}$$

답 $\dfrac{49}{36}$

0405 확률변수 $Y=\dfrac{X-100}{4}$에 대하여

$$E(Y)=E\left(\frac{X-100}{4}\right)=E\left(\frac{1}{4}X-25\right)$$

$$=\frac{1}{4}E(X)-25$$

$$=\frac{1}{4}\times120-25=5$$

$$\therefore a=5$$

$V(Y)=E(Y^2)-\{E(Y)\}^2$에서

$$E(Y^2)=V(Y)+\{E(Y)\}^2$$

$$=V\left(\frac{X-100}{4}\right)+5^2$$

$$=V\left(\frac{1}{4}X-25\right)+25$$

$$=\left(\frac{1}{4}\right)^2V(X)+25$$

$$=\frac{1}{16}\times48+25=28$$

$$\therefore b=28$$

$$\therefore a+b=5+28=33$$

답 33

0406 $E(X)=5$, $E(X^2)=29$이므로

$$V(X)=E(X^2)-\{E(X)\}^2$$

$$=29-5^2=4$$

확률변수 $Y=aX+b$에 대하여

$$E(Y)=E(aX+b)=aE(X)+b$$

$$=5a+b=20 \qquad \cdots\cdots\ \bigcirc$$

$$V(Y)=V(aX+b)=a^2V(X)$$

$$=4a^2=16$$

$$a^2=4 \qquad \therefore a=2\ (\because a>0)$$

$a=2$를 $\bigcirc$에 대입하면

$$10+b=20 \qquad \therefore b=10$$

답 $a=2$, $b=10$

0407 확률의 총합은 1이므로

$$\frac{1}{2}+a+4a^2=1$$

$$8a^2+2a-1=0,\ (2a+1)(4a-1)=0$$

$$\therefore a=\frac{1}{4}\ (\because a>0)$$

따라서 X의 확률분포를 표로 나타내면 다음과 같다.

X	200	300	500	합계
$P(X=x)$	$\frac{1}{2}$	$\frac{1}{4}$	$\frac{1}{4}$	1

이때 확률변수 X에 대하여

$$E(X)=200\times\frac{1}{2}+300\times\frac{1}{4}+500\times\frac{1}{4}=300$$

$$\therefore \mathrm{E}(aX-5)=a\mathrm{E}(X)-5$$
$$=\frac{1}{4}\times300-5=70$$

답 **70**

단계	채점요소	배점
㉮	a의 값 구하기	30%
㉯	$\mathrm{E}(X)$ 구하기	40%
㉰	$\mathrm{E}(aX-5)$ 구하기	30%

0408 확률변수 X에 대하여
$$\mathrm{E}(X)=0\times\frac{1}{8}+1\times\frac{1}{4}+2\times\frac{1}{8}+3\times\frac{1}{2}=2$$
$$\mathrm{E}(X^2)=0^2\times\frac{1}{8}+1^2\times\frac{1}{4}+2^2\times\frac{1}{8}+3^2\times\frac{1}{2}=\frac{21}{4}$$
$$\therefore \mathrm{V}(X)=\mathrm{E}(X^2)-\{\mathrm{E}(X)\}^2$$
$$=\frac{21}{4}-2^2=\frac{5}{4}$$

확률변수 $Y=aX+b$에 대하여
$$\mathrm{E}(Y)=\mathrm{E}(aX+b)$$
$$=a\mathrm{E}(X)+b$$
$$=2a+b=14 \qquad \cdots\cdots \ \text{㉠}$$
$$\mathrm{V}(Y)=\mathrm{V}(aX+b)$$
$$=a^2\mathrm{V}(X)$$
$$=\frac{5}{4}a^2=20$$
$$a^2=16 \qquad \therefore a=4 \ (\because a>0)$$
$a=4$를 ㉠에 대입하면
$$8+b=14 \qquad \therefore b=6$$
$$\therefore ab=4\times6=24$$

답 **24**

0409 확률변수 X가 가질 수 있는 값은 0, 1, 2이고, 그 확률은 각각
$$\mathrm{P}(X=0)=\frac{{}_2\mathrm{C}_0\times{}_4\mathrm{C}_2}{{}_6\mathrm{C}_2}=\frac{2}{5}$$
$$\mathrm{P}(X=1)=\frac{{}_2\mathrm{C}_1\times{}_4\mathrm{C}_1}{{}_6\mathrm{C}_2}=\frac{8}{15}$$
$$\mathrm{P}(X=2)=\frac{{}_2\mathrm{C}_2\times{}_4\mathrm{C}_0}{{}_6\mathrm{C}_2}=\frac{1}{15}$$
이므로 X의 확률분포를 표로 나타내면 다음과 같다.

X	0	1	2	합계
$\mathrm{P}(X=x)$	$\frac{2}{5}$	$\frac{8}{15}$	$\frac{1}{15}$	1

따라서 확률변수 X에 대하여
$$\mathrm{E}(X)=0\times\frac{2}{5}+1\times\frac{8}{15}+2\times\frac{1}{15}=\frac{2}{3}$$
$$\mathrm{E}(X^2)=0^2\times\frac{2}{5}+1^2\times\frac{8}{15}+2^2\times\frac{1}{15}=\frac{4}{5}$$

$$\therefore \mathrm{V}(X)=\mathrm{E}(X^2)-\{\mathrm{E}(X)\}^2$$
$$=\frac{4}{5}-\left(\frac{2}{3}\right)^2=\frac{16}{45}$$
$$\therefore \mathrm{V}(4-3X)=(-3)^2\mathrm{V}(X)$$
$$=9\times\frac{16}{45}=\frac{16}{5}$$

답 **⑤**

0410 확률변수 X가 가질 수 있는 값은 0, 1, 2이고, 그 확률은 각각
$$\mathrm{P}(X=0)=\frac{5}{6}\times\frac{5}{6}=\frac{25}{36}$$
$$\mathrm{P}(X=1)=\frac{1}{6}\times\frac{5}{6}+\frac{5}{6}\times\frac{1}{6}=\frac{5}{18}$$
$$\mathrm{P}(X=2)=\frac{1}{6}\times\frac{1}{6}=\frac{1}{36}$$
이므로 X의 확률분포를 표로 나타내면 다음과 같다.

X	0	1	2	합계
$\mathrm{P}(X=x)$	$\frac{25}{36}$	$\frac{5}{18}$	$\frac{1}{36}$	1

따라서 확률변수 X에 대하여
$$\mathrm{E}(X)=0\times\frac{25}{36}+1\times\frac{5}{18}+2\times\frac{1}{36}=\frac{1}{3}$$
$$\therefore \mathrm{E}(6X-1)=6\mathrm{E}(X)-1$$
$$=6\times\frac{1}{3}-1=1$$

답 **1**

0411 확률변수 X가 가질 수 있는 값은 1, 2, 3이고, 그 확률은 각각
$$\mathrm{P}(X=1)=\frac{{}_5\mathrm{C}_1\times{}_2\mathrm{C}_2}{{}_7\mathrm{C}_3}=\frac{1}{7}$$
$$\mathrm{P}(X=2)=\frac{{}_5\mathrm{C}_2\times{}_2\mathrm{C}_1}{{}_7\mathrm{C}_3}=\frac{4}{7}$$
$$\mathrm{P}(X=3)=\frac{{}_5\mathrm{C}_3\times{}_2\mathrm{C}_0}{{}_7\mathrm{C}_3}=\frac{2}{7}$$
이므로 X의 확률분포를 표로 나타내면 다음과 같다.

X	1	2	3	합계
$\mathrm{P}(X=x)$	$\frac{1}{7}$	$\frac{4}{7}$	$\frac{2}{7}$	1

따라서 확률변수 X에 대하여
$$\mathrm{E}(X)=1\times\frac{1}{7}+2\times\frac{4}{7}+3\times\frac{2}{7}=\frac{15}{7}$$
$$\therefore \mathrm{E}(Y)=\mathrm{E}(7X-5)$$
$$=7\mathrm{E}(X)-5$$
$$=7\times\frac{15}{7}-5=10$$

답 **④**

0412 확률변수 X는 이항분포 $\mathrm{B}\left(5,\ \frac{1}{10}\right)$을 따르므로 X의 확률질량함수는

$$P(X=x)=\begin{cases} {}_5C_0\left(\dfrac{9}{10}\right)^5 & (x=0) \\[2mm] {}_5C_x\left(\dfrac{1}{10}\right)^x\left(\dfrac{9}{10}\right)^{5-x} & (x=1,\,2,\,3,\,4) \\[2mm] {}_5C_5\left(\dfrac{1}{10}\right)^5 & (x=5) \end{cases}$$

$$\begin{aligned}\therefore\ P(X\geq1)&=1-P(X=0)\\ &=1-{}_5C_0\left(\frac{9}{10}\right)^5\\ &=1-\left(\frac{9}{10}\right)^5 \end{aligned}$$

답 ④

0413 확률변수 X의 확률질량함수는

$$P(X=x)=\begin{cases} {}_{10}C_0\left(\dfrac{1}{2}\right)^{10} & (x=0) \\[2mm] {}_{10}C_x\left(\dfrac{1}{2}\right)^x\left(\dfrac{1}{2}\right)^{10-x} & (x=1,\,2,\,\cdots,\,9) \\[2mm] {}_{10}C_{10}\left(\dfrac{1}{2}\right)^{10} & (x=10) \end{cases}$$

$$\begin{aligned}\therefore\ P(X\leq2)&=P(X=0)+P(X=1)+P(X=2)\\ &={}_{10}C_0\left(\frac{1}{2}\right)^{10}+{}_{10}C_1\left(\frac{1}{2}\right)^1\left(\frac{1}{2}\right)^9+{}_{10}C_2\left(\frac{1}{2}\right)^2\left(\frac{1}{2}\right)^8\\ &=\frac{1}{1024}+\frac{10}{1024}+\frac{45}{1024}\\ &=\frac{7}{128} \end{aligned}$$

따라서 $p=128$, $q=7$이므로

$p+q=128+7=135$

답 **135**

0414 과녁을 명중시키는 횟수를 확률변수 X라 하면 X는 이항분포 $B\left(4,\,\dfrac{4}{5}\right)$를 따르므로 X의 확률질량함수는

$$P(X=x)=\begin{cases} {}_4C_0\left(\dfrac{1}{5}\right)^4 & (x=0) \\[2mm] {}_4C_x\left(\dfrac{4}{5}\right)^x\left(\dfrac{1}{5}\right)^{4-x} & (x=1,\,2,\,3) \\[2mm] {}_4C_4\left(\dfrac{4}{5}\right)^4 & (x=4) \end{cases}$$

따라서 구하는 확률은

$$\begin{aligned}P(X\geq2)&=1-\{P(X=0)+P(X=1)\}\\ &=1-\left\{{}_4C_0\left(\frac{1}{5}\right)^4+{}_4C_1\left(\frac{4}{5}\right)^1\left(\frac{1}{5}\right)^3\right\}\\ &=1-\frac{17}{625}=\frac{608}{625} \end{aligned}$$

답 $\dfrac{608}{625}$

0415 어느 레스토랑의 예약 취소율이 10%이므로 예약을 취소하지 않고 실제로 레스토랑에 찾아오는 비율은 90%이다.

실제로 레스토랑에 찾아오는 건수를 확률변수 X라 하면 X는 이항분포 $B(20,\,0.9)$를 따르므로 X의 확률질량함수는

$$P(X=x)=\begin{cases} {}_{20}C_0\,0.1^{20} & (x=0) \\[2mm] {}_{20}C_x\,0.9^x\times0.1^{20-x} & (x=1,\,2,\,\cdots,\,19) \\[2mm] {}_{20}C_{20}\,0.9^{20} & (x=20) \end{cases}$$

따라서 테이블이 부족하려면 $X>18$이어야 하므로 구하는 확률은

$$\begin{aligned}P(X>18)&=P(X=19)+P(X=20)\\ &={}_{20}C_{19}\,0.9^{19}\times0.1^1+{}_{20}C_{20}\,0.9^{20}\\ &=20\times0.135\times0.1+0.122\\ &=0.392 \end{aligned}$$

답 **0.392**

0416 $E(X)=10$에서 $20p=10$ $\quad\therefore p=\dfrac{1}{2}$

즉, 확률변수 X는 이항분포 $B\left(20,\,\dfrac{1}{2}\right)$을 따르므로

$$V(X)=20\times\frac{1}{2}\times\frac{1}{2}=5$$

이때 $V(X)=E(X^2)-\{E(X)\}^2$에서

$$\begin{aligned}E(X^2)&=V(X)+\{E(X)\}^2\\ &=5+10^2=105 \end{aligned}$$

$$\therefore\ E(X^2)+V(X)=105+5=110$$

답 ③

0417 확률변수 X는 이항분포 $B\left(36,\,\dfrac{2}{3}\right)$를 따르므로

$$E(X)=36\times\frac{2}{3}=24$$

$$V(X)=36\times\frac{2}{3}\times\frac{1}{3}=8$$

$$\sigma(X)=\sqrt{V(X)}=\sqrt{8}=2\sqrt{2}$$

답 $E(X)=24,\ \sigma(X)=2\sqrt{2}$

0418 확률변수 X가 이항분포 $B(n,\,p)$를 따르고

$E(X)=20$, $V(X)=4^2=16$이므로

$$E(X)=np=20 \qquad\qquad \cdots\cdots\ \text{㉠}$$

$$V(X)=np(1-p)=16 \qquad \cdots\cdots\ \text{㉡}$$

㉠을 ㉡에 대입하면

$$20(1-p)=16 \qquad\therefore p=\frac{1}{5}$$

$p=\dfrac{1}{5}$을 ㉠에 대입하면

$$\frac{1}{5}n=20 \qquad\therefore n=100$$

답 **100**

0419 확률변수 X는 이항분포 $B\left(72,\,\dfrac{1}{6}\right)$을 따르므로

$$E(X)=72\times\frac{1}{6}=12$$

$$V(X)=72\times\frac{1}{6}\times\frac{5}{6}=10$$

이때 12와 10을 두 근으로 하고, 최고차항의 계수가 1인 이차방정식은

$$x^2-(12+10)x+12\times10=0$$

$$\therefore x^2-22x+120=0$$

따라서 $a=-22$, $b=120$이므로
$a+b=-22+120=98$

답 **98**

0420 확률변수 X가 이항분포 $\mathrm{B}(n,\ p)$를 따르고
$\mathrm{E}(X)=2$, $\mathrm{V}(X)=\dfrac{3}{2}$이므로
$$\mathrm{E}(X)=np=2 \qquad \cdots\cdots \text{㉠}$$
$$\mathrm{V}(X)=np(1-p)=\dfrac{3}{2} \qquad \cdots\cdots \text{㉡}$$

㉦

㉠을 ㉡에 대입하면
$$2(1-p)=\dfrac{3}{2} \qquad \therefore p=\dfrac{1}{4}$$
$p=\dfrac{1}{4}$을 ㉠에 대입하면
$$\dfrac{1}{4}n=2 \qquad \therefore n=8$$

㉧

따라서 확률변수 X는 이항분포 $\mathrm{B}\left(8,\ \dfrac{1}{4}\right)$을 따르므로 X의 확률질량함수는
$$\mathrm{P}(X=x)=\begin{cases} {}_8\mathrm{C}_0\left(\dfrac{3}{4}\right)^8 & (x=0) \\[2mm] {}_8\mathrm{C}_x\left(\dfrac{1}{4}\right)^x\left(\dfrac{3}{4}\right)^{8-x} & (x=1,\ 2,\ \cdots,\ 7) \\[2mm] {}_8\mathrm{C}_8\left(\dfrac{1}{4}\right)^8 & (x=8) \end{cases}$$
$$\therefore \dfrac{\mathrm{P}(X=3)}{\mathrm{P}(X=2)}=\dfrac{{}_8\mathrm{C}_3\left(\dfrac{1}{4}\right)^3\left(\dfrac{3}{4}\right)^5}{{}_8\mathrm{C}_2\left(\dfrac{1}{4}\right)^2\left(\dfrac{3}{4}\right)^6}=\dfrac{2\times\dfrac{1}{4}}{\dfrac{3}{4}}=\dfrac{2}{3}$$

㉨

답 $\dfrac{2}{3}$

단계	채점요소	배점
㉦	평균, 분산에 대한 식 세우기	30%
㉧	n, p의 값 구하기	30%
㉨	$\dfrac{\mathrm{P}(X=3)}{\mathrm{P}(X=2)}$의 값 구하기	40%

0421 확률변수 X는 이항분포 $\mathrm{B}(n,\ p)$를 따르므로 X의 확률질량함수는
$$\mathrm{P}(X=x)=\begin{cases} {}_n\mathrm{C}_0(1-p)^n & (x=0) \\[2mm] {}_n\mathrm{C}_x p^x(1-p)^{n-x} & (x=1,\ 2,\ \cdots,\ n-1) \\[2mm] {}_n\mathrm{C}_n p^n & (x=n) \end{cases}$$
$\mathrm{P}(X=n-1)=8\mathrm{P}(X=n)$에서
$${}_n\mathrm{C}_{n-1}p^{n-1}(1-p)=8{}_n\mathrm{C}_n p^n$$
$$np^{n-1}(1-p)=8p^n \qquad \therefore n(1-p)=8p \qquad \cdots\cdots \text{㉠}$$
$\mathrm{V}(X)=\dfrac{8}{9}$에서 $np(1-p)=\dfrac{8}{9} \qquad \cdots\cdots \text{㉡}$
㉠을 ㉡에 대입하면 $p\times 8p=\dfrac{8}{9}$

$p^2=\dfrac{1}{9} \qquad \therefore p=\dfrac{1}{3}\ (\because 0<p<1)$
$p=\dfrac{1}{3}$을 ㉠에 대입하면
$$\dfrac{2}{3}n=\dfrac{8}{3} \qquad \therefore n=4$$
한편, $X^2-5X+4<0$에서
$$(X-1)(X-4)<0 \qquad \therefore 1<X<4$$
$$\therefore \mathrm{P}(X^2-5X+4<0)=\mathrm{P}(1<X<4)$$
$$=\mathrm{P}(X=2)+\mathrm{P}(X=3)$$
$$={}_4\mathrm{C}_2\left(\dfrac{1}{3}\right)^2\left(\dfrac{2}{3}\right)^2+{}_4\mathrm{C}_3\left(\dfrac{1}{3}\right)^3\left(\dfrac{2}{3}\right)^1$$
$$=\dfrac{32}{81}$$

답 $\dfrac{32}{81}$

0422 3개의 동전을 동시에 던질 때, 2개는 앞면, 1개는 뒷면이 나올 확률은
$${}_3\mathrm{C}_2\left(\dfrac{1}{2}\right)^2\left(\dfrac{1}{2}\right)^1=\dfrac{3}{8}$$
따라서 확률변수 X는 이항분포 $\mathrm{B}\left(6,\ \dfrac{3}{8}\right)$을 따르므로
$$\mathrm{E}(X)=6\times\dfrac{3}{8}=\dfrac{9}{4}$$

답 $\dfrac{9}{4}$

0423 환자 한 명이 완치될 확률은 $\dfrac{60}{100}=\dfrac{3}{5}$이다.

따라서 확률변수 X는 이항분포 $\mathrm{B}\left(50,\ \dfrac{3}{5}\right)$을 따르므로
$$\mathrm{V}(X)=50\times\dfrac{3}{5}\times\dfrac{2}{5}=12$$
$$\therefore \sigma(X)=\sqrt{\mathrm{V}(X)}=\sqrt{12}=2\sqrt{3}$$

답 ①

0424 A, B가 가위바위보를 한 번 할 때, A가 이길 확률은 $\dfrac{1}{3}$이다.

따라서 확률변수 X는 이항분포 $\mathrm{B}\left(12,\ \dfrac{1}{3}\right)$을 따르므로
$$\mathrm{E}(X)=12\times\dfrac{1}{3}=4$$
$$\mathrm{V}(X)=12\times\dfrac{1}{3}\times\dfrac{2}{3}=\dfrac{8}{3}$$
이때 $\mathrm{V}(X)=\mathrm{E}(X^2)-\{\mathrm{E}(X)\}^2$에서
$$\mathrm{E}(X^2)=\mathrm{V}(X)+\{\mathrm{E}(X)\}^2$$
$$=\dfrac{8}{3}+4^2=\dfrac{56}{3}$$

답 ④

0425 윷가락 한 개를 던질 때, 평평한 면이 나올 확률은 $\dfrac{3}{5}$,

둥근 면이 나올 확률은 $\dfrac{2}{5}$이므로 윷가락 네 개를 동시에 던져 걸이 나올 확률은
$${}_4\mathrm{C}_3\left(\dfrac{3}{5}\right)^3\left(\dfrac{2}{5}\right)^1=\dfrac{216}{625}$$

따라서 확률변수 X는 이항분포 $B\left(25,\ \dfrac{216}{625}\right)$을 따르므로

$$E(X)=25\times\dfrac{216}{625}=\dfrac{216}{25}$$

답 ④

0426 한 번의 시행에서 빨간 공이 나올 확률은 $\dfrac{2}{8}=\dfrac{1}{4}$

확률변수 X는 이항분포 $B\left(n,\ \dfrac{1}{4}\right)$을 따르므로

$$E(X)=n\times\dfrac{1}{4}=\dfrac{1}{4}n$$

$$V(X)=n\times\dfrac{1}{4}\times\dfrac{3}{4}=\dfrac{3}{16}n$$

이때 $V(X)=E(X^2)-\{E(X)\}^2$에서

$$\dfrac{3}{16}n=\dfrac{11}{2}-\left(\dfrac{1}{4}n\right)^2,\ n^2+3n-88=0$$

$$(n+11)(n-8)=0$$

$$\therefore n=8\ (\because n\text{은 자연수})$$

답 8

0427 장난감 한 개가 불량품이 아닐 확률은

$$1-\dfrac{1}{10}=\dfrac{9}{10}$$

상자 한 개가 불량품이 아닐 확률은

$$1-\dfrac{1}{9}=\dfrac{8}{9}$$

장난감과 상자가 모두 불량품이 아닐 확률은

$$\dfrac{9}{10}\times\dfrac{8}{9}=\dfrac{4}{5}$$

따라서 확률변수 X는 이항분포 $B\left(100,\ \dfrac{4}{5}\right)$를 따르므로

$$V(X)=100\times\dfrac{4}{5}\times\dfrac{1}{5}=16$$

답 **16**

0428 드라마가 방영되고 있는 동안 어떤 한 가구가 이 드라마를 시청할 확률은

$$\dfrac{30}{100}=\dfrac{3}{10}$$

따라서 확률변수 X는 이항분포 $B\left(500,\ \dfrac{3}{10}\right)$을 따르므로

$$V(X)=500\times\dfrac{3}{10}\times\dfrac{7}{10}=105$$

$$\therefore V\left(\dfrac{1}{3}X-1\right)=\left(\dfrac{1}{3}\right)^2V(X)$$

$$=\dfrac{1}{9}\times105=\dfrac{35}{3}$$

답 $\dfrac{35}{3}$

0429 확률변수 X는 이항분포 $B\left(180,\ \dfrac{1}{6}\right)$을 따르므로

$$E(X)=180\times\dfrac{1}{6}=30$$

$$V(X)=180\times\dfrac{1}{6}\times\dfrac{5}{6}=25$$

$$\sigma(X)=\sqrt{V(X)}=\sqrt{25}=5$$

$$\therefore E(2X-15)-\sigma(2X-15)=2E(X)-15-2\sigma(X)$$

$$=2\times30-15-2\times5$$

$$=35$$

답 ②

0430 확률변수 X는 이항분포 $B\left(5,\ \dfrac{1}{2}\right)$을 따르므로

$$E(X)=5\times\dfrac{1}{2}=\dfrac{5}{2}$$

$$V(X)=5\times\dfrac{1}{2}\times\dfrac{1}{2}=\dfrac{5}{4}$$

이때 $E(aX+b)=2,\ V(aX+b)=20$이므로

$$E(aX+b)=aE(X)+b$$

$$=\dfrac{5}{2}a+b=2 \qquad \cdots\cdots\ \bigcirc$$

$$V(aX+b)=a^2V(X)$$

$$=\dfrac{5}{4}a^2=20$$

$$a^2=16 \qquad \therefore a=4\ (\because a>0)$$

$a=4$를 $\bigcirc$에 대입하면

$$10+b=2 \qquad \therefore b=-8$$

$$\therefore ab=4\times(-8)=-32$$

답 ③

0431 주사위를 30번 던질 때 3의 배수의 눈이 나오는 횟수를 확률변수 Y라 하면 그 이외의 눈이 나오는 횟수는 $30-Y$이므로

$$X=3Y-(30-Y)=4Y-30$$

주사위 한 개를 던질 때 3의 배수의 눈이 나올 확률은 $\dfrac{2}{6}=\dfrac{1}{3}$이므로 Y는 이항분포 $B\left(30,\ \dfrac{1}{3}\right)$을 따른다.

$$\therefore E(Y)=30\times\dfrac{1}{3}=10$$

$$\therefore E(X)=E(4Y-30)=4E(Y)-30$$

$$=4\times10-30=10$$

답 **10**

0432 주머니에서 3개의 동전을 동시에 꺼낼 때 나오는 동전의 금액의 합을 확률변수 X라 하자.

확률변수 X가 가질 수 있는 값은 200, 250, 300이고, 그 확률은 각각

$$P(X=200)=\dfrac{{}_2C_2\times{}_4C_1}{{}_6C_3}=\dfrac{1}{5}$$

$$P(X=250)=\dfrac{{}_2C_1\times{}_4C_2}{{}_6C_3}=\dfrac{3}{5}$$

$$P(X=300)=\dfrac{{}_2C_0\times{}_4C_3}{{}_6C_3}=\dfrac{1}{5}$$

이므로 X의 확률분포를 표로 나타내면 다음과 같다.

X	200	250	300	합계
$\mathrm{P}(X=x)$	$\dfrac{1}{5}$	$\dfrac{3}{5}$	$\dfrac{1}{5}$	1

이때 확률변수 X에 대하여

$$\mathrm{E}(X)=200\times\frac{1}{5}+250\times\frac{3}{5}+300\times\frac{1}{5}=250$$

따라서 구하는 기댓값은 250원이다.   답 ③

0433 제비 한 개를 뽑아서 받을 수 있는 상금을 확률변수 X라 하자.

전체 제비의 개수를 n이라 할 때, 확률변수 X가 가질 수 있는 값은 0, 10000, 100000이고, 그 확률은 각각

$$\mathrm{P}(X=0)=\frac{n-6}{n}$$

$$\mathrm{P}(X=10000)=\frac{5}{n}$$

$$\mathrm{P}(X=100000)=\frac{1}{n}$$

이므로 X의 확률분포를 표로 나타내면 다음과 같다.

X	0	10000	100000	합계
$\mathrm{P}(X=x)$	$\dfrac{n-6}{n}$	$\dfrac{5}{n}$	$\dfrac{1}{n}$	1

이때 확률변수 X에 대하여

$$\mathrm{E}(X)=0\times\frac{n-6}{n}+10000\times\frac{5}{n}+100000\times\frac{1}{n}=100$$

$$100n=150000$$

$$\therefore n=1500$$

따라서 전체 제비의 개수는 1500이다.   답 **1500**

0434 게임을 한 번 하여 받을 수 있는 금액을 확률변수 X라 하자.

확률변수 X가 가질 수 있는 값은 -1500, 5000이고, 그 확률은 각각

$$\mathrm{P}(X=-1500)=\frac{a}{3+a}$$

$$\mathrm{P}(X=5000)=\frac{3}{3+a}$$

이므로 X의 확률분포를 표로 나타내면 다음과 같다.

X	-1500	5000	합계
$\mathrm{P}(X=x)$	$\dfrac{a}{3+a}$	$\dfrac{3}{3+a}$	1

   ㉮

이때 확률변수 X에 대하여 $\mathrm{E}(X)=450$이므로

$$\mathrm{E}(X)=(-1500)\times\frac{a}{3+a}+5000\times\frac{3}{3+a}=450$$

   ㉯

$$\frac{-150a+1500}{3+a}=45$$

$$-150a+1500=135+45a$$

$$195a=1365 \qquad \therefore a=7$$

   ㉰

답 **7**

단계	채점요소	배점
㉮	한 번의 게임에서 받을 수 있는 금액을 X로 놓고 X의 확률분포를 표로 나타내기	50%
㉯	기댓값이 450원임을 이용하여 식 세우기	30%
㉰	a의 값 구하기	20%

0435 영미와 진희가 각각 주사위 한 개를 동시에 던지는 경우의 수는

$$6\times6=36$$

두 주사위의 눈의 수의 합이 10보다 크거나 같은 경우는 다음과 같다.

(i) 합이 10인 경우

   $(4, 6)$, $(5, 5)$, $(6, 4)$의 3가지

(ii) 합이 11인 경우

   $(5, 6)$, $(6, 5)$의 2가지

(iii) 합이 12인 경우

   $(6, 6)$의 1가지

(i)~(iii)에서 눈의 수의 합이 10보다 크거나 같은 경우의 수는 $3+2+1=6$이므로 그 확률은

$$\frac{6}{36}=\frac{1}{6}$$

즉, 영미가 1점을 얻을 확률은 $\dfrac{1}{6}$, 진희가 1점을 얻을 확률은

$1-\dfrac{1}{6}=\dfrac{5}{6}$이다.

30회의 시행에서 영미가 얻는 점수를 확률변수 X, 진희가 얻는 점수를 확률변수 Y라 하면 X는 이항분포 $\mathrm{B}\left(30, \dfrac{1}{6}\right)$을 따르고 Y는 이항분포 $\mathrm{B}\left(30, \dfrac{5}{6}\right)$를 따른다.

$$\therefore \mathrm{E}(X)=30\times\frac{1}{6}=5,\ \mathrm{E}(Y)=30\times\frac{5}{6}=25$$

따라서 영미와 진희가 얻는 점수의 기댓값의 차는

$$25-5=20(\text{점})$$

   답 ⑤

0436 자물쇠가 열릴 때까지 시도한 횟수를 확률변수 X라 하자.

확률변수 X가 가질 수 있는 값은 1, 2, 3, 4이고, 그 확률은 각각

$$\mathrm{P}(X=1)=\frac{1}{4}$$

$$\mathrm{P}(X=2)=\frac{3}{4}\times\frac{1}{3}=\frac{1}{4}$$

$$\mathrm{P}(X=3)=\frac{3}{4}\times\frac{2}{3}\times\frac{1}{2}=\frac{1}{4}$$

$$\mathrm{P}(X=4)=\frac{3}{4}\times\frac{2}{3}\times\frac{1}{2}\times1=\frac{1}{4}$$

이므로 X의 확률분포를 표로 나타내면 다음과 같다.

X	1	2	3	4	합계
$P(X=x)$	$\dfrac{1}{4}$	$\dfrac{1}{4}$	$\dfrac{1}{4}$	$\dfrac{1}{4}$	1

이때 확률변수 X에 대하여

$$E(X)=1\times\frac{1}{4}+2\times\frac{1}{4}+3\times\frac{1}{4}+4\times\frac{1}{4}=\frac{5}{2}$$

따라서 구하는 기댓값은 2.5번이다.　　　　답 ③

0437 1장의 응모권으로 받을 수 있는 당첨금을 확률변수 X라 하자.

확률변수 X가 가질 수 있는 값은 0, 5500, 22000, 110000이고, 그 확률은 각각

$$P(X=0)=\frac{{}_9C_3}{{}_{12}C_3}=\frac{21}{55}$$

$$P(X=5500)=\frac{{}_3C_1\times{}_9C_2}{{}_{12}C_3}=\frac{27}{55}$$

$$P(X=22000)=\frac{{}_3C_2\times{}_9C_1}{{}_{12}C_3}=\frac{27}{220}$$

$$P(X=110000)=\frac{{}_3C_3}{{}_{12}C_3}=\frac{1}{220}$$

이므로 X의 확률분포를 표로 나타내면 다음과 같다.

X	0	5500	22000	110000	합계
$P(X=x)$	$\dfrac{21}{55}$	$\dfrac{27}{55}$	$\dfrac{27}{220}$	$\dfrac{1}{220}$	1

이때 확률변수 X에 대하여

$E(X)$

$=0\times\dfrac{21}{55}+5500\times\dfrac{27}{55}+22000\times\dfrac{27}{220}+110000\times\dfrac{1}{220}$

$=5900$

따라서 응모권 1장을 최소 5900원에 팔아야 한다.

답 **5900원**

0438 확률의 총합은 1이므로

$P(X=-2)+P(X=-1)+P(X=0)+P(X=1)$
$\qquad\qquad\qquad\qquad\qquad +P(X=2)=1$

$\dfrac{k}{3}+\dfrac{k}{2}+k+\dfrac{k}{2}+\dfrac{k}{3}=1$

$\dfrac{8}{3}k=1$　　∴ $k=\dfrac{3}{8}$　　　　답 $\dfrac{3}{8}$

0439 확률의 총합은 1이므로

$a+\dfrac{a}{2}+a^2=1$, $2a^2+3a-2=0$

$(2a-1)(a+2)=0$　　∴ $a=\dfrac{1}{2}$ $(\because a>0)$

한편, $X^2=25$에서 $X=-5$ 또는 $X=5$이므로

$P(X^2=25)=P(X=-5$ 또는 $X=5)$
$\qquad\qquad =P(X=-5)+P(X=5)$
$\qquad\qquad =a+a^2=\dfrac{1}{2}+\dfrac{1}{4}=\dfrac{3}{4}$　　답 $\dfrac{3}{4}$

0440 $X^2-6X+8<0$에서

$(X-2)(X-4)<0$

$\therefore 2<X<4$

$\therefore P(X^2-6X+8<0)=P(2<X<4)$
$\qquad\qquad\qquad\qquad =P(X=3)$

두 수의 차가 3인 경우는 1과 4, 2와 5, 3과 6이 적힌 카드를 뽑는 경우의 3가지이므로

$$P(X=3)=\frac{3}{{}_6C_2}=\frac{1}{5}$$　　　　답 ①

0441 확률변수 X가 가질 수 있는 값은 0, 1, 2, 3이고, 그 확률은 각각

$$P(X=0)=\frac{{}_6C_3\times{}_4C_0}{{}_{10}C_3}=\frac{1}{6}$$

$$P(X=1)=\frac{{}_6C_2\times{}_4C_1}{{}_{10}C_3}=\frac{1}{2}$$

$$P(X=2)=\frac{{}_6C_1\times{}_4C_2}{{}_{10}C_3}=\frac{3}{10}$$

$$P(X=3)=\frac{{}_6C_0\times{}_4C_3}{{}_{10}C_3}=\frac{1}{30}$$

이므로 X의 확률분포를 표로 나타내면 다음과 같다.

X	0	1	2	3	합계
$P(X=x)$	$\dfrac{1}{6}$	$\dfrac{1}{2}$	$\dfrac{3}{10}$	$\dfrac{1}{30}$	1

$\therefore P(X\geq2)=P(X=2)+P(X=3)$
$\qquad\qquad =\dfrac{3}{10}+\dfrac{1}{30}=\dfrac{1}{3}$　　답 $\dfrac{1}{3}$

0442 $P(X=2)=1-P(X=0)$에서

$P(X=0)+P(X=2)=1$

즉, 확률변수 X가 가질 수 있는 값은 0, 2뿐이다.

$\{E(X)\}^2=2V(X)$에서

$\{E(X)\}^2=2[E(X^2)-\{E(X)\}^2]$
$\qquad\qquad =2E(X^2)-2\{E(X)\}^2$

$\therefore 2E(X^2)=3\{E(X)\}^2$　　　$\cdots\cdots$ ㉠

한편, $P(X=2)=p\ (0<p<1)$라 하면 $P(X=0)=1-p$이므로 X의 확률분포를 표로 나타내면 다음과 같다.

X	0	2	합계
$P(X=x)$	$1-p$	p	1

따라서 확률변수 X에 대하여
$$E(X)=0\times(1-p)+2\times p=2p$$
$$E(X^2)=0^2\times(1-p)+2^2\times p=4p$$
이므로 ㉠에서 $2\times 4p=3\times(2p)^2$
$$3p^2-2p=0,\ p(3p-2)=0$$
$$\therefore p=\frac{2}{3}\ (\because 0<p<1)$$

답 ④

0443 (i) 0점을 받는 경우

(앞, 뒤, 앞), (뒤, 앞, 뒤)의 2가지

(ii) 1점을 받는 경우

(앞, 앞, 뒤), (뒤, 앞, 앞), (뒤, 뒤, 앞), (앞, 뒤, 뒤)의 4가지

(iii) 3점을 받는 경우

(앞, 앞, 앞), (뒤, 뒤, 뒤)의 2가지

(i)~(iii)에서 확률변수 X가 가질 수 있는 값은 0, 1, 3이고, 그 확률은 각각

$$P(X=0)=\frac{2}{2^3}=\frac{1}{4}$$

$$P(X=1)=\frac{4}{2^3}=\frac{1}{2}$$

$$P(X=3)=\frac{2}{2^3}=\frac{1}{4}$$

이므로 X의 확률분포를 표로 나타내면 다음과 같다.

X	0	1	3	합계
$P(X=x)$	$\frac{1}{4}$	$\frac{1}{2}$	$\frac{1}{4}$	1

따라서 확률변수 X에 대하여

$$E(X)=0\times\frac{1}{4}+1\times\frac{1}{2}+3\times\frac{1}{4}=\frac{5}{4}$$

$$E(X^2)=0^2\times\frac{1}{4}+1^2\times\frac{1}{2}+3^2\times\frac{1}{4}=\frac{11}{4}$$

$$\therefore V(X)=E(X^2)-\{E(X)\}^2$$
$$=\frac{11}{4}-\left(\frac{5}{4}\right)^2=\frac{19}{16}$$

답 ②

0444 확률변수 X에 대하여

$$E(X)=(-2)\times\frac{4}{9}+(-1)\times\frac{4}{9}+0\times\frac{1}{9}=-\frac{4}{3}$$

$$E(X^2)=(-2)^2\times\frac{4}{9}+(-1)^2\times\frac{4}{9}+0^2\times\frac{1}{9}=\frac{20}{9}$$

$$\therefore V(X)=E(X^2)-\{E(X)\}^2$$
$$=\frac{20}{9}-\left(-\frac{4}{3}\right)^2=\frac{4}{9}$$

따라서 $\sigma(X)=\sqrt{V(X)}=\sqrt{\frac{4}{9}}=\frac{2}{3}$이므로

$$\sigma(Y)=\sigma(3X-7)=3\sigma(X)$$
$$=3\times\frac{2}{3}=2$$

답 **2**

0445 $E(2X+4)=2E(X)+4=12$이므로
$$2E(X)=8\quad\therefore E(X)=4$$

$$V(2X)=2^2V(X)=36$$이므로
$$V(X)=9$$
이때 $V(X)=E(X^2)-\{E(X)\}^2$에서
$$E(X^2)=V(X)+\{E(X)\}^2$$
$$=9+4^2=25$$

답 **25**

0446 확률의 총합은 1이므로
$$P(X=-1)+P(X=0)+P(X=1)+P(X=2)=1$$
$$\frac{-a+2}{10}+\frac{2}{10}+\frac{a+2}{10}+\frac{2a+2}{10}=1$$
$$2a+8=10\quad\therefore a=1$$
따라서 X의 확률분포를 표로 나타내면 다음과 같다.

X	-1	0	1	2	합계
$P(X=x)$	$\frac{1}{10}$	$\frac{1}{5}$	$\frac{3}{10}$	$\frac{2}{5}$	1

확률변수 X에 대하여

$$E(X)=(-1)\times\frac{1}{10}+0\times\frac{1}{5}+1\times\frac{3}{10}+2\times\frac{2}{5}=1$$

$$E(X^2)=(-1)^2\times\frac{1}{10}+0^2\times\frac{1}{5}+1^2\times\frac{3}{10}+2^2\times\frac{2}{5}=2$$

$$\therefore V(X)=E(X^2)-\{E(X)\}^2$$
$$=2-1^2=1$$

$$\therefore V(-5X+1)=(-5)^2V(X)$$
$$=25\times1=25$$

답 **25**

0447 확률변수 X가 가질 수 있는 값은 2, 3, 4, 5이고, 그 확률은 각각

$$P(X=2)=\frac{{}_1C_1\times{}_1C_1}{{}_4C_2}=\frac{1}{6}\quad\leftarrow\text{2, 3이 적힌 공을 꺼내는 경우}$$

$$P(X=3)=\frac{{}_2C_1\times{}_1C_1}{{}_4C_2}=\frac{1}{3}\quad\leftarrow\text{1, 3이 적힌 공을 꺼내는 경우}$$

$$P(X=4)=\frac{{}_2C_1\times{}_1C_1}{{}_4C_2}=\frac{1}{3}\quad\leftarrow\text{1, 2가 적힌 공을 꺼내는 경우}$$

$$P(X=5)=\frac{{}_2C_2}{{}_4C_2}=\frac{1}{6}\quad\leftarrow\text{1, 1이 적힌 공을 꺼내는 경우}$$

이므로 X의 확률분포를 표로 나타내면 다음과 같다.

X	2	3	4	5	합계
$P(X=x)$	$\frac{1}{6}$	$\frac{1}{3}$	$\frac{1}{3}$	$\frac{1}{6}$	1

따라서 확률변수 X에 대하여

$$E(X)=2\times\frac{1}{6}+3\times\frac{1}{3}+4\times\frac{1}{3}+5\times\frac{1}{6}=\frac{7}{2}$$

$$E(X^2)=2^2\times\frac{1}{6}+3^2\times\frac{1}{3}+4^2\times\frac{1}{3}+5^2\times\frac{1}{6}=\frac{79}{6}$$

$$\therefore V(X)=E(X^2)-\{E(X)\}^2$$
$$=\frac{79}{6}-\left(\frac{7}{2}\right)^2=\frac{11}{12}$$

따라서 $\sigma(X)=\sqrt{V(X)}=\sqrt{\frac{11}{12}}=\frac{\sqrt{33}}{6}$이므로

$$\sigma(6X-1)=6\sigma(X)$$
$$=6\times\frac{\sqrt{33}}{6}=\sqrt{33}$$

답 $\sqrt{33}$

0448 확률변수 X는 이항분포 $\mathrm{B}\left(16,\frac{1}{4}\right)$을 따르므로

$$\mathrm{E}(X)=16\times\frac{1}{4}=4$$

$$\mathrm{V}(X)=16\times\frac{1}{4}\times\frac{3}{4}=3$$

$$\sigma(X)=\sqrt{\mathrm{V}(X)}=\sqrt{3}$$

$$\therefore\ \mathrm{E}(X)\times\sigma(X)=4\times\sqrt{3}=4\sqrt{3}$$

답 ②

0449 $\mathrm{E}(X)=6$에서 $np=6$ $\quad\cdots\cdots$ ㉠

$\mathrm{V}(X)=\mathrm{E}(X^2)-\{\mathrm{E}(X)\}^2=40-6^2=4$이므로

$np(1-p)=4$ $\quad\cdots\cdots$ ㉡

㉠을 ㉡에 대입하면

$$6(1-p)=4\qquad\therefore\ p=\frac{1}{3}$$

$p=\dfrac{1}{3}$을 ㉠에 대입하면

$$\frac{1}{3}n=6\qquad\therefore\ n=18$$

답 ③

0450 주머니에서 1개의 공을 꺼낼 때 흰 공이 나올 확률은

$\dfrac{4}{4+m}$이므로 확률변수 X는 이항분포 $\mathrm{B}\left(n,\dfrac{4}{4+m}\right)$를 따른다.

이때 X의 평균이 40, 분산이 24이므로

$$\mathrm{E}(X)=n\times\frac{4}{4+m}=40\qquad\cdots\cdots ㉠$$

$$\mathrm{V}(X)=n\times\frac{4}{4+m}\times\left(1-\frac{4}{4+m}\right)=24\qquad\cdots\cdots ㉡$$

㉠을 ㉡에 대입하면 $40\left(1-\dfrac{4}{4+m}\right)=24$

$$2m=12\qquad\therefore\ m=6$$

$m=6$을 ㉠에 대입하면

$$\frac{2}{5}n=40\qquad\therefore\ n=100$$

$$\therefore\ n-m=100-6=94$$

답 94

0451 한 개의 주사위를 한 번 던질 때, 짝수의 눈이 나올 확률

은 $\dfrac{1}{2}$이다.

확률변수 X는 이항분포 $\mathrm{B}\left(120,\dfrac{1}{2}\right)$을 따르므로

$$\mathrm{E}(X)=120\times\frac{1}{2}=60$$

$$\mathrm{V}(X)=120\times\frac{1}{2}\times\frac{1}{2}=30$$

이때 $\mathrm{V}(X)=\mathrm{E}(X^2)-\{\mathrm{E}(X)\}^2$이므로

$$\mathrm{E}(X^2)=\mathrm{V}(X)+\{\mathrm{E}(X)\}^2$$
$$=30+60^2=3630$$

$$\therefore\ f(a)=\mathrm{E}((X-a)^2)$$
$$=\mathrm{E}(X^2-2aX+a^2)$$
$$=\mathrm{E}(X^2)-2a\mathrm{E}(X)+a^2$$
$$=3630-2a\times60+a^2$$
$$=(a-60)^2+30$$

따라서 $f(a)$는 $a=60$에서 최솟값 30을 갖는다.

답 30

0452 한 상자에서 3개의 과일을 동시에 꺼낼 때 나오는 상한 과일의 개수를 확률변수 X라 하자.

$\mathrm{P}(X=0)=\dfrac{{}_{38}\mathrm{C}_3}{{}_{40}\mathrm{C}_3}=\dfrac{111}{130}$이므로 한 상자에서 상한 과일이 1개

이상 나올 확률은

$$\mathrm{P}(X\geq1)=1-\mathrm{P}(X=0)$$
$$=1-\frac{111}{130}=\frac{19}{130}$$

따라서 한 상자를 판매할 때, 판매액의 기댓값은

$$5000\times\frac{111}{130}+6000\times\frac{19}{130}\,(원)$$

이므로 130상자를 판매할 때, 전체 판매액의 기댓값은

$$130\times\left(5000\times\frac{111}{130}+6000\times\frac{19}{130}\right)=555000+114000$$
$$=669000(원)$$

답 ⑤

0453 $\mathrm{P}(0\leq X\leq2)=\mathrm{P}(X=0)+\mathrm{P}(X=1)+\mathrm{P}(X=2)$
$$=\frac{1}{3}+\frac{a-2}{6}+\frac{1}{6}$$
$$=\frac{a+1}{6}$$

즉, $\dfrac{a+1}{6}=\dfrac{5}{6}$이므로 $a=4$

⑦

따라서 X의 확률분포를 표로 나타내면 다음과 같다.

X	-1	0	1	2	합계
$\mathrm{P}(X=x)$	$\dfrac{1}{6}$	$\dfrac{1}{3}$	$\dfrac{1}{3}$	$\dfrac{1}{6}$	1

이때 확률변수 X에 대하여

$$\mathrm{E}(X)=(-1)\times\frac{1}{6}+0\times\frac{1}{3}+1\times\frac{1}{3}+2\times\frac{1}{6}=\frac{1}{2}$$

$$\mathrm{E}(X^2)=(-1)^2\times\frac{1}{6}+0^2\times\frac{1}{3}+1^2\times\frac{1}{3}+2^2\times\frac{1}{6}=\frac{7}{6}$$

$$\therefore\ \mathrm{V}(X)=\mathrm{E}(X^2)-\{\mathrm{E}(X)\}^2=\frac{7}{6}-\left(\frac{1}{2}\right)^2=\frac{11}{12}$$

④

$$\therefore\ \mathrm{V}(aX+3)=\mathrm{V}(4X+3)=4^2\mathrm{V}(X)$$
$$=16\times\frac{11}{12}=\frac{44}{3}$$

⑭

답 $\dfrac{44}{3}$

단계	채점요소	배점
㉮	a의 값 구하기	30%
㉯	$\mathrm{V}(X)$ 구하기	50%
㉰	$\mathrm{V}(aX+3)$ 구하기	20%

0454 확률변수 X가 가질 수 있는 값은 1, 2, 3, a이고, X의 확률분포를 표로 나타내면 다음과 같다.

X	1	2	3	a	합계
$\mathrm{P}(X=x)$	$\dfrac{1}{5}$	$\dfrac{1}{5}$	$\dfrac{2}{5}$	$\dfrac{1}{5}$	1

확률변수 X에 대하여

$$\mathrm{E}(X)=1\times\frac{1}{5}+2\times\frac{1}{5}+3\times\frac{2}{5}+a\times\frac{1}{5}$$

$$=\frac{a+9}{5}$$

이때 $\mathrm{E}(5X-6)=8$이므로

$$5\mathrm{E}(X)-6=8,\ 5\times\frac{a+9}{5}-6=8$$

$$a+3=8\qquad\therefore a=5$$

$$\cdots\cdots ㉮$$

$$\mathrm{E}(X^2)=1^2\times\frac{1}{5}+2^2\times\frac{1}{5}+3^2\times\frac{2}{5}+5^2\times\frac{1}{5}=\frac{48}{5}$$

이므로

$$\mathrm{V}(X)=\mathrm{E}(X^2)-\{\mathrm{E}(X)\}^2$$

$$=\frac{48}{5}-\left(\frac{14}{5}\right)^2=\frac{44}{25}$$

$$\cdots\cdots ㉯$$

$$\therefore \sigma(X)=\sqrt{\mathrm{V}(X)}=\sqrt{\frac{44}{25}}=\frac{2\sqrt{11}}{5}$$

$$\therefore \sigma(5X-6)=5\sigma(X)$$

$$=5\times\frac{2\sqrt{11}}{5}=2\sqrt{11}$$

$$\cdots\cdots ㉰$$

답 $2\sqrt{11}$

단계	채점요소	배점
㉮	a의 값 구하기	40%
㉯	$\mathrm{V}(X)$ 구하기	30%
㉰	$\sigma(5X-6)$ 구하기	30%

0455 확률변수 X가 이항분포 $\mathrm{B}\left(10,\dfrac{4}{5}\right)$를 따르므로 X의 확률질량함수는

$$\mathrm{P}(X=x)=\begin{cases}{}_{10}\mathrm{C}_0\left(\dfrac{1}{5}\right)^{10} & (x=0)\\[8pt] {}_{10}\mathrm{C}_x\left(\dfrac{4}{5}\right)^x\left(\dfrac{1}{5}\right)^{10-x} & (x=1,\,2,\,\cdots,\,9)\\[8pt] {}_{10}\mathrm{C}_{10}\left(\dfrac{4}{5}\right)^{10} & (x=10)\end{cases}$$

$$\cdots\cdots ㉮$$

$$\therefore \mathrm{P}(X\le1)=\mathrm{P}(X=0)+\mathrm{P}(X=1)$$

$$={}_{10}\mathrm{C}_0\left(\frac{1}{5}\right)^{10}+{}_{10}\mathrm{C}_1\left(\frac{4}{5}\right)^1\left(\frac{1}{5}\right)^9$$

$$=\frac{1}{5^{10}}+10\times\frac{4}{5}\times\frac{1}{5^9}=\frac{41}{5^{10}}$$

$$\cdots\cdots ㉯$$

따라서 $\dfrac{k}{5^{10}}=\dfrac{41}{5^{10}}$이므로 $k=41$

$$\cdots\cdots ㉰$$

답 **41**

단계	채점요소	배점
㉮	확률변수 X의 확률질량함수 구하기	30%
㉯	$\mathrm{P}(X\le1)$ 구하기	60%
㉰	k의 값 구하기	10%

0456 확률변수 X는 이항분포 $\mathrm{B}\left(80,\dfrac{1}{4}\right)$을 따르므로

$$\cdots\cdots ㉮$$

$$\mathrm{E}(X)=80\times\frac{1}{4}=20$$

$$\mathrm{V}(X)=80\times\frac{1}{4}\times\frac{3}{4}=15$$

$$\cdots\cdots ㉯$$

이때 $\mathrm{V}(X)=\mathrm{E}(X^2)-\{\mathrm{E}(X)\}^2$이므로

$$\mathrm{E}(X^2)=\mathrm{V}(X)+\{\mathrm{E}(X)\}^2=15+20^2=415$$

$$\cdots\cdots ㉰$$

답 **415**

단계	채점요소	배점
㉮	확률변수 X가 따르는 이항분포 구하기	20%
㉯	$\mathrm{E}(X)$, $\mathrm{V}(X)$ 구하기	40%
㉰	$\mathrm{E}(X^2)$ 구하기	40%

0457 7개의 부품 중 임의로 1개를 선택한 것이 부품 T인 사건을 T라 하고, 추가된 부품이 모두 S인 사건을 S라 하면 구하는 확률은 $\mathrm{P}(S\,|\,T)$이다.

한편, 추가된 부품 중 S의 개수를 확률변수 X라 하면 X가 가질 수 있는 값은 0, 1, 2이고 X가 이항분포 $\mathrm{B}\left(2,\dfrac{1}{2}\right)$을 따르므로

$$\mathrm{P}(X=x)=\begin{cases}{}_2\mathrm{C}_0\left(\dfrac{1}{2}\right)^2 & (x=0)\\[8pt] {}_2\mathrm{C}_1\left(\dfrac{1}{2}\right)^1\left(\dfrac{1}{2}\right)^1 & (x=1)\\[8pt] {}_2\mathrm{C}_2\left(\dfrac{1}{2}\right)^2 & (x=2)\end{cases}$$

(i) $X=0$인 경우　←　부품 S는 3개, 부품 T는 4개인 경우

$\mathrm{P}(X=0)={}_2\mathrm{C}_0\left(\dfrac{1}{2}\right)^2=\dfrac{1}{4}$이므로 7개의 부품 중 임의로 선택한 것이 T일 확률은

$$\frac{1}{4}\times\frac{4}{7}=\frac{1}{7}$$

(ii) $X=1$인 경우 ← 부품 S는 4개, 부품 T는 3개인 경우

$$P(X=1)={}_2C_1\left(\frac{1}{2}\right)^1\left(\frac{1}{2}\right)^1=\frac{1}{2}$$ 이므로 7개의 부품 중 임의로 선택한 것이 T일 확률은

$$\frac{1}{2}\times\frac{3}{7}=\frac{3}{14}$$

(iii) $X=2$인 경우 ← 부품 S는 5개, 부품 T는 2개인 경우

$$P(X=2)={}_2C_2\left(\frac{1}{2}\right)^2=\frac{1}{4}$$ 이므로 7개의 부품 중 임의로 선택한 것이 T일 확률은

$$\frac{1}{4}\times\frac{2}{7}=\frac{1}{14}$$

(i)~(iii)에서 $P(T)=\frac{1}{7}+\frac{3}{14}+\frac{1}{14}=\frac{3}{7}$

따라서 구하는 확률은

$$P(S|T)=\frac{P(S\cap T)}{P(T)}=\frac{\frac{1}{14}}{\frac{3}{7}}=\frac{1}{6}$$

답 ①

0458 확률변수 X는 이항분포 $B(n,\,p)$를 따르므로 X의 확률질량함수는

$$P(X=x)=\begin{cases}{}_nC_0(1-p)^n & (x=0)\\{}_nC_x\,p^x(1-p)^{n-x} & (x=1,\,2,\,\cdots,\,n-1)\\{}_nC_n\,p^n & (x=n)\end{cases}$$

이때 $P(X=n-1)=4P(X=n)$이므로

$${}_nC_{n-1}\,p^{n-1}(1-p)^1=4\,{}_nC_n\,p^n$$

$$np^{n-1}(1-p)=4p^n$$

$$\therefore\ n(1-p)=4p \qquad\qquad \cdots\cdots\ \bigcirc$$

또, $V(X)=1$이므로

$$np(1-p)=1 \qquad\qquad \cdots\cdots\ \bigcirc$$

$\bigcirc$을 $\bigcirc$에 대입하면

$$4p^2=1,\ p^2=\frac{1}{4} \qquad \therefore\ p=\frac{1}{2}\ (\because\ p>0)$$

$p=\frac{1}{2}$을 $\bigcirc$에 대입하면

$$\frac{1}{2}n=2 \qquad \therefore\ n=4$$

즉, 확률변수 X는 이항분포 $B\left(4,\,\frac{1}{2}\right)$을 따르므로

$$m=E(X)=4\times\frac{1}{2}=2$$

$$\sigma=\sigma(X)=\sqrt{V(X)}=\sqrt{1}=1$$

이때 $|X-m|<\sigma$에서

$$|X-2|<1,\ -1<X-2<1$$

$$\therefore\ 1<X<3$$

$$\therefore\ P(|X-m|<\sigma)=P(1<X<3)$$

$$=P(X=2)$$

$$={}_4C_2\left(\frac{1}{2}\right)^2\left(\frac{1}{2}\right)^2$$

$$=\frac{3}{8}$$

답 $\dfrac{3}{8}$

0459 오른쪽 그림과 같이 6개의 선분을 각각 ①, ②, $\cdots$, ⑥이라 하면 선분의 양 끝점에 대응하는 수 중 큰 수는

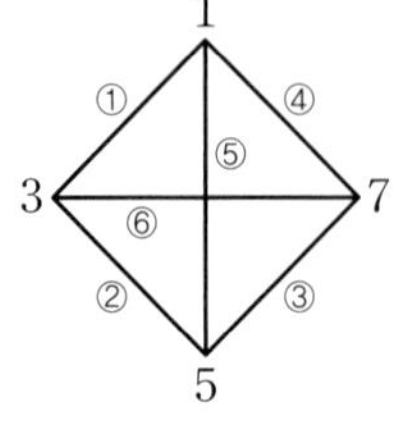

①에서 3,　②에서 5,　③에서 7

④에서 7,　⑤에서 5,　⑥에서 7

이다. 즉, 확률변수 X가 가질 수 있는 값은 3, 5, 7이고, 그 확률은 각각

$$P(X=3)=\frac{1}{6}$$

$$P(X=5)=\frac{2}{6}=\frac{1}{3}$$

$$P(X=7)=\frac{3}{6}=\frac{1}{2}$$

이므로 X의 확률분포를 표로 나타내면 다음과 같다.

X	3	5	7	합계
$P(X=x)$	$\frac{1}{6}$	$\frac{1}{3}$	$\frac{1}{2}$	1

이때 확률변수 X에 대하여

$$E(X)=3\times\frac{1}{6}+5\times\frac{1}{3}+7\times\frac{1}{2}=\frac{17}{3}$$

$$E(X^2)=3^2\times\frac{1}{6}+5^2\times\frac{1}{3}+7^2\times\frac{1}{2}=\frac{103}{3}$$

$$\therefore\ V(X)=E(X^2)-\{E(X)\}^2$$

$$=\frac{103}{3}-\left(\frac{17}{3}\right)^2=\frac{20}{9}$$

따라서 $\sigma(X)=\sqrt{V(X)}=\sqrt{\frac{20}{9}}=\frac{2\sqrt{5}}{3}$ 이므로

$$\sigma\left(\frac{1}{2}X+1\right)=\frac{1}{2}\sigma(X)$$

$$=\frac{1}{2}\times\frac{2\sqrt{5}}{3}=\frac{\sqrt{5}}{3}$$

답 $\dfrac{\sqrt{5}}{3}$

06 | 확률분포 (2)

📖 교과서 문제 정/복/하/기

본문 75쪽, 77쪽

0460 연속확률변수는 어떤 범위에 속하는 모든 실수의 값을 가지므로 연속확률변수인 것은 ㄴ, ㄹ이다.   답 ㄴ, ㄹ

0461 함수 $y=f(x)$의 그래프는 각각 다음과 같다.

(1) 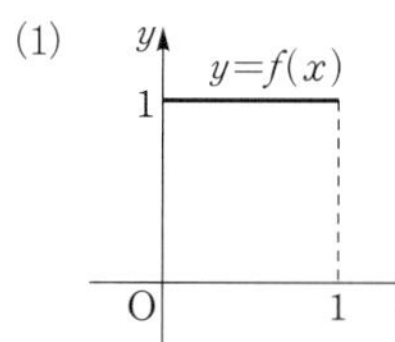
⇨ $f(x)\geq0$이고 $y=f(x)$의 그래프와 x축 및 두 직선 $x=0$, $x=1$로 둘러싸인 도형의 넓이가 1이므로 $f(x)=1$은 확률밀도함수가 될 수 있다.

(2) 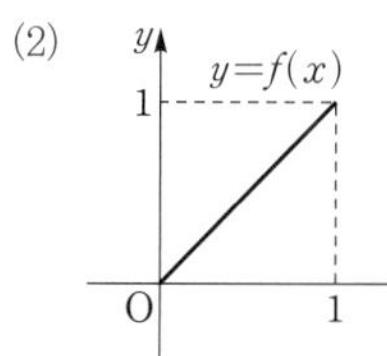
⇨ $y=f(x)$의 그래프와 x축 및 직선 $x=1$로 둘러싸인 도형의 넓이가 1이 아니므로 $f(x)=x$는 확률밀도함수가 될 수 없다.

(3) 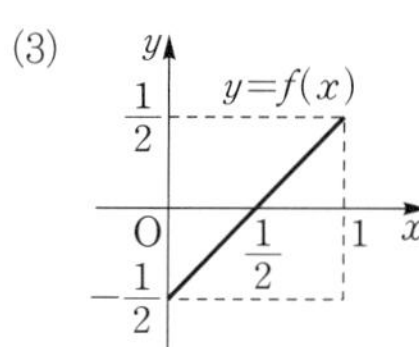
⇨ $0\leq x<\dfrac{1}{2}$에서 $f(x)<0$이므로 $f(x)=x-\dfrac{1}{2}$은 확률밀도함수가 될 수 없다.

(4) 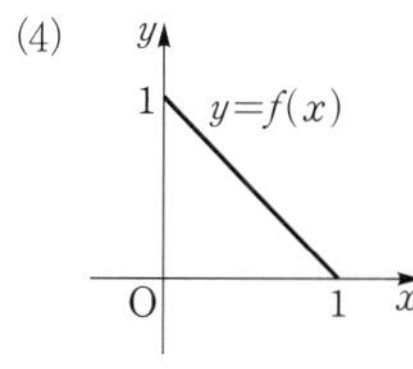
⇨ $y=f(x)$의 그래프와 x축 및 직선 $x=0$으로 둘러싸인 도형의 넓이가 1이 아니므로 $f(x)=1-x$는 확률밀도함수가 될 수 없다.

답 (1) **확률밀도함수가 될 수 있다.**
(2) **확률밀도함수가 될 수 없다.**
(3) **확률밀도함수가 될 수 없다.**
(4) **확률밀도함수가 될 수 없다.**

0462 $P(X\geq1)$은 오른쪽 그림의 색칠한 직사각형의 넓이와 같으므로

$P(X\geq1)=2\times\dfrac{1}{3}=\dfrac{2}{3}$

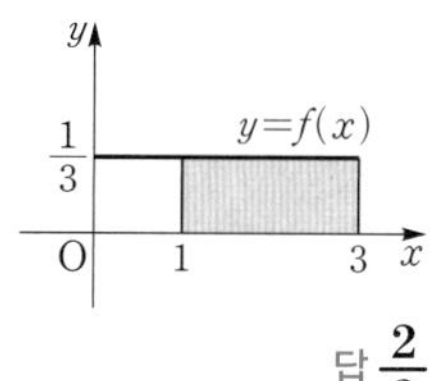

답 $\dfrac{2}{3}$

0463 $P(0\leq X\leq3)$은 오른쪽 그림의 색칠한 삼각형의 넓이와 같으므로

$P(0\leq X\leq3)=\dfrac{1}{2}\times3\times\dfrac{3}{8}=\dfrac{9}{16}$

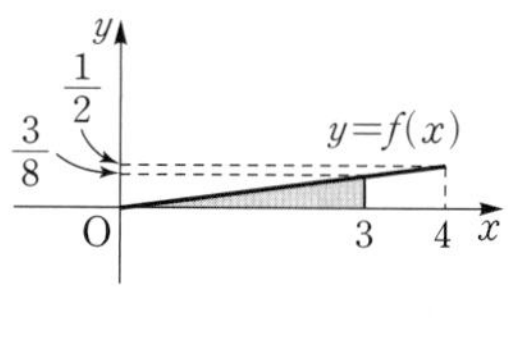

답 $\dfrac{9}{16}$

0464 $P\left(-1\leq X\leq\dfrac{1}{2}\right)$은 오른쪽 그림의 색칠한 도형의 넓이와 같으므로

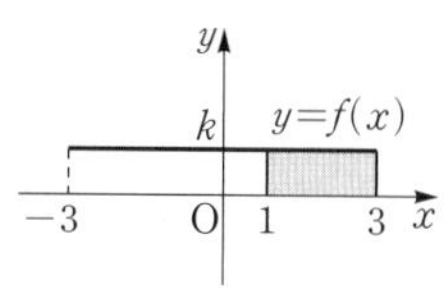

$P\left(-1\leq X\leq\dfrac{1}{2}\right)$

$=P(-1\leq X\leq0)+P\left(0\leq X\leq\dfrac{1}{2}\right)$

$=\dfrac{1}{2}\times1\times1+\dfrac{1}{2}\times\left(\dfrac{1}{2}+1\right)\times\dfrac{1}{2}$

$=\dfrac{7}{8}$

답 $\dfrac{7}{8}$

0465 (1) $y=f(x)$의 그래프와 x축 및 두 직선 $x=-3$, $x=3$으로 둘러싸인 직사각형의 넓이가 1이므로

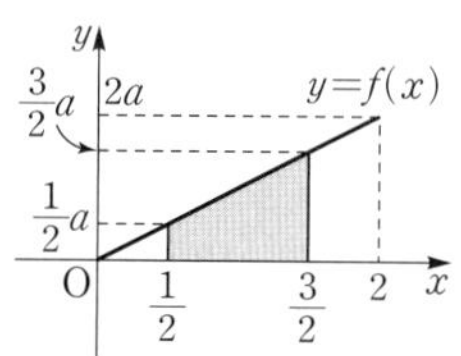

$6\times k=1$ $\therefore k=\dfrac{1}{6}$

(2) $P(X\geq1)$은 위의 그림의 색칠한 직사각형의 넓이와 같으므로

$P(X\geq1)=2\times\dfrac{1}{6}=\dfrac{1}{3}$

답 (1) $\dfrac{1}{6}$ (2) $\dfrac{1}{3}$

0466 (1) $y=f(x)$의 그래프와 x축 및 직선 $x=2$로 둘러싸인 삼각형의 넓이가 1이므로

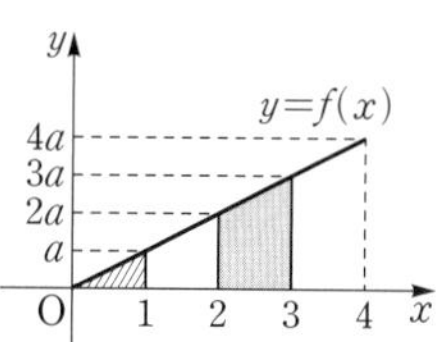

$\dfrac{1}{2}\times2\times2a=1$ $\therefore a=\dfrac{1}{2}$

(2) $P\left(\dfrac{1}{2}\leq X\leq\dfrac{3}{2}\right)$은 위의 그림의 색칠한 사다리꼴의 넓이와 같으므로

$P\left(\dfrac{1}{2}\leq X\leq\dfrac{3}{2}\right)=\dfrac{1}{2}\times\left(\dfrac{1}{4}+\dfrac{3}{4}\right)\times1=\dfrac{1}{2}$

답 (1) $\dfrac{1}{2}$ (2) $\dfrac{1}{2}$

0467 (1) $f(x)=ax$라 하면 $y=f(x)$의 그래프와 x축 및 직선 $x=4$로 둘러싸인 삼각형의 넓이가 1이므로

$\dfrac{1}{2}\times4\times4a=1$ $\therefore a=\dfrac{1}{8}$

$\therefore f(x)=\dfrac{1}{8}x$

(2) $P(2\leq X\leq3)$은 위의 그림의 색칠한 사다리꼴의 넓이와 같으므로

$P(2\leq X\leq3)=\dfrac{1}{2}\times\left(\dfrac{1}{4}+\dfrac{3}{8}\right)\times1=\dfrac{5}{16}$

(3) $P(X\leq1)$은 위의 그림의 빗금친 삼각형의 넓이와 같으므로

$P(X\leq1)=\dfrac{1}{2}\times1\times\dfrac{1}{8}=\dfrac{1}{16}$

답 (1) $f(x)=\dfrac{1}{8}x$ (2) $\dfrac{5}{16}$ (3) $\dfrac{1}{16}$

0468 평균이 6, 분산이 $4=2^2$이므로 $N(6, 2^2)$

답 $\mathbf{N(6, 2^2)}$

0469 평균이 5, 분산이 $9=3^2$이므로 $N(5, 3^2)$

답 $\mathbf{N(5, 3^2)}$

0470 $E(X)=10$, $\sigma(X)=3$이므로

(1) $E(Y)=E(2X-1)=2E(X)-1$
$$=2\times10-1=19$$
$$\sigma(Y)=\sigma(2X-1)=|2|\sigma(X)$$
$$=2\times3=6$$

(2) 평균이 19, 표준편차가 6이므로 $N(19, 6^2)$

답 (1) $\mathbf{E(Y)=19, \sigma(Y)=6}$ (2) $\mathbf{N(19, 6^2)}$

0471 ④ 표준편차 σ의 값이 클수록 곡선이 옆으로 퍼진다.

답 ④

0472 $P(Z\leq0)=0.5$이므로

$$P(Z\leq1)=P(Z\leq0)+P(0\leq Z\leq1)$$
$$=0.5+0.3413$$
$$=0.8413$$

답 $\mathbf{0.8413}$

0473 $P(Z\geq0)=0.5$이므로

$$P(Z\geq0.5)=P(Z\geq0)-P(0\leq Z\leq0.5)$$
$$=0.5-0.1915$$
$$=0.3085$$

답 $\mathbf{0.3085}$

0474 $P(0.5\leq Z\leq2)=P(0\leq Z\leq2)-P(0\leq Z\leq0.5)$
$$=0.4772-0.1915$$
$$=0.2857$$

답 $\mathbf{0.2857}$

0475 $P(-0.5\leq Z\leq0.5)$
$$=P(-0.5\leq Z\leq0)+P(0\leq Z\leq0.5)$$
$$=P(0\leq Z\leq0.5)+P(0\leq Z\leq0.5)$$
$$=2P(0\leq Z\leq0.5)$$
$$=2\times0.1915=0.383$$

답 $\mathbf{0.383}$

0476 $P(Z\geq0)=0.5$이므로

$$P(Z\leq-1.5)=P(Z\geq1.5)$$
$$=P(Z\geq0)-P(0\leq Z\leq1.5)$$
$$=0.5-0.4332$$
$$=0.0668$$

답 $\mathbf{0.0668}$

0477 X의 평균이 5, 표준편차가 2이므로

$$Z=\frac{X-5}{2}$$

답 $\mathbf{Z=\dfrac{X-5}{2}}$

0478 X의 평균이 7, 표준편차가 $\sqrt{9}=3$이므로

$$Z=\frac{X-7}{3}$$

답 $\mathbf{Z=\dfrac{X-7}{3}}$

0479 (1) X의 평균이 8, 표준편차가 $\sqrt{16}=4$이므로

$$Z=\frac{X-8}{4}$$

(2) $P(4\leq X\leq14)=P\left(\dfrac{4-8}{4}\leq Z\leq\dfrac{14-8}{4}\right)$
$$=P(-1\leq Z\leq1.5)$$
$$=P(-1\leq Z\leq0)+P(0\leq Z\leq1.5)$$
$$=P(0\leq Z\leq1)+P(0\leq Z\leq1.5)$$
$$=0.3413+0.4332$$
$$=0.7745$$

답 (1) $\mathbf{Z=\dfrac{X-8}{4}}$ (2) $\mathbf{0.7745}$

0480 $E(X)=48\times\dfrac{1}{4}=12$

$$\sigma(X)=\sqrt{48\times\frac{1}{4}\times\frac{3}{4}}=3$$

따라서 X의 평균이 12, 표준편차가 3이므로
$N(12, 3^2)$

답 $\mathbf{N(12, 3^2)}$

0481 $E(X)=180\times\dfrac{5}{6}=150$

$$\sigma(X)=\sqrt{180\times\frac{5}{6}\times\frac{1}{6}}=5$$

따라서 X의 평균이 150, 표준편차가 5이므로
$N(150, 5^2)$

답 $\mathbf{N(150, 5^2)}$

0482 (1) 확률변수 X는 이항분포 $B\left(64, \dfrac{1}{2}\right)$을 따르므로

$$E(X)=64\times\frac{1}{2}=32$$
$$\sigma(X)=\sqrt{64\times\frac{1}{2}\times\frac{1}{2}}=4$$

(2) X의 평균이 32, 표준편차가 4이므로
$N(32, 4^2)$

(3) $Z=\dfrac{X-32}{4}$

(4) $P(X\geq40)=P\left(Z\geq\dfrac{40-32}{4}\right)=P(Z\geq2)$
$$=P(Z\geq0)-P(0\leq Z\leq2)$$
$$=0.5-0.4772$$
$$=0.0228$$

답 (1) $\mathbf{E(X)=32, \sigma(X)=4}$ (2) $\mathbf{N(32, 4^2)}$

(3) $\mathbf{Z=\dfrac{X-32}{4}}$ (4) $\mathbf{0.0228}$

0483 (1) $E(X)=162\times\dfrac{1}{3}=54$

$\sigma(X)=\sqrt{162\times\dfrac{1}{3}\times\dfrac{2}{3}}=6$

X의 평균이 54, 표준편차가 6이므로

$N(54,\ 6^2)$

(2) $Z=\dfrac{X-54}{6}$

(3) $P(42\leq X\leq60)=P\left(\dfrac{42-54}{6}\leq Z\leq\dfrac{60-54}{6}\right)$

$\qquad\qquad\qquad\quad=P(-2\leq Z\leq1)$

$\qquad\qquad\qquad\quad=P(-2\leq Z\leq0)+P(0\leq Z\leq1)$

$\qquad\qquad\qquad\quad=P(0\leq Z\leq2)+P(0\leq Z\leq1)$

$\qquad\qquad\qquad\quad=0.4772+0.3413$

$\qquad\qquad\qquad\quad=0.8185$

답 (1) $\mathbf{N(54,\ 6^2)}$　(2) $Z=\dfrac{X-54}{6}$　(3) $\mathbf{0.8185}$

유형 익/히/기

본문 78~86쪽

0484 함수 $y=f(x)$의 그래프와 x축 및 직선 $x=2$로 둘러싸인 도형의 넓이가 1이므로

$\dfrac{1}{2}\times1\times a+1\times a=1$　　$\therefore a=\dfrac{2}{3}$　　답 $\dfrac{2}{3}$

0485 함수 $f(x)=ax+a$의 그래프와
x축 및 두 직선 $x=0$, $x=1$로 둘러싸인 도형의 넓이가 1이므로

$\dfrac{1}{2}\times(a+2a)\times1=1$

$\therefore a=\dfrac{2}{3}$

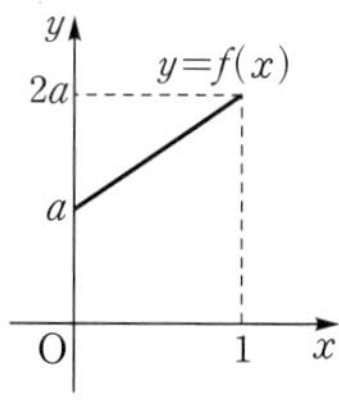

답 $\dfrac{2}{3}$

참고 함수 $f(x)=ax+a$의 그래프는 a의 값에 관계없이 점 $(-1,\ 0)$을 지난다. 이때 $a<0$이면 $0\leq x\leq1$에서 $f(x)<0$이므로 $a<0$인 경우는 생각하지 않는다.

0486 ①, ③ $-1\leq x\leq1$에서 항상 $f(x)\geq0$인 것은 아니므로 확률밀도함수가 아니다.

② 함수 $y=f(x)$의 그래프와 x축 및 두 직선 $x=-1$, $x=1$로 둘러싸인 도형의 넓이가 $2\times1=2$이므로 확률밀도함수가 아니다.

④ $-1\leq x\leq1$에서 $f(x)\geq0$이고, 함수 $y=f(x)$의 그래프와 x축으로 둘러싸인 도형의 넓이가 $\dfrac{1}{2}\times2\times1=1$이므로 확률밀도함수이다.

⑤ 함수 $y=f(x)$의 그래프와 x축 및 직선 $x=1$로 둘러싸인 도

형의 넓이가 $\dfrac{1}{2}\times2\times2=2$이므로 확률밀도함수가 아니다.

따라서 X의 확률밀도함수의 그래프가 될 수 있는 것은 ④이다.

답 ④

0487 함수 $y=f(x)$의 그래프와
x축 및 직선 $x=1$로 둘러싸인 도형의
넓이가 1이므로

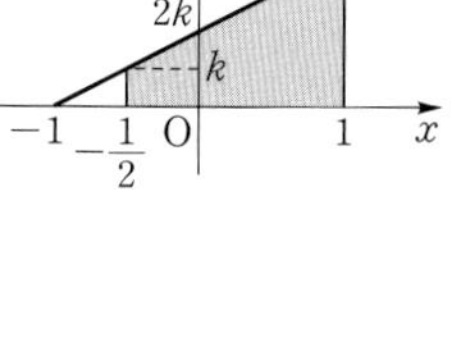

$\dfrac{1}{2}\times2\times4k=1$　　$\therefore k=\dfrac{1}{4}$

$P\left(-\dfrac{1}{2}\leq X\leq1\right)$은 위의 그림의
색칠한 사다리꼴의 넓이와 같으므로

$P\left(-\dfrac{1}{2}\leq X\leq1\right)=\dfrac{1}{2}\times\left(\dfrac{1}{4}+1\right)\times\dfrac{3}{2}=\dfrac{15}{16}$　　답 ⑤

0488 구하는 확률은 $P(X\leq6)$이
므로 오른쪽 그림의 색칠한 도형의 넓
이와 같다.

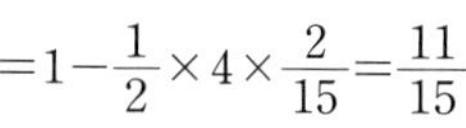

$\therefore P(X\leq6)=1-P(6\leq X\leq10)$

$\qquad\qquad\quad=1-\dfrac{1}{2}\times4\times\dfrac{2}{15}=\dfrac{11}{15}$　　답 $\dfrac{11}{15}$

0489 함수 $y=f(x)$의 그래프와 x축으로 둘러싸인 도형의 넓이가 1이므로

$\dfrac{1}{2}\times4\times a=1$　　$\therefore a=\dfrac{1}{2}$　　❷

$0\leq x\leq2$에서 $y=f(x)$의 그래프는 두 점 $\left(0,\ \dfrac{1}{2}\right)$, $(2,\ 0)$을 지나는 직선이므로

$f(x)=\dfrac{0-\dfrac{1}{2}}{2-0}(x-2)=-\dfrac{1}{4}(x-2)$

$\therefore f(1)=\dfrac{1}{4}$　　❹

$P(|X|\leq1)=P(-1\leq X\leq1)$은 오
른쪽 그림의 색칠한 도형의 넓이와 같으
므로

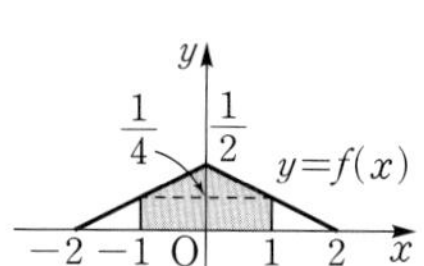

$P(|X|\leq1)=P(-1\leq X\leq1)$

$\qquad\qquad\quad=2P(0\leq X\leq1)$

$\qquad\qquad\quad=2\times\dfrac{1}{2}\times\left(\dfrac{1}{4}+\dfrac{1}{2}\right)\times1=\dfrac{3}{4}$　　❺

답 $\dfrac{3}{4}$

단계	채점요소	배점
❷	a의 값 구하기	30%
❹	$f(1)$의 값 구하기	30%
❺	$P(|X|\leq1)$ 구하기	40%

0490 ㄱ. 평균이 m인 정규분포의 확률밀도함수의 그래프는 직선 $x=m$에 대하여 대칭이므로
$$P(X_1 \geq x_1) = P(X_2 \leq x_2) = 0.5$$

ㄴ. 확률변수 X_1, X_2의 정규분포곡선이 각각 직선 $x=x_1$, $x=x_2$에 대하여 대칭이므로
$$E(X_1) = x_1, \ E(X_2) = x_2$$
이때 $x_1 < x_2$이므로 $E(X_1) < E(X_2)$

ㄷ. 확률변수 X_2의 정규분포곡선의 가운데 부분의 높이가 확률변수 X_1의 정규분포곡선의 가운데 부분의 높이보다 높으므로
$$\sigma(X_1) > \sigma(X_2)$$

ㄹ. $E(X_1) = x_1$, $E(X_2) = x_2$이고 $f(x_1) < g(x_2)$이므로
$$f(E(X_1)) < g(E(X_2))$$
따라서 옳은 것은 ㄴ, ㄹ이다. 답 ③

0491 평균이 m인 정규분포의 확률밀도함수의 그래프는 직선 $x=m$에 대하여 대칭인 종 모양의 곡선이므로 평균이 가장 높은 학교는 B이다.

또, 표준편차가 클수록 정규분포곡선의 가운데 부분의 높이는 낮아지고 옆으로 퍼지므로 표준편차가 가장 큰 학교는 C이다.
답 **B, C**

0492 ㄱ. 정규분포곡선은 직선 $x=m$에 대하여 대칭이므로
$$P(X \leq m) = P(X \geq m) = 0.5$$

ㄴ. $x_1 > m$일 때
$$P(X \leq x_1)$$
$$= P(X \leq m) + P(m \leq X \leq x_1)$$
$$= 0.5 + P(m \leq X \leq x_1)$$

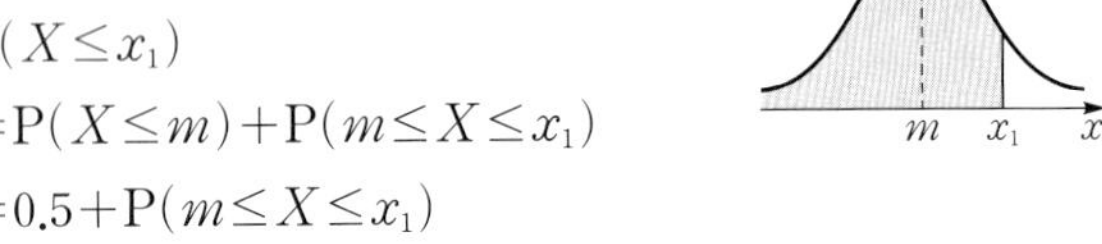

ㄷ. 정규분포곡선과 x축 사이의 넓이는 1이므로
$$P(X \leq a) + P(X \geq a) = 1$$
따라서 옳은 것은 ㄱ, ㄷ이다. 답 ③

0493 확률변수 X가 정규분포 $N(44, 5^2)$을 따르므로 X의 확률밀도함수는 $x=44$일 때 최댓값을 갖고, 그 그래프는 직선 $x=44$에 대하여 대칭이다.

따라서 $P(t-3 \leq X \leq t+2)$가 최대가 되려면 $t-3$과 $t+2$의 평균이 44이어야 하므로

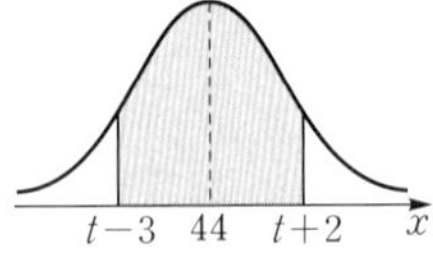

$$\frac{(t-3)+(t+2)}{2} = 44$$
$$\therefore t = \frac{89}{2}$$
답 ②

0494 정규분포곡선은 직선 $x=a$에 대하여 대칭이므로
$$P(X \leq -2) = P(X \geq 12)$$에서
$$a = \frac{-2+12}{2} = 5$$
또, $V\left(\frac{1}{2}X\right) = 1$에서 $\left(\frac{1}{2}\right)^2 V(X) = 1$

$$\therefore V(X) = 4$$
즉, $b^2 = 4$이므로 $b = 2$ $(\because b > 0)$
$$\therefore a+b = 5+2 = 7$$
답 **7**

0495 확률변수 X가 정규분포 $N(20, 4^2)$을 따르므로 $m=20$, $\sigma=4$
$$\therefore P(12 \leq X \leq 28) = P(20-8 \leq X \leq 20+8)$$
$$= P(m-2\sigma \leq X \leq m+2\sigma)$$
$$= 2P(m \leq X \leq m+2\sigma)$$
$$= 2 \times 0.4772$$
$$= 0.9544$$
답 **0.9544**

0496 $P(m-\sigma \leq X \leq m+\sigma) = a$에서
$$2P(m \leq X \leq m+\sigma) = a$$
$$\therefore P(m \leq X \leq m+\sigma) = \frac{a}{2}$$
$$P(m-2\sigma \leq X \leq m+2\sigma) = b$$에서
$$2P(m \leq X \leq m+2\sigma) = b$$
$$\therefore P(m \leq X \leq m+2\sigma) = \frac{b}{2}$$
$$\therefore P(m-\sigma \leq X \leq m+2\sigma)$$
$$= P(m-\sigma \leq X \leq m) + P(m \leq X \leq m+2\sigma)$$
$$= P(m \leq X \leq m+\sigma) + P(m \leq X \leq m+2\sigma)$$
$$= \frac{a}{2} + \frac{b}{2} = \frac{a+b}{2}$$
답 ④

0497 $P(X \leq k) = 0.0013$에서
$$P(X \leq m) - P(k \leq X \leq m) = 0.0013$$
$$0.5 - P(k \leq X \leq m) = 0.0013$$
$$\therefore P(k \leq X \leq m) = 0.4987$$
이때 $P(m \leq X \leq m+3\sigma) = 0.4987$이므로
$$P(m-3\sigma \leq X \leq m) = 0.4987$$
$$\therefore k = m-3\sigma = 48 - 3 \times 3 = 39$$
답 **39**

0498 확률변수 X, Y가 각각 정규분포 $N(10, 2^2)$, $N(20, 3^2)$을 따르므로
$$Z_X = \frac{X-10}{2}, \ Z_Y = \frac{Y-20}{3}$$
으로 놓으면 Z_X, Z_Y는 모두 표준정규분포 $N(0, 1)$을 따른다.
$$P(10 \leq X \leq 14) = P(20 \leq Y \leq k)$$에서
$$P\left(\frac{10-10}{2} \leq Z_X \leq \frac{14-10}{2}\right) = P\left(\frac{20-20}{3} \leq Z_Y \leq \frac{k-20}{3}\right)$$
$$P(0 \leq Z_X \leq 2) = P\left(0 \leq Z_Y \leq \frac{k-20}{3}\right)$$
따라서 $2 = \frac{k-20}{3}$이므로
$$k-20 = 6 \quad \therefore k = 26$$
답 ③

0499 확률변수 X가 정규분포 $N(17, \sigma^2)$을 따르므로 $Z=\dfrac{X-17}{\sigma}$은 표준정규분포 $N(0, 1)$을 따른다.

따라서 $\dfrac{X-17}{\sigma}=\dfrac{X-m}{6}$이므로 $m=17$, $\sigma=6$

$\therefore m-\sigma=17-6=11$ 답 ③

0500 확률변수 X, Y가 각각 정규분포 $N(8, 3^2)$, $N(9, 4^2)$을 따르므로

$$Z_X=\dfrac{X-8}{3}, \ Z_Y=\dfrac{Y-9}{4}$$

로 놓으면 Z_X, Z_Y는 모두 표준정규분포 $N(0, 1)$을 따른다.

$P(X\geq k)=P(Y\geq k)$에서

$$P\left(Z_X\geq \dfrac{k-8}{3}\right)=P\left(Z_Y\geq \dfrac{k-9}{4}\right)$$

따라서 $\dfrac{k-8}{3}=\dfrac{k-9}{4}$이므로

$4k-32=3k-27$ $\therefore k=5$ 답 ⑤

0501 확률변수 X, Y가 각각 정규분포 $N(4, 1^2)$, $N(m, 2^2)$을 따르므로

$$Z_X=\dfrac{X-4}{1}, \ Z_Y=\dfrac{Y-m}{2}$$

으로 놓으면 Z_X, Z_Y는 모두 표준정규분포 $N(0, 1)$을 따른다. ㉮

$P(1\leq X\leq 7)=2P(m\leq Y\leq 2m+3)$에서

$$P\left(\dfrac{1-4}{1}\leq Z_X\leq \dfrac{7-4}{1}\right)$$
$$=2P\left(\dfrac{m-m}{2}\leq Z_Y\leq \dfrac{(2m+3)-m}{2}\right)$$
$$P(-3\leq Z_X\leq 3)=2P\left(0\leq Z_Y\leq \dfrac{m+3}{2}\right)$$
$$2P(0\leq Z_X\leq 3)=2P\left(0\leq Z_Y\leq \dfrac{m+3}{2}\right)$$

㉯

따라서 $3=\dfrac{m+3}{2}$이므로 $m+3=6$ $\therefore m=3$

㉰

답 3

단계	채점요소	배점
㉮	확률변수 X, Y를 각각 표준화하기	20%
㉯	주어진 확률을 Z에 대한 확률로 나타내기	50%
㉰	m의 값 구하기	30%

0502 확률변수 X, Y가 각각 정규분포 $N(a, 3^2)$, $N(a+7, 4^2)$을 따르므로

$$Z_X=\dfrac{X-a}{3}, \ Z_Y=\dfrac{Y-(a+7)}{4}$$

로 놓으면 Z_X, Z_Y는 모두 표준정규분포 $N(0, 1)$을 따른다.

$P(X\geq b)=P(Y\leq b)$에서

$$P\left(Z_X\geq \dfrac{b-a}{3}\right)=P\left(Z_Y\leq \dfrac{b-(a+7)}{4}\right)$$

따라서 $\dfrac{b-a}{3}=-\dfrac{b-(a+7)}{4}$이므로

$4b-4a=-3b+3a+21$

$\therefore a-b=-3$ 답 -3

0503 $Z=\dfrac{X-25}{8}$로 놓으면 Z는 표준정규분포 $N(0, 1)$을 따르므로

$$P(|X-23|\leq 10)=P(-10\leq X-23\leq 10)$$
$$=P(13\leq X\leq 33)$$
$$=P\left(\dfrac{13-25}{8}\leq Z\leq \dfrac{33-25}{8}\right)$$
$$=P(-1.5\leq Z\leq 1)$$
$$=P(-1.5\leq Z\leq 0)+P(0\leq Z\leq 1)$$
$$=P(0\leq Z\leq 1.5)+P(0\leq Z\leq 1)$$
$$=0.4332+0.3413$$
$$=0.7745$$

답 ③

0504 $Z=\dfrac{X-12}{6}$로 놓으면 Z는 표준정규분포 $N(0, 1)$을 따른다.

① $P(X\geq 12)=P\left(Z\geq \dfrac{12-12}{6}\right)=P(Z\geq 0)=0.5$

② $P(X\leq 18)=P\left(Z\leq \dfrac{18-12}{6}\right)=P(Z\leq 1)$
$$=P(Z\leq 0)+P(0\leq Z\leq 1)$$
$$=0.5+0.3413=0.8413$$

③ $P(0\leq X\leq 12)=P\left(\dfrac{0-12}{6}\leq Z\leq \dfrac{12-12}{6}\right)$
$$=P(-2\leq Z\leq 0)=P(0\leq Z\leq 2)$$
$$=0.4772$$

④ $P(6\leq X\leq 18)=P\left(\dfrac{6-12}{6}\leq Z\leq \dfrac{18-12}{6}\right)$
$$=P(-1\leq Z\leq 1)=2P(0\leq Z\leq 1)$$
$$=2\times 0.3413=0.6826$$

⑤ $P(18\leq X\leq 24)=P\left(\dfrac{18-12}{6}\leq Z\leq \dfrac{24-12}{6}\right)$
$$=P(1\leq Z\leq 2)$$
$$=P(0\leq Z\leq 2)-P(0\leq Z\leq 1)$$
$$=0.4772-0.3413=0.1359$$

따라서 값이 가장 작은 것은 ⑤이다.   답 ⑤

0505 $Z=\dfrac{X-40}{5}$으로 놓으면 Z는 표준정규분포 $N(0, 1)$을 따르므로 $P(36\leq X\leq 44)=0.5762$에서

$$P(36 \leq X \leq 44) = P\left(\frac{36-40}{5} \leq Z \leq \frac{44-40}{5}\right)$$
$$= P(-0.8 \leq Z \leq 0.8)$$
$$= 2P(0 \leq Z \leq 0.8) = 0.5762$$
$$\therefore P(0 \leq Z \leq 0.8) = 0.2881$$
$$\therefore P(X \geq 44) = P\left(Z \geq \frac{44-40}{5}\right) = P(Z \geq 0.8)$$
$$= P(Z \geq 0) - P(0 \leq Z \leq 0.8)$$
$$= 0.5 - 0.2881 = 0.2119 \qquad \text{답 ①}$$

0506 $E(X) = 25$, $\sigma(X) = 10$이므로
$$E(Y) = E(2X+4) = 2E(X) + 4 = 2 \times 25 + 4 = 54$$
$$\sigma(Y) = \sigma(2X+4) = |2|\sigma(X) = 2 \times 10 = 20$$
따라서 확률변수 Y는 정규분포 $N(54, 20^2)$을 따르므로
$Z = \dfrac{Y-54}{20}$로 놓으면 Z는 표준정규분포 $N(0, 1)$을 따른다.
$$\therefore P(Y \leq 94) = P\left(Z \leq \frac{94-54}{20}\right) = P(Z \leq 2)$$
$$= P(Z \leq 0) + P(0 \leq Z \leq 2)$$
$$= 0.5 + 0.4772 = 0.9772 \qquad \text{답 ⑤}$$

0507 $Z = \dfrac{X-50}{5}$으로 놓으면 Z는 표준정규분포 $N(0, 1)$
을 따르므로 $P(40 \leq X \leq a) = 0.8185$에서
$$P(40 \leq X \leq a) = P\left(\frac{40-50}{5} \leq Z \leq \frac{a-50}{5}\right)$$
$$= P\left(-2 \leq Z \leq \frac{a-50}{5}\right)$$
$$= P(-2 \leq Z \leq 0) + P\left(0 \leq Z \leq \frac{a-50}{5}\right)$$
$$= P(0 \leq Z \leq 2) + P\left(0 \leq Z \leq \frac{a-50}{5}\right)$$
$$= 0.4772 + P\left(0 \leq Z \leq \frac{a-50}{5}\right) = 0.8185$$
$$\therefore P\left(0 \leq Z \leq \frac{a-50}{5}\right) = 0.3413$$
이때 $P(0 \leq Z \leq 1) = 0.3413$이므로
$$\frac{a-50}{5} = 1,\ a - 50 = 5 \qquad \therefore a = 55 \qquad \text{답 55}$$

0508 $Z = \dfrac{X-m}{2}$으로 놓으면 Z는 표준정규분포 $N(0, 1)$
을 따르므로 $P(X \geq 24) = 0.3085$에서
$$P(X \geq 24) = P\left(Z \geq \frac{24-m}{2}\right)$$
$$= P(Z \geq 0) - P\left(0 \leq Z \leq \frac{24-m}{2}\right)$$
$$= 0.5 - P\left(0 \leq Z \leq \frac{24-m}{2}\right) = 0.3085$$
$$\therefore P\left(0 \leq Z \leq \frac{24-m}{2}\right) = 0.1915$$
이때 $P(0 \leq Z \leq 0.5) = 0.1915$이므로
$$\frac{24-m}{2} = 0.5,\ 24 - m = 1 \qquad \therefore m = 23 \qquad \text{답 23}$$

0509 $Z = \dfrac{X-m}{\sigma}$으로 놓으면 Z는 표준정규분포 $N(0, 1)$
을 따르므로 $P(|X-m| \leq a\sigma) = 0.9544$에서
$$P(|X-m| \leq a\sigma) = P(-a\sigma \leq X-m \leq a\sigma)$$
$$= P\left(-a \leq \frac{X-m}{\sigma} \leq a\right)$$
$$= P(-a \leq Z \leq a)$$
$$= 2P(0 \leq Z \leq a) = 0.9544$$
$$\therefore P(0 \leq Z \leq a) = 0.4772$$
이때 $P(0 \leq Z \leq 2) = 0.4772$이므로 $a = 2$ \qquad 답 **2**

0510 $Z = \dfrac{X-20}{3}$으로 놓으면 Z는 표준정규분포 $N(0, 1)$
을 따르므로 $P(X \geq k) = 0.0668$에서
$$P(X \geq k) = P\left(Z \geq \frac{k-20}{3}\right)$$
$$= P(Z \geq 0) - P\left(0 \leq Z \leq \frac{k-20}{3}\right)$$
$$= 0.5 - P\left(0 \leq Z \leq \frac{k-20}{3}\right) = 0.0668$$
$$\therefore P\left(0 \leq Z \leq \frac{k-20}{3}\right) = 0.4332$$
이때 $P(0 \leq Z \leq 1.5) = 0.4332$이므로
$$\frac{k-20}{3} = 1.5,\ k - 20 = 4.5 \qquad \therefore k = 24.5 \qquad \text{답 ②}$$

0511 사과 한 개의 무게를 확률변수 X라 하면 X는 정규분포
$N(250, 15^2)$을 따르므로 $Z = \dfrac{X-250}{15}$으로 놓으면 Z는 표준
정규분포 $N(0, 1)$을 따른다.
따라서 구하는 확률은
$$P(220 \leq X \leq 265) = P\left(\frac{220-250}{15} \leq Z \leq \frac{265-250}{15}\right)$$
$$= P(-2 \leq Z \leq 1)$$
$$= P(-2 \leq Z \leq 0) + P(0 \leq Z \leq 1)$$
$$= P(0 \leq Z \leq 2) + P(0 \leq Z \leq 1)$$
$$= 0.48 + 0.34 = 0.82 \qquad \text{답 0.82}$$

0512 꿀 1 L에 들이 있는 칼슘의 양을 확률변수 X라 하면 X
는 정규분포 $N(18, 4^2)$을 따르므로 $Z = \dfrac{X-18}{4}$로 놓으면 Z는
표준정규분포 $N(0, 1)$을 따른다.

따라서 구하는 확률은

$$P(X \geq 22) = P\left(Z \geq \frac{22-18}{4}\right) = P(Z \geq 1)$$
$$= P(Z \geq 0) - P(0 \leq Z \leq 1)$$
$$= 0.5 - 0.3413 = 0.1587$$

답 ①

0513 3학년 학생들의 수학 점수를 확률변수 X라 하면 X는 정규분포 $N(57, 8^2)$을 따르므로 $Z = \dfrac{X-57}{8}$로 놓으면 Z는 표준정규분포 $N(0, 1)$을 따른다.

따라서 구하는 확률은

$$P(X \leq 45) = P\left(Z \leq \frac{45-57}{8}\right) = P(Z \leq -1.5)$$
$$= P(Z \geq 1.5) = P(Z \geq 0) - P(0 \leq Z \leq 1.5)$$
$$= 0.5 - 0.43 = 0.07$$

답 **0.07**

0514 직원들의 일일 TV 시청 시간을 확률변수 X라 하면 X는 정규분포 $N(90, 20^2)$을 따르므로 $Z = \dfrac{X-90}{20}$으로 놓으면 Z는 표준정규분포 $N(0, 1)$을 따른다.

$$\therefore P(50 \leq X \leq 80) = P\left(\frac{50-90}{20} \leq Z \leq \frac{80-90}{20}\right)$$
$$= P(-2 \leq Z \leq -0.5) = P(0.5 \leq Z \leq 2)$$
$$= P(0 \leq Z \leq 2) - P(0 \leq Z \leq 0.5)$$
$$= 0.48 - 0.19 = 0.29$$

따라서 일일 TV 시청 시간이 50분 이상 80분 이하인 직원은 전체의 29 %이다.

답 ⑤

0515 지현이가 등교하는 데 걸리는 시간을 확률변수 X라 하면 X는 정규분포 $N(40, 5^2)$을 따르므로 $Z = \dfrac{X-40}{5}$으로 놓으면 Z는 표준정규분포 $N(0, 1)$을 따른다.

집에서 7시 58분에 출발하여 학교에 8시 40분 이내에 도착해야 지각이 아니므로 등교하는 데 걸리는 시간이 42분 이하이어야 한다.

따라서 구하는 확률은

$$P(X \leq 42) = P\left(Z \leq \frac{42-40}{5}\right) = P(Z \leq 0.4)$$
$$= P(Z \leq 0) + P(0 \leq Z \leq 0.4)$$
$$= 0.5 + 0.1554 = 0.6554$$

답 ④

0516 골프공 한 개의 무게를 확률변수 X라 하면 X는 정규분포 $N(45.5, 0.5^2)$을 따르므로 $Z = \dfrac{X-45.5}{0.5}$로 놓으면 Z는 표준정규분포 $N(0, 1)$을 따른다.

이때 골프공의 기준 무게가 46 g이므로 구하는 확률은

$$P(|X-46| \geq 1)$$
$$= P(X-46 \leq -1) + P(X-46 \geq 1)$$
$$= P(X \leq 45) + P(X \geq 47)$$
$$= P\left(Z \leq \frac{45-45.5}{0.5}\right) + P\left(Z \geq \frac{47-45.5}{0.5}\right)$$
$$= P(Z \leq -1) + P(Z \geq 3)$$
$$= P(Z \geq 1) + P(Z \geq 3)$$
$$= \{P(Z \geq 0) - P(0 \leq Z \leq 1)\} + \{P(Z \geq 0) - P(0 \leq Z \leq 3)\}$$
$$= (0.5 - 0.3413) + (0.5 - 0.4987)$$
$$= 0.16$$

답 **0.16**

0517 학생들의 수학 성적을 확률변수 X라 하면 X는 정규분포 $N(65, 5^2)$을 따르므로 $Z = \dfrac{X-65}{5}$로 놓으면 Z는 표준정규분포 $N(0, 1)$을 따른다.

$$\therefore P(60 \leq X \leq 80) = P\left(\frac{60-65}{5} \leq Z \leq \frac{80-65}{5}\right)$$
$$= P(-1 \leq Z \leq 3)$$
$$= P(-1 \leq Z \leq 0) + P(0 \leq Z \leq 3)$$
$$= P(0 \leq Z \leq 1) + P(0 \leq Z \leq 3)$$
$$= 0.3413 + 0.4987 = 0.84$$

따라서 60점 이상 80점 이하의 점수를 받은 학생 수는

$100 \times 0.84 = 84$(명)

답 **84명**

0518 오렌지의 당도를 확률변수 X라 하면 X는 정규분포 $N(14, 2^2)$을 따르므로 $Z = \dfrac{X-14}{2}$로 놓으면 Z는 표준정규분포 $N(0, 1)$을 따른다.

$$\therefore P(X \leq 12) = P\left(Z \leq \frac{12-14}{2}\right)$$
$$= P(Z \leq -1) = P(Z \geq 1)$$
$$= P(Z \geq 0) - P(0 \leq Z \leq 1)$$
$$= 0.5 - 0.34 = 0.16$$

따라서 당도가 12 Brix 이하인 오렌지의 개수는

$2000 \times 0.16 = 320$

답 **320**

0519 신입생들의 키를 확률변수 X라 하면 X는 정규분포 $N(165, 5.5^2)$을 따른다.

⋯⋯⋯⋯⋯⋯⋯⋯⋯⋯⋯⋯⋯⋯⋯⋯⋯⋯⋯⋯ ㉮

이때 $Z = \dfrac{X-165}{5.5}$로 놓으면 Z는 표준정규분포 $N(0, 1)$을 따르므로

$$P(X \geq 176) = P\left(Z \geq \frac{176-165}{5.5}\right) = P(Z \geq 2)$$
$$= P(Z \geq 0) - P(0 \leq Z \leq 2)$$
$$= 0.5 - 0.48 = 0.02$$

⋯⋯⋯⋯⋯⋯⋯⋯⋯⋯⋯⋯⋯⋯⋯⋯⋯⋯⋯⋯ ㉯

따라서 키가 176 cm 이상인 학생 수는
$1000 \times 0.02 = 20$(명)

……………………………………………… ㉓

답 20명

단계	채점요소	배점
㉑	신입생들의 키를 확률변수 X로 놓고 X가 따르는 정규분포 구하기	20%
㉒	$\mathrm{P}(X \geq 176)$ 구하기	50%
㉓	키가 176 cm 이상인 학생 수 구하기	30%

0520 노트북의 사용 기간을 확률변수 X라 하면 X의 평균은 72개월, 즉 6년이고 표준편차는 24개월, 즉 2년이므로 X는 정규분포 $\mathrm{N}(6,\ 2^2)$을 따른다.

이때 $Z = \dfrac{X-6}{2}$으로 놓으면 Z는 표준정규분포 $\mathrm{N}(0,\ 1)$을 따르므로

$$\mathrm{P}(8 \leq X \leq 9) = \mathrm{P}\left(\frac{8-6}{2} \leq Z \leq \frac{9-6}{2}\right) = \mathrm{P}(1 \leq Z \leq 1.5)$$
$$= \mathrm{P}(0 \leq Z \leq 1.5) - \mathrm{P}(0 \leq Z \leq 1)$$
$$= 0.4332 - 0.3413 = 0.0919$$

따라서 사용 기간이 8년에서 9년 사이인 소비자의 수는
$10000 \times 0.0919 = 919$(명) $\therefore n = 919$

답 919

0521 응시자의 점수를 확률변수 X라 하면 X는 정규분포 $\mathrm{N}(58,\ 10^2)$을 따르므로 $Z = \dfrac{X-58}{10}$로 놓으면 Z는 표준정규분포 $\mathrm{N}(0,\ 1)$을 따른다.

합격자의 최저 점수를 a점이라 하면

$\mathrm{P}(X \geq a) = \dfrac{360}{4500} = 0.08$이므로

$$\mathrm{P}(X \geq a) = \mathrm{P}\left(Z \geq \frac{a-58}{10}\right)$$
$$= \mathrm{P}(Z \geq 0) - \mathrm{P}\left(0 \leq Z \leq \frac{a-58}{10}\right)$$
$$= 0.5 - \mathrm{P}\left(0 \leq Z \leq \frac{a-58}{10}\right) = 0.08$$
$$\therefore \mathrm{P}\left(0 \leq Z \leq \frac{a-58}{10}\right) = 0.42$$

이때 $\mathrm{P}(0 \leq Z \leq 1.4) = 0.42$이므로

$\dfrac{a-58}{10} = 1.4$, $a-58 = 14$ $\therefore a = 72$

따라서 합격자의 최저 점수는 72점이다.

답 ②

0522 학생들의 수학 성적을 확률변수 X라 하면 X는 정규분포 $\mathrm{N}(80,\ 10^2)$을 따르므로 $Z = \dfrac{X-80}{10}$으로 놓으면 Z는 표준정규분포 $\mathrm{N}(0,\ 1)$을 따른다.

수학 성적이 2등급 이내에 속하는 학생의 최저 점수를 a점이라 하면 $\mathrm{P}(X \geq a) = 0.11$이므로

$$\mathrm{P}(X \geq a) = \mathrm{P}\left(Z \geq \frac{a-80}{10}\right)$$
$$= \mathrm{P}(Z \geq 0) - \mathrm{P}\left(0 \leq Z \leq \frac{a-80}{10}\right)$$
$$= 0.5 - \mathrm{P}\left(0 \leq Z \leq \frac{a-80}{10}\right) = 0.11$$
$$\therefore \mathrm{P}\left(0 \leq Z \leq \frac{a-80}{10}\right) = 0.39$$

이때 $\mathrm{P}(0 \leq Z \leq 1.23) = 0.39$이므로

$\dfrac{a-80}{10} = 1.23$, $a-80 = 12.3$ $\therefore a = 92.3$

따라서 2등급 이내에 속하는 학생의 최저 점수는 92.3점이다.

답 92.3점

0523 학생들의 수학 영역 점수를 확률변수 X라 하면 X는 정규분포 $\mathrm{N}(74,\ 6^2)$을 따르므로 $Z = \dfrac{X-74}{6}$로 놓으면 Z는 표준정규분포 $\mathrm{N}(0,\ 1)$을 따른다.

수학 영역에서 21등을 한 학생의 점수를 a점이라 하면

$\mathrm{P}(X \geq a) = \dfrac{21}{300} = 0.07$이므로

$$\mathrm{P}(X \geq a) = \mathrm{P}\left(Z \geq \frac{a-74}{6}\right)$$
$$= \mathrm{P}(Z \geq 0) - \mathrm{P}\left(0 \leq Z \leq \frac{a-74}{6}\right)$$
$$= 0.5 - \mathrm{P}\left(0 \leq Z \leq \frac{a-74}{6}\right) = 0.07$$
$$\therefore \mathrm{P}\left(0 \leq Z \leq \frac{a-74}{6}\right) = 0.43$$

이때 $\mathrm{P}(0 \leq Z \leq 1.5) = 0.43$이므로

$\dfrac{a-74}{6} = 1.5$, $a-74 = 9$ $\therefore a = 83$

따라서 21등을 한 학생의 점수는 83점이다.

답 83점

0524 제품의 무게를 확률변수 X라 하면 X는 정규분포 $\mathrm{N}(12.25,\ 0.1^2)$을 따르므로 $Z = \dfrac{X-12.25}{0.1}$로 놓으면 Z는 표준정규분포 $\mathrm{N}(0,\ 1)$을 따른다.

기계의 가동을 멈추고 조사에 들어갈 확률이 0.0228이므로 $\mathrm{P}(X \leq a) = 0.0228$에서

$$\mathrm{P}(X \leq a) = \mathrm{P}\left(Z \leq \frac{a-12.25}{0.1}\right)$$
$$= \mathrm{P}\left(Z \geq -\frac{a-12.25}{0.1}\right)$$
$$= \mathrm{P}(Z \geq 0) - \mathrm{P}\left(0 \leq Z \leq -\frac{a-12.25}{0.1}\right)$$
$$= 0.5 - \mathrm{P}\left(0 \leq Z \leq -\frac{a-12.25}{0.1}\right) = 0.0228$$

$$\therefore \mathrm{P}\left(0\leq Z\leq -\frac{a-12.25}{0.1}\right)=0.4772$$

이때 $\mathrm{P}(0\leq Z\leq 2)=0.4772$이므로

$$-\frac{a-12.25}{0.1}=2, \quad a-12.25=-0.2$$

$$\therefore a=12.05 \qquad\qquad \text{답 ②}$$

0525 A반 학생들의 몸무게를 확률변수 X라 하면 X는 정규분포 $\mathrm{N}(47.3,\, 7^2)$을 따르므로 $Z_X=\dfrac{X-47.3}{7}$으로 놓으면 Z_X는 표준정규분포 $\mathrm{N}(0,\, 1)$을 따른다.

A반 학생의 몸무게가 55 kg 이상일 확률은

$$\mathrm{P}(X\geq 55)=\mathrm{P}\left(Z_X\geq \frac{55-47.3}{7}\right)=\mathrm{P}(Z_X\geq 1.1)$$
$$=\mathrm{P}(Z_X\geq 0)-\mathrm{P}(0\leq Z_X\leq 1.1)$$
$$=0.5-0.36=0.14$$

한편, B반 학생들의 몸무게를 확률변수 Y라 하면 Y는 정규분포 $\mathrm{N}(50.1,\, 5^2)$을 따르므로 $Z_Y=\dfrac{Y-50.1}{5}$로 놓으면 Z_Y는 표준정규분포 $\mathrm{N}(0,\, 1)$을 따른다.

이때 A반, B반의 학생 수가 서로 같고, A반 학생 중 몸무게가 55 kg 이상인 학생 수가 B반 학생 중 몸무게가 k kg 이상인 학생 수의 $\dfrac{1}{2}$배이므로 A반 학생의 몸무게가 55 kg 이상일 확률도 B반 학생의 몸무게가 k kg 이상일 확률의 $\dfrac{1}{2}$배이다.

즉, $\mathrm{P}(X\geq 55)=\dfrac{1}{2}\mathrm{P}(Y\geq k)$이므로

$\mathrm{P}(Y\geq k)=2\mathrm{P}(X\geq 55)=2\times 0.14=0.28$에서

$$\mathrm{P}(Y\geq k)=\mathrm{P}\left(Z_Y\geq \frac{k-50.1}{5}\right)$$
$$=\mathrm{P}(Z_Y\geq 0)-\mathrm{P}\left(0\leq Z_Y\leq \frac{k-50.1}{5}\right)$$
$$=0.5-\mathrm{P}\left(0\leq Z_Y\leq \frac{k-50.1}{5}\right)=0.28$$

$$\therefore \mathrm{P}\left(0\leq Z_Y\leq \frac{k-50.1}{5}\right)=0.22$$

이때 $\mathrm{P}(0\leq Z\leq 0.58)=0.22$이므로

$$\frac{k-50.1}{5}=0.58, \quad k-50.1=2.9 \qquad \therefore k=53 \qquad \text{답 53}$$

0526 확률변수 X는 이항분포 $\mathrm{B}\left(150,\, \dfrac{3}{5}\right)$을 따르므로

$$\mathrm{E}(X)=150\times \frac{3}{5}=90$$

$$\mathrm{V}(X)=150\times \frac{3}{5}\times \frac{2}{5}=36$$

즉, X는 근사적으로 정규분포 $\mathrm{N}(90,\, 6^2)$을 따른다.

따라서 $Z=\dfrac{X-90}{6}$으로 놓으면 Z는 표준정규분포 $\mathrm{N}(0,\, 1)$을 따르므로

$$\mathrm{P}(96\leq X\leq 105)=\mathrm{P}\left(\frac{96-90}{6}\leq Z\leq \frac{105-90}{6}\right)$$
$$=\mathrm{P}(1\leq Z\leq 2.5)$$
$$=\mathrm{P}(0\leq Z\leq 2.5)-\mathrm{P}(0\leq Z\leq 1)$$
$$=0.4938-0.3413$$
$$=0.1525 \qquad\qquad \text{답 ②}$$

0527 확률변수 X는 이항분포 $\mathrm{B}\left(72,\, \dfrac{2}{3}\right)$를 따르므로

$$\mathrm{E}(X)=72\times \frac{2}{3}=48$$

$$\mathrm{V}(X)=72\times \frac{2}{3}\times \frac{1}{3}=16$$

즉, X는 근사적으로 정규분포 $\mathrm{N}(48,\, 4^2)$을 따른다.

따라서 $Z=\dfrac{X-48}{4}$로 놓으면 Z는 표준정규분포 $\mathrm{N}(0,\, 1)$을 따르므로

$$\mathrm{P}(X\leq 52)=\mathrm{P}\left(Z\leq \frac{52-48}{4}\right)$$
$$=\mathrm{P}(Z\leq 1)$$
$$=\mathrm{P}(Z\leq 0)+\mathrm{P}(0\leq Z\leq 1)$$
$$=0.5+0.3413$$
$$=0.8413 \qquad\qquad \text{답 ⑤}$$

0528 확률변수 X는 이항분포 $\mathrm{B}\left(225,\, \dfrac{4}{5}\right)$를 따르므로

$$\mathrm{E}(X)=225\times \frac{4}{5}=180$$

$$\mathrm{V}(X)=225\times \frac{4}{5}\times \frac{1}{5}=36$$

즉, X는 근사적으로 정규분포 $\mathrm{N}(180,\, 6^2)$을 따른다.

$$\therefore a=180,\ b=36 \qquad\qquad\qquad\qquad \text{㉮}$$

이때 $Z=\dfrac{X-180}{6}$으로 놓으면 Z는 표준정규분포 $\mathrm{N}(0,\, 1)$을 따르므로

$$\mathrm{P}(168\leq X\leq 180)=\mathrm{P}\left(\frac{168-180}{6}\leq Z\leq \frac{180-180}{6}\right)$$
$$=\mathrm{P}(-2\leq Z\leq 0)$$
$$=\mathrm{P}(0\leq Z\leq 2)$$

$$\therefore c=2 \qquad\qquad\qquad\qquad\qquad\qquad \text{㉯}$$

$$\therefore a+b+c=180+36+2=218 \qquad\qquad \text{㉰}$$

$$\text{답 218}$$

단계	채점요소	배점
㉮	$a,\ b$의 값 구하기	40%
㉯	c의 값 구하기	50%
㉰	$a+b+c$의 값 구하기	10%

0529 확률변수 X는 이항분포 $\mathrm{B}\!\left(180,\ \dfrac{5}{6}\right)$를 따르므로

$\mathrm{E}(X)=180\times\dfrac{5}{6}=150$

$\mathrm{V}(X)=180\times\dfrac{5}{6}\times\dfrac{1}{6}=25$

즉, X는 근사적으로 정규분포 $\mathrm{N}(150,\ 5^2)$을 따른다.

따라서 $Z=\dfrac{X-150}{5}$으로 놓으면 Z는 표준정규분포 $\mathrm{N}(0,\ 1)$

을 따르므로

$$\begin{aligned}
\mathrm{P}(X\geq160)&=\mathrm{P}\!\left(Z\geq\dfrac{160-150}{5}\right)\\
&=\mathrm{P}(Z\geq2)\\
&=\mathrm{P}(Z\geq0)-\mathrm{P}(0\leq Z\leq2)\\
&=0.5-0.4772\\
&=0.0228
\end{aligned}$$

답 **0.0228**

0530 주사위를 720번 던질 때 1의 눈이 나오는 횟수를 확률변수 X라 하면 X는 이항분포 $\mathrm{B}\!\left(720,\ \dfrac{1}{6}\right)$을 따르므로

$\mathrm{E}(X)=720\times\dfrac{1}{6}=120$

$\mathrm{V}(X)=720\times\dfrac{1}{6}\times\dfrac{5}{6}=100$

즉, X는 근사적으로 정규분포 $\mathrm{N}(120,\ 10^2)$을 따른다.

따라서 $Z=\dfrac{X-120}{10}$으로 놓으면 Z는 표준정규분포 $\mathrm{N}(0,\ 1)$

을 따르므로 구하는 확률은

$$\begin{aligned}
\mathrm{P}(130\leq X\leq140)&=\mathrm{P}\!\left(\dfrac{130-120}{10}\leq Z\leq\dfrac{140-120}{10}\right)\\
&=\mathrm{P}(1\leq Z\leq2)\\
&=\mathrm{P}(0\leq Z\leq2)-\mathrm{P}(0\leq Z\leq1)\\
&=0.4772-0.3413\\
&=0.1359
\end{aligned}$$

답 ①

0531 도보로 등교하는 학생의 수를 확률변수 X라 하면 X는 이항분포 $\mathrm{B}\!\left(192,\ \dfrac{1}{4}\right)$을 따르므로

$\mathrm{E}(X)=192\times\dfrac{1}{4}=48$

$\mathrm{V}(X)=192\times\dfrac{1}{4}\times\dfrac{3}{4}=36$

즉, X는 근사적으로 정규분포 $\mathrm{N}(48,\ 6^2)$을 따른다.

따라서 $Z=\dfrac{X-48}{6}$로 놓으면 Z는 표준정규분포 $\mathrm{N}(0,\ 1)$을

따르므로 구하는 확률은

$$\begin{aligned}
\mathrm{P}(X\geq57)&=\mathrm{P}\!\left(Z\geq\dfrac{57-48}{6}\right)\\
&=\mathrm{P}(Z\geq1.5)\\
&=\mathrm{P}(Z\geq0)-\mathrm{P}(0\leq Z\leq1.5)\\
&=0.5-0.4332=0.0668
\end{aligned}$$

답 **0.0668**

0532 A 후보를 지지하는 유권자의 수를 확률변수 X라 하면 X는 이항분포 $\mathrm{B}\!\left(600,\ \dfrac{2}{5}\right)$를 따르므로

$\mathrm{E}(X)=600\times\dfrac{2}{5}=240$

$\mathrm{V}(X)=600\times\dfrac{2}{5}\times\dfrac{3}{5}=144$

즉, X는 근사적으로 정규분포 $\mathrm{N}(240,\ 12^2)$을 따른다.

따라서 $Z=\dfrac{X-240}{12}$으로 놓으면 Z는 표준정규분포 $\mathrm{N}(0,\ 1)$

을 따르므로 구하는 확률은

$$\begin{aligned}
\mathrm{P}(X\geq264)&=\mathrm{P}\!\left(Z\geq\dfrac{264-240}{12}\right)=\mathrm{P}(Z\geq2)\\
&=\mathrm{P}(Z\geq0)-\mathrm{P}(0\leq Z\leq2)\\
&=0.5-0.4772=0.0228
\end{aligned}$$

답 ①

0533 예약을 취소하는 승객의 수를 확률변수 X라 하면 X는 이항분포 $\mathrm{B}(400,\ 0.2)$를 따르므로

㉮

$\mathrm{E}(X)=400\times0.2=80$

$\mathrm{V}(X)=400\times0.2\times0.8=64$

즉, X는 근사적으로 정규분포 $\mathrm{N}(80,\ 8^2)$을 따르므로

㉯

$Z=\dfrac{X-80}{8}$으로 놓으면 Z는 표준정규분포 $\mathrm{N}(0,\ 1)$을 따른다.

탑승객이 정원을 초과하지 않으려면 예약을 취소하는 승객이

$400-340=60$(명) 이상이어야 하므로 구하는 확률은

$$\begin{aligned}
\mathrm{P}(X\geq60)&=\mathrm{P}\!\left(Z\geq\dfrac{60-80}{8}\right)\\
&=\mathrm{P}(Z\geq-2.5)=\mathrm{P}(Z\leq2.5)\\
&=\mathrm{P}(Z\leq0)+\mathrm{P}(0\leq Z\leq2.5)\\
&=0.5+0.4938=0.9938
\end{aligned}$$

㉰

답 **0.9938**

단계	채점요소	배점
㉮	확률변수 X를 정하고, X가 따르는 이항분포 구하기	20 %
㉯	확률변수 X가 근사적으로 따르는 정규분포 구하기	30 %
㉰	탑승객이 정원을 초과하지 않을 확률 구하기	50 %

0534 10점을 얻는 횟수를 확률변수 X라 하면 X는 이항분포 $\mathrm{B}\!\left(448,\ \dfrac{1}{8}\right)$을 따르므로

$\mathrm{E}(X)=448\times\dfrac{1}{8}=56$

$\mathrm{V}(X)=448\times\dfrac{1}{8}\times\dfrac{7}{8}=49$

즉, X는 근사적으로 정규분포 $\mathrm{N}(56,\ 7^2)$을 따른다.

한편, 448번의 시행에서 1점을 잃는 횟수는 $448-X$이므로 245

점 이상을 얻으려면

$$10X-(448-X)\geq245$$
$$11X\geq693 \qquad \therefore X\geq63$$

따라서 구하는 확률은

$$P(X\geq63)=P\left(Z\geq\frac{63-56}{7}\right)=P(Z\geq1)$$
$$=P(Z\geq0)-P(0\leq Z\leq1)$$
$$=0.5-0.3413=0.1587 \qquad \text{답 } \mathbf{0.1587}$$

0535 맞히는 문제의 개수를 확률변수 X라 하면 X는 이항분포 $B\left(100,\frac{1}{5}\right)$을 따르므로

$$E(X)=100\times\frac{1}{5}=20$$
$$V(X)=100\times\frac{1}{5}\times\frac{4}{5}=16$$

즉, X는 근사적으로 정규분포 $N(20,\,4^2)$을 따른다.

따라서 $Z=\dfrac{X-20}{4}$으로 놓으면 Z는 표준정규분포 $N(0,\,1)$을 따르므로 $P(X\geq a)=0.02$에서

$$P(X\geq a)=P\left(Z\geq\frac{a-20}{4}\right)$$
$$=P(Z\geq0)-P\left(0\leq Z\leq\frac{a-20}{4}\right)$$
$$=0.5-P\left(0\leq Z\leq\frac{a-20}{4}\right)=0.02$$
$$\therefore P\left(0\leq Z\leq\frac{a-20}{4}\right)=0.48$$

이때 $P(0\leq Z\leq2)=0.48$이므로

$$\frac{a-20}{4}=2,\ a-20=8 \qquad \therefore a=28 \qquad \text{답 } \mathbf{28}$$

0536 확률변수 X가 이항분포 $B\left(1458,\frac{1}{3}\right)$을 따르므로

$$E(X)=1458\times\frac{1}{3}=486$$
$$V(X)=1458\times\frac{1}{3}\times\frac{2}{3}=324$$

즉, X는 근사적으로 정규분포 $N(486,\,18^2)$을 따른다.

따라서 $Z=\dfrac{X-486}{18}$으로 놓으면 Z는 표준정규분포 $N(0,\,1)$을 따르므로 $P(X\geq a)=0.0668$에서

$$P(X\geq a)=P\left(Z\geq\frac{a-486}{18}\right)$$
$$=P(Z\geq0)-P\left(0\leq Z\leq\frac{a-486}{18}\right)$$
$$=0.5-P\left(0\leq Z\leq\frac{a-486}{18}\right)=0.0668$$
$$\therefore P\left(0\leq Z\leq\frac{a-486}{18}\right)=0.4332$$

이때 $P(0\leq Z\leq1.5)=0.4332$이므로

$$\frac{a-486}{18}=1.5,\ a-486=27 \qquad \therefore a=513 \qquad \text{답 } ③$$

0537 확률변수 X는 이항분포 $B(2500,\,0.02)$를 따르므로

$$E(X)=2500\times0.02=50$$
$$V(X)=2500\times0.02\times0.98=49$$

즉, X는 근사적으로 정규분포 $N(50,\,7^2)$을 따른다.

따라서 $Z=\dfrac{X-50}{7}$으로 놓으면 Z는 표준정규분포 $N(0,\,1)$을 따르므로 $P(k\leq X\leq57)=0.6826$에서

$$P(k\leq X\leq57)=P\left(\frac{k-50}{7}\leq Z\leq\frac{57-50}{7}\right)$$
$$=P\left(\frac{k-50}{7}\leq Z\leq1\right)$$
$$=P\left(\frac{k-50}{7}\leq Z\leq0\right)+P(0\leq Z\leq1)$$
$$=P\left(0\leq Z\leq-\frac{k-50}{7}\right)+0.3413=0.6826$$
$$\therefore P\left(0\leq Z\leq-\frac{k-50}{7}\right)=0.3413$$

이때 $P(0\leq Z\leq1)=0.3413$이므로

$$-\frac{k-50}{7}=1,\ k-50=-7 \qquad \therefore k=43 \qquad \text{답 } \mathbf{43}$$

0538 현이네 반 학생들의 국어, 영어, 수학 성적을 각각 확률변수 X_A, X_B, X_C라 하면 X_A, X_B, X_C는 각각 정규분포 $N(80,\,6^2)$, $N(55,\,15^2)$, $N(65,\,8^2)$을 따르므로

$$Z_A=\frac{X_A-80}{6},\ Z_B=\frac{X_B-55}{15},\ Z_C=\frac{X_C-65}{8}$$

로 놓으면 Z_A, Z_B, Z_C는 모두 표준정규분포 $N(0,\,1)$을 따른다. 다른 학생이 현이보다 각 과목의 성적이 높을 확률은 각각

$$P(X_A>86)=P\left(Z_A>\frac{86-80}{6}\right)=P(Z_A>1)$$
$$P(X_B>85)=P\left(Z_B>\frac{85-55}{15}\right)=P(Z_B>2)$$
$$P(X_C>80)=P\left(Z_C>\frac{80-65}{8}\right)=P\left(Z_C>\frac{15}{8}\right)$$

즉, $P(Z_B>2)<P\left(Z_C>\dfrac{15}{8}\right)<P(Z_A>1)$이므로

$$P(X_B>85)<P(X_C>80)<P(X_A>86)$$

따라서 현이의 성적을 반 전체의 성적과 비교할 때, <u>상대적으로 가장 성적이 좋은 과목은 영어이다.</u>   답 **영어**

    ↳ 확률이 낮은 과목일수록 상대적으로 현이의 성적이 높다.

0539 확률변수 X, Y, W는 각각 정규분포 $N(42,\,4^2)$, $N(37,\,5^2)$, $N(40,\,2^2)$을 따르므로

$$Z_X=\frac{X-42}{4},\ Z_Y=\frac{Y-37}{5},\ Z_W=\frac{W-40}{2}$$

으로 놓으면 Z_X, Z_Y, Z_W는 모두 표준정규분포 $N(0,\,1)$을 따른다.

$$a=\mathrm{P}(X\ge45)=\mathrm{P}\!\left(Z_X\ge\frac{45-42}{4}\right)=\mathrm{P}\!\left(Z_X\ge\frac{3}{4}\right)$$

$$b=\mathrm{P}(Y\ge42)=\mathrm{P}\!\left(Z_Y\ge\frac{42-37}{5}\right)=\mathrm{P}(Z_Y\ge1)$$

$$c=\mathrm{P}(W\le39)=\mathrm{P}\!\left(Z_W\le\frac{39-40}{2}\right)$$

$$=\mathrm{P}\!\left(Z_W\le-\frac{1}{2}\right)=\mathrm{P}\!\left(Z_W\ge\frac{1}{2}\right)$$

이때 $\mathrm{P}(Z_Y\ge1)<\mathrm{P}\!\left(Z_X\ge\frac{3}{4}\right)<\mathrm{P}\!\left(Z_W\ge\frac{1}{2}\right)$이므로

$$b<a<c \qquad\qquad\text{답 ③}$$

0540 성희네 반 학생들의 수학, 영어, 국어, 과학 성적을 각각 확률변수 X_A, X_B, X_C, X_D라 하면 X_A, X_B, X_C, X_D는 각 각 정규분포 $\mathrm{N}(83,\,2^2)$, $\mathrm{N}(78,\,6^2)$, $\mathrm{N}(68,\,4^2)$, $\mathrm{N}(73,\,5^2)$을 따르므로

$$Z_\mathrm{A}=\frac{X_\mathrm{A}-83}{2},\ Z_\mathrm{B}=\frac{X_\mathrm{B}-78}{6},$$

$$Z_\mathrm{C}=\frac{X_\mathrm{C}-68}{4},\ Z_\mathrm{D}=\frac{X_\mathrm{D}-73}{5}$$

으로 놓으면 Z_A, Z_B, Z_C, Z_D는 모두 표준정규분포 $\mathrm{N}(0,\,1)$을 따른다. 다른 학생이 성희보다 수학, 영어, 국어, 과학 성적이 높 을 확률은 각각

$$\mathrm{P}(X_\mathrm{A}>86)=\mathrm{P}\!\left(Z_\mathrm{A}>\frac{86-83}{2}\right)=\mathrm{P}\!\left(Z_\mathrm{A}>\frac{3}{2}\right)$$

$$\mathrm{P}(X_\mathrm{B}>81)=\mathrm{P}\!\left(Z_\mathrm{B}>\frac{81-78}{6}\right)=\mathrm{P}\!\left(Z_\mathrm{B}>\frac{1}{2}\right)$$

$$\mathrm{P}(X_\mathrm{C}>76)=\mathrm{P}\!\left(Z_\mathrm{C}>\frac{76-68}{4}\right)=\mathrm{P}(Z_\mathrm{C}>2)$$

$$\mathrm{P}(X_\mathrm{D}>78)=\mathrm{P}\!\left(Z_\mathrm{D}>\frac{78-73}{5}\right)=\mathrm{P}(Z_\mathrm{D}>1)$$

즉, $\mathrm{P}(Z_\mathrm{C}>2)<\mathrm{P}\!\left(Z_\mathrm{A}>\frac{3}{2}\right)<\mathrm{P}(Z_\mathrm{D}>1)<\mathrm{P}\!\left(Z_\mathrm{B}>\frac{1}{2}\right)$이므 로 $\mathrm{P}(X_\mathrm{C}>76)<\mathrm{P}(X_\mathrm{A}>86)<\mathrm{P}(X_\mathrm{D}>78)<\mathrm{P}(X_\mathrm{B}>81)$

ㄱ. 수학 성적이 과학 성적보다 상대적으로 좋다.

ㄴ. 국어 성적이 가장 낮게 나왔으나 수학 성적보다는 상대적으 로 좋다.

ㄷ. 국어 성적이 상대적으로 가장 좋고, 영어 성적이 상대적으로 가장 나쁘다.

따라서 옳은 것은 ㄱ, ㄴ, ㄷ이다. $\qquad$ 답 ㄱ, ㄴ, ㄷ

0541 1반, 2반, 3반 학생들의 봉사 시간을 각각 확률변수 X_1, X_2, X_3이라 하면 X_1, X_2, X_3은 각각 정규분포 $\mathrm{N}(40,\,3^2)$, $\mathrm{N}(46,\,7^2)$, $\mathrm{N}(39,\,4^2)$을 따르므로

$$Z_1=\frac{X_1-40}{3},\ Z_2=\frac{X_2-46}{7},\ Z_3=\frac{X_3-39}{4}$$

로 놓으면 Z_1, Z_2, Z_3은 모두 표준정규분포 $\mathrm{N}(0,\,1)$을 따른다 이때 1반의 다른 학생이 A보다 봉사 시간이 길 확률은

$$\mathrm{P}(X_1>42)=\mathrm{P}\!\left(Z_1>\frac{42-40}{3}\right)=\mathrm{P}\!\left(Z_1>\frac{2}{3}\right)$$

2반의 다른 학생이 B보다 봉사 시간이 길 확률은

$$\mathrm{P}(X_2>47)=\mathrm{P}\!\left(Z_2>\frac{47-46}{7}\right)=\mathrm{P}\!\left(Z_2>\frac{1}{7}\right)$$

3반의 다른 학생이 C보다 봉사 시간이 길 확률은

$$\mathrm{P}(X_3>49)=\mathrm{P}\!\left(Z_3>\frac{49-39}{4}\right)=\mathrm{P}\!\left(Z_3>\frac{5}{2}\right)$$

따라서 A, B, C를 각각 자기 반에서 상대적으로 봉사 시간이 긴 학생부터 차례대로 나열하면 C, A, B이다. $\qquad$ 답 ④

0542 함수 $y=f(x)$의 그래프와 x축 으로 둘러싸인 도형의 넓이가 1이므로

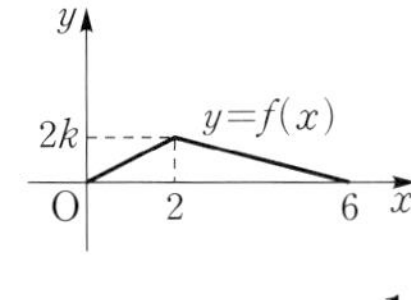

$$\frac{1}{2}\times6\times2k=1 \qquad \therefore k=\frac{1}{6}$$

$$\text{답 } \frac{1}{6}$$

0543 $\mathrm{P}(X\le k)$는 오른쪽 그림의 색 칠한 사다리꼴의 넓이와 같으므로

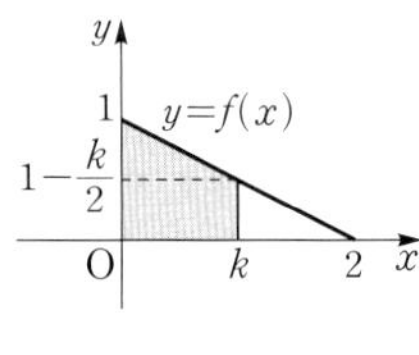

$$\mathrm{P}(X\le k)=\frac{1}{2}\times\left(1-\frac{k}{2}+1\right)\times k$$

$$=k-\frac{k^2}{4}$$

즉, $k-\dfrac{k^2}{4}=\dfrac{3}{4}$이므로 $k^2-4k+3=0$

$$(k-1)(k-3)=0 \qquad \therefore k=1\ (\because 0<k<2) \qquad\text{답 ③}$$

0544 함수 $y=f(x)$의 그래프와 x축 및 두 직선 $x=0$, $x=3$으로 둘러 싸인 도형의 넓이가 1이므로

$$\frac{1}{2}\times1\times k+\frac{1}{2}\times2\times2k=1$$

$$\frac{5}{2}k=1 \qquad \therefore k=\frac{2}{5}$$

$\mathrm{P}\!\left(\dfrac{1}{2}\le X\le2\right)$는 위의 그림의 색칠한 도형의 넓이와 같으므로

$$\mathrm{P}\!\left(\frac{1}{2}\le X\le2\right)=\frac{1}{2}\times\frac{1}{2}\times\frac{1}{5}+\frac{1}{2}\times1\times\frac{2}{5}=\frac{1}{4} \qquad\text{답 ③}$$

0545 평균이 클수록 곡선은 오른쪽에 위치하고, 표준편차가 클수록 가운데 부분의 높이는 낮아지면서 옆으로 퍼진 모양이 되 므로 두 과목의 정규분포곡선으로 알맞은 것은 ⑤이다. $\qquad$ 답 ⑤

0546 확률변수 X의 확률밀도 함수를 $f(x)$라 하면

ㄱ. $y=f(x)$의 그래프가 직선 $x=50$에 대하여 대칭이므로

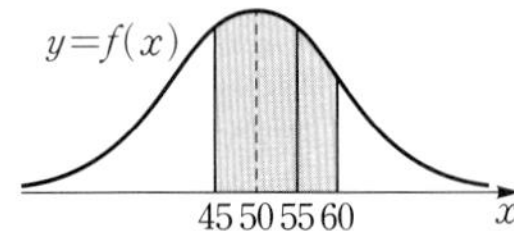

$\mathrm{P}(45 \leq X \leq 60)$
$=\mathrm{P}(45 \leq X \leq 50)+\mathrm{P}(50 \leq X \leq 55)+\mathrm{P}(55 \leq X \leq 60)$
$=\mathrm{P}(50 \leq X \leq 55)+\mathrm{P}(50 \leq X \leq 55)+\mathrm{P}(55 \leq X \leq 60)$
$=2\mathrm{P}(50 \leq X \leq 55)+\mathrm{P}(55 \leq X \leq 60)$
$>2\mathrm{P}(50 \leq X \leq 55)$

ㄴ. [반례] $a=15$일 때,
　　$\mathrm{P}(45 \leq X \leq 60)$
　　$>\mathrm{P}(60 \leq X \leq 75)$

ㄷ. [반례] $a=15$일 때,
　　$\mathrm{P}(45 \leq X \leq 60)$
　　$>\mathrm{P}(30 \leq X \leq 45)$

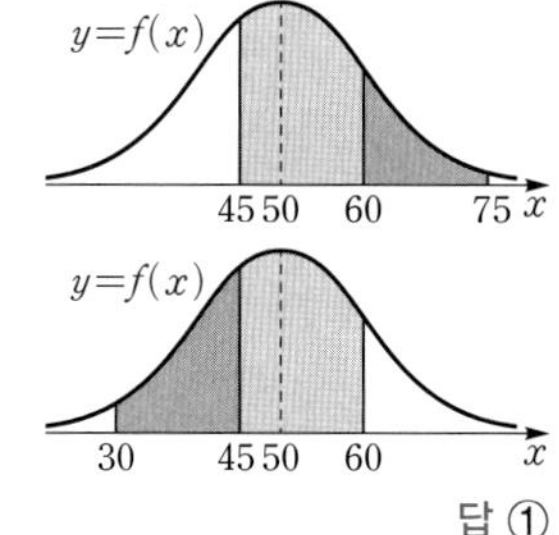

따라서 옳은 것은 ㄱ뿐이다.　　　　　　답 ①

0547 확률변수 Y가 정규분포 $\mathrm{N}(m,\ \sigma^2)$을 따르므로 조건 ㈎에서
$\mathrm{E}(2Y-1)=2\mathrm{E}(Y)-1=9$
$\therefore \mathrm{E}(Y)=5$
$\sigma(2Y-1)=2\sigma(Y)=2$
$\therefore \sigma(Y)=1$
$\therefore m=5,\ \sigma=1$
즉, 확률변수 X, Y가 각각 정규분포 $\mathrm{N}(4,\ 3^2)$, $\mathrm{N}(5,\ 1^2)$을 따르므로
$$Z_X=\frac{X-4}{3},\ Z_Y=\frac{Y-5}{1}$$
로 놓으면 Z_X, Z_Y는 모두 표준정규분포 $\mathrm{N}(0,\ 1)$을 따른다.
조건 ㈏에서 $\mathrm{P}(X \leq k)=\mathrm{P}(Y \geq 4)$이므로
$$\mathrm{P}\left(Z_X \leq \frac{k-4}{3}\right)=\mathrm{P}\left(Z_Y \geq \frac{4-5}{1}\right)$$
$$\therefore \mathrm{P}\left(Z_X \leq \frac{k-4}{3}\right)=\mathrm{P}(Z_Y \geq -1)$$
따라서 $\dfrac{k-4}{3}=1$이므로 $k=7$　　　　답 7

0548 확률변수 X, Y가 각각 정규분포 $\mathrm{N}(m,\ \sigma^2)$, $\mathrm{N}(40,\ 4^2)$을 따르므로
$$Z_X=\frac{X-m}{\sigma},\ Z_Y=\frac{Y-40}{4}$$
으로 놓으면 Z_X, Z_Y는 모두 표준정규분포 $\mathrm{N}(0,\ 1)$을 따른다.
$\mathrm{P}(m-4 \leq X \leq m+4)=\mathrm{P}(32 \leq Y \leq 48)$에서
$$\mathrm{P}\left(\frac{m-4-m}{\sigma} \leq Z_X \leq \frac{m+4-m}{\sigma}\right)$$
$$=\mathrm{P}\left(\frac{32-40}{4} \leq Z_Y \leq \frac{48-40}{4}\right)$$
$$\therefore \mathrm{P}\left(-\frac{4}{\sigma} \leq Z_X \leq \frac{4}{\sigma}\right)=\mathrm{P}(-2 \leq Z_Y \leq 2)$$
따라서 $\dfrac{4}{\sigma}=2$이므로 $\sigma=2$
$\therefore \mathrm{V}(2X+1)=2^2\mathrm{V}(X)=2^2 \times 2^2=16$　　답 16

0549 확률변수 X가 정규분포 $\mathrm{N}\left(\dfrac{3}{2},\ 2^2\right)$을 따르므로
$$Z=\frac{X-\dfrac{3}{2}}{2}$$으로 놓으면 Z는 표준정규분포 $\mathrm{N}(0,\ 1)$을 따른다.
$H(0)=\mathrm{P}(0 \leq X \leq 1)$
$$=\mathrm{P}\left(\frac{0-\dfrac{3}{2}}{2} \leq Z \leq \frac{1-\dfrac{3}{2}}{2}\right)$$
$$=\mathrm{P}(-0.75 \leq Z \leq -0.25)$$
$$=\mathrm{P}(0.25 \leq Z \leq 0.75)$$
$$=\mathrm{P}(0 \leq Z \leq 0.75)-\mathrm{P}(0 \leq Z \leq 0.25)$$
$$=0.2734-0.0987=0.1747$$
$H(2)=\mathrm{P}(2 \leq X \leq 3)$
$$=\mathrm{P}\left(\frac{2-\dfrac{3}{2}}{2} \leq Z \leq \frac{3-\dfrac{3}{2}}{2}\right)$$
$$=\mathrm{P}(0.25 \leq Z \leq 0.75)$$
$$=\mathrm{P}(0 \leq Z \leq 0.75)-\mathrm{P}(0 \leq Z \leq 0.25)$$
$$=0.2734-0.0987=0.1747$$
$\therefore H(0)+H(2)=0.1747+0.1747$
　　　　　　$=0.3494$　　　　　　답 ①

0550 확률변수 X가 정규분포 $\mathrm{N}(50,\ 4^2)$을 따르므로
$$Z=\frac{X-50}{4}$$으로 놓으면 Z는 표준정규분포 $\mathrm{N}(0,\ 1)$을 따른다.
$\mathrm{P}(X \geq a)=0.6915$에서
$$\mathrm{P}(X \geq a)=\mathrm{P}\left(Z \geq \frac{a-50}{4}\right)$$
$$=\mathrm{P}\left(\frac{a-50}{4} \leq Z \leq 0\right)+\mathrm{P}(Z \geq 0)$$
$$=\mathrm{P}\left(0 \leq Z \leq -\frac{a-50}{4}\right)+0.5=0.6915$$
$$\therefore \mathrm{P}\left(0 \leq Z \leq -\frac{a-50}{4}\right)=0.1915$$
이때 $\mathrm{P}(0 \leq Z \leq 0.5)=0.1915$이므로
$$-\frac{a-50}{4}=0.5,\ a-50=-2　　\therefore a=48　　답 48$$

0551 쿠키 한 개의 무게를 확률변수 X라 하면 X는 정규분포 $\mathrm{N}(30,\ 2^2)$을 따르므로 $Z=\dfrac{X-30}{2}$으로 놓으면 Z는 표준정규분포 $\mathrm{N}(0,\ 1)$을 따른다.
따라서 구하는 확률은
$$\mathrm{P}(29 \leq X \leq 32)=\mathrm{P}\left(\frac{29-30}{2} \leq Z \leq \frac{32-30}{2}\right)$$
$$=\mathrm{P}(-0.5 \leq Z \leq 1)$$
$$=\mathrm{P}(-0.5 \leq Z \leq 0)+\mathrm{P}(0 \leq Z \leq 1)$$
$$=\mathrm{P}(0 \leq Z \leq 0.5)+\mathrm{P}(0 \leq Z \leq 1)$$
$$=0.1915+0.3413$$
$$=0.5328$$　　　　　　답 ②

0552 음료 한 병의 양을 확률변수 X라 하면 X는 정규분포 $N(250, 5^2)$을 따르므로 $Z = \dfrac{X-250}{5}$으로 놓으면 Z는 표준정규분포 $N(0, 1)$을 따른다.

이때 이 공장에서 생산된 음료 한 병이 불량품으로 판정될 확률은

$$\begin{aligned}
P(X \le 245) &= P\left(Z \le \frac{245-250}{5}\right) \\
&= P(Z \le -1) = P(Z \ge 1) \\
&= P(Z \ge 0) - P(0 \le Z \le 1) \\
&= 0.5 - 0.34 = 0.16
\end{aligned}$$

따라서 임의로 선택한 3병의 음료가 모두 불량품일 확률은

$0.16 \times 0.16 \times 0.16 = 0.16^3$ 답 ⑤

0553 과자 A, B의 길이를 각각 확률변수 X, Y라 하면 X, Y는 각각 정규분포 $N(m, \sigma_1^2)$, $N(m+25, \sigma_2^2)$을 따르므로

$$Z_X = \frac{X-m}{\sigma_1}, \quad Z_Y = \frac{Y-(m+25)}{\sigma_2}$$

로 놓으면 Z_X, Z_Y는 모두 표준정규분포 $N(0, 1)$을 따른다.

과자 A의 길이가 $m+10$ 이상일 확률은

$$\begin{aligned}
P(X \ge m+10) &= P\left(Z_X \ge \frac{m+10-m}{\sigma_1}\right) \\
&= P\left(Z_X \ge \frac{10}{\sigma_1}\right) \quad \cdots\cdots \ \text{㉠}
\end{aligned}$$

과자 B의 길이가 $m+10$ 이하일 확률은

$$\begin{aligned}
P(Y \le m+10) &= P\left(Z_Y \le \frac{m+10-(m+25)}{\sigma_2}\right) \\
&= P\left(Z_Y \le -\frac{15}{\sigma_2}\right) \quad \cdots\cdots \ \text{㉡}
\end{aligned}$$

이때 ㉠, ㉡이 서로 같으므로

$$P\left(Z_X \ge \frac{10}{\sigma_1}\right) = P\left(Z_Y \le -\frac{15}{\sigma_2}\right)$$

따라서 $\dfrac{10}{\sigma_1} = \dfrac{15}{\sigma_2}$이므로 $\dfrac{\sigma_2}{\sigma_1} = \dfrac{3}{2}$ 답 ①

0554 지원자의 점수를 확률변수 X라 하면 X는 정규분포 $N(389, 12^2)$을 따르므로 $Z = \dfrac{X-389}{12}$로 놓으면 Z는 표준정규분포 $N(0, 1)$을 따른다.

합격하기 위한 최저 점수가 407점이므로 합격할 확률은

$$\begin{aligned}
P(X \ge 407) &= P\left(Z \ge \frac{407-389}{12}\right) = P(Z \ge 1.5) \\
&= P(Z \ge 0) - P(0 \le Z \le 1.5) \\
&= 0.5 - 0.43 = 0.07
\end{aligned}$$

$\therefore n = 600 \times 0.07 = 42$ 답 **42**

0555 참가자들의 기록을 확률변수 X라 하면 X는 정규분포 $N(160, 20^2)$을 따르므로 $Z = \dfrac{X-160}{20}$으로 놓으면 Z는 표준정규분포 $N(0, 1)$을 따른다.

기록이 a분 이하일 때 상위 20 % 이내에 든다고 하면

$$P(X \le a) = \frac{20}{100} = 0.2$$이므로

$$\begin{aligned}
P(X \le a) &= P\left(Z \le \frac{a-160}{20}\right) \\
&= P\left(Z \ge -\frac{a-160}{20}\right) \\
&= P(Z \ge 0) - P\left(0 \le Z \le -\frac{a-160}{20}\right) \\
&= 0.5 - P\left(0 \le Z \le -\frac{a-160}{20}\right) = 0.2
\end{aligned}$$

$$\therefore P\left(0 \le Z \le -\frac{a-160}{20}\right) = 0.3$$

이때 $P(0 \le Z \le 0.84) = 0.3$이므로

$$-\frac{a-160}{20} = 0.84, \ a-160 = -16.8$$

$$\therefore a = 143.2$$

따라서 기록이 143.2분 이하이면 상위 20 % 이내에 든다.

답 **143.2분**

0556 맞힌 문제 수를 확률변수 X라 하면 X는 이항분포 $B\left(256, \dfrac{1}{2}\right)$을 따르므로

$$E(X) = 256 \times \frac{1}{2} = 128$$

$$V(X) = 256 \times \frac{1}{2} \times \frac{1}{2} = 64$$

즉, X는 근사적으로 정규분포 $N(128, 8^2)$을 따른다.

따라서 $Z = \dfrac{X-128}{8}$로 놓으면 Z는 표준정규분포 $N(0, 1)$을 따르므로 구하는 확률은

$$\begin{aligned}
P(X \ge 120) &= P\left(Z \ge \frac{120-128}{8}\right) \\
&= P(Z \ge -1) = P(Z \le 1) \\
&= P(Z \le 0) + P(0 \le Z \le 1) \\
&= 0.5 + 0.3413 \\
&= 0.8413
\end{aligned}$$

답 **0.8413**

0557 주사위를 162번 던질 때, 5 이상의 눈이 나오는 횟수를 확률변수 X라 하면 X는 이항분포 $B\left(162, \dfrac{1}{3}\right)$을 따르므로

$$E(X) = 162 \times \frac{1}{3} = 54$$

$$V(X) = 162 \times \frac{1}{3} \times \frac{2}{3} = 36$$

즉, X는 근사적으로 정규분포 $N(54, 6^2)$을 따른다.

한편, 162번의 게임에서 300원을 내야 하는 횟수는 $162-X$이므로 상금으로 25500원 이상을 받으려면

$$1000X - 300(162-X) \ge 25500$$

$$1300X \ge 74100 \qquad \therefore X \ge 57$$

따라서 구하는 확률은

$$P(X\geq57)=P\left(Z\geq\frac{57-54}{6}\right)=P(Z\geq0.5)$$
$$=P(Z\geq0)-P(0\leq Z\leq0.5)$$
$$=0.5-0.1915=0.3085 \qquad \text{답 } \mathbf{0.3085}$$

0558 확률변수 X는 이항분포 $B\left(600, \dfrac{3}{5}\right)$을 따르므로

$$E(X)=600\times\frac{3}{5}=360$$

$$V(X)=600\times\frac{3}{5}\times\frac{2}{5}=144$$

즉, X는 근사적으로 정규분포 $N(360, 12^2)$을 따른다.

따라서 $Z=\dfrac{X-360}{12}$으로 놓으면 Z는 표준정규분포 $N(0, 1)$

을 따르므로 $P(|X-360|\geq a)=0.14$에서

$$P(|X-360|\geq a)=P\left(\left|\frac{X-360}{12}\right|\geq\frac{a}{12}\right)$$
$$=P\left(|Z|\geq\frac{a}{12}\right)$$
$$=P\left(Z\leq-\frac{a}{12}\right)+P\left(Z\geq\frac{a}{12}\right)$$
$$=2P\left(Z\geq\frac{a}{12}\right)$$
$$=2\left\{P(Z\geq0)-P\left(0\leq Z\leq\frac{a}{12}\right)\right\}$$
$$=2\left\{0.5-P\left(0\leq Z\leq\frac{a}{12}\right)\right\}=0.14$$

$$\therefore P\left(0\leq Z\leq\frac{a}{12}\right)=0.43$$

이때 $P(0\leq Z\leq1.5)=0.43$이므로

$$\frac{a}{12}=1.5 \qquad \therefore a=18 \qquad \text{답 ①}$$

0559 확률변수 X가 정규분포 $N(100, 20^2)$을 따르므로

$Z=\dfrac{X-100}{20}$으로 놓으면 Z는 표준정규분포 $N(0, 1)$을 따른다.

$P(60\leq X\leq a)=0.9759$에서

$$P(60\leq X\leq a)=P\left(\frac{60-100}{20}\leq Z\leq\frac{a-100}{20}\right)$$
$$=P\left(-2\leq Z\leq\frac{a-100}{20}\right)$$

$$\cdots\cdots \text{㉮}$$

$$=P(-2\leq Z\leq0)+P\left(0\leq Z\leq\frac{a-100}{20}\right)$$
$$=P(0\leq Z\leq2)+P\left(0\leq Z\leq\frac{a-100}{20}\right)$$
$$=0.4772+P\left(0\leq Z\leq\frac{a-100}{20}\right)=0.9759$$

$$\therefore P\left(0\leq Z\leq\frac{a-100}{20}\right)=0.4987$$

$$\cdots\cdots \text{㉯}$$

이때 $P(0\leq Z\leq3)=0.4987$이므로

$$\frac{a-100}{20}=3, \ a-100=60 \qquad \therefore a=160$$

$$\cdots\cdots \text{㉰}$$

$$\text{답 } \mathbf{160}$$

단계	채점요소	배점
㉮	$P(60\leq X\leq a)$를 Z에 대한 확률로 나타내기	30%
㉯	$P(60\leq X\leq a)=0.9759$를 표준정규분포표를 이용할 수 있도록 변형하기	40%
㉰	a의 값 구하기	30%

0560 확률변수 X는 이항분포 $B\left(450, \dfrac{1}{3}\right)$을 따르므로

$$\cdots\cdots \text{㉮}$$

$$E(X)=450\times\frac{1}{3}=150$$

$$V(X)=450\times\frac{1}{3}\times\frac{2}{3}=100$$

즉, X는 근사적으로 정규분포 $N(150, 10^2)$을 따른다.

$$\cdots\cdots \text{㉯}$$

따라서 $Z=\dfrac{X-150}{10}$으로 놓으면 Z는 표준정규분포 $N(0, 1)$

을 따르므로

$$P(120\leq X\leq170)=P\left(\frac{120-150}{10}\leq Z\leq\frac{170-150}{10}\right)$$
$$=P(-3\leq Z\leq2)$$
$$=P(-3\leq Z\leq0)+P(0\leq Z\leq2)$$
$$=P(0\leq Z\leq3)+P(0\leq Z\leq2)$$
$$=0.4987+0.4772=0.9759$$

$$\cdots\cdots \text{㉰}$$

$$\text{답 } \mathbf{0.9759}$$

단계	채점요소	배점
㉮	확률변수 X가 따르는 이항분포 구하기	20%
㉯	확률변수 X가 근사적으로 따르는 정규분포 구하기	30%
㉰	$P(120\leq X\leq170)$ 구하기	50%

0561 2개의 동전을 동시에 던질 때, 2개 모두 앞면이 나올 확

률은 $\dfrac{1}{2}\times\dfrac{1}{2}=\dfrac{1}{4}$

따라서 확률변수 X는 이항분포 $B\left(192, \dfrac{1}{4}\right)$을 따르므로

$$\cdots\cdots \text{㉮}$$

$$E(X)=192\times\frac{1}{4}=48$$

$$V(X)=192\times\frac{1}{4}\times\frac{3}{4}=36$$

즉, X는 근사적으로 정규분포 $N(48, 6^2)$을 따른다.

$$\cdots\cdots \text{㉯}$$

따라서 $Z=\dfrac{X-48}{6}$로 놓으면 Z는 표준정규분포 $N(0, 1)$을

따르므로

$$P(54 \leq X \leq 60) = P\left(\frac{54-48}{6} \leq Z \leq \frac{60-48}{6}\right)$$
$$= P(1 \leq Z \leq 2)$$
$$= P(0 \leq Z \leq 2) - P(0 \leq Z \leq 1)$$
$$= 0.4772 - 0.3413 = 0.1359$$

.... ㉰

답 **0.1359**

단계	채점요소	배점
㉮	확률변수 X가 따르는 이항분포 구하기	20%
㉯	확률변수 X가 근사적으로 따르는 정규분포 구하기	30%
㉰	$P(54 \leq X \leq 60)$ 구하기	50%

0562 방문하는 고객 중 실제로 자동차를 빌리는 고객의 수를 확률변수 X라 하면 X는 이항분포 $B\left(400, \frac{1}{2}\right)$을 따르므로

.... ㉮

$$E(X) = 400 \times \frac{1}{2} = 200$$

$$V(X) = 400 \times \frac{1}{2} \times \frac{1}{2} = 100$$

즉, X는 근사적으로 정규분포 $N(200, 10^2)$을 따르므로

$Z = \dfrac{X-200}{10}$으로 놓으면 Z는 표준정규분포 $N(0, 1)$을 따른다.

.... ㉯

회사가 준비하는 자동차를 k대라 하면 $P(X \leq k) \geq 0.95$에서

$$P(X \leq k) = P\left(Z \leq \frac{k-200}{10}\right)$$
$$= P(Z \leq 0) + P\left(0 \leq Z \leq \frac{k-200}{10}\right)$$
$$= 0.5 + P\left(0 \leq Z \leq \frac{k-200}{10}\right) \geq 0.95$$

$$\therefore P\left(0 \leq Z \leq \frac{k-200}{10}\right) \geq 0.45$$

이때 $P(0 \leq Z \leq 1.60) = 0.45$이므로

$$\frac{k-200}{10} \geq 1.60, \ k-200 \geq 16 \qquad \therefore k \geq 216$$

따라서 최소 216대의 자동차를 준비해야 한다.

.... ㉰

답 **216대**

단계	채점요소	배점
㉮	확률변수 X를 정하고, X가 따르는 이항분포 구하기	20%
㉯	확률변수 X가 근사적으로 따르는 정규분포 구하기	30%
㉰	준비해야 하는 자동차가 최소 몇 대인지 구하기	50%

0563 함수 $y = f(x)$의 그래프와 x축 및 직선 $x=4$로 둘러싸인 도형의 넓이가 1이므로

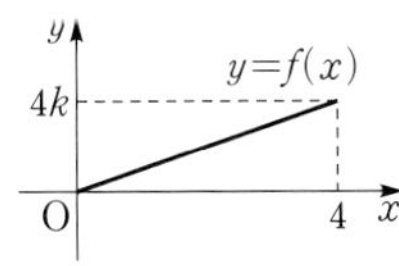

$$\frac{1}{2} \times 4 \times 4k = 1 \qquad \therefore k = \frac{1}{8}$$

한편, t에 대한 이차방정식 $t^2 + 2Xt + 1 = 0$의 판별식을 D라 할 때, 이 이차방정식이 실근을 가지려면 $D \geq 0$이어야 하므로

$$\frac{D}{4} = X^2 - 1 \geq 0, \ (X+1)(X-1) \geq 0$$

$$\therefore X \leq -1 \ \text{또는} \ X \geq 1$$

이때 $0 \leq X \leq 4$이므로 $1 \leq X \leq 4$

따라서 구하는 확률은

$$P(1 \leq X \leq 4) = 1 - P(0 \leq X \leq 1)$$
$$= 1 - \frac{1}{2} \times 1 \times \frac{1}{8} = \frac{15}{16}$$

답 $\dfrac{15}{16}$

0564 확률변수 X, Y는 각각 정규분포 $N(0, \sigma^2)$, $N\left(0, \dfrac{\sigma^2}{4}\right)$을 따르므로

$$Z_X = \frac{X-0}{\sigma}, \ Z_Y = \frac{Y-0}{\dfrac{\sigma}{2}}$$

으로 놓으면 Z_X, Z_Y는 모두 표준정규분포 $N(0, 1)$을 따른다.

$P(|X| \leq a) = P(|Y| \leq b)$에서

$$P(-a \leq X \leq a) = P(-b \leq Y \leq b)$$
$$2P(0 \leq X \leq a) = 2P(0 \leq Y \leq b)$$
$$P(0 \leq X \leq a) = P(0 \leq Y \leq b)$$
$$P\left(0 \leq Z_X \leq \frac{a-0}{\sigma}\right) = P\left(0 \leq Z_Y \leq \frac{b-0}{\dfrac{\sigma}{2}}\right)$$

$$\therefore P\left(0 \leq Z_X \leq \frac{a}{\sigma}\right) = P\left(0 \leq Z_Y \leq \frac{2b}{\sigma}\right) \qquad \cdots\cdots ㉠$$

이때 a, b는 양수이므로

$$\frac{a}{\sigma} = \frac{2b}{\sigma} \qquad \therefore a = 2b \qquad \cdots\cdots ㉡$$

ㄱ. a, b는 양수이므로 $a = 2b > b$
$\quad \therefore a > b$

ㄴ. ㉡에 의하여 $\dfrac{a}{2} = b$이므로

$$P\left(Y > \frac{a}{2}\right) = P(Y > b) = P\left(Z_Y > \frac{b-0}{\dfrac{\sigma}{2}}\right)$$
$$= P\left(Z_Y > \frac{2b}{\sigma}\right)$$
$$\therefore P\left(Z > \frac{2b}{\sigma}\right) = P\left(Y > \frac{a}{2}\right)$$

ㄷ. $P(Y \leq b) = P\left(Z_Y \leq \frac{b-0}{\dfrac{\sigma}{2}}\right) = P\left(Z_Y \leq \frac{2b}{\sigma}\right)$
$$= P(Z_Y \leq 0) + P\left(0 \leq Z_Y \leq \frac{2b}{\sigma}\right)$$
$$= 0.5 + P\left(0 \leq Z_Y \leq \frac{2b}{\sigma}\right) = 0.7$$
$$\therefore P\left(0 \leq Z_Y \leq \frac{2b}{\sigma}\right) = 0.2$$

$$\therefore \mathrm{P}(|X|\le a)=\mathrm{P}(-a\le X\le a)$$
$$=2\mathrm{P}(0\le X\le a)$$
$$=2\mathrm{P}\left(0\le Z_X\le \frac{a}{\sigma}\right)$$
$$=2\mathrm{P}\left(0\le Z_Y\le \frac{2b}{\sigma}\right)\ (\because \text{㉠})$$
$$=2\times 0.2=0.4$$

따라서 옳은 것은 ㄱ, ㄴ이다.   답 ③

0565 $\mathrm{E}(X)=32$, $\sigma(X)=4$이므로
$$\mathrm{E}(Y)=\mathrm{E}(2X-24)=2\mathrm{E}(X)-24=2\times 32-24=40$$
$$\sigma(Y)=\sigma(2X-24)=2\sigma(X)=2\times 4=8$$
즉, 확률변수 X, Y는 각각 정규분포 $\mathrm{N}(32,\ 4^2)$, $\mathrm{N}(40,\ 8^2)$을 따르므로
$$Z_X=\frac{X-32}{4},\ Z_Y=\frac{Y-40}{8}$$
으로 놓으면 Z_X, Z_Y는 모두 표준정규분포 $\mathrm{N}(0,\ 1)$을 따른다.
오른쪽 그림에서 색칠한 도형의 넓이를
S라 하면

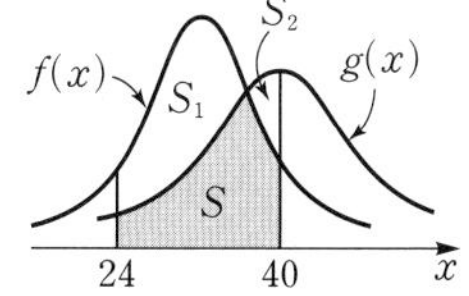

$$S_1=\mathrm{P}(24\le X\le 40)-S$$
$$S_2=\mathrm{P}(24\le Y\le 40)-S$$
$$\therefore S_1-S_2=\{\mathrm{P}(24\le X\le 40)-S\}-\{\mathrm{P}(24\le Y\le 40)-S\}$$
$$=\mathrm{P}(24\le X\le 40)-\mathrm{P}(24\le Y\le 40)$$
$$=\mathrm{P}\left(\frac{24-32}{4}\le Z_X\le \frac{40-32}{4}\right)$$
$$-\mathrm{P}\left(\frac{24-40}{8}\le Z_Y\le \frac{40-40}{8}\right)$$
$$=\mathrm{P}(-2\le Z_X\le 2)-\mathrm{P}(-2\le Z_Y\le 0)$$
$$=\mathrm{P}(0\le Z\le 2)=0.4772 \qquad \text{답 } \mathbf{0.4772}$$

수학 I, II를 학습한 학생들을 위한 **확률분포**   본문 92~93쪽

0566 확률의 총합은 1이므로
$$\mathrm{P}(X=2)+\mathrm{P}(X=3)+\mathrm{P}(X=4)+\cdots+\mathrm{P}(X=10)=1$$
$$a^2\log\frac{2}{1}+a^2\log\frac{3}{2}+a^2\log\frac{4}{3}+\cdots+a^2\log\frac{10}{9}=1$$
$$a^2\log\left(\frac{2}{1}\times\frac{3}{2}\times\frac{4}{3}\times\cdots\times\frac{10}{9}\right)=1$$
$$a^2\log 10=1 \qquad \therefore a^2=1$$
$$\therefore \mathrm{P}(X=5)=\log\frac{5}{4} \qquad\qquad \text{답 } ②$$

참고 $a>0$, $a\ne 1$, $x>0$, $y>0$일 때
(1) $\log_a 1=0$, $\log_a a=1$
(2) $\log_a xy=\log_a x+\log_a y$
(3) $\log_a \dfrac{x}{y}=\log_a x-\log_a y$
(4) $\log_a x^n=n\log_a x$ (단, n은 실수)

0567 확률의 총합은 1이므로
$$\frac{1}{10}+a+b+\frac{2}{5}=1 \qquad \therefore a+b=\frac{1}{2} \qquad \cdots\cdots\ \text{㉠}$$
a, b, $\dfrac{2}{5}$가 이 순서대로 등차수열을 이루므로
$$2b=a+\frac{2}{5} \qquad\qquad\qquad\qquad \cdots\cdots\ \text{㉡}$$
㉠, ㉡을 연립하여 풀면
$$a=\frac{1}{5},\ b=\frac{3}{10} \qquad\qquad \text{답 } \boldsymbol{a=\dfrac{1}{5},\ b=\dfrac{3}{10}}$$

참고 세 수 a, b, c가 이 순서대로 등차수열을 이루면 $b=\dfrac{a+c}{2}$가 성립한다.

0568 p_1, p_2, p_3, p_4가 이 순서대로 공비가 $\dfrac{1}{3}$인 등비수열을 이루므로
$$p_2=\frac{1}{3}p_1,\ p_3=\left(\frac{1}{3}\right)^2 p_1,\ p_4=\left(\frac{1}{3}\right)^3 p_1$$
확률의 총합은 1이므로 $p_1+p_2+p_3+p_4=1$에서
$$p_1+\frac{1}{3}p_1+\left(\frac{1}{3}\right)^2 p_1+\left(\frac{1}{3}\right)^3 p_1=1$$
$$\frac{40}{27}p_1=1 \qquad \therefore p_1=\frac{27}{40}$$
$$\therefore \mathrm{P}(1\le X\le 2)=\mathrm{P}(X=1)+\mathrm{P}(X=2)$$
$$=p_1+p_2=p_1+\frac{1}{3}p_1=\frac{4}{3}p_1$$
$$=\frac{4}{3}\times\frac{27}{40}$$
$$=\frac{9}{10} \qquad\qquad \text{답 } ⑤$$

0569 주어진 확률변수 X의 확률질량함수는
$$\mathrm{P}(X=x)={}_{100}\mathrm{C}_x\left(\frac{1}{2}\right)^{100}$$
$$={}_{100}\mathrm{C}_x\left(\frac{1}{2}\right)^x\left(\frac{1}{2}\right)^{100-x}\ (x=0,\ 1,\ 2,\ \cdots,\ 100)$$
따라서 확률변수 X는 이항분포 $\mathrm{B}\left(100,\ \dfrac{1}{2}\right)$을 따르므로
$$\mathrm{E}(X)=100\times\frac{1}{2}=50$$
$$\mathrm{V}(X)=100\times\frac{1}{2}\times\frac{1}{2}=25$$
$$\sigma(X)=\sqrt{25}=5$$
$$\therefore \mathrm{E}(X)+\sigma(X)=50+5=55 \qquad \text{답 } \mathbf{55}$$

0570 ${}_{144}\mathrm{C}_x\left(\dfrac{1}{4}\right)^x\left(\dfrac{3}{4}\right)^{144-x}$ $(x=0,\ 1,\ 2,\ \cdots,\ 144)$은 이항분포 $\mathrm{B}\left(144,\ \dfrac{1}{4}\right)$을 따르는 확률변수 X에 대한 확률 $\mathrm{P}(X=x)$를 뜻하므로

$$\sum_{x=0}^{144} x^2\,{}_{144}\mathrm{C}_x\left(\frac{1}{4}\right)^x\left(\frac{3}{4}\right)^{144-x}=\sum_{x=0}^{144} x^2\mathrm{P}(X=x)=\mathrm{E}(X^2)$$

이때 $\mathrm{E}(X)=144\times\dfrac{1}{4}=36$, $\mathrm{V}(X)=144\times\dfrac{1}{4}\times\dfrac{3}{4}=27$이므로

$\mathrm{V}(X)=\mathrm{E}(X^2)-\{\mathrm{E}(X)\}^2$에서

$$\begin{aligned}\mathrm{E}(X^2)&=\mathrm{V}(X)+\{\mathrm{E}(X)\}^2\\&=27+36^2=1323\end{aligned}$$

답 ③

0571 확률변수 X는 이항분포 $\mathrm{B}\left(90,\ \dfrac{1}{3}\right)$을 따르므로

$$\mathrm{E}(X)=90\times\frac{1}{3}=30$$

$$\mathrm{V}(X)=90\times\frac{1}{3}\times\frac{2}{3}=20$$

이때 $\mathrm{V}(X)=\mathrm{E}(X^2)-\{\mathrm{E}(X)\}^2$에서

$$\begin{aligned}\mathrm{E}(X^2)&=\mathrm{V}(X)+\{\mathrm{E}(X)\}^2\\&=20+30^2=920\end{aligned}$$

$$\begin{aligned}\therefore \sum_{x=0}^{90}(x^2-x)\mathrm{P}(X=x)&=\sum_{x=0}^{90}x^2\mathrm{P}(X=x)-\sum_{x=0}^{90}x\mathrm{P}(X=x)\\&=\mathrm{E}(X^2)-\mathrm{E}(X)\\&=920-30=890\end{aligned}$$

답 **890**

0572 $\begin{aligned}\mathrm{P}\left(0\le X\le\dfrac{1}{3}\right)&=\int_0^{\frac{1}{3}}6x(1-x)dx\\&=6\int_0^{\frac{1}{3}}(x-x^2)dx\\&=6\left[\frac{1}{2}x^2-\frac{1}{3}x^3\right]_0^{\frac{1}{3}}\\&=6\left(\frac{1}{18}-\frac{1}{81}\right)=\frac{7}{27}\end{aligned}$

답 $\dfrac{7}{27}$

0573 $\begin{aligned}\mathrm{P}(0\le X\le 3)&=\mathrm{P}(0\le X\le 2)+\mathrm{P}(2\le X\le 3)\\&=\int_0^2\frac{1}{6}x\,dx+\int_2^3\frac{1}{3}dx\\&=\left[\frac{1}{12}x^2\right]_0^2+\left[\frac{1}{3}x\right]_2^3\\&=\frac{1}{3}+\left(1-\frac{2}{3}\right)=\frac{2}{3}\end{aligned}$

답 $\dfrac{2}{3}$

0574 함수 $y=f(x)$의 그래프와 x축 및 직선 $x=2$, $x=4$로 둘러싸인 도형의 넓이가 1이므로

$$\begin{aligned}\int_2^4(kx-1)dx&=\left[\frac{k}{2}x^2-x\right]_2^4=(8k-4)-(2k-2)\\&=6k-2=1\end{aligned}$$

$$\therefore k=\frac{1}{2}$$

$$\begin{aligned}\therefore \mathrm{P}\left(2\le X\le\frac{5}{2}\right)&=\int_2^{\frac{5}{2}}\left(\frac{1}{2}x-1\right)dx=\left[\frac{1}{4}x^2-x\right]_2^{\frac{5}{2}}\\&=\left(\frac{25}{16}-\frac{5}{2}\right)-(1-2)=\frac{1}{16}\end{aligned}$$

답 ①

0575 $\mathrm{E}(X)=\displaystyle\int_0^1(x\times 2x)dx=\int_0^1 2x^2dx=\left[\frac{2}{3}x^3\right]_0^1=\frac{2}{3}$

$$\begin{aligned}\mathrm{V}(X)&=\int_0^1(x^2\times 2x)dx-\left(\frac{2}{3}\right)^2=\int_0^1 2x^3dx-\left(\frac{2}{3}\right)^2\\&=\left[\frac{1}{2}x^4\right]_0^1-\left(\frac{2}{3}\right)^2=\frac{1}{2}-\frac{4}{9}=\frac{1}{18}\end{aligned}$$

$$\sigma(X)=\sqrt{\frac{1}{18}}=\frac{\sqrt{2}}{6}$$

답 $\mathrm{E}(X)=\dfrac{2}{3}$, $\sigma(X)=\dfrac{\sqrt{2}}{6}$

0576 $\begin{aligned}\mathrm{E}(X)&=\int_{-1}^1\left\{x\times\frac{3}{4}(1-x^2)\right\}dx\\&=\frac{3}{4}\int_{-1}^1(x-x^3)dx=0\quad\text{← 기함수}\end{aligned}$

$$\begin{aligned}\mathrm{V}(X)&=\int_{-1}^1\left\{x^2\times\frac{3}{4}(1-x^2)\right\}dx-0^2=\frac{3}{4}\int_{-1}^1(x^2-x^4)dx\\&=2\times\frac{3}{4}\int_0^1(x^2-x^4)dx=\frac{3}{2}\left[\frac{1}{3}x^3-\frac{1}{5}x^5\right]_0^1\\&=\frac{3}{2}\left(\frac{1}{3}-\frac{1}{5}\right)=\frac{1}{5}\end{aligned}$$

$$\therefore \mathrm{V}(5X+2)=5^2\mathrm{V}(X)=25\times\frac{1}{5}=5$$

답 ④

0577 확률변수 X는 이항분포 $\mathrm{B}\left(100,\ \dfrac{1}{5}\right)$을 따르므로

$$\mathrm{E}(X)=100\times\frac{1}{5}=20$$

$$\mathrm{V}(X)=100\times\frac{1}{5}\times\frac{4}{5}=16$$

즉, X는 근사적으로 정규분포 $\mathrm{N}(20,\ 4^2)$을 따르므로

$Z=\dfrac{X-20}{4}$으로 놓으면 Z는 표준정규분포 $\mathrm{N}(0,\ 1)$을 따른다.

${}_{100}\mathrm{C}_x\left(\dfrac{1}{5}\right)^x\left(\dfrac{4}{5}\right)^{100-x}$ $(x=0,\ 1,\ 2,\ \cdots,\ 100)$은 이항분포

$\mathrm{B}\left(100,\ \dfrac{1}{5}\right)$을 따르는 확률변수 X에 대한 확률 $\mathrm{P}(X=x)$를 뜻하므로

$$\begin{aligned}&\sum_{x=16}^{a}{}_{100}\mathrm{C}_x\left(\frac{1}{5}\right)^x\left(\frac{4}{5}\right)^{100-x}\\&=\sum_{x=16}^{a}\mathrm{P}(X=x)=\mathrm{P}(16\le X\le a)\\&=\mathrm{P}\left(\frac{16-20}{4}\le Z\le\frac{a-20}{4}\right)\\&=\mathrm{P}\left(-1\le Z\le\frac{a-20}{4}\right)\\&=\mathrm{P}(0\le Z\le 1)+\mathrm{P}\left(0\le Z\le\frac{a-20}{4}\right)\\&=0.34+\mathrm{P}\left(0\le Z\le\frac{a-20}{4}\right)\le 0.82\end{aligned}$$

$$\therefore \mathrm{P}\left(0\le Z\le\frac{a-20}{4}\right)\le 0.48$$

이때 $\mathrm{P}(0\le Z\le 2)=0.48$이므로 $\dfrac{a-20}{4}\le 2$ $\therefore a\le 28$

따라서 a의 최댓값은 28이다.

답 **28**

07 | 통계적 추정

0578 ㄱ, ㄴ. 전수조사가 어려우므로 표본조사가 적합하다.
ㄷ. 전수조사가 가능하다.
따라서 표본조사가 적합한 것은 ㄱ, ㄴ이다.　　　답 **ㄱ, ㄴ**

0579 (1) 4개의 공 중에서 2개의 공을 꺼내는 중복순열의 수와 같으므로 $_4\Pi_2 = 4^2 = 16$
(2) 4개의 공 중에서 2개의 공을 꺼내는 순열의 수와 같으므로 $_4P_2 = 4 \times 3 = 12$　　　답 (1) **16**　(2) **12**

0580 (1) 모집단의 숫자 1, 3, 5 중에서 크기가 2인 표본을 복원추출하는 경우의 수는 $_3\Pi_2 = 3^2 = 9$

카드에 적힌 숫자의 합은 오른쪽 표와 같으므로

+	1	3	5
1	2	4	6
3	4	6	8
5	6	8	10

$\overline{X} = 2$인 경우는 $(1, 3), (3, 1)$의 2가지
$\therefore P(\overline{X} = 2) = \dfrac{2}{9}$
$\overline{X} = 4$인 경우는 $(3, 5), (5, 3)$의 2가지
$\therefore P(\overline{X} = 4) = \dfrac{2}{9}$
$\overline{X} = 5$인 경우는 $(5, 5)$의 1가지
$\therefore P(\overline{X} = 5) = \dfrac{1}{9}$

따라서 표를 완성하면 다음과 같다.

$\overline{X}$	1	2	3	4	5	합계
$P(\overline{X}=\bar{x})$	$\dfrac{1}{9}$	$\dfrac{2}{9}$	$\dfrac{1}{3}$	$\dfrac{2}{9}$	$\dfrac{1}{9}$	1

(2) $E(\overline{X}) = 1 \times \dfrac{1}{9} + 2 \times \dfrac{2}{9} + 3 \times \dfrac{1}{3} + 4 \times \dfrac{2}{9} + 5 \times \dfrac{1}{9} = 3$
$V(\overline{X}) = E(\overline{X}^2) - \{E(\overline{X})\}^2$
$= \left(1^2 \times \dfrac{1}{9} + 2^2 \times \dfrac{2}{9} + 3^2 \times \dfrac{1}{3} + 4^2 \times \dfrac{2}{9} + 5^2 \times \dfrac{1}{9}\right) - 3^2$
$= \dfrac{31}{3} - 9 = \dfrac{4}{3}$
$\sigma(\overline{X}) = \sqrt{\dfrac{4}{3}} = \dfrac{2\sqrt{3}}{3}$

답 (1) **풀이 참조**
(2) $E(\overline{X}) = 3,\ V(\overline{X}) = \dfrac{4}{3},\ \sigma(\overline{X}) = \dfrac{2\sqrt{3}}{3}$

0581 모평균이 30, 모표준편차가 $\sqrt{81} = 9$, 표본의 크기가 9이므로

(1) $E(\overline{X}) = 30$
(2) $V(\overline{X}) = \dfrac{9^2}{9} = 9$
(3) $\sigma(\overline{X}) = \dfrac{9}{\sqrt{9}} = 3$　　　답 (1) **30**　(2) **9**　(3) **3**

0582 모평균이 60, 모표준편차가 8, 표본의 크기가 16이므로
(1) $E(\overline{X}) = 60$
(2) $V(\overline{X}) = \dfrac{8^2}{16} = 4$
(3) $\sigma(\overline{X}) = \dfrac{8}{\sqrt{16}} = 2$　　　답 (1) **60**　(2) **4**　(3) **2**

0583 모평균이 300, 모표준편차가 10, 표본의 크기가 25이므로
(1) $E(\overline{X}) = 300$, $V(\overline{X}) = \dfrac{10^2}{25} = 4$
(2) 표본평균 $\overline{X}$는 정규분포 $N(300, 2^2)$을 따른다.
(3) $Z = \dfrac{\overline{X} - 300}{2}$
(4) $P(\overline{X} \geq 302) = P\left(Z \geq \dfrac{302 - 300}{2}\right)$
$= P(Z \geq 1)$
$= 0.5 - P(0 \leq Z \leq 1)$
$= 0.5 - 0.3413$
$= 0.1587$

답 (1) $E(\overline{X}) = 300, V(\overline{X}) = 4$　(2) $N(300, 2^2)$
(3) $Z = \dfrac{\overline{X} - 300}{2}$　(4) **0.1587**

0584 $E(\overline{X}) = 600$, $V(\overline{X}) = \dfrac{24^2}{36} = 16$이므로 $\overline{X}$는 정규분포 $N(600, 4^2)$을 따른다.
따라서 $Z = \dfrac{\overline{X} - 600}{4}$으로 놓으면 Z는 표준정규분포 $N(0, 1)$을 따른다.
(1) $P(\overline{X} \leq 592) = P\left(Z \leq \dfrac{592 - 600}{4}\right)$
$= P(Z \leq -2)$
$= P(Z \geq 2)$
$= 0.5 - P(0 \leq Z \leq 2)$
$= 0.5 - 0.4772$
$= 0.0228$
(2) $P(590 \leq \overline{X} \leq 606) = P\left(\dfrac{590 - 600}{4} \leq Z \leq \dfrac{606 - 600}{4}\right)$
$= P(-2.5 \leq Z \leq 1.5)$
$= P(-2.5 \leq Z \leq 0) + P(0 \leq Z \leq 1.5)$
$= P(0 \leq Z \leq 2.5) + P(0 \leq Z \leq 1.5)$
$= 0.4938 + 0.4332$
$= 0.927$

답 (1) **0.0228**　(2) **0.927**

0585 (1) 모평균 m의 신뢰도 95 %의 신뢰구간은

$$60-1.96\times\frac{6}{\sqrt{100}}\leq m\leq 60+1.96\times\frac{6}{\sqrt{100}}$$

$$\therefore 58.824\leq m\leq 61.176$$

(2) 모평균 m의 신뢰도 99 %의 신뢰구간은

$$60-2.58\times\frac{6}{\sqrt{100}}\leq m\leq 60+2.58\times\frac{6}{\sqrt{100}}$$

$$\therefore 58.452\leq m\leq 61.548$$

답 (1) $58.824\leq m\leq 61.176$ (2) $58.452\leq m\leq 61.548$

0586 (1) 모평균 m의 신뢰도 95 %의 신뢰구간은

$$100-1.96\times\frac{10}{\sqrt{400}}\leq m\leq 100+1.96\times\frac{10}{\sqrt{400}}$$

$$\therefore 99.02\leq m\leq 100.98$$

(2) 모평균 m의 신뢰도 99 %의 신뢰구간은

$$100-2.58\times\frac{10}{\sqrt{400}}\leq m\leq 100+2.58\times\frac{10}{\sqrt{400}}$$

$$\therefore 98.71\leq m\leq 101.29$$

답 (1) $99.02\leq m\leq 100.98$ (2) $98.71\leq m\leq 101.29$

유형 익/히/기

0587 모평균이 20, 모표준편차가 10, 표본의 크기가 25이므로

$$\mathrm{E}(\overline{X})=20,\ \mathrm{V}(\overline{X})=\frac{10^2}{25}=4$$

따라서 $\mathrm{V}(\overline{X})=\mathrm{E}(\overline{X}^2)-\{\mathrm{E}(\overline{X})\}^2$에서

$$\mathrm{E}(\overline{X}^2)=\mathrm{V}(\overline{X})+\{\mathrm{E}(\overline{X})\}^2$$
$$=4+20^2=404$$

답 **404**

0588 모평균이 200, 모분산이 144, 표본의 크기가 4이므로

$$\mathrm{E}(\overline{X})=200,\ \mathrm{V}(\overline{X})=\frac{144}{4}=36$$

$$\therefore \mathrm{E}(\overline{X})+\mathrm{V}(\overline{X})=200+36=236$$

답 ③

0589 모평균이 50, 모표준편차가 8, 표본의 크기가 n이므로

$$\mathrm{E}(\overline{X})=50 \qquad \therefore m=50$$

$$\mathrm{V}(\overline{X})=\frac{8^2}{n}=\frac{1}{2} \qquad \therefore n=128$$

$$\therefore m+n=50+128=178$$

답 **178**

0590 모표준편차가 60, 표본의 크기가 n이므로

$$\mathrm{V}(\overline{X})=\frac{60^2}{n}=\frac{3600}{n}$$

$\mathrm{V}(\overline{X})\leq 10$이므로 $\dfrac{3600}{n}\leq 10$

$$\frac{n}{3600}\geq\frac{1}{10} \qquad \therefore n\geq 360$$

따라서 n의 최솟값은 360이다.

답 **360**

0591 확률의 총합은 1이므로

$$\frac{1}{4}+a+\frac{1}{4}=1 \qquad \therefore a=\frac{1}{2}$$

따라서 확률변수 X에 대하여

$$\mathrm{E}(X)=(-1)\times\frac{1}{4}+0\times\frac{1}{2}+1\times\frac{1}{4}=0$$

$$\mathrm{V}(X)=\mathrm{E}(X^2)-\{\mathrm{E}(X)\}^2$$
$$=(-1)^2\times\frac{1}{4}+0^2\times\frac{1}{2}+1^2\times\frac{1}{4}-0^2=\frac{1}{2}$$

이때 표본의 크기가 10이므로

$$\mathrm{E}(\overline{X})=0,\ \mathrm{V}(\overline{X})=\frac{\frac{1}{2}}{10}=\frac{1}{20}$$

$$\therefore \mathrm{E}(\overline{X})+\mathrm{V}(\overline{X})=0+\frac{1}{20}=\frac{1}{20}$$

답 $\dfrac{1}{20}$

0592 확률변수 X에 대하여

$$\mathrm{E}(X)=1\times\frac{1}{10}+2\times\frac{1}{5}+3\times\frac{3}{10}+4\times\frac{2}{5}=3$$

$$\mathrm{V}(X)=\mathrm{E}(X^2)-\{\mathrm{E}(X)\}^2$$
$$=1^2\times\frac{1}{10}+2^2\times\frac{1}{5}+3^2\times\frac{3}{10}+4^2\times\frac{2}{5}-3^2$$
$$=1$$

이때 표본의 크기가 n이므로

$$\mathrm{E}(\overline{X})=3,\ \mathrm{V}(\overline{X})=\frac{1}{n}$$

$\mathrm{E}(\overline{X})\mathrm{V}(\overline{X})=1$이므로

$$3\times\frac{1}{n}=1 \qquad \therefore n=3$$

답 **3**

0593 확률변수 X의 확률분포를 표로 나타내면 다음과 같다.

X	0	1	2	합계
$\mathrm{P}(X=x)$	$\dfrac{1}{6}$	$\dfrac{1}{3}$	$\dfrac{1}{2}$	1

$$\therefore \mathrm{E}(X)=0\times\frac{1}{6}+1\times\frac{1}{3}+2\times\frac{1}{2}=\frac{4}{3}$$

$$\mathrm{V}(X)=\mathrm{E}(X^2)-\{\mathrm{E}(X)\}^2$$
$$=0^2\times\frac{1}{6}+1^2\times\frac{1}{3}+2^2\times\frac{1}{2}-\left(\frac{4}{3}\right)^2=\frac{5}{9}$$

이때 표본의 크기가 4이므로

$$\mathrm{V}(\overline{X})=\frac{\frac{5}{9}}{4}=\frac{5}{36} \qquad \therefore \sigma(\overline{X})=\sqrt{\frac{5}{36}}=\frac{\sqrt{5}}{6}$$

$$\therefore \sigma(6\overline{X})=6\sigma(\overline{X})=6\times\frac{\sqrt{5}}{6}=\sqrt{5}$$

답 $\sqrt{5}$

0594 상자에서 임의추출한 한 장의 카드에 적힌 숫자를 확률변수 X라 하고, X의 확률분포를 표로 나타내면 다음과 같다.

X	1	2	6	합계
$P(X=x)$	$\dfrac{2}{3}$	$\dfrac{1}{6}$	$\dfrac{1}{6}$	1

$$\therefore E(X)=1\times\frac{2}{3}+2\times\frac{1}{6}+6\times\frac{1}{6}=2$$

$$V(X)=E(X^2)-\{E(X)\}^2$$
$$=1^2\times\frac{2}{3}+2^2\times\frac{1}{6}+6^2\times\frac{1}{6}-2^2=\frac{10}{3}$$

이때 표본의 크기가 2이므로

$$V(\overline{X})=\frac{\frac{10}{3}}{2}=\frac{5}{3}$$

답 ⑤

0595 주머니에서 임의추출한 한 개의 구슬에 적힌 숫자를 확률변수 X라 하고, X의 확률분포를 표로 나타내면 다음과 같다.

X	1	2	3	4	합계
$P(X=x)$	$\dfrac{1}{4}$	$\dfrac{1}{4}$	$\dfrac{1}{4}$	$\dfrac{1}{4}$	1

$$\therefore E(X)=1\times\frac{1}{4}+2\times\frac{1}{4}+3\times\frac{1}{4}+4\times\frac{1}{4}=\frac{5}{2}$$

$$V(X)=E(X^2)-\{E(X)\}^2$$
$$=1^2\times\frac{1}{4}+2^2\times\frac{1}{4}+3^2\times\frac{1}{4}+4^2\times\frac{1}{4}-\left(\frac{5}{2}\right)^2$$
$$=\frac{5}{4}$$

이때 표본의 크기가 3이므로

$$E(\overline{X})=\frac{5}{2},\ V(\overline{X})=\frac{\frac{5}{4}}{3}=\frac{5}{12}$$

따라서

$$E(2\overline{X}-3)=2E(\overline{X})-3=2\times\frac{5}{2}-3=2$$

$$V(6\overline{X})=6^2V(\overline{X})=36\times\frac{5}{12}=15$$

이므로

$$E(2\overline{X}-3)+V(6\overline{X})=2+15=17$$

답 **17**

0596 상자에서 임의추출한 한 개의 공에 적힌 숫자를 확률변수 X라 하고, X의 확률분포를 표로 나타내면 다음과 같다.

X	0	1	2	3	합계
$P(X=x)$	$\dfrac{1}{5}$	$\dfrac{1}{5}$	$\dfrac{1}{5}$	$\dfrac{2}{5}$	1

·· ㉮

$$\therefore E(X)=0\times\frac{1}{5}+1\times\frac{1}{5}+2\times\frac{1}{5}+3\times\frac{2}{5}=\frac{9}{5}$$

$$V(X)=0^2\times\frac{1}{5}+1^2\times\frac{1}{5}+2^2\times\frac{1}{5}+3^2\times\frac{2}{5}-\left(\frac{9}{5}\right)^2=\frac{34}{25}$$

·· ㉯

이때 표본의 크기가 n이므로

$$V(\overline{X})=\frac{34}{25n}$$

·· ㉰

$V(\overline{X})=\dfrac{1}{50}$ 이므로 $\dfrac{34}{25n}=\dfrac{1}{50}$

$$\therefore n=68$$

·· ㉱

답 **68**

단계	채점요소	배점
㉮	모집단의 확률분포를 표로 나타내기	30 %
㉯	모집단의 평균, 분산 구하기	30 %
㉰	표본평균의 분산 구하기	20 %
㉱	n의 값 구하기	20 %

0597 모집단이 정규분포 $N(50,\ 10^2)$을 따르고 표본의 크기가 25이므로 표본평균 $\overline{X}$는 정규분포 $N\left(50,\ \dfrac{10^2}{25}\right)$, 즉 $N(50,\ 2^2)$을 따른다.

따라서 $Z=\dfrac{\overline{X}-50}{2}$으로 놓으면 Z는 표준정규분포 $N(0,\ 1)$을 따르므로 구하는 확률은

$$P(\overline{X}\le45)=P\left(Z\le\frac{45-50}{2}\right)$$
$$=P(Z\le-2.5)$$
$$=P(Z\ge2.5)$$
$$=0.5-P(0\le Z\le2.5)$$
$$=0.5-0.4938=0.0062$$

답 **0.0062**

0598 모집단이 정규분포 $N(60,\ 10^2)$을 따르고 표본의 크기가 16이므로 표본평균 $\overline{X}$는 정규분포 $N\left(60,\ \dfrac{10^2}{16}\right)$, 즉 $N(60,\ 2.5^2)$을 따른다.

따라서 $Z=\dfrac{\overline{X}-60}{2.5}$으로 놓으면 Z는 표준정규분포 $N(0,\ 1)$을 따르므로 구하는 확률은

$$P(55\le\overline{X}\le65)=P\left(\frac{55-60}{2.5}\le Z\le\frac{65-60}{2.5}\right)$$
$$=P(-2\le Z\le2)$$
$$=2P(0\le Z\le2)$$
$$=2\times0.4772$$
$$=0.9544$$

답 **0.9544**

0599 모집단이 정규분포 $N(52,\ 18^2)$을 따르고 표본의 크기가 81이므로 표본평균 $\overline{X}$는 정규분포 $N\left(52,\ \dfrac{18^2}{81}\right)$, 즉 $N(52,\ 2^2)$을 따른다.

따라서 $Z=\dfrac{\overline{X}-52}{2}$로 놓으면 Z는 표준정규분포 $N(0,\,1)$을 따르므로 구하는 확률은

$$\begin{aligned}
P(47\leq\overline{X}\leq50)&=P\left(\frac{47-52}{2}\leq Z\leq\frac{50-52}{2}\right)\\
&=P(-2.5\leq Z\leq-1)\\
&=P(1\leq Z\leq2.5)\\
&=P(0\leq Z\leq2.5)-P(0\leq Z\leq1)\\
&=0.4938-0.3413\\
&=0.1525
\end{aligned}$$

답 **0.1525**

0600 모집단이 정규분포 $N(300,\,24^2)$을 따르고 표본의 크기가 64이므로 표본평균 $\overline{X}$는 정규분포 $N\left(300,\,\dfrac{24^2}{64}\right)$, 즉 $N(300,\,3^2)$을 따른다.

따라서 $Z=\dfrac{\overline{X}-300}{3}$으로 놓으면 Z는 표준정규분포 $N(0,\,1)$을 따르므로 구하는 확률은

$$\begin{aligned}
P(\overline{X}\geq294)&=P\left(Z\geq\frac{294-300}{3}\right)\\
&=P(Z\geq-2)\\
&=P(Z\leq2)\\
&=0.5+P(0\leq Z\leq2)\\
&=0.5+0.4772\\
&=0.9772
\end{aligned}$$

답 ⑤

0601 모집단이 정규분포 $N(m,\,20^2)$을 따르고, 표본의 크기가 25이므로 표본평균 $\overline{X}$는 정규분포 $N\left(m,\,\dfrac{20^2}{25}\right)$, 즉 $N(m,\,4^2)$을 따른다.

따라서 $Z=\dfrac{\overline{X}-m}{4}$으로 놓으면 Z는 표준정규분포 $N(0,\,1)$을 따르므로 구하는 확률은

$$\begin{aligned}
P(|\overline{X}-m|\geq6)&=P\left(\left|\frac{\overline{X}-m}{4}\right|\geq\frac{6}{4}\right)\\
&=P(|Z|\geq1.5)\\
&=P(Z\leq-1.5)+P(Z\geq1.5)\\
&=2P(Z\geq1.5)\\
&=2\{0.5-P(0\leq Z\leq1.5)\}\\
&=2(0.5-0.4332)\\
&=0.1336
\end{aligned}$$

답 **0.1336**

0602 임의추출한 비누 4개의 평균 무게를 $\overline{X}$라 하면 표본평균 $\overline{X}$는 정규분포 $N\left(100,\,\dfrac{8^2}{4}\right)$, 즉 $N(100,\,4^2)$을 따른다.

따라서 $Z=\dfrac{\overline{X}-100}{4}$으로 놓으면 Z는 표준정규분포 $N(0,\,1)$을 따르므로 비누 4개의 무게가 392 g 이상 416 g 이하일 확률은

$$\begin{aligned}
P(392\leq4\overline{X}\leq416)&=P(98\leq\overline{X}\leq104)\\
&=P\left(\frac{98-100}{4}\leq Z\leq\frac{104-100}{4}\right)\\
&=P(-0.5\leq Z\leq1)\\
&=P(0\leq Z\leq0.5)+P(0\leq Z\leq1)\\
&=0.1915+0.3413\\
&=0.5328
\end{aligned}$$

따라서 5000개의 세트 중 정품으로 판정되는 것의 개수는

$5000\times0.5328=2664$

답 **2664**

0603 모집단이 정규분포 $N(10,\,2^2)$을 따르고 표본의 크기가 n이므로 표본평균 $\overline{X}$는 정규분포 $N\left(10,\,\dfrac{2^2}{n}\right)$, 즉 $N\left(10,\,\left(\dfrac{2}{\sqrt{n}}\right)^2\right)$을 따른다.

따라서 $Z=\dfrac{\overline{X}-10}{\dfrac{2}{\sqrt{n}}}$으로 놓으면 Z는 표준정규분포 $N(0,\,1)$을 따르므로 $P(\overline{X}\geq11)=0.1587$에서

$$P(\overline{X}\geq11)=P\left(Z\geq\frac{11-10}{\dfrac{2}{\sqrt{n}}}\right)=P\left(Z\geq\frac{\sqrt{n}}{2}\right)$$
$$=0.5-P\left(0\leq Z\leq\frac{\sqrt{n}}{2}\right)=0.1587$$
$$\therefore P\left(0\leq Z\leq\frac{\sqrt{n}}{2}\right)=0.3413$$

이때 $P(0\leq Z\leq1)=0.3413$이므로

$\dfrac{\sqrt{n}}{2}=1,\ \sqrt{n}=2$

$\therefore n=4$

답 **4**

0604 모집단이 정규분포 $N(80,\,16^2)$을 따르고 표본의 크기가 n이므로 표본평균 $\overline{X}$는 정규분포 $N\left(80,\,\dfrac{16^2}{n}\right)$, 즉 $N\left(80,\,\left(\dfrac{16}{\sqrt{n}}\right)^2\right)$을 따른다.

⸻⸻⸻ ㉮

따라서 $Z=\dfrac{\overline{X}-80}{\dfrac{16}{\sqrt{n}}}$으로 놓으면 Z는 표준정규분포 $N(0,\,1)$을 따르므로 $P\left(\overline{X}\leq\dfrac{648}{\sqrt{n}}\right)=0.6915$에서

$$P\left(\overline{X}\leq\frac{648}{\sqrt{n}}\right)=P\left(Z\leq\frac{\dfrac{648}{\sqrt{n}}-80}{\dfrac{16}{\sqrt{n}}}\right)$$
$$=P(Z<40.5-5\sqrt{n})$$
$$=0.5+P(0\leq Z\leq40.5-5\sqrt{n})=0.6915$$
$$\therefore P(0\leq Z\leq40.5-5\sqrt{n})=0.1915$$

⸻⸻⸻ ㉯

이때 $P(0\leq Z\leq 0.5)=0.1915$이므로

$40.5-5\sqrt{n}=0.5$, $\sqrt{n}=8$

$\therefore n=64$

                        [illegible]report

답 **64**

단계	채점요소	배점
㉮	표본평균 $\overline{X}$가 따르는 확률분포 구하기	20%
㉯	주어진 확률을 표준정규분포표를 이용할 수 있도록 변형하기	50%
㉰	n의 값 구하기	30%

0605 모집단이 정규분포 $N(120,\ 5^2)$을 따르고 표본의 크기가 n이므로 표본평균 $\overline{X}$는 정규분포 $N\left(120,\ \dfrac{5^2}{n}\right)$, 즉

$N\left(120,\ \left(\dfrac{5}{\sqrt{n}}\right)^2\right)$을 따른다.

따라서 $Z=\dfrac{\overline{X}-120}{\dfrac{5}{\sqrt{n}}}$으로 놓으면 Z는 표준정규분포 $N(0,\ 1)$

을 따르므로 $P(119\leq\overline{X}\leq121)\geq0.9$에서

$$P(119\leq\overline{X}\leq121)=P\left(\dfrac{119-120}{\dfrac{5}{\sqrt{n}}}\leq Z\leq\dfrac{121-120}{\dfrac{5}{\sqrt{n}}}\right)$$

$$=P\left(-\dfrac{\sqrt{n}}{5}\leq Z\leq\dfrac{\sqrt{n}}{5}\right)$$

$$=2P\left(0\leq Z\leq\dfrac{\sqrt{n}}{5}\right)\geq0.9$$

$$\therefore P\left(0\leq Z\leq\dfrac{\sqrt{n}}{5}\right)\geq0.45$$

이때 $P(0\leq Z\leq1.6)=0.45$이므로

$\dfrac{\sqrt{n}}{5}\geq1.6$, $\sqrt{n}\geq8$

$\therefore n\geq64$

따라서 n의 최솟값은 64이다.   답 **64**

0606 모집단이 정규분포 $N(60,\ 15^2)$을 따르고 표본의 크기가 100이므로 표본평균 $\overline{X}$는 정규분포 $N\left(60,\ \dfrac{15^2}{100}\right)$, 즉

$N(60,\ 1.5^2)$을 따른다.

따라서 $Z=\dfrac{\overline{X}-60}{1.5}$으로 놓으면 Z는 표준정규분포 $N(0,\ 1)$을

따르므로 $P(\overline{X}\leq k)=0.0013$에서

$$P(\overline{X}\leq k)=P\left(Z\leq\dfrac{k-60}{1.5}\right)$$

$$=P\left(Z\geq-\dfrac{k-60}{1.5}\right)$$

$$=0.5-P\left(0\leq Z\leq-\dfrac{k-60}{1.5}\right)=0.0013$$

$$\therefore P\left(0\leq Z\leq-\dfrac{k-60}{1.5}\right)=0.4987$$

이때 $P(0\leq Z\leq3)=0.4987$이므로

$-\dfrac{k-60}{1.5}=3$, $k-60=-4.5$ $\therefore k=55.5$ 답 **④**

0607 모집단이 정규분포 $N(250,\ 14^2)$을 따르고 표본의 크기가 49이므로 표본평균 $\overline{X}$는 정규분포 $N\left(250,\ \dfrac{14^2}{49}\right)$, 즉

$N(250,\ 2^2)$을 따른다.

따라서 $Z=\dfrac{\overline{X}-250}{2}$으로 놓으면 Z는 표준정규분포 $N(0,\ 1)$

을 따르므로 $P(\overline{X}\geq k)\leq0.0062$에서

$$P(\overline{X}\geq k)=P\left(Z\geq\dfrac{k-250}{2}\right)$$

$$=0.5-P\left(0\leq Z\leq\dfrac{k-250}{2}\right)\leq0.0062$$

$$\therefore P\left(0\leq Z\leq\dfrac{k-250}{2}\right)\geq0.4938$$

이때 $P(0\leq Z\leq2.5)=0.4938$이므로

$\dfrac{k-250}{2}\geq2.5$, $k-250\geq5$ $\therefore k\geq255$

따라서 실수 k의 최솟값은 255이다.   답 **②**

0608 표본평균이 120, 모표준편차가 5, 표본의 크기가 100이므로 모평균 m의 신뢰도 95%의 신뢰구간은

$$120-1.96\times\dfrac{5}{\sqrt{100}}\leq m\leq120+1.96\times\dfrac{5}{\sqrt{100}}$$

$$\therefore 119.02\leq m\leq120.98$$ 답 **③**

0609 표본평균이 10, 모표준편차가 10, 표본의 크기가 400이므로 모평균 m의 신뢰도 99%의 신뢰구간은

$$10-2.58\times\dfrac{10}{\sqrt{400}}\leq m\leq10+2.58\times\dfrac{10}{\sqrt{400}}$$

$$\therefore 8.71\leq m\leq11.29$$ 답 **①**

0610 모표준편차가 σ, 표본의 크기가 n이므로 표본평균 $\overline{X}$의 값을 $\overline{x}$라 하면 모평균 m의 신뢰도 95%의 신뢰구간은

$$\overline{x}-1.96\dfrac{\sigma}{\sqrt{n}}\leq m\leq\overline{x}+1.96\dfrac{\sigma}{\sqrt{n}}$$

                        ㉮

이때 모평균 m의 신뢰도 95%의 신뢰구간이

$138.24\leq m\leq161.76$이므로

$\overline{x}-1.96\dfrac{\sigma}{\sqrt{n}}=138.24$, $\overline{x}+1.96\dfrac{\sigma}{\sqrt{n}}=161.76$

위의 두 식을 연립하여 풀면

$$\overline{x}=150,\ \dfrac{\sigma}{\sqrt{n}}=6$$

                        ㉯

따라서 모평균 m의 신뢰도 99 %의 신뢰구간은
$$150-2.58\times6\leq m\leq150+2.58\times6$$
$$\therefore 134.52\leq m\leq165.48$$

………… ㉹

따라서 모평균 m의 신뢰도 99 %의 신뢰구간에 속하는 정수는
135, 136, 137, …, 165의 31개이다.

………… ㉺

답 31

단계	채점요소	배점
㉮	모평균 m의 신뢰도 95 %의 신뢰구간 구하기	25 %
㉯	표본평균 $\overline{X}$의 값과 $\dfrac{\sigma}{\sqrt{n}}$의 값 구하기	30 %
㉹	모평균 m의 신뢰도 99 %의 신뢰구간 구하기	25 %
㉺	정수의 개수 구하기	20 %

0611 표본평균이 $\overline{x}$, 모표준편차가 3, 표본의 크기가 81이므로 모평균 m의 신뢰도 99 %의 신뢰구간은
$$\overline{x}-2.58\times\frac{3}{\sqrt{81}}\leq m\leq\overline{x}+2.58\times\frac{3}{\sqrt{81}}$$
$$\therefore c=2.58\times\frac{3}{\sqrt{81}}=0.86$$

답 ①

참고 $P(|Z|\leq2.58)=2P(0\leq Z\leq2.58)$
$$=2\times0.495=0.99$$

0612 표본평균이 66, 모표준편차가 20, 표본의 크기가 25이므로 $P(|Z|\leq k)=\dfrac{\alpha}{100}$라 할 때, 모평균 m의 신뢰도 α %의 신뢰구간은
$$66-k\frac{20}{\sqrt{25}}\leq m\leq66+k\frac{20}{\sqrt{25}}$$
$$\therefore 66-4k\leq m\leq66+4k$$
모평균 m의 신뢰도 α %의 신뢰구간이
$58.48\leq m\leq73.52$이므로
$$66-4k=58.48,\ 66+4k=73.52$$
$$4k=7.52 \qquad \therefore k=1.88$$
이때 $P(0\leq Z\leq1.88)=0.47$이므로
$$P(|Z|\leq1.88)=2P(0\leq Z\leq1.88)$$
$$=2\times0.47=0.94$$
따라서 $\dfrac{\alpha}{100}=0.94$이므로 $\alpha=94$

답 94

0613 표본의 크기 225가 충분히 크므로 모표준편차 대신 표본표준편차 3을 사용할 수 있고, 표본평균이 10이므로 모평균 m의 신뢰도 99 %의 신뢰구간은
$$10-2.5\times\frac{3}{\sqrt{225}}\leq m\leq10+2.5\times\frac{3}{\sqrt{225}}$$
$$\therefore 9.5\leq m\leq10.5$$

답 ①

0614 표본의 크기 2500이 충분히 크므로 모표준편차 대신 표본표준편차 15를 사용할 수 있고, 표본평균이 75이므로 모평균 m의 신뢰도 95 %의 신뢰구간은
$$75-1.96\times\frac{15}{\sqrt{2500}}\leq m\leq75+1.96\times\frac{15}{\sqrt{2500}}$$
$$\therefore 74.412\leq m\leq75.588$$

답 ④

0615 표본의 크기 100이 충분히 크므로 모표준편차 대신 표본표준편차 20을 사용할 수 있고, 표본평균이 245이므로 모평균 m의 신뢰도 95 %의 신뢰구간은
$$245-1.96\times\frac{20}{\sqrt{100}}\leq m\leq245+1.96\times\frac{20}{\sqrt{100}}$$
$$\therefore 241.08\leq m\leq248.92$$
따라서 모평균 m의 신뢰도 95 %의 신뢰구간에 속하는 자연수는
242, 243, 244, …, 248의 7개이다.

답 7

0616 표본평균이 140, 모표준편차가 15, 표본의 크기가 n이므로 모평균 m의 신뢰도 95 %의 신뢰구간은
$$140-2\times\frac{15}{\sqrt{n}}\leq m\leq140+2\times\frac{15}{\sqrt{n}}$$
이때 모평균 m의 신뢰도 95 %의 신뢰구간이
$137\leq m\leq143$이므로
$$140-2\times\frac{15}{\sqrt{n}}=137,\ 140+2\times\frac{15}{\sqrt{n}}=143$$
$$2\times\frac{15}{\sqrt{n}}=3,\ \sqrt{n}=10 \qquad \therefore n=100$$

답 ②

0617 표본평균이 30, 모표준편차가 5, 표본의 크기가 n이므로 모평균 m의 신뢰도 99 %의 신뢰구간은
$$30-2.58\times\frac{5}{\sqrt{n}}\leq m\leq30+2.58\times\frac{5}{\sqrt{n}}$$
이때 모평균 m의 신뢰도 99 %의 신뢰구간이
$27.85\leq m\leq32.15$이므로
$$30-2.58\times\frac{5}{\sqrt{n}}=27.85,\ 30+2.58\times\frac{5}{\sqrt{n}}=32.15$$
$$2.58\times\frac{5}{\sqrt{n}}=2.15,\ \sqrt{n}=6 \qquad \therefore n=36$$

답 ①

0618 모표준편차가 5, 표본의 크기가 100일 때, 모평균 m의 신뢰도 95 %의 신뢰구간이 $a\leq m\leq b$이므로
$$b-a=2\times1.96\times\frac{5}{\sqrt{100}}=1.96$$

답 ②

0619 모표준편차가 2, 표본의 크기가 n일 때, 모평균 m의 신뢰도 99 %의 신뢰구간이 $a\leq m\leq b$이므로
$$b-a=2\times3\times\frac{2}{\sqrt{n}}=\frac{12}{\sqrt{n}}$$

이때 $b-a\leq2$이므로

$$\frac{12}{\sqrt{n}}\leq2,\ \sqrt{n}\geq6 \qquad \therefore n\geq36$$

따라서 n의 최솟값은 36이다. 답 **36**

0620 표본의 크기 121이 충분히 크므로 모평균을 추정할 때 모표준편차 대신 표본표준편차 11을 사용할 수 있다.

이 학교 남학생들의 평균 키 m cm의 신뢰도 95 %의 신뢰구간이 $a\leq m\leq b$이므로

$$b-a=2\times1.96\times\frac{11}{\sqrt{121}}=3.92$$

또, 이 학교 남학생들의 평균 키 m cm의 신뢰도 99 %의 신뢰구간이 $c\leq m\leq d$이므로

$$d-c=2\times2.58\times\frac{11}{\sqrt{121}}=5.16$$

$$\therefore |(d-c)-(b-a)|=5.16-3.92=1.24$$

답 ①

0621 모표준편차가 σ, 표본의 크기가 100일 때, 모평균 m의 신뢰도 95 %의 신뢰구간이 $a\leq m\leq b$이므로

$$b-a=2\times1.96\times\frac{\sigma}{\sqrt{100}}=l$$

모표준편차가 σ, 표본의 크기가 400일 때, 모평균 m의 신뢰도 95 %의 신뢰구간이 $c\leq m\leq d$이므로

$$\begin{aligned}
d-c&=2\times1.96\times\frac{\sigma}{\sqrt{400}}\\
&=2\times1.96\times\frac{\sigma}{2\sqrt{100}}\\
&=\frac{1}{2}\left(2\times1.96\times\frac{\sigma}{\sqrt{100}}\right)=\frac{1}{2}l
\end{aligned}$$

답 ②

0622 $\mathrm{P}(|Z|\leq k)=\dfrac{\alpha}{100}$라 하자.

모표준편차가 σ, 표본의 크기가 64일 때, 모평균 m의 신뢰도 α %의 신뢰구간이 $a\leq m\leq b$이므로

$$b-a=2k\frac{\sigma}{\sqrt{64}}$$

㉮

모표준편차가 σ, 표본의 크기가 n일 때, 모평균 m의 신뢰도 α %의 신뢰구간이 $c\leq m\leq d$이므로

$$d-c=2k\frac{\sigma}{\sqrt{n}}$$

㉯

이때 $d-c=2(b-a)$이므로

$$2k\frac{\sigma}{\sqrt{n}}=2\times2k\frac{\sigma}{\sqrt{64}},\ \frac{1}{\sqrt{n}}=\frac{1}{4}$$

$$\therefore n=16$$

㉰

답 **16**

단계	채점요소	배점
㉮	$b-a$를 k, σ에 대한 식으로 나타내기	40 %
㉯	$d-c$를 k, σ에 대한 식으로 나타내기	30 %
㉰	n의 값 구하기	30 %

0623 $\mathrm{P}(|Z|\leq2)=2\mathrm{P}(0\leq Z\leq2)=2\times0.48=0.96$이고, 모표준편차가 2, 표본의 크기가 36일 때, 모평균 m의 신뢰도 96 %의 신뢰구간이 $a\leq m\leq b$이므로

$$b-a=2\times2\times\frac{2}{\sqrt{36}}=\frac{4}{3}$$

$\mathrm{P}(|Z|\leq k)=\dfrac{\alpha}{100}$라 하면 모표준편차가 2, 표본의 크기가 36일 때, 모평균 m의 신뢰도 α %의 신뢰구간이 $c\leq m\leq d$이므로

$$d-c=2\times k\times\frac{2}{\sqrt{36}}=\frac{2}{3}k$$

이때 $d-c=\dfrac{1}{2}(b-a)$이므로

$$\frac{2}{3}k=\frac{1}{2}\times\frac{4}{3} \qquad \therefore k=1$$

$$\therefore \mathrm{P}(|Z|\leq1)=2\mathrm{P}(0\leq Z\leq1)=2\times0.34=0.68$$

따라서 $\dfrac{\alpha}{100}=0.68$이므로 $\alpha=68$ 답 **68**

0624 표본평균이 $\overline{X}$, 모표준편차가 10, 표본의 크기가 n이므로 모평균 m의 신뢰도 95 %의 신뢰구간은

$$\overline{X}-1.96\times\frac{10}{\sqrt{n}}\leq m\leq\overline{X}+1.96\times\frac{10}{\sqrt{n}}$$

$$-1.96\times\frac{10}{\sqrt{n}}\leq m-\overline{X}\leq1.96\times\frac{10}{\sqrt{n}}$$

$$\therefore |m-\overline{X}|\leq1.96\times\frac{10}{\sqrt{n}}$$

이때 $|m-\overline{X}|\leq2$이어야 하므로

$$1.96\times\frac{10}{\sqrt{n}}\leq2,\ \sqrt{n}\geq9.8$$

$$\therefore n\geq96.04$$

따라서 n의 최솟값은 97이다. 답 ⑤

0625 표본평균을 $\overline{X}$라 할 때, 모표준편차가 6, 표본의 크기가 n이므로 모평균 m의 신뢰도 99 %의 신뢰구간은

$$\overline{X}-3\times\frac{6}{\sqrt{n}}\leq m\leq\overline{X}+3\times\frac{6}{\sqrt{n}}$$

$$-3\times\frac{6}{\sqrt{n}}\leq m-\overline{X}\leq3\times\frac{6}{\sqrt{n}}$$

$$\therefore |m-\overline{X}|\leq3\times\frac{6}{\sqrt{n}}$$

모평균과 표본평균의 차가 1 이하이어야 하므로

$$3\times\frac{6}{\sqrt{n}}\leq1,\ \sqrt{n}\geq18 \qquad \therefore n\geq324$$

따라서 n의 최솟값은 324이다. 답 **324**

0626 표본평균을 $\overline{X}$, 모표준편차를 σ라 할 때, 표본의 크기가 n이므로 모평균 m의 신뢰도 95 %의 신뢰구간은

$$\overline{X}-2\times\frac{\sigma}{\sqrt{n}}\leq m\leq\overline{X}+2\times\frac{\sigma}{\sqrt{n}}$$

$$-2\times\frac{\sigma}{\sqrt{n}}\leq m-\overline{X}\leq 2\times\frac{\sigma}{\sqrt{n}}$$

$$\therefore |m-\overline{X}|\leq 2\times\frac{\sigma}{\sqrt{n}}$$

모평균과 표본평균의 차가 모표준편차의 $\dfrac{1}{5}$ 이하이어야 하므로

$$2\times\frac{\sigma}{\sqrt{n}}\leq\frac{1}{5}\sigma, \ \sqrt{n}\geq 10$$

$$\therefore n\geq 100$$

따라서 n의 최솟값은 100이다. **답 100**

0627 모평균 m의 신뢰도 α %의 신뢰구간이 $a\leq m\leq b$이므로 $P(|Z|\leq k)=\dfrac{\alpha}{100}$라 하면

$$b-a=2k\frac{\sigma}{\sqrt{n}}$$

ㄱ. a의 값이 커지면 k의 값이 커지므로 $b-a$의 값이 커진다.

ㄴ. 표본평균의 값은 $b-a$의 값과 관계가 없다.

ㄷ. n의 값이 커지면 $b-a$의 값이 작아진다.

따라서 옳은 것은 ㄱ뿐이다. **답 ①**

0628 $P(|Z|\leq k_1)=0.95$, $P(|Z|\leq k_2)=0.99$라 하면 각각의 $b-a$의 값은 다음과 같다.

① $2k_1\times\dfrac{\sigma}{\sqrt{100}}=\dfrac{k_1\sigma}{5}$ ② $2k_2\times\dfrac{\sigma}{\sqrt{100}}=\dfrac{k_2\sigma}{5}$

③ $2k_1\times\dfrac{\sigma}{\sqrt{256}}=\dfrac{k_1\sigma}{8}$ ④ $2k_2\times\dfrac{\sigma}{\sqrt{400}}=\dfrac{k_2\sigma}{10}$

⑤ $2k_1\times\dfrac{\sigma}{\sqrt{400}}=\dfrac{k_1\sigma}{10}$

이때 $k_1<k_2$이므로

$$\frac{k_1\sigma}{10}<\frac{k_2\sigma}{10}, \ \frac{k_1\sigma}{5}<\frac{k_2\sigma}{5}, \ \frac{k_1\sigma}{10}<\frac{k_1\sigma}{8}<\frac{k_1\sigma}{5}$$

따라서 $b-a$의 값이 가장 큰 것은 ②이다. **답 ②**

0629 모평균 m의 신뢰도 α %의 신뢰구간이 $a\leq m\leq b$이므로 표본의 크기를 n, $P(|Z|\leq k)=\dfrac{\alpha}{100}$라 하면

$$b-a=2k\frac{\sigma}{\sqrt{n}}$$

① 신뢰도가 낮아지면 k의 값이 작아지고, 표본의 크기를 크게 하면 n의 값이 커지므로 $b-a$의 값은 작아진다.

② 표본의 크기가 일정할 때, $b-a$의 값이 작아지면 k의 값이 작아지므로 신뢰도가 낮아진다.

③ $b-a$의 값은 표본평균의 값과는 관계가 없다.

④ 신뢰도가 일정할 때, 표본의 크기가 $4n$이면 $b-a$의 값은

$$2k\frac{\sigma}{\sqrt{4n}}=2k\frac{\sigma}{2\sqrt{n}}=\frac{1}{2}\times 2k\frac{\sigma}{\sqrt{n}}$$

즉, $b-a$의 값은 $\dfrac{1}{2}$배가 된다.

⑤ 신뢰도가 일정하면 k의 값이 일정하므로 표본의 크기를 작게 하면 $b-a$의 값은 커진다.

따라서 옳은 것은 ②, ③이다. **답 ②, ③**

0630 모평균 m의 신뢰도 α %의 신뢰구간이 $a\leq m\leq b$이므로 모표준편차를 σ, $P(|Z|\leq k)=\dfrac{\alpha}{100}$라 하면

$$b-a=2k\frac{\sigma}{\sqrt{n}}$$

ㄱ. 표본의 크기가 $16n$이면 $b-a$의 값은

$$2k\frac{\sigma}{\sqrt{16n}}=2k\frac{\sigma}{4\sqrt{n}}=\frac{1}{4}\times 2k\frac{\sigma}{\sqrt{n}}$$

즉, $b-a$의 값은 $\dfrac{1}{4}$배가 된다.

ㄴ. 표본의 크기가 일정할 때, 신뢰도가 높아지면 k의 값이 커지므로 $b-a$의 값은 커진다.

ㄷ. 동일한 표본을 이용할 때, 표본평균의 값을 $\overline{x}$라 하면 모평균 m의 신뢰도 α %의 신뢰구간은

$$\overline{x}-k\frac{\sigma}{\sqrt{n}}\leq m\leq\overline{x}+k\frac{\sigma}{\sqrt{n}}$$

신뢰도가 99 %이면 신뢰도가 95 %일 때보다 k의 값이 더 크므로 모평균 m의 신뢰도 99 %의 신뢰구간은 신뢰도 95 %의 신뢰구간을 포함한다.

따라서 옳은 것은 ㄱ, ㄷ이다. **답 ④**

0631 모평균이 30, 모표준편차가 12, 표본의 크기가 36이므로

$$E(\overline{X})=30, \ V(\overline{X})=\frac{12^2}{36}=4$$

$$V(\overline{X})=E(\overline{X}^2)-\{E(\overline{X})\}^2$$에서

$$E(\overline{X}^2)=V(\overline{X})+\{E(X)\}^2=4+30^2=904$$

또, $\sigma(\overline{X})=\sqrt{4}=2$이므로

$$E(\overline{X}^2)+\sigma(\overline{X})=904+2=906$$

답 906

0632 $E(X)=(-1)\times\frac{1}{8}+0\times\frac{1}{2}+1\times\frac{1}{8}+2\times\frac{1}{4}$

$$=\frac{1}{2}$$

$V(X)=E(X^2)-\{E(X)\}^2$

$$=(-1)^2\times\frac{1}{8}+0^2\times\frac{1}{2}+1^2\times\frac{1}{8}+2^2\times\frac{1}{4}-\left(\frac{1}{2}\right)^2$$

$$=1$$

이때 표본의 크기가 2이므로

$$E(\overline{X})=\frac{1}{2},\ V(\overline{X})=\frac{1}{2}$$

$$\therefore E(\overline{X})V(\overline{X})=\frac{1}{2}\times\frac{1}{2}=\frac{1}{4}$$

답 ①

0633 주머니에서 임의추출한 한 장의 카드에 적힌 숫자를 확률변수 X라 하고, X의 확률분포를 표로 나타내면 다음과 같다.

X	1	2	3	합계
$P(X=x)$	$\frac{1}{6}$	$\frac{2}{3}$	$\frac{1}{6}$	1

$$\therefore E(X)=1\times\frac{1}{6}+2\times\frac{2}{3}+3\times\frac{1}{6}=2$$

$$V(X)=E(X^2)-\{E(X)\}^2$$

$$=1^2\times\frac{1}{6}+2^2\times\frac{2}{3}+3^2\times\frac{1}{6}-2^2$$

$$=\frac{1}{3}$$

이때 표본의 크기가 4이므로

$$E(\overline{X})=2,\ V(\overline{X})=\frac{\frac{1}{3}}{4}=\frac{1}{12}$$

$V(\overline{X})=E(\overline{X}^2)-\{E(\overline{X})\}^2$에서

$E(\overline{X}^2)=V(\overline{X})+\{E(\overline{X})\}^2$

$$=\frac{1}{12}+2^2=\frac{49}{12}$$

따라서 $p=12,\ q=49$이므로

$p+q=12+49=61$

답 **61**

0634 $\overline{X_1}$는 정규분포 $N\left(m,\frac{\sigma^2}{100}\right)$, 즉 $N\left(m,\left(\frac{\sigma}{10}\right)^2\right)$을,

$\overline{X_2}$는 정규분포 $N\left(m,\frac{\sigma^2}{225}\right)$, 즉 $N\left(m,\left(\frac{\sigma}{15}\right)^2\right)$을,

$\overline{X_3}$는 정규분포 $N\left(m,\frac{\sigma^2}{400}\right)$, 즉 $N\left(m,\left(\frac{\sigma}{20}\right)^2\right)$을 따른다.

ㄱ. $\overline{X_1},\ \overline{X_2},\ \overline{X_3}$의 값은 알 수 없다.

ㄴ. $E(\overline{X_1})=E(\overline{X_2})=E(\overline{X_3})=m$

ㄷ. $\sigma(\overline{X_1})=\frac{\sigma}{10},\ \sigma(\overline{X_2})=\frac{\sigma}{15},\ \sigma(\overline{X_3})=\frac{\sigma}{20}$에서

$$\frac{\sigma}{10}>\frac{\sigma}{15}>\frac{\sigma}{20}$$

$$\therefore \sigma(\overline{X_1})>\sigma(\overline{X_2})>\sigma(\overline{X_3})$$

따라서 옳은 것은 ㄴ, ㄷ이다.

답 ㄴ, ㄷ

0635 모집단이 정규분포 $N(45,\ 8^2)$을 따르고 표본의 크기가 16이므로 표본평균 $\overline{X}$는 정규분포 $N\left(45,\frac{8^2}{16}\right)$, 즉 $N(45,\ 2^2)$을 따른다.

따라서 $Z=\dfrac{\overline{X}-45}{2}$로 놓으면 Z는 표준정규분포 $N(0,\ 1)$을 따르므로 구하는 확률은

$$P(44\leq\overline{X}\leq47)=P\left(\frac{44-45}{2}\leq Z\leq\frac{47-45}{2}\right)$$

$$=P(-0.5\leq Z\leq1)$$

$$=P(0\leq Z\leq0.5)+P(0\leq Z\leq1)$$

$$=0.1915+0.3413$$

$$=0.5328$$

답 ②

0636 모집단이 정규분포 $N(40,\ 9^2)$을 따르고 표본의 크기가 36이므로 표본평균 $\overline{X}$는 정규분포 $N\left(40,\frac{9^2}{36}\right)$, 즉 $N(40,\ 1.5^2)$을 따른다.

따라서 $Z=\dfrac{\overline{X}-40}{1.5}$으로 놓으면 Z는 표준정규분포 $N(0,\ 1)$을 따르므로 구하는 확률은

$$P(37\leq\overline{X}\leq43)=P\left(\frac{37-40}{1.5}\leq Z\leq\frac{43-40}{1.5}\right)$$

$$=P(-2\leq Z\leq2)$$

$$=2P(0\leq Z\leq2)$$

$$=2\times0.4772$$

$$=0.9544$$

답 **0.9544**

0637 한 상자에 들어 있는 초콜릿 25개의 평균 무게를 $\overline{X}$라 하면 표본평균 $\overline{X}$는 정규분포 $N\left(10,\frac{2^2}{25}\right)$, 즉 $N(10,\ 0.4^2)$을 따른다.

따라서 $Z=\dfrac{\overline{X}-10}{0.4}$으로 놓으면 Z는 표준정규분포 $N(0,\ 1)$을 따르므로 25개의 초콜릿을 담은 한 상자의 무게가 240 g 이하일 확률은

$$P(25\overline{X}\leq240)=P(\overline{X}\leq9.6)=P\left(Z\leq\frac{9.6-10}{0.4}\right)$$

$$=P(Z\leq-1)$$

$$=P(Z\geq1)$$

$$=0.5-P(0\leq Z\leq1)$$

$$=0.5-0.3413=0.1587$$

답 ②

0638 모집단이 정규분포 $N(40,\ 4^2)$을 따르고 표본의 크기가 n이므로 표본평균 $\overline{X}$는 정규분포 $N\left(40,\frac{4^2}{n}\right)$, 즉 $N\left(40,\left(\frac{4}{\sqrt{n}}\right)^2\right)$을 따른다.

따라서 $Z=\dfrac{\overline{X}-40}{\frac{4}{\sqrt{n}}}$으로 놓으면 Z는 표준정규분포 $\mathrm{N}(0,\,1)$을

따르므로 $\mathrm{P}(\overline{X}\geq42)=0.0228$에서

$$\mathrm{P}(\overline{X}\geq42)=\mathrm{P}\left(Z\geq\dfrac{42-40}{\frac{4}{\sqrt{n}}}\right)=\mathrm{P}\left(Z\geq\dfrac{\sqrt{n}}{2}\right)$$

$$=0.5-\mathrm{P}\left(0\leq Z\leq\dfrac{\sqrt{n}}{2}\right)=0.0228$$

$$\therefore\ \mathrm{P}\left(0\leq Z\leq\dfrac{\sqrt{n}}{2}\right)=0.4772$$

이때 $\mathrm{P}(0\leq Z\leq2)=0.4772$이므로

$$\dfrac{\sqrt{n}}{2}=2,\ \sqrt{n}=4\qquad\therefore\ n=16$$

답 16

0639 모집단이 정규분포 $\mathrm{N}(m,\,3^2)$을 따르고 표본의 크기가 n이므로 표본평균 $\overline{X}$는 정규분포 $\mathrm{N}\left(m,\,\dfrac{3^2}{n}\right)$, 즉

$\mathrm{N}\left(m,\,\left(\dfrac{3}{\sqrt{n}}\right)^2\right)$을 따른다.

따라서 $Z=\dfrac{\overline{X}-m}{\frac{3}{\sqrt{n}}}$으로 놓으면 Z는 표준정규분포 $\mathrm{N}(0,\,1)$을

따르므로 $\mathrm{P}(m-0.5\leq\overline{X}\leq m+0.5)=0.8664$에서

$$\mathrm{P}(m-0.5\leq\overline{X}\leq m+0.5)$$

$$=\mathrm{P}\left(\dfrac{m-0.5-m}{\frac{3}{\sqrt{n}}}\leq Z\leq\dfrac{m+0.5-m}{\frac{3}{\sqrt{n}}}\right)$$

$$=\mathrm{P}\left(-\dfrac{\sqrt{n}}{6}\leq Z\leq\dfrac{\sqrt{n}}{6}\right)$$

$$=2\mathrm{P}\left(0\leq Z\leq\dfrac{\sqrt{n}}{6}\right)=0.8664$$

$$\therefore\ \mathrm{P}\left(0\leq Z\leq\dfrac{\sqrt{n}}{6}\right)=0.4332$$

이때 $\mathrm{P}(0\leq Z\leq1.5)=0.4332$이므로

$$\dfrac{\sqrt{n}}{6}=1.5,\ \sqrt{n}=9\qquad\therefore\ n=81$$

답 ③

0640 모집단이 정규분포 $\mathrm{N}(400,\,80^2)$을 따르고 표본의 크기가 64이므로 표본평균 $\overline{X}$는 정규분포 $\mathrm{N}\left(400,\,\dfrac{80^2}{64}\right)$, 즉

$\mathrm{N}(400,\,10^2)$을 따른다.

따라서 $Z=\dfrac{\overline{X}-400}{10}$으로 놓으면 Z는 표준정규분포 $\mathrm{N}(0,\,1)$

을 따르므로 $\mathrm{P}(\overline{X}\geq k)=0.3085$에서

$$\mathrm{P}(\overline{X}\geq k)=\mathrm{P}\left(Z\geq\dfrac{k-400}{10}\right)$$

$$=0.5-\mathrm{P}\left(0\leq Z\leq\dfrac{k-400}{10}\right)=0.3085$$

$$\therefore\ \mathrm{P}\left(0\leq Z\leq\dfrac{k-400}{10}\right)=0.1915$$

이때 $\mathrm{P}(0\leq Z\leq0.5)=0.1915$이므로

$$\dfrac{k-400}{10}=0.5,\ k-400=5\qquad\therefore\ k=405$$

답 405

0641 $\overline{X}$는 정규분포 $\mathrm{N}\left(0,\,\dfrac{4^2}{9}\right)$, 즉 $\mathrm{N}\left(0,\,\left(\dfrac{4}{3}\right)^2\right)$을 따르고,

$\overline{Y}$는 정규분포 $\mathrm{N}\left(3,\,\dfrac{2^2}{16}\right)$, 즉 $\mathrm{N}\left(3,\,\left(\dfrac{1}{2}\right)^2\right)$을 따른다.

따라서 $Z_X=\dfrac{\overline{X}-0}{\frac{4}{3}}$, $Z_Y=\dfrac{\overline{Y}-3}{\frac{1}{2}}$으로 놓으면 Z_X, Z_Y는 모두

표준정규분포 $\mathrm{N}(0,\,1)$을 따른다.

$$\therefore\ \mathrm{P}(\overline{X}\geq1)=\mathrm{P}\left(Z_X\geq\dfrac{1-0}{\frac{4}{3}}\right)=\mathrm{P}\left(Z_X\geq\dfrac{3}{4}\right)\quad\cdots\cdots\ \unicode{x24B6}$$

$$\mathrm{P}(\overline{Y}\leq a)=\mathrm{P}\left(Z_Y\leq\dfrac{a-3}{\frac{1}{2}}\right)=\mathrm{P}(Z_Y\leq2a-6)\quad\cdots\cdots\ \unicode{x24B7}$$

$\unicode{x24B6}$, $\unicode{x24B7}$에서 $\mathrm{P}\left(Z_X\geq\dfrac{3}{4}\right)=\mathrm{P}(Z_Y\leq2a-6)$이므로

$$\dfrac{3}{4}=-(2a-6),\ 2a=\dfrac{21}{4}\qquad\therefore\ a=\dfrac{21}{8}$$

답 ③

0642 모집단이 정규분포 $\mathrm{N}(360,\,20^2)$을 따르고 표본의 크기가 2500이므로 표본평균 $\overline{X}$는 정규분포 $\mathrm{N}\left(360,\,\dfrac{20^2}{2500}\right)$, 즉

$\mathrm{N}(360,\,0.4^2)$을 따른다.

따라서 $Z=\dfrac{\overline{X}-360}{0.4}$으로 놓으면 Z는 표준정규분포 $\mathrm{N}(0,\,1)$

을 따른다.

생산 공정에 문제가 있다고 판단할 확률은

$\mathrm{P}(\overline{X}\leq k)=0.0062$이므로

$$\mathrm{P}(\overline{X}\leq k)=\mathrm{P}\left(Z\leq\dfrac{k-360}{0.4}\right)$$

$$=\mathrm{P}\left(Z\geq-\dfrac{k-360}{0.4}\right)$$

$$=0.5-\mathrm{P}\left(0\leq Z\leq-\dfrac{k-360}{0.4}\right)=0.0062$$

$$\therefore\ \mathrm{P}\left(0\leq Z\leq-\dfrac{k-360}{0.4}\right)=0.4938$$

이때 $\mathrm{P}(0\leq Z\leq2.5)=0.4938$이므로

$$-\dfrac{k-360}{0.4}=2.5,\ k-360=-1$$

$$\therefore\ k=359$$

답 359

0643 표본평균이 50, 모표준편차가 20, 표본의 크기가 100이므로 모평균 m의 신뢰도 99 %의 신뢰구간은

$$50-2.58\times\dfrac{20}{\sqrt{100}}\leq m\leq50+2.58\times\dfrac{20}{\sqrt{100}}$$

$$\therefore\ 44.84\leq m\leq55.16$$

답 ④

0644 표본의 크기 64가 충분히 크므로 모표준편차 대신 표본
표준편차 24를 사용할 수 있고, 표본평균이 365이므로 모평균 m
의 신뢰도 95 %의 신뢰구간은

$$365-1.96 \times \frac{24}{\sqrt{64}} \leq m \leq 365+1.96 \times \frac{24}{\sqrt{64}}$$

$$\therefore 359.12 \leq m \leq 370.88$$

따라서 모평균 m의 신뢰도 95 %의 신뢰구간에 속하는 정수는
360, 361, 362, $\cdots$, 370의 11개이다.   답 **11**

0645 표본평균이 4860, 모표준편차가 700, 표본의 크기가 n
이므로 모평균 m의 신뢰도 99 %의 신뢰구간은

$$4860-3 \times \frac{700}{\sqrt{n}} \leq m \leq 4860+3 \times \frac{700}{\sqrt{n}}$$

이때 모평균 m의 신뢰도 99 %의 신뢰구간이
$4710 \leq m \leq 5010$이므로

$$4860-3 \times \frac{700}{\sqrt{n}}=4710, \quad 4860+3 \times \frac{700}{\sqrt{n}}=5010$$

$$3 \times \frac{700}{\sqrt{n}}=150, \quad \sqrt{n}=14$$

$$\therefore n=196$$
    답 **196**

0646 모표준편차가 40, 표본의 크기가 n일 때, 모평균 m의
신뢰도 95 %의 신뢰구간이 $a \leq m \leq b$이므로

$$b-a=2 \times 2 \times \frac{40}{\sqrt{n}}=\frac{160}{\sqrt{n}}$$

이때 $b-a=8$이므로

$$\frac{160}{\sqrt{n}}=8, \quad \sqrt{n}=20 \qquad \therefore n=400$$
    답 **400**

0647 모표준편차가 10, 표본의 크기가 100일 때, 모평균 m의
신뢰도 95 %의 신뢰구간이 $a \leq m \leq b$이므로

$$b-a=2 \times 2 \times \frac{10}{\sqrt{100}}=4$$

모표준편차가 10, 표본의 크기가 n일 때, 모평균 m의 신뢰도
99 %의 신뢰구간이 $c \leq m \leq d$이므로

$$d-c=2 \times 2.6 \times \frac{10}{\sqrt{n}}=\frac{52}{\sqrt{n}}$$

이때 $b-a \geq d-c$이므로

$$4 \geq \frac{52}{\sqrt{n}}, \quad \sqrt{n} \geq 13 \qquad \therefore n \geq 169$$

따라서 n의 최솟값은 169이다.   답 **169**

0648 표본평균을 $\overline{X}$, 표본의 크기를 n이라 하면 모표준편차가
15이므로 모평균 m의 신뢰도 95 %의 신뢰구간은

$$\overline{X}-2 \times \frac{15}{\sqrt{n}} \leq m \leq \overline{X}+2 \times \frac{15}{\sqrt{n}}$$

$$-2 \times \frac{15}{\sqrt{n}} \leq m-\overline{X} \leq 2 \times \frac{15}{\sqrt{n}}$$

$$\therefore |m-\overline{X}| \leq 2 \times \frac{15}{\sqrt{n}}$$

이때 모평균과 표본평균의 차가 3 이하이어야 하므로

$$2 \times \frac{15}{\sqrt{n}} \leq 3, \quad \sqrt{n} \geq 10$$

$$\therefore n \geq 100$$

따라서 n의 최솟값은 100이다.   답 **100**

0649 $P(|Z| \leq k)=0.95$라 하면 각각의 $b-a$의 값은 다음과
같다.

ㄱ. $2k \times \dfrac{9}{\sqrt{81}}=2k$

ㄴ. $2k \times \dfrac{15}{\sqrt{81}}=\dfrac{10}{3}k$

ㄷ. $2k \times \dfrac{15}{\sqrt{100}}=3k$

따라서 $b-a$의 값이 큰 것부터 차례대로 나열하면 ㄴ, ㄷ, ㄱ이
다.   답 ③

0650 확률의 총합은 1이므로

$$a+\frac{1}{4}+\frac{1}{2}=1 \qquad \therefore a=\frac{1}{4}$$

    ㉮

$$\therefore E(X)=(-8) \times \frac{1}{4}+0 \times \frac{1}{4}+8 \times \frac{1}{2}=2$$

$$V(X)=E(X^2)-\{E(X)\}^2$$

$$=(-8)^2 \times \frac{1}{4}+0^2 \times \frac{1}{4}+8^2 \times \frac{1}{2}-2^2$$

$$=44$$

    ㉯

이때 표본의 크기가 4이므로

$$E(\overline{X})=2, \quad V(\overline{X})=\frac{44}{4}=11$$

따라서 $V(\overline{X})=E(\overline{X}^2)-\{E(\overline{X})\}^2$에서
$$E(\overline{X}^2)=V(\overline{X})+\{E(\overline{X})\}^2$$
$$=11+2^2=15$$

    ㉰

    답 **15**

단계	채점요소	배점
㉮	a의 값 구하기	20 %
㉯	$E(X)$, $V(X)$ 구하기	30 %
㉰	$E(\overline{X}^2)$ 구하기	50 %

0651 모집단이 정규분포 $N(m,\ 5^2)$을 따르고 표본의 크기가
225이므로 표본평균 $\overline{X}$는 정규분포 $N\left(m,\ \dfrac{5^2}{225}\right)$, 즉

$N\left(m,\ \left(\dfrac{1}{3}\right)^2\right)$을 따른다.

    ㉮

따라서 $Z=\dfrac{\overline{X}-m}{\dfrac{1}{3}}$ 으로 놓으면 Z는 표준정규분포 $\mathrm{N}(0,\,1)$을

따르므로 $\mathrm{P}(\overline{X}\geq198)=0.9987$에서

$\mathrm{P}(\overline{X}\geq198)=\mathrm{P}\!\left(Z\geq\dfrac{198-m}{\dfrac{1}{3}}\right)$

$\qquad=\mathrm{P}(Z\geq594-3m)$

$\qquad=\mathrm{P}(Z\leq3m-594)$

$\qquad=0.5+\mathrm{P}(0\leq Z\leq3m-594)=0.9987$

$\therefore \mathrm{P}(0\leq Z\leq3m-594)=0.4987$

──────────────────────────────── ㉯

이때 $\mathrm{P}(0\leq Z\leq3)=0.4987$이므로

$3m-594=3,\ 3m=597$

$\therefore m=199$

──────────────────────────────── ㉰

답 199

단계	채점요소	배점
㉮	표본평균 $\overline{X}$가 따르는 확률분포 구하기	20%
㉯	주어진 확률을 표준정규분포표를 이용할 수 있도록 변형하기	50%
㉰	m의 값 구하기	30%

0652 모표준편차가 25, 표본의 크기가 n일 때, 모평균 m의 신뢰도 95%의 신뢰구간이 $a\leq m\leq b$이므로

$b-a=2\times1.96\times\dfrac{25}{\sqrt{n}}=\dfrac{98}{\sqrt{n}}$

──────────────────────────────── ㉮

이때 $b-a\leq7$이므로

$\dfrac{98}{\sqrt{n}}\leq7,\ \sqrt{n}\geq14$

$\therefore n\geq196$

──────────────────────────────── ㉯

따라서 n의 최솟값은 196이다.

──────────────────────────────── ㉰

답 196

단계	채점요소	배점
㉮	$b-a$를 n에 대한 식으로 나타내기	40%
㉯	n에 대한 부등식 풀기	50%
㉰	n의 최솟값 구하기	10%

0653 모집단이 정규분포 $\mathrm{N}(m,\,30^2)$을 따르고 표본의 크기가 9이므로 표본평균 $\overline{X}$는 정규분포 $\mathrm{N}\!\left(m,\,\dfrac{30^2}{9}\right)$, 즉 $\mathrm{N}(m,\,10^2)$을 따른다.

따라서 $Z_1=\dfrac{X-m}{30},\ Z_2=\dfrac{\overline{X}-m}{10}$으로 놓으면 $Z_1,\,Z_2$는 모두 표준정규분포 $\mathrm{N}(0,\,1)$을 따르므로

$G(k)=\mathrm{P}(X\leq m+30k)$

$\qquad=\mathrm{P}\!\left(Z_1\leq\dfrac{m+30k-m}{30}\right)$

$\qquad=\mathrm{P}(Z_1\leq k)$

$H(k)=\mathrm{P}(\overline{X}\geq m-30k)$

$\qquad=\mathrm{P}\!\left(Z_2\geq\dfrac{m-30k-m}{10}\right)$

$\qquad=\mathrm{P}(Z_2\geq-3k)$

ㄱ. $G(0)=\mathrm{P}(Z_1\leq0)=0.5$

$\quad H(0)=\mathrm{P}(Z_2\geq0)=0.5$

$\quad \therefore G(0)=H(0)$

ㄴ. $G(3)=\mathrm{P}(Z_1\leq3)$

$\qquad=0.5+\mathrm{P}(0\leq Z_1\leq3)$

$\quad H(1)=\mathrm{P}(Z_2\geq-3)$

$\qquad=\mathrm{P}(Z_2\leq3)$

$\qquad=0.5+\mathrm{P}(0\leq Z_2\leq3)$

$\quad \therefore G(3)=H(1)$

ㄷ. $G(1)+H(-1)$

$\quad=\mathrm{P}(Z_1\leq1)+\mathrm{P}(Z_2\geq3)$

$\quad=0.5+\mathrm{P}(0\leq Z_1\leq1)+0.5-\mathrm{P}(0\leq Z_2\leq3)$

$\quad=1+\mathrm{P}(0\leq Z_1\leq1)-\mathrm{P}(0\leq Z_2\leq3)$

$\quad=1+\mathrm{P}(0\leq Z_1\leq1)-\mathrm{P}(0\leq Z_1\leq3)$

$\quad=1-\{\mathrm{P}(0\leq Z_1\leq3)-\mathrm{P}(0\leq Z_1\leq1)\}$

$\quad=1-\mathrm{P}(1\leq Z_1\leq3)\neq1$

따라서 옳은 것은 ㄱ, ㄴ이다. 답 ③

0654 모집단이 정규분포 $\mathrm{N}(m,\,\sigma^2)$을 따르므로 크기가 25인 표본을 임의추출했을 때 표본평균 $\overline{X_\mathrm{A}}$는 정규분포 $\mathrm{N}\!\left(m,\,\dfrac{\sigma^2}{25}\right)$, 즉 $\mathrm{N}\!\left(m,\,\left(\dfrac{\sigma}{5}\right)^2\right)$을 따른다.

또, 크기가 100인 표본을 임의추출했을 때 표본평균 $\overline{X_\mathrm{B}}$는 정규분포 $\mathrm{N}\!\left(m,\,\dfrac{\sigma^2}{100}\right)$, 즉 $\mathrm{N}\!\left(m,\,\left(\dfrac{\sigma}{10}\right)^2\right)$을 따른다.

따라서 $Z_\mathrm{A}=\dfrac{\overline{X_\mathrm{A}}-m}{\dfrac{\sigma}{5}},\ Z_\mathrm{B}=\dfrac{\overline{X_\mathrm{B}}-m}{\dfrac{\sigma}{10}}$으로 놓으면 $Z_\mathrm{A},\,Z_\mathrm{B}$는 모두 표준정규분포 $\mathrm{N}(0,\,1)$을 따른다.

ㄱ. $\mathrm{V}(\overline{X_\mathrm{A}})=\dfrac{\sigma^2}{25},\ \mathrm{V}(\overline{X_\mathrm{B}})=\dfrac{\sigma^2}{100}$에서

$\quad \dfrac{\sigma^2}{25}>\dfrac{\sigma^2}{100}$

$\quad \therefore \mathrm{V}(\overline{X_\mathrm{A}})>\mathrm{V}(\overline{X_\mathrm{B}})$

ㄴ. $\mathrm{P}(\overline{X_\mathrm{A}}\leq m+5)=\mathrm{P}\!\left(Z_\mathrm{A}\leq\dfrac{m+5-m}{\dfrac{\sigma}{5}}\right)$

$\qquad=\mathrm{P}\!\left(Z_\mathrm{A}\leq\dfrac{25}{\sigma}\right)$

$$\mathrm{P}(\overline{X_\mathrm{B}}\leq m+5)=\mathrm{P}\!\left(Z_\mathrm{B}\leq\dfrac{m+5-m}{\dfrac{\sigma}{10}}\right)$$

$$=\mathrm{P}\!\left(Z_\mathrm{B}\leq\dfrac{50}{\sigma}\right)$$

이때 $0<\dfrac{25}{\sigma}<\dfrac{50}{\sigma}$ 이므로

$$\mathrm{P}\!\left(Z_\mathrm{A}\leq\dfrac{25}{\sigma}\right)<\mathrm{P}\!\left(Z_\mathrm{B}\leq\dfrac{50}{\sigma}\right)$$

$$\therefore \mathrm{P}(\overline{X_\mathrm{A}}\leq m+5)<\mathrm{P}(\overline{X_\mathrm{B}}\leq m+5)$$

ㄷ. $\mathrm{P}(|Z|\leq k)=0.95$ 라 할 때, 모표준편차가 σ 이고

표본의 크기가 25이므로

$$b-a=2k\times\dfrac{\sigma}{\sqrt{25}}=\dfrac{2k\sigma}{5}$$

표본의 크기가 100이므로

$$d-c=2k\times\dfrac{\sigma}{\sqrt{100}}=\dfrac{2k\sigma}{10}$$

$$\dfrac{2k\sigma}{5}>\dfrac{2k\sigma}{10}$$

$$\therefore b-a>d-c$$

따라서 옳은 것은 ㄱ, ㄴ이다.   답 ④

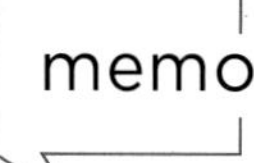

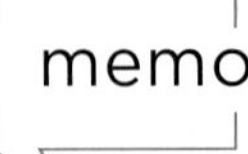
memo